John T. Hamilton
Musik, Wahnsinn und das Außerkraftsetzen der Sprache

MANHATTAN MANUSCRIPTS
Band 5

Herausgegeben von

Eckart Goebel
mit Paul Fleming
und John T. Hamilton

John T. Hamilton

Musik, Wahnsinn und das Außerkraftsetzen der Sprache

Aus dem Amerikanischen übersetzt
von Andrea Dortmann

WALLSTEIN VERLAG

Für Jasper und Henry –
avant toute chose

Inhalt

Hors d'œuvre I 7
Einleitung   Das Subjekt der Musik und des Wahnsinns 12
Kapitel 1   Stimmen Hören 39
   Sirenen im Palais Royal 43
   Zwischen dem Unendlichen und dem Infinitesimalen 57
   Exkurs: Das Heulen des Marsyas 61
   Sokratische Energie 69
Kapitel 2   Ungleicher Gesang 79
   Musik und das Irrationale 81
   Mimesis: Kratylos und der Ursprung der Sprache 88
   Identität und Differenz 95
   Krise im Café de la Régence 105
   Satire, Ungleichheit und das Individuum 110
Kapitel 3   Klingender Sinn 119
   Ein Bruch in der großen Gefangenschaft 120
   Der wahnsinnige Musiker taucht auf 122
   Empfindsamkeit 127
   Hegels Lektüre von Le neveu de Rameau 135
     Zerrissenheit 135
     Natur und Kultur 141
   Sentiment de l'existence 145
Kapitel 4   Die gewaltsamste unter den Künsten 155
   Das Erhabene in der Musik bei Longin und Burke 158
   Kants Niederlegung 168
   Gemeinschaft und Herders Musikkonzeption 176
   Wackenroders Berglinger-Novelle 185
     Die Gewalt der Töne 186
     Das Manifeste, das Latente und das Hypogramm 194
Kapitel 5   Mit zuvor unbekannten Künsten 201
   Kleist und die Gewalt der Musik 201
   Musik, Reflexion und Unmittelbarkeit in Kleists Briefen . . 201
   Die Heilige Cäcilie oder die Gewalt der Musik 215
   Selbst-Darstellung 229

Kapitel 6   Vor und nach Sprache: Hoffmann 235
   Die bezeichnende und offenbarende Funktion
   der Sprache: *Kreisleriana* 235
   Der Gebrauch von Form 244
   »Geistige Ausleerungen«: Julia Mark
   und der *Berganza* Dialog 250
   Wohlklang und Missklang: *Ritter Gluck* 260
   Postscriptum: *Rat Krespel* 270
   Praescriptum: *Kater Murr* 282

Hors d'œuvre II 291

Abkürzungsverzeichnis 302

Literaturverzeichnis 303
   Quellen 303
   Forschungsliteratur 306

Register 313

Hors d'œuvre I

> Was also ist der Wahnsinn in seiner allgemeinsten aber konkretesten Form für denjenigen, der von Anfang an jede Ingriffnahme des Wahnsinns durch die Wissenschaft ablehnt? Wahrscheinlich nichts anderes als das *Fehlen einer Arbeit – l'absence d'un œuvre.*
>
> Michel Foucault, *Wahnsinn und Gesellschaft*[1]

Anlässlich der Eröffnung seiner ständigen Ausstellung, gab das Stadtmuseum Nürtingen 1989 einen Katalog heraus, dem berühmtesten Sohn der Stadt zu Ehren: Friedrich Hölderlin.[2] Der Band enthält zwölf vom Archiv des Museums ausgewählte Briefe von Hölderlins Gastgeber, dem Tischlermeister Ernst Zimmer, geschrieben zwischen 1828 und 1832. Zimmers als Farbabzüge reproduzierte Berichte versprachen einen privilegierten Blick auf den Dichter, für den, nachdem er von Familie, Freunden und den örtlichen Behörden für verrückt erklärt worden war, das Turmzimmer über der Wohnung des Tischlers bestimmt wurde. Allerdings enthält der liebevoll von den Herausgebern Thomas Scheuffelen und Angela Wagner-Gnan übertragene Briefwechsel tatsächlich wenig Neues über Hölderlins schicksalhafte Biographie. (Friedrich Beißner hatte bereits eine Transkription der Briefe in seine kritische Ausgabe aufgenommen.) Außerdem bieten die spärlichen Aussagen ein nicht eben lebhaftes Porträt Hölderlins. Und dennoch wird etwas mitgeteilt oder besser *erkannt*, nämlich die völlig offensichtliche und außerordentlich einfache Tatsache, dass es dieses einmalige, unwiederholbare Leben tatsächlich gegeben hat. Die verblassten Sepiazeilen zusammen mit den offiziellen Regierungssiegeln erhöhen noch den dokumentarischen Charakter der Seiten. Das Leben des Dichters wird dadurch enthüllt, gleichsam in briefliches Formaldehyd gelegt, desinfiziert und für die Nachwelt konserviert. Wenn es auch kaum das Leben

---

1 Michel Foucault, *Wahnsinn und Gesellschaft*, übers. v. Ulrich Köppen (Frankfurt/M. 1969), S. 11 (Hervorhebung im Original).
2 »*... die Winter-Tage bringt er meistens am Forte Piano zu ...*«: *aus der Nürtinger Pflegschaftsakte: zwölf Briefe Ernst Zimmers aus den Jahren 1828-1832 über Hölderlin im Tübinger Turm*, hg. v. Thomas Scheuffelen/Angela Wagner-Gnan (Nürtingen 1989).

und noch weniger das Werk des Autors beleuchtet, so verweist dieses konkrete Zeugnis dennoch auf die Einzigartigkeit des Dichters, auf die Person unabhängig vom Werk und damit über dieses hinaus.

Vor allem verblüfft aber der Titel der Sammlung. Es handelt sich um ein Zitat aus einem von Zimmers letzten Briefen, das Weisungscharakter hat, weil es beschreibend und zugleich mit tieferem Sinn behaftet ist:

»... die Winter Tage
bringt Er meistens am Forte Piano zu ...«

Die durch Anführungs- und Auslassungszeichen doppelt geschützten Wörter beschwören provokativ das Bild des verrückten Musikers. Der Zitat-Titel wirkt wie eine Einladung, das auf die Dichterkarriere folgende Einsiedlerleben emphatisch als ein musikalisches zu betrachten. Die Figur des neurotischen Klavierspielers bittet den Vorübergehenden, auf die Musik zu hören, die den traurigen Niedergang begleitet. Die Stille der *nox mentis* wird von Improvisationen unterbrochen, über deren genaue Natur man nur spekulieren kann: Irgendeine unverständliche, ungeformte Melodie? Eine aus der Kindheit erinnerte Phrase? Die ziellose Modulation eines Dreiklangs? Oder vielleicht ein unheimliches Klagelied, das vergeblich einen abwesenden Gott anruft? Was immer es auch gewesen sein mag, die Töne waren verklungen, kaum dass sie gespielt waren. Hölderlins *moments musicaux* haben keine Opusnummer.

Diese Begebenheit ist unter anderem aufgrund des noch bis 1989 währenden beharrlichen Festhaltens an der romantischen Verkopplung von Musik und Wahnsinn von Bedeutung. Das hier gezeichnete Bild Hölderlins könnte leicht durch eine Reihe historischer wie fiktiver Figuren ergänzt werden, die ein ähnliches Schicksal ereilte. Man erinnert zum Beispiel den anderen tragischen Helden des 19. Jahrhunderts, Friedrich Nietzsche, der seinen vielen Hagiographen zufolge die letzten Tage in Turin allein am Klavier verbrachte, versunken in rasendem Wahn. Daher ist Hölderlins Verwirrung insgesamt (»meistens«) als ein Sturz in die Musik zu verstehen oder als ein Aufstieg zu ihr, was hier gleichbedeutend ist. *Der Fall Nietzsche* bekräftigt, dass es, wenn das Wort erschöpft ist, nur noch Wahnsinn und Musik gibt – egal ob es sich um den *logos* philosophischer Untersuchungen handelt oder um lyrische Dichtung. Das Bild des sprachlos auf den gefrorenen Neckar blickenden Hölderlin am Klavier legt nahe, dass Sprache an ihr Ende gelangt ist. So als wären Wörter unbrauchbar, als wäre das Schreiben unmöglich geworden.

Wenn Hölderlin aber schreibt – und Zimmer und anderen Zeugen zufolge gibt es dazu tatsächlich nur wenige Gelegenheiten in diesen drei Jahrzehnten –, dann schreibt er fragmentarisch, schreibt in einer in zerbrochenen Sprache, zergliedert und verworren. Ab und zu jedoch verfasst er kurze, relativ zusammenhängende Gedichte über die Jahreszeiten.

> Wenn aus der Tiefe kommt der Frühling in das Leben,
> Es wundert sich der Mensch, und neue Worte streben
> Aus Geistigkeit, die Freude kehret wieder
> Und festlich machen sich Gesang und Lieder.
>
> Das Leben findet sich aus Harmonie der Zeiten,
> Daß immerdar den Sinn Natur und Geist geleiten,
> Und die Vollkommenheit ist Eines in dem Geiste,
> So findet vieles sich, und aus Natur das meiste.
> d. 24 Mai 1758
> Mit Unterthänigkeit Scardanelli[3]

Die Beschwörung von Lebenskraft und Wunder, den Reiz des Neuen und des Liedes, drückt die Erfahrung eines Durchbruchs aus, der in starkem Kontrast zu Hölderlins musikalisch-wahnsinnigem *winter of discontent* steht. Mit seinen sanften musikalischen Endreimen, die an ein Schlaflied erinnern, »strebt« das Gedicht buchstäblich nach »neuen Wörtern«, die sich frei machen von »Geistigkeit« und in »Lieder und Gesang« übergehen, das Leben von einer erkalteten Sprache erlösen. Tatsächlich scheinen die Zeilen den Traum des verehrten Rousseau umzusetzen, zum (mediterranen) Ursprung der Sprache zurückzukehren, wo Wort und Gesang in Einklang schwelgten und ein authentischer Ton die unmittelbare Präsenz des sprechenden Subjekts verbürgte.

In scharfem Kontrast zu diesem Optimismus stehen jedoch Datum und Unterschrift, mit denen Hölderlin das Gedicht versieht. Statt korrekter Angaben zur Entstehung des Gedichts, führen sowohl das Datum – 1758, vierzehn Jahre vor Hölderlins Geburt – als auch der eindringlich italienisch klingende, quasi-musikalische

---

[3] Friedrich Hölderlin, *Sämtliche Werke*, 8 Bde., hg. v. Friedrich Beißner/Adolf Beck (Stuttgart 1943-1985), 2/1: 309.

Name Scardanelli zu einer referentiellen Desorientierung oder Verwirrung. Tatsächlich erscheinen »Lieder und Gesang« als authentisch, die Musik nimmt Gestalt an, doch gerade als solche lässt sie eine Entfremdung erkennen. Die Unterschrift irritiert, ist doch das Subjekt völlig aus dem Kontext gehoben. Theorien zu Ausdruck, Repräsentation und Intention der mimetischen Gestaltung von Wörtern unterliegen dem sprachlichen Prozess, durch den jedoch etwas verloren geht.

Individuelle Subjektivität als gefestigte Einheit, die eine Diskursgrundlage zu bilden vermag, wird fragwürdig. Das Hölderlinsche Subjekt des Schreibens, das den Text mit einem anderen Datum versieht und als Werk eines anderen Autors auszeichnet, enthüllt die entfremdende Wirkung dieser Arbeit. (Natürlich war dieses Verfahren auch Rousseau nicht fremd.) Hölderlins nachweisliche Unfähigkeit oder sein Unwille, mit Besuchern und alten Freunden zu sprechen, könnten ein weiteres Symptom dieser Angst vor Selbstbetrug sein. Schreiben und Sprechen scheinen einem Selbstverlust gleichzukommen, als ob der Referenzcharakter der Wörter – und vor allem des Wortes »Ich« – sich nicht mit einem Gefühl für das eigene Selbst in Einklang bringen ließe. Das Pseudonym und die absurde Rückdatierung von Hölderlins Signatur – Scardanelli, 1758 – definieren die Geste der Autorenunterschrift selbst als ein Sich-Aufgeben an die Sprache, buchstäblich als Unterordnung des Selbst unter bestimmte Konventionen (»mit Unterthänigkeit«). Statt das Werk als etwas Äußeres zu legitimieren, operiert die Unterschrift hier von innen heraus. Sie wird zu einem Bezeichneten unter anderen, zu einem Subjekt, das einem Spiel unterliegt, zu einem möglichen Opfer falscher Interpretation und falscher Behandlung. Der Autorenname, der als transzendentaler Ursprung des Gedichts stehen sollte, wird dadurch gleichsam belastet und angeklagt. Was außerhalb des Textes stehen und dessen Gültigkeit beweisen sollte, verliert seine Gültigkeit. Das Subjekt des Schreibens – dieses *parergon*, das gleichzeitig »neben« und »im Gegensatz« (*para*-) zu dem »Werk« (*ergon*) steht – kann nur außerhalb des Werkes bleiben, gerade weil es sich in ihm befindet. Die Unterschrift, die den Schriftsteller in den Stand der Autorität und der Autorschaft (*auctoritas*) versetzen soll, signalisiert hier vielmehr, dass er sich durch den Akt des Schreibens selbst preisgegeben hat.

Und so bringt Hölderlin »meistens die Wintertage am Forte Piano zu«. Der Mann, dessen Poetik der Wechsel von Tonarten zugrunde lag und dessen Vorstellungen sich in rhythmischen Kategorien abspielten, ist nun selbst zum Gedicht geworden: ein Opus Magnum aus Einsamkeit und Stille, aus Wahnsinn und Musik. Dennoch könnte sich, wie Heidegger sagen würde, in diesem Rückzug etwas zeigen, eine Wahrheit, die umso wahrer wäre als sie sich nicht in eine Sinnfindung eingliedern ließe – eine radikal singuläre und erschreckend vergängliche Wahrheit, die jeglicher Zuordnung zu einem Begriff widerstehen würde. Könnte man dieses Etwas dann nicht besser verstehen als ein Nichts, das nur darum existierte, weil es verloren ging?

Die folgende Studie untersucht nicht nur solche Dichter, die selbst Gedicht geworden sind, sondern sie handelt von Schriftstellern, die den Versuch unternehmen, sich die (Aus-)Wirkungen von Musik und den Wahnsinn des Sich-Auflösens als eine Technik zu eigen machen, um – man könnte sagen orphisch – zurückzuholen, was bereits vergangen ist. Durch Musik- und Wahnsinnsmetaphern versuchen sie, dieses Eurydike-Motiv der Individualität ans Tageslicht zu bringen, die gerade dem Gesetz der Metapher zufolge in die Dunkelheit zurückkehren muss. Der zeit- und raumlose Punkt, an dem dies geschieht, kann weder festgehalten noch angeschaut werden. Ebenso besteht das schreibende Subjekt in einem Werk fort, das gleichzeitig seine Abwesenheit darstellt. Demzufolge kann dieses Nichts innerhalb des Systems, das Sein von Nichtsein trennt, nur als kein Etwas verstanden werden. Außerhalb dieses Systems mag dieses Nichts sehr wohl nicht Nichts sein. Die Hoffnungslosigkeit von Gesetzen ist die Bedingung für die Möglichkeit von Hoffnung. Wenn in diesem Hors d'œuvre Hölderlin und sein Klavier beschworen werden, dann nur deswegen, weil seine verrückten Rhapsodien als Resonanzkörper für etwas dienen, was Blanchot in direktem Bezug auf den Orpheusmythos *désœuvrement* genannt hat. Ob sie Methode hat oder nicht, Hölderlins musikalische Umnachtung regt zum Nachdenken über die Auflösung (*unworking*) von Sprache an. Angesichts der Zweideutigkeit des Genitivs (subiectivus und obiectivus) weist das Auflösen (*unworking*) der Sprache darauf hin, wie Musik und Wahnsinn sowohl die geformte Rede an sich zersetzen können, als auch auf die sprachlichen Mittel, mit Hilfe derer die Mechanismen außer Kraft gesetzt werden können, die gerade ohne Sprache auskommen. In den folgenden Texte, die sich alle mit dem Thema »Musik und Wahnsinn« beschäftigen, hallen Hölderlins Konzerte ohne Zuhörer nach: vergängliche Klänge, die »aller Wahrscheinlichkeit nach« nichts sind. Und das könnte am Ende »nichts anderes als das *Fehlen des Werkes*« sein, was – vielleicht nach dem Ende (oder vor dem Anfang) – bedeutet: alles.

Einleitung:
Das Subjekt der Musik und des Wahnsinns

> Kreisler stand da, tief erschüttert, keines Wortes mächtig. Von jeher hatte er die fixe Idee, daß der Wahnsinn auf ihn laure, wie ein nach Beute lechzendes Raubtier, und ihn einmal plötzlich zerfleischen werde.
> E. T. A. Hoffmann, *Lebensansichten des Katers Murr*[1]

Die Nähe der Musik zum Wahnsinn ist ein in der deutschen Romantik beliebtes Thema. Hoffmanns Kreisler – der exzentrische, um nicht zu sagen völlig verwirrte Komponist – ist nur eines von vielen Beispielen, die nicht nur die Fiktion dieses Schriftstellers bevölkern, sondern auch die Literatur um 1800. Neben Hoffmanns Gefolge von Figuren, die aktiv die unwiderstehliche Macht der Musik ausüben oder aber sich ihr passiv hingeben, steht eine Reihe Parallelfiguren in den Werken der erfolgreichsten Autoren dieser Zeit. Kreisler, der »verrückte Musikus *par excellence*« (HW 2/1: 370) ist paradigmatisch für die Zeit, zusammen mit Ritter Gluck und Donna Anna, Theodor aus *Die Fermate* und der Baronin aus *Das Majorat*, Rat Krespel und seiner Tochter Antonie.

Die Bereitschaft, geistige Verwirrung mit der Klangwelt zu assoziieren, ergibt sich wie von selbst. Kreisler gesteht:

> Manches liegt bloß an dem Spuk, den oft meine eignen Noten treiben; die werden oft lebendig und springen wie kleine schwarze vielgeschwänzte Teufelchen empor aus den weißen Blättern – sie reißen mich fort im wilden unsinnigen Drehe und ich mache ganz ungemeine Bocksprünge und schneide unziemliche Gesichter, aber ein einziger Ton, aus heiliger Glut seinen Strahl schießend, löst diesen Wirrwarr, und ich bin fromm und gut und geduldig!
> (HW 2/1: 369)

Kreislers Problem, sich gefangen zu sehen zwischen den unheimlichen Verhöhnungen boshafter Noten und dem erlösenden Ton des

---

[1] E. T. A. Hoffmann, *Sämtliche Werke*, 6 Bde., hg. v. Hartmut Steinecke (Frankfurt/M. 1985-2004), 5:172. Die in Klammern gesetzten Band- und Seitenangaben beziehen sich auf diese Ausgabe (= HW).

Numinosen, zwischen Wahnsinn als erhöhtem Bewusstsein einerseits und als totaler Demenz andererseits, kommt immer wieder auf in einem Zeitalter, das zwar von der Macht der Musik überzeugt ist, doch gleichzeitig unsicher, wohin sie denn führen mag.

Die Tendenz, auf provokative Weise literarische und klinische Diskurse, Pathologie und Ästhetik, Kunst und Psychologie zu vermischen, hält sich überraschend hartnäckig. Sie zeichnet sich aus durch ein Repertoire an Begriffen und Motiven, das von Schriftstellern geteilt wird, deren Veranlagungen und mutmaßliche Intentionen ansonsten sehr unterschiedlich sind. So nehmen die späten grübelnden Spaziergänge in *Die Nachtwachen des Bonaventura* (1803), die eine musikalisch dunkel aufgeladene Seite der Arbeitswelt zeigen, die merkwürdigen Ereignisse von Kleists *Die heilige Cäcilie* (1811) in einer anderen Tonart vorweg, wo vier Brüder dem Wahnsinn verfallen, nachdem sie während der heiligen Messe ein Oratorium gehört hatten. Die Senilität von Goethes Harfenspieler in *Wilhelm Meisters Lehrjahre* (1795-96) dient zugleich als Gegenstück und Kontrast zu Florios Naivität, dem jungen Mann, dem in Eichendorffs *Das Marmorbild* (1819) durch Klang und Musik wahnsinnige Halluzinationen widerfahren. Man könnte unzählige weitere Beispiele von Karl Philipp Moritz und Jean Paul Richter, über Novalis, Ludwig Tieck bis Clemens Brentano anführen. Eine kursorische Lektüre der Zeit würde trotz großer Unterschiede ganz klar eine gemeinsame Tendenz zeigen, musikalische Produktion und Rezeption mit Beschreibungen von wahnsinnigen Erfahrungen zu verknüpfen.

Natürlich haben weder die Schriftsteller, die hier lose unter dem Begriff »romantisch« zusammengefasst sind, die Idee des großen Einflusses der Musik auf die Seelenzustände erfunden, noch gingen solche Konzeptionen in späteren Zeiten verloren. Es gab durchaus eine lange klassische Tradition, die sich der sogenannten Macht der Musik widmete. Diese weit verbreitete Idee, die auf einem Glauben an die unvergleichlich starke Wirkung der Musik sowohl auf den Charakter als auch auf die Gefühle der Zuhörer basiert, kann entweder in einem positiven oder negativen Licht betrachtet werden, pathogen oder therapeutisch. Die Zweideutigkeiten sind allumfassend. Orpheus' Fähigkeit, die Furien zu beschwichtigen, paart sich mit seinem gewaltsamen Tod durch die rasenden Mänaden. Die tief empfundene Nostalgie, die Odysseus beim Anhören der Harfe des Demoducus überkommt, verwandelt sich in Schrecken bei der Begegnung mit den Sirenen, deren Gesang jegliche Hoffnung auf eine Heimkehr zunichte machen würde. Platons Furcht davor, dass musikalische Mimesis möglicherweise zu Hysterie unter den Wächtern seiner idealen Stadt führen könnte, wird gelindert durch die im *Timaios* ausgedrückte Wertschätzung des Philosophen der musikalischen Beziehungen, die einer soliden kosmischen Ordnung zugrunde liegen und sie aufrechterhalten. Timotheos legendäre Leier – aufgezeichnet von Plutarch, Suidas und Boethius und dann von den Theoretikern der Renaissance wie Franchino Gafurrio und Gioseffo Zarlino gefeiert – war angeblich dazu in der Lage, Alexander sowohl zum Morden zu bewegen als auch ihn wieder zur Vernunft zu bringen. Die Macht der Musik wird nur von ihrer Zweideutigkeit übertroffen.

Der Einfluss der Musik auf die Leidenschaften, ihre direkte Wirkung auf den *affectus animi*, verkörpert in der Figur des Timotheos, wurde als universell angesehen, wie man sowohl in der klassischen als auch der christlichen Tradition sehen kann.[2] Jacques Lefèvre zum Beispiel setzte in seiner *Musica demonstrata* (1496) die Geschichte von Timotheos mit dem Bericht über David im Alten Testament (1. Buch Samuel 16, 23) in Verbindung, dessen Psalmen die Dämonen austrieben, die den melancholischen König Saul plagten.[3] Das frühe 18. Jahrhundert fand seinen eigenen Timotheos in Carlo Farinelli, dem berühmten Kastraten, der zwanzig Jahre lang jeden Abend dem Bourbonenkönig Philipp V. von Spanien dieselben vier Arien vorsang, um des Herrschers manische Anfälle zu heilen. Andernorts wurde das Thema in zahlreichen Traktaten über so genannte musikalische Magie und in Folklore abgehandelt. Fortgeführt wurde es in unzähligen Beispielen der unzähmbaren Macht der Musik, von Rattenfängern über apulische Erzählungen bis zum Tarantismus, von Traktaten über die Wirksamkeit religiöser Hymnen bis zu Agrippas

---

2   In der europäischen Neuzeit wurde die Macht der Musik im Allgemeinen der der menschlichen Lebenswelt und dem Kosmos zugrunde liegenden musikalischen Harmonie zugeschrieben. Siehe Timothy Reiss, *Knowledge, Discovery and Imagination in Early Modern Europe: The Rise of Aesthetic Rationalism* (Cambridge 1997), S. 169-187.

3   Jacques Lefèvre d'Etaples, *Musica libris quatuor demonstrata* (1496; Nachdruck: Paris, 1552). In einer Anmerkung zu seinem *Davideis* (1640-1642) klärte Abraham Cowley den Punkt: »That *Timotheus* by *Musick* enflamed and appeased *Alexander* to what degrees he pleased, is well known to all men conversant among Authors.« *Davideis: A Sacred Poem of the Troubles of David* (London, 1677), S. 34 Anm. 32.

De occulta philosophia (1533 veröffentlicht), das im Detail die Manipulation himmlischer Mächte durch Laute, Töne und melodische Phrasen beschreibt.[4]

Die Ansicht, dass die Kunst der Musik sich auf psychologische Prozesse auswirkt, überlebte in der sich im langen Schatten der Romantik aalenden Literatur, selbst wenn sie romantische Tendenzen kritisch betrachtete oder sogar leugnete, zum Beispiel in der Reihe von bizarren oder unerträglichen Geigern des 19. Jahrhunderts, von Heines *Florentinische Nächte* (1837) über Lenaus *Faust* (1836) bis hin zu Grillparzers *Der arme Spielmann* (1848) und Kellers *Romeo und Julia auf dem Dorfe* (1855). Paganinis hypnotisierende Wirkung auf sein Publikum wurde von vielen Darstellungen mephistophelischer Virtuosen in der Literatur seit dem Biedermeier bestätigt.[5] Neuen Schwung erhält das allgemeine Thema später im Wagnerismus, was im Werk (und Leben) Friedrich Nietzsches beobachtet werden kann, seinerseits ebenfalls ein musikalischer Wahnsinniger. Von Schopenhauer angespornt verknüpfte Nietzsche die Tonkunst mit Dionysos *mainomenos*, dem wahnsinnigen Gott, und führte dadurch zur Umwertung der philosophischen Ästhetik auf der Grundlage irrationaler Impulse. Nach Nietzsche wurde die Figur des gestörten Komponisten am besten und entsetzlichsten in Thomas Manns *Doktor Faustus* gezeichnet, wo romantische Energie einen Siedepunkt erreichte, bevor sie in der katastrophalen *Götterdämmerung* von 1945 verging.

Die Geschichte des wahnsinnigen Musikers mit Manns faustischem Leverkühn zu beenden, bedeutet jedoch nicht, dass diese Figur nicht länger die deutschen kulturellen und literarischen Vorstellungen beschäftigte. Verrückte musikalische Protagonisten finden sich durchaus in zahlreichen literarischen Werken nach 1945, beispielsweise in den Romanen von Thomas Bernhard und Elfriede Jelinek, die beide ganz bewusst auf diese Tradition zurückgreifen. Dem sind die zahllosen musikalischen Biographien hinzuzufügen, von Haydn bis Schumann, von Beethoven bis Wagner, von Mahler

---

4 Siehe Gary Tomlinson, *Music in Renaissance Magic: Toward a Historiography of Others* (Chicago 1993); Carlo Ginzburg, *I Benandanti* (Turin 1966); Gilbert Rouget, *La musique et la transe. Esquisse d'une théorie générale des relations de la musique et de la possession* (Paris 1980).
5 Siehe Pascal Fournier, *Der Teufelsvirtuose. Eine kulturhistorische Spurensuche* (Freiburg/B. 2001).

bis Hugo Wolf, allesamt voller Beschreibungen mentaler Krankheiten, sodass sie sich oft wie psychopathologische Fallstudien lesen. Ein Blick in Franz Frankens vierbändiges Werk *Die Krankheiten großer Komponisten* zeigt, in welchem Ausmaß Psychosen und Neurosen weiterhin deutsche Ansichten über musikalische Produktion färben.[6]

All dem zum Trotz wäre es jedoch unklug, dieses Thema allein irgendeiner teutonischen Einbildungskraft zuzuschreiben. In allen großen Literaturen finden sich unzählige Darstellungen verstörter Komponisten, allzu leidenschaftlicher Instrumentalisten und gefährlich betroffener Zuhörer. Man denke beispielsweise an Balzacs *Gambara* (1837), Tolstois *Kreutzersonate* (1890) oder D'Annunzios *Trionfo della morte* (1894). Wie nicht anders zu erwarten, setzt sich dieser Trend in Film und bildender Kunst fort. Sowohl populäre als auch die so genannte ernste Musik werden fortwährend als Erfahrungen dargestellt, die an etwas Irrationales, Atemberaubendes oder Provokativ-Faszinierendes grenzen. Die Gewalt der Musik – ob nützlich oder schädlich, vom mütterlichen Schlaflied bis zum faschistischen Rundfunk – benennt den unbestritten großen Einfluss der Musik, ihre überwältigende emotionale Kraft, ihre Fähigkeit zu ergreifen und zu überraschen, ihre elementare und schwer zu bändigende Energie. Der Verlust rationaler Kontrolle durch das Subjekt während einer musikalischen Erfahrung, das Aufkommen unerwarteter Leidenschaften oder das plötzliche Anschwellen von Tränen, gehört wohl kaum in den Bereich einer bestimmten Epoche oder eines bestimmten Ethos, sondern ist vielmehr ein transkulturelles, transhistorisches Phänomen.

Von einer anderen Perspektive aus gesprochen gehört das immer wiederholte Thema zu dem noch weiter gefassten Stereotyp des gemarterten Genies, das von dem Melancholie und Begabung verknüpfenden Aristotelischen Problem (30, 1) herstammt. Senecas berühmte Äußerung »Kein Genie ohne Wahnsinn« (»nullum ingenium sine mixtura dementiae«, *De tranquillitate animi* 17, 10) gehört in diesen Gedankengang. Beide Beobachtungen sind ihrerseits Modulationen der gesamten Inspirations- oder Enthusiasmustradition, die seit Pla-

---

6 Franz Franken, *Die Krankheiten großer Komponisten*, 4 Bde. (Wilhelmshaven 1986-1997).

tons *Ion* oder *Phaidros* unter das Banner göttlichen Wahnsinns fallen.⁷ Sowohl der populäre als auch der universitäre Sektor, klinische Psychologen als auch Neurowissenschaftler sind bis heute von der Beziehung zwischen Kreativität und Geisteskrankheit fasziniert. Arbeiten darüber, wie die Phantasie zu bipolaren Störungen, Autismus oder in der Gehirnphysiologie beiträgt, sind Legion.⁸

Meine Absicht ist es allerdings nicht, mich mit diesen Dingen direkt zu beschäftigen. Ich möchte mir stattdessen ansehen, wie die romantische Tradition mit den komplexen Bezügen zwischen Musik und Wahnsinn umgeht. Daher beschränke ich meine Untersuchung auf eine Periode europäischer Geschichte, die in meinen Augen die tiefstgreifende und längste Reflexion über spezifische Fragen zur Verbindung von Musik und Wahnsinn repräsentiert. Der zeitliche Rahmen reicht von der zweiten Hälfte des 18. Jahrhunderts bis in die ersten Jahrzehnte des 19. Jahrhunderts, von Diderots *Neveu de Rameau*, mit Konzentration auf Rezeption und Aneignung dieses Textes durch die deutschen Romantiker, bis zu den Werken E. T. A. Hoffmanns. Wie sich jedoch zeigen wird, ist es unmöglich, diese historischen Abgrenzungen streng einzuhalten. Das verblüffende Andauern der hier verhandelten Probleme erfordert einen breiteren Blick, der sowohl antike Quellen einbezieht, die zentrale Fragen aufwerfen, als auch deren reiches Nachleben in zeitgenössischer Rezeption durch Literaturkritik, ästhetische Theorie und Sprachphilosophie.

---

7 Siehe Ruth Padel, *Whom Gods Destroy: Elements of Greek and Tragic Madness* (Princeton 1995).
8 Zum Beispiel Kay Redfield Jamison, *Touched by Fire. Manic-Depressive Illness and the Artistic Temperament* (New York 1993); Arnold Ludwig, *The Price of Greatness. Resolving the Creativity and Madness Controversy* (New York 1995); Stephen Diamond, *Anger, Madness, and the Daimonic. The Psychological Genesis of Violence, Evil, and Creativity* (Albany 1996); Philippe Brenot, *Le génie et la folie en peinture, musique, littérature* (Paris 1997); Leo Navratil, *Manisch-depressiv. Zur Psychodynamik des Künstlers* (Wien 1999); Michael Fitzgerald, *Autism and Creativity. Is There a Link Between Autism in Men and Exceptional Ability?* (New York 2004); Nancy Andreasen, *The Creating Brain. The Neuroscience of Genius* (New York 2005). Zur Kritik siehe Silke-Maria Weineck, *The Abyss Above. Philosophy and Poetic Madness in Plato, Hölderlin, and Nietzsche* (Albany 2002), S. 2-3.

Allein aus der Fülle dieser literarischen Praxis stellen sich sofort gewisse Schlüsselfragen. Zuallererst: Warum *Musik* und Wahnsinn? Was hat diese äußerst feinsinnige Kunstform mit mentalen Störungen zu tun? Welche Verbindung besteht zwischen diesen beiden heterogenen Erfahrungen? Und was macht die spezifisch romantische Aneignung dieses Zusammentreffens aus?

Man könnte an dieser Stelle zunächst einige höchst allgemeine Antworten wagen, bevor eine ausführlichere, kritische Untersuchung folgt. Zum Beispiel scheint es, dass Musik und Wahnsinn durch den dritten Begriff der Sprache verbunden werden müssen. Wenn man Musik und Wahnsinn romantisch als Sphären betrachtet, die die Normen von Bedeutung und Sinn infrage stellen, so könnte man behaupten, dass sie die oberen beziehungsweise die unteren Grenzen der Sprache definieren. In dem oben zitierten Epigraph kann Kreislers Unfähigkeit, ein Wort zu sprechen (»keines Wortes mächtig«), entweder ein verbales Versagen signalisieren oder aber einen erhabenen Affekt. Beide stecken eine konzeptuelle Grenze ab, über die Sprache nicht hinaus reichen kann. Wenn einerseits das Rationale der Sprache das Unterscheidungsmerkmal zwischen Mensch und Tier ist, dann kann Kreislers Sprachlosigkeit als Symptom einer bevorstehenden Verrücktheit betrachtet werden, eines psychisch verwirrten Stadiums, das ausdrücklich als wild beschrieben wird und das seine individuelle Identität vollends in Stücke reißen würde. Sprache – verstanden als Selbst-Repräsentation, Kommunikation oder Ausdruck – funktioniert durch eine Intentionalität, die auf einem stabilen, einheitlichen Subjekt basiert, und der Wahnsinn droht eben diese subjektive Basis zu zerstören. Auf der anderen Seite kann man das Verstummen des Komponisten als eine transzendente Bewegung in Bedeutungsbereiche interpretieren, die Worte gar nicht erreichen können. Wenn im ersten Fall der Mensch vom Wahnsinn auf die Stufe des Tieres, zu gejagtem Wild reduziert wird – wie in den klassischen Beispielen von den durch Wahnsinn getriebenen Orest, Ajax und Pentheus –, so konstituiert die Musik im zweiten Fall ein spirituelles Heilmittel für eine von uns allen geteilte existentielle Wunde, verbunden mit einer symbolischen Logik unserer Beziehung zur Welt. Während der Wahnsinn als untere Grenze zur Sprache die Grenzen zwischen Menschheit und Wildheit auflöst, setzt die Musik als obere Grenze die Schranke außer Kraft, die die Menschheit vom Göttlichen trennt. Rein linguistisch gesprochen befreit uns die Musik von den reduktiven Kräften der Konzeptualisierung. Dieser

Topos der Unsagbarkeit untermauert gewiss einen großen Teil der Tradition.⁹

In der Tat nutzte die romantische Theorie zum ersten Mal die irrationale (oder überrationale) Gewalt reiner Instrumentalmusik. Was schließlich als absolute Musik bezeichnet werden sollte – Musik also, die von jeglichem verbalen Diskurs befreit oder entbunden ist –, wurde angesehen, als sei sie in der Lage, menschliche Wahrheiten vorzubringen, die sich den rigiden Definitionen und Konzepten von Wortschatz und Syntax entzieht. Hoffmann selbst förderte maßgeblich die Neueinschätzung von Musik als einer autonomen und nicht mehr nur begleitenden Kunstform. In seiner berühmten Besprechung von Beethovens *Fünfter Symphonie* (1810) schreibt er: »Die Musik schließt dem Menschen ein unbekanntes Reich auf; eine Welt, die nichts gemein hat mit der äußern Sinnenwelt, die ihn umgibt, und in der alle durch Begriffe bestimmbaren Gefühle zurückläßt, um sich dem Unaussprechlichen hinzugeben« (HW 1: 532). Die Transzendenz von Musik basiert auf einer Reihe von Negationen – »unbekannt«, »unaussprechlich« – und bewegt sich dadurch über menschliche Wahrnehmung und Erkenntnis im Sinne des des Positivismus hinaus. Obwohl diese Transzendenz allgemein als ein Aufstieg in eine göttliche Sphäre betrachtet wird, vermag sie genauso gut einen Abstieg in wilde Natur zu markieren. Die Norm subjektiver Menschlichkeit, die sich ganz klar von Göttern und Tieren unterscheidet, verhindert den Zugang zu dieser musikalischen Erfahrung, deren Anomalie in einem Rückzug aus dem Alltäglichen oder dessen Aufgabe besteht.

Von einem anderen Standpunkt aus könnte man sagen, dass Musik nicht notwendigerweise ein perfekteres Medium als Sprache ist, sondern eher andersgeartet. Musik führt ihre Inhalte mit einer Unmittelbarkeit vor, die dem reflektierenden Wesen verbaler Kommunikation fehlt. Hier gehören Musik und Wahnsinn tatsächlich zusammen,

---

9 Zum Beispiel Grillparzer: »Wo Worte nicht mehr hinreichen, sprechen die Töne. Was Gestalten nicht auszudrücken vermögen, malt ein Laut. [...] alles was höher geht und tiefer als Worte gehen können, das gehört der Musik an, da ist sie unerreicht.« Zitiert nach Corina Caduff, »*dadim dadam*« – *Figuren der Musik in der Literatur Ingeborg Bachmanns* (Köln 1998), S. 44. Siehe auch Caduff, *Die Literarisierung von Musik und bildender Kunst um 1800* (München 2003), S. 44.

da sie denselben Bereich einnehmen. Das heißt jedoch nicht, dass sie aufgrund ihrer Fähigkeit, Sprache entweder von der einen oder von der anderen Seite der Symbolisierung einzugrenzen, einfach miteinander verbunden sind; sie stecken nicht die obere und untere Grenze zur Sprache ab, sondern konstituieren viel eher einen vom Sprachgebrauch vollends losgelösten Bereich. Kierkegaard, einer der größten Leser und härtesten Kritiker der Romantik, folgt genau dieser Logik, wenn er seinen Ästheten (den Autor A aus *Entweder – Oder*) »die offensichtliche Armut der Sprache« als deren »Reichtum« neu beurteilen lässt: »Das Unmittelbare ist nämlich das Unbestimmbare; darum kann die Sprache es nicht in sich aufnehmen. Daß es aber das Unbestimmbare ist, hierin besteht nicht seine Vollkommenheit, vielmehr ein ihm anhaftender Mangel.«[10] Im Wesentlichen ersetzt Kierkegaard den Begriff des Unendlichen durch das Problem des Unbestimmten. Besonders an dieser Stelle können wir sehen, wie leicht Vorstellungen des Unsagbaren dem drohenden Wahnsinn Platz machen können. Es kommt nicht von Ungefähr, dass Kierkegaard in einer früheren Passage im selben Text – der berühmten Lektüre von Mozarts *Don Giovanni* – dem Komponisten ekstatisch für »den Verlust [seiner] Vernunft« dankt.

Folglich lassen sich zwei unterschiedliche Szenarien feststellen: (1) Musik und Wahnsinn begrenzen Sprache von zwei gegenüberliegenden Seiten, von oberhalb oder unterhalb der subjektiven Norm; oder (2) Musik und Wahnsinn begrenzen Sprache von einer gemeinsamen Position aus, von der Sphäre oder dem Stadium der Unmittelbarkeit im Gegensatz zur Vermittlung der Reflexion. In beiden Fällen scheinen Musik und Wahnsinn einen Sprachursprung zu konstituieren, der per definitionem nicht durch Sprache verstanden werden kann. Würde sich die Literatur diesen Ursprung – alogisch insofern, als er außerhalb des *logos* steht – zu Eigen machen, würde er das Bestreben der Literatur nach etwas jenseits der Sprache repräsentieren, was jenseits des literarischen Werkes selbst liegt oder mit diesem inkompatibel ist. Musik und Wahnsinn würden demnach Sprache außer Kraft setzen (*unwork*), indem sie Räume außerhalb des Wirkungsfeldes von Sprache besetzen, Augenblicke von Nichtrepräsentierbarkeit, die innerhalb der linearen Bewegung von Repräsentation geschehen, Räume, die in dem unzugänglichen Kern des Werkes lie-

---

10 Søren Kierkegaard, *Entweder – Oder*, übers. v. C. Schempf (Wiesbaden 1955).

gen. In diesem Sinne umfassten Musik und Wahnsinn die eigene innere Unterbrechung des Werkes.

Somit verspricht Musik dem Dichter Befreiung und die Möglichkeit, der zwangsläufig mit Sprache verbundenen Minderung und Beschränkung zu entkommen, aber ebenso droht sie wie der Wahnsinn mit absoluter Unkommunizierbarkeit. In seinem Essay »Silence and the Poet« (1967) reflektiert George Steiner diese Ambivalenz, indem er sich zunächst den Mythen vollen dichterischen (musikalischen) Ausdrucks zuwendet, in denen die Sterblichen mit den Göttern wetteifern und dadurch deren eifersüchtige Gewalt herausfordern. Die Zerstückelung von Orpheus, die Häutung von Marsyas und das Abschneiden von Tamyris' Zunge demonstrieren die Gräueltaten, die den Lebenslauf des sündhaften Künstlers als Schatten begleiten. In einer anderen Perspektive findet sich dann die Idealisierung von Musik: zunächst in der deutschen Romantik, später in anderen europäische Poetiken wie dem französische Symbolismus, wo der Reiz der Musik in ihrem Versprechen besteht, den Dichter von einer bestimmten Sprache zu befreien, indem sie dem Wort neue Dimensionen eröffnet. In einer an Novalis erinnernden Formulierung schreibt Steiner: »Durch eine allmähliche Lockerung oder Transzendenz seiner eigenen Formen versucht das Gedicht den linearen, denotativen, logisch bestimmten Fesseln linguistischer Syntax zu entkommen und sich auf das hinzubewegen, was der Dichter für die Gleichzeitigkeiten, Unmittelbarkeiten und das freie Spiel musikalischer Form hält«.[11] Aus einer anderen, dunkleren Perspektive jedoch kann diese Art des Hinausreichens der Sprache über ihre reflexiven, rationalen Grenzen zur Folge haben, dass sie es auf gefährliche Weise zu weit treibt. Derselbe Impuls, der den Dichter dem »freien Spiel musikalischer Form« zu trieb, kann leicht dazu führen, dass er, wie Hölderlin in seinem Turm, den Verstand verliert.

Diese Eingangsbemerkungen lassen viele der wichtigen Schwierigkeiten unbeachtet, denen sich der genauere Blick im Folgenden widmet. Hier möchte ich mich auf wenige Hauptpunkte beschränken. Zunächst gibt es kaum einen vageren Begriff als den des »Wahnsinns«. Hoffmann zum Beispiel, der mit der neuesten psychologischen Literatur wohl vertraut war, verfügte über eine ganze pathologische Nomenklatur der Beschwerden – Demenz, Verwirrtheit, Irrsinn, De-

---

[11] George Steiner, *Language and Silence: Essays on Language, Literature, and the Inhuman* (New York 1967), S. 43.

lirium, Vesania, Melancholie, Manie und so weiter – jede mit ihren eigenen Manifestationen, die aus vielen verschiedenen Blickwinkeln interpretiert werden können, etwa als somatisches oder geistiges Problem, vorübergehend oder chronisch, als Erbkrankheit oder durch Trauma hervorgerufen. Obwohl Hoffmanns Wahnsinn in dem oben zitierten Epitaph auf eine deutlich negative Qual anspielt, die von der typisch romantischen Krankheit der Zerrissenheit gefärbt ist, finden sich ebenso Momente, in denen der Autor Geistesgestörtheit als einen höhere Bewusstseinszustände versprechenden Segen beschreibt. Diese sind dem klassischen Begriff der platonischen »göttlichen Wahnsinn« (θεῖα μανία) oder seiner späteren Entwicklung in den *furor poeticus* verwandt, der inspirierenden Gabe, die den Renaissancekünstler in einen »anderen Gott«, einen *alter deus*, verwandelte. Cyprian, einer der Mitglieder von Hoffmanns Serapions-Brüdern, die regelmäßig zusammen kommen, um den Wahnsinn zu erforschen, der »tief in der menschlichen Natur liegt«, erklärt: »immer glaubt' ich, daß die Natur gerade beim Abnormen Blicke vergönne in ihre schauerlichste Tiefe und in der Tat selbst in dem Grauen, das mich oft bei jenem seltsamen Verkehr befing, gingen mir Ahnungen und Bilder auf, die meinen Geist zum besonderen Aufschwung stärkten und belebten« (*Die Serapions-Brüder*, HW 4:37). Für diejenigen, die in der Lage sind, aus ihm zurückzukehren und über ihn zu reflektieren, erweitert der Wahnsinn wie eine Trance die Erfahrung des Subjekts, anstatt sie in Stücke zu reißen. Er repräsentiert das für den Prozess psychischer Erweiterung notwendige Fremdwerden. Wenn diese Bewusstseinserweiterung Exzentrizität als Gottesgeschenk neu definiert, dann müsste die Welt, die man hinter sich lässt, als wahrhaft wahnsinnig dargestellt werden. Platons Höhlengleichnis ist dafür ein typisches Beispiel. Die als verrückt Angesehenen wären dann die einzigen nicht Verrückten.

Zweitens und ungeachtet Hoffmanns Beitrag zur Konzeption der Idee absoluter Musik sollte die Autonomie der Musik sicherlich nicht als gegeben angenommen werden. Als Kappellmeister ist Kreisler doch zuallererst Komponist von Vokalmusik. Die ersten Jahrzehnte des 19. Jahrhunderts beschäftigten sich immer noch mit den musikästhetischen Debatten der vorhergehenden Jahrhunderte, die alle von der untrennbaren Beziehung zwischen Musik und Sprache ausgingen. Tatsächlich basierten Diskussionen über Lieder oft auf dem Verdacht auf Wahnsinn. Die Eigenschaften von Ton, Betonung und Rhythmus wurden besonders herausgehoben, da sie die Macht einer Passage enorm bestimmten, ohne zur lexikalischen Bedeutung des Textes beizutragen. Melismatische Passagen und Polyphonie waren wegen ihrer Nähe zu Irrationalität besonders gefürchtet, insofern diese Techniken die kommunikative Macht des Wortes schwächten und dadurch die Verbindung der Musik mit diskursiver Klarheit verschwimmen ließen. Allerdings war der potentielle Wahnsinn hier immer noch verbal – tierisch vielleicht, aber nicht vollkommen unmenschlich.

Die dritte Schwierigkeit ist weder psychopathologisch (»Was ist Wahnsinn?«), noch ästhetisch (»Was ist Musik?«), sondern eher kulturell. Warum, so könnte man fragen, haben wir es, von gelegentlichen Ausnahmen abgesehen, vor allem mit einem deutschen Thema zu tun? Wenn wir mit Pamela Potters These übereinstimmen, dass »Musik einen Modus künstlerischen Ausdrucks repräsentierte, an dem alle Deutschen teilhaben konnten«, dass dieser dazu diente, »eine lange Geschichte politischer Zersplitterung und regionaler Unterschiede zu überwinden«,[12] warum wurde dann dieses musikalische Vermächtnis mit Wahnsinn assoziiert, mit einem Geisteszustand, der bestenfalls zweideutig ist? Auch ungeachtet der gefährlich essentialistischen Annahmen in Potters Bemerkung (gibt es denn tatsächlich so etwas wie »die Deutschen«?) lohnte es sich, genauer zu untersuchen, wie diese beiden Motive im Hinblick auf die Definition einer persönlichen oder nationalen Identität benutzt wurden. Spielen dabei theoretisch wichtige Fragen eine Rolle, die für Philosophie oder Kulturgeschichte von Belang sind?

∽

Die Konzentration auf literarische Werke bringt mich zu einer weiteren Hürde, nämlich dem zum Kern dieser Studie führenden Problem der Metapher. Das vorliegende Projekt handelt *von* Musik und Wahnsinn im strengsten Sinn des Wortes: nicht als Tonkunst und Geisteszustand als solchen, sondern eher als spezialisierte metaphorische Strategien, die in literarischen Werken eingesetzt werden oder diese konstituieren. Obwohl Wissenschaftlern dieser figurative Status im Allgemeinen bewusst ist, sind die meisten Versuche, die Kor-

---

12 Pamela Potter (Hg.), *Most German of the Arts. Musicology and Society from the Weimar Republic to the End of Hitler's Reich* (New Haven 1998), S. ix.

relation zwischen Literatur und Geisteskrankheit oder musikalischer Erfahrung zu untersuchen, an genau diesem Punkt gescheitert. Was Calvin Brown in seinem einflussreichen Buch *Music and Literature* (1948) »musiko-literarische Studien« genannt hat, geben sich im Allgemeinen damit zufrieden, literarische Beispiele von Musik oder Musikalität als mehr oder weniger geeignete Metaphern zu bestimmen, ohne ihre spezifischen semiotischen oder semantischen Folgen zu beachten. Wie Eric Prieto unlängst behauptete, »missverstehen« diese Kritiker »das Ergebnis (Metaphern) als die Ursache (die nicht reduzierbare Heterogenität von Musik und Literatur).«[13] In dieser Hinsicht war die literarische Auseinandersetzung mit den Folgen des Wahnsinns weitaus erfolgreicher. Foucaults Bahn brechende *Histoire de la folie* (1961) und die vielen darauf folgenden Untersuchungen, allen voran Shoshana Felmans Arbeiten, müssen lobend dafür genannt werden, dass sie der Spezifizität von dargestelltem Wahnsinn und seinen philosophischen Implikationen Beachtung geschenkt haben, statt seine Macht einfach als eine Metapher unter anderen Möglichkeiten zu verallgemeinern.[14]

Das Metaphernproblem zeigt nochmals, dass das Problem der Beziehung zwischen Musik und Wahnsinn sich am besten in Bezug auf Sprache untersuchen lässt. Wenn wir Musik als die nicht semantischen Elemente von Gesang oder als reines Instrumentalstück nehmen und dann behaupten, dass Musik »spricht«, dann handelt es sich im strengen Sinne nicht um Musik, sondern eher um Musik, die in rationalen Diskurs, in etwas Außermusikalisches, verwandelt (oder metaphorisiert) wurde. Viele Ästhetiker beurteilen Musik als irgendwie linguistisch. Dies bedeutet, eine Hörerfahrung durch nicht auditive Mittel zu interpretieren. Die Musikologin Carolyn Abbate betrachtet daher jegliches Schreiben über Musik als Prosopopeia, als ein Verleihen von Sprache an etwas, das selbst keine Sprache hat. Radikal verstanden erkennt das Schreiben über Musik die Rechte auf Subjektivität ausschließlich der Sprache zu, während Musik paradoxerweise stummes Objekt, nicht denkende *res extensa*

---

13 Eric Prieto, *Listening In. Music, Mind, and the Modernist Narrative* (Lincoln 2002), S. 19. Siehe auch Prietos Kapitel, »Beyond ›Musico-Literary‹ Studies«, S. 16-25, und Susan Bernstein, *Virtuosity of the Nineteenth Century. Performing Music and Language in Heine, Liszt, and Baudelaire* (Stanford 1998), S. 36-57.
14 Siehe Shoshana Felman, *Writing and Madness. Literature/Philosophy/Psychoanalysis* (Stanford 2003) und Jean Rigoli, *Lire et délire. Aliénisme, rhétorique, et littérature en France au XIXe siècle* (Paris 2001).

bleibt. Indem Abbate sich auf das bildhafte Wesen von Musikkritik konzentriert, gewährt sie der Musik implizit, als solche bestehen zu bleiben, und entgeht so reduzierenden, verzerrten Formulierungen: »Musik kann somit vielleicht philosophischen Sprachkritiken und vielleicht sogar der Sprache gänzlich entkommen.«[15]

Zu Abbates Bemerkungen über Musik findet sich ein viel sagendes Gegenstück in Derridas Hauptproblem mit Foucaults Projekt über den Wahnsinn. Im Allgemeinen tadelt Derrida die *Histoire de la folie* dafür, dass sie den Fallen nicht zu entkommen vermag, die unausweichlich jeglichen Wunsch frustrieren müssen, Wahnsinn an die Sprache zurückzugeben.[16] Die von Foucault selbst so genannte »Archäologie des Schweigens« wollte eine neue Sprache entdecken oder »Worte ohne Sprache« benutzen, als eine Art Sprache des Wahnsinns, anstatt darüber zu reden in einem Stil, der die so genannte kartesische »große Gefangenschaft« (»grand renfermement«) nicht bestätigen würde. Derrida aber erkennt dieselbe Geste der Prosopopeia, die Abbate an der Musikwissenschaft stört. »Foucault«, schreibt Derrida, »wollte, dass der Wahnsinn in jedem Sinne des Wortes das *Subjekt* seines Buches sei: sein Thema und sein Ich-Erzähler, sein Autor; Wahnsinn, der über sich selbst spricht«.[17] Daher zweifelt er an der Machbarkeit eines solchen Projekts: »Wäre die Archäologie des Schweigens nicht die wirksamste und subtilste Wiederherstellung, die *Wiederholung*, der Akt gegen Wahnsinn begangen – und somit zeitgleich mit dem Augenblick, wenn dieser Akt angeprangert wird?«[18]

Natürlich ist das Problem unlösbar. Sowohl der Wunsch, Musik und Wahnsinn in eine rationale Sprache zu fassen, als auch die Zweifel daran – beide sind auf eine scharfe Trennung angewiesen, um die fundamentale Differenz der Begriffe zu erhalten. Im ersten Fall bereitet die Trennung die Grundlage für Übersetzung, dafür, Äquivalenzen auf jeder Seite der Kluft zu finden; im zweiten Fall wird die Trennung aufrechterhalten, um das Nichtsemantische vor dem Verbrechen der Symbolisierung zu schützen. Wahnsinn und Musik vor diskursiver Formulierung zu bewahren, unterstreicht dieselbe Trennung, die Übersetzung unterstützt.

---

15 Carolyn Abbate, *Unsung Voices. Opera and Musical Narrative in the Nineteenth Century* (Princeton 1991), S. 18.
16 Jacques Derrida, »Cogito et histoire de la folie« in *L'Ecriture et la différence* (Paris 1967), S. 51-98.
17 Derrida, »Cogito«, S. 56 (Hervorhebung im Original).
18 Derrida, »Cogito«, S. 57 (Hervorhebung im Original).

Literarische Fälle des Wahnsinnigen und des Musikalischen enthalten dadurch eine zweifache Drohung: Entweder scheitert Sprache daran, das zu erreichen, was sie sich vorgenommen hatte, oder Sprache ist erfolgreich und enthebt damit Musik und Wahnsinn der Macht, musikalisch und wahnsinnig zu sein. In Bezug auf Musik setzt der Wunsch, Melodien oder Harmonien zu erläutern, die Entscheidung voraus, dass das akustische Material durch Syntax, Grammatik und Wortschatz völlig anderer Art ersetzt wird. Wenn allerdings Musik sich der Definition entzieht, dann zerfällt Sprache schließlich angesichts dessen, was sie nicht zu fassen vermag. Wahnsinn in Sprache zu fassen, hat dieselben Möglichkeiten. Entweder der eine oder die andere muss zerstört werden. Über Wahnsinn zu schreiben bedeutet, das Unkommunizierbare zu kommunizieren, das Unbegreifliche begreifbar zu machen und damit den Wahnsinn nicht weiter wahnsinnig sein zu lassen. Die Leistung der Sprache hängt davon ab, den Wahnsinn in etwas rational Erklärbares zu verwandeln – etwas Kommunikatives und Begreifliches – so wie wenn wir sagen, dass Wahnsinn pathologisch sei, ein Symptom unbewusster Wünsche oder eine geschickte Täuschungsmethode. Wenn allerdings Wahnsinn als das bestehen bleibt, das sich jeglichem Verstehen widersetzt, dann muss rationale Sprache nachgeben und auf ihre sinnstiftenden Absichten verzichten. Jede linguistische Begegnung sowohl mit Musik als auch mit Wahnsinn scheint somit am Rande zweier Abgründe zu balancieren: der Leere des abstrakten Konzepts oder der ehrfürchtigen Stille vor dem Unsagbaren.

Obwohl es in den vergangenen Jahrzehnten viele wissenschaftliche Arbeiten über einzelne Themen zur Musik *oder* zum Wahnsinn in Beziehung zu Sprache gegeben hat – zum Beispiel über Musik und Literatur oder über Literatur und Wahnsinn – wurde der spezifischen Beziehung zwischen Musik *und* Wahnsinn in Literatur und deren Auswirkungen auf Ästhetik, Repräsentation und Linguistik erstaunlich wenig Beachtung geschenkt.[19] Bei diesem Defizit will die vorliegende Untersuchung ansetzen.

---

19 Siehe aber: Christine Lubkoll, *Mythos Musik. Poetische Entwürfe des Musikalischen in der Literatur um 1800* (Freiburg/B. 1995); Corina Caduff, *Die Literarisierung von Musik*; und Nicola Gess, *Die Gewalt der Musik. Literatur und Musikkritik um 1800* (Freiburg/B. 2006).

In wissenschaftlichen Arbeiten wird das Thema Musik und Wahnsinn gewöhnlich in Bezug auf die Operntradition diskutiert. Meistens konzentrieren sich die Analysen auf Begriffe wie Zurückweisung, Auflehnung oder Zerstörung, häufig mit Konzentration auf die akustischen Eigenschaften der Stimme im Gegensatz zu den sinnbeladenen Eigenschaften des Wortes. In der Geschichte der Oper wird diese Spannung vielleicht am deutlichsten im 18. Jahrhundert und seiner Trennung zwischen Rezitativen, die traditionellerweise den dramatischen Plot mitteilen, und den Arien, die eine Unterbrechung der Handlung oder ein Aussetzen narrativer Information darstellen. Dementsprechend schreibt Mladen Dolar: »Die Arie konnte die Stimme jenseits von Bedeutung präsentieren, das Objekt der Faszination jenseits von Inhalt; sie konnte auf Genuss jenseits des Signifikanten zielen, auf unmittelbare Faszination mit einem bedeutungslosen Objekt«.[20] Von einem psychologischen Standpunkt aus kann man verstehen, wie schöner Gesang, der offen und ungehindert vom Rachen zum Mund strömt, das Verstehen des Textes folglich erschwert. Das weiche Aussprechen der Konsonanten und der Verschlusslaute führt zu einer allgemeinen Entrationalisierung – oder, wenn man so will, zu einem Wahnsinnigwerden – der Sprechweise. Auch Michel Poizat richtet seine Aufmerksamkeit auf diesen »Genuss jenseits des Signifikanten«, auf diese *jouissance*, die für ihn nicht aus dem Hören unverständlicher Sprache resultiert, sondern daraus, dass der Prozess der Sinnauflösung wahrgenommen wird.[21] Jouissance besteht darin, zu hören, wie eine bestehende (kommunikative, informative) Sprache durch bedeutungslose Laute außer Kraft gesetzt werden kann. Mit Lacans Wortspiel, *j'ouïs sens*, gesprochen: »Ich hörte Bedeutung« ist die Grundlage gelegt für die Erweiterung der Bedeutungslosigkeit ins Grenzenlose. Wagners endlose Musik, die von Glucks Verschwimmen der Unterscheidung zwischen Arie und Rezitativ stammt, versenkt den Hörer in eine ozeanische Kontinuität, die Poizat zufolge »dazu neigt, die bedeutungsstiftende metrische Gliederung der Sprache auszuhöh-

---

20 Slavoj Žižek und Mladen Dolar, *Opera's Second Death* (New York 2002), S. 19.
21 Michel Poizat, *L'Opéra, ou Le cri de l'ange. Essai sur la jouissance de l'amateur de l'opéra* (Paris 1986).

len oder zu unterminieren.«[22] Das Ergebnis ist zum Wahnsinnigwerden.

Man könnte tatsächlich sagen, dass die Stimme als rein lautlicher Klang im Konflikt mit dem Wort liegt. Die einfache Geräuschabgabe, das materielle Substrat eines jeden Signifikanten, blockiert die Wirksamkeit des Wortes, das Bedeutung schließlich auf einer symbolischen, d.h. immateriellen Ebene artikuliert. Julia Kristevas bekannte psycholinguistische Unterscheidung zwischen dem Symbolischen (bewusst, rational) und dem Semiotischen (libidinös, angenehm) bestätigt genau diese Arbeitsteilung, wobei Letzteres häufig mit einer Vorstellung von Musikalität assoziiert wird.[23] Das rationale Funktionieren verbaler Sprache muss im Wesentlichen diese phonematische Quelle, diese »semiotische Chora« kanalisieren und ihre unlösbaren Elemente unterdrücken, um die richtige Bedeutungsformulierung zu gewährleisten. Wie Freuds Rückkehr des Verdrängten treiben dennoch Rhythmus, Klangfülle und -farbe – Reste eines vorverbalen, verlorenen Bereichs der Lust – weiterhin den symbolischen Prozess der Signifikation voran und drohen mit der Destabilisierung genau jener Basis der Subjektivität, nämlich dem systematischen Funktionieren von Sprache, das das Subjekt erst hervorbringt.[24] Wieder öffnet die Stimme als solche die Tür zu Irrationalität oder Regression. Und so wendet Roland Barthes, der »die Lust am Text« explizit mit der »Körnung der Stimme« (»le grain de la voix«) assoziiert, den linguistischen Akt des Lesens in eine Erfahrung, die sich einreiht in psychoanalytische Rubriken wie »Neurose«, »Fetischismus«, »Obsession«, »Paranoia« und »Hysterie«.[25]

Die Spannung zwischen der rationalisierenden Macht des Wortes und der unerträglichen Subversion der Stimme scheint tatsächlich durch die deutsche romantische Literatur zu laufen, besonders in ihrem Flirt mit dem Irrationalismus. Die hier untersuchten Texte waren jedoch nicht für die lebendige Stimme oder die Theaterbühne bestimmt, sondern für Veröffentlichungen und persönliche Lektüre. Spielt die Stimme eine Rolle, so nicht als durchdringender Sopran, sondern als die stumme Stimme der beschriebenen Seite. Aber was

---

22 Poizat, *L'Opéra*, S. 69.
23 Julia Kristeva, *La révolution du langage poétique. L'avant-garde à la fin du XIXe siècle. Lautréamont et Mallarmé* (Paris 1974), S. 17-22.
24 Siehe Adriana Cavarero, *A più voci. Filosofia dell'espressione vocale* (Mailand 2003), S. 154-161.
25 Roland Barthes, *Le plaisir du texte* (Paris 1973).

ist diese Stimme? Wem gehört sie? Ich möchte aufzeigen, dass die nicht semantische, faszinierende Stimme der wahnsinnigen romantischen Musik vor allem die Stimme des Autors ist oder besser: die Stimme der lebenden Person, die zum Autor werden wird, die dabei ist, ihre Stimme einem System zuzuschreiben, das daraus Bedeutung herstellt und sich damit der Stimme selbst entledigt. Für diese Schriftsteller kann diese Stimme niemals angemessen oder vollends durch repräsentative Sprache erfasst werden. Sie widersetzt sich, in das Gleiche einzutreten, und zieht sich selbst aus der Zuschreibung von Differenz zurück, die den Begriff des Gleichen bloß verstärken soll. Die Einzigartigkeit der Stimme, die auf kein Konzept zu reduzieren ist und außerhalb jeglichen Systems (z. B. des Systems der Identität und der Differenz) steht, verflüchtigt sich in dem Werk – sei es im Buch selbst oder in der Identität des Autors. Die Diskursivität des Werkes, seine Fähigkeit, sich innerhalb einer sinnvollen Sprache zu bewegen (sinnvoll für andere und für sich selbst), beruht auf der Negation dieser Einzigartigkeit. So wie im Mythos Eurydike wieder von Orpheus getrennt wird, so entzieht sich auch die Stimme hier der Sinnstiftung. In Vorwegnahme einer detaillierten Analyse ist somit festzustellen, dass Musik und Wahnsinn diese Ordnung semantischer Klarheit durcheinander bringen und die Hoffnung, und mag sie auch noch so gering sein, aufrecht erhalten, dass das, was zum Schweigen gebracht wurde, Gehör finden und das im Werk aufgegangene Selbst erkannt werden kann. Die metaphorische Strategie ist aufs Äußerste orphisch, insofern sie dem Selbst erlaubt, gesehen und in der Stimme gehört zu werden, jedoch nur im Augenblick tödlicher Vergänglichkeit. Am Ende sieht der Leser gar nichts, außer das Verschwinden selbst.

Für die Schriftsteller um 1800 war die Selbst-Einschreibung ein besonders akutes Problem, das mehr oder weniger direkt durch Rousseaus autobiographische Projekte und Ängste initiiert wurde.[26] Dieser einmalige Theoretiker mit seiner unmittelbaren Ausdruckskraft begann eine Schriftstellerkarriere, von der er sich immer verraten fühlte. Wie Rousseau in seinen *Confessions* erzählt, stieß er (*tombai*) in dem »extrem heißen« Sommer 1749 während eines Besuchs bei seinem unter Hausarrest in Vincennes stehenden Freund

---

26 Philippe Lacoue-Labarthe führt das Thema von Musik, Wahnsinn und Autobiographie ein: siehe »L'écho du sujet« in *Le sujet de la philosophie. Typographies I* (Paris 1979).

Diderot zufällig auf die Ausschreibung der Akademie in Dijon für den Aufsatzwettbewerb, mit dem seine Karriere als Schriftsteller beginnen sollte: »›Hat der Fortschritt der Wissenschaften und Künste zum Verderb oder zur Veredelung der Sitten beigetragen?‹ Sobald ich diese Zeile gelesen, sah ich rings um mich eine andere Welt und ward ein anderer Mensch *[un autre homme]*«.[27] Die entfremdende Wirkung dieses Ereignisses führt zu einer Reflexion über persönliche Erinnerung und verloren gegangene Musik:

> sobald ich jedoch etwas dem Papier anvertraue, läßt es mich im Stich, so daß ich mich an eine Sache nicht mehr erinnern kann, sobald ich sie einmal niedergeschrieben habe. Diese Eigentümlichkeit verfolgt mich bis in die Musik hinein. Ehe ich sie noch gelernt hatte, wußte ich eine Unmenge von Liedern auswendig, sobald ich aber nach Noten singen konnte, vermochte ich kein einziges mehr auswendig zu behalten. (460)[28]

Der Sturz ins Schreiben – in dessen gleichzeitige Entfremdung und Amnesie – markiert folglich eine neue Zeit wahnsinnsähnlicher Zustände:

> Ganz deutlich erinnere ich mich jedoch, daß ich in Vincennes in einer Erregung anlangte, die an Wahnsinn grenzte. Diderot bemerkte es […]. Er spornte mich an, meinen Gedanken freien Lauf zu lassen und mich um den Preis zu bewerben. Ich tat es, und von diesem Augenblicke an war ich verloren. Der ganze Rest meines Lebens und all meine Leiden war die unvermeidliche Wirkung dieses Augenblicks der Verirrung. (460)[29]

---

27 Jean-Jacques Rousseau, *Bekenntnisse*, übers. v. Ernst Hardt (Frankfurt/M. 1995), S. 459. Die in Klammern gesetzten Seitenangaben beziehen sich auf diese Ausgabe. Im Original: »›Si le progrès des sciences et des arts a contribué à corrompre ou à épurer les mœurs.‹ A l'instant de cette lecture je vis un autre univers, et je devins un autre homme«. Rousseau, *Œuvres complètes*, 5 Bde., hg. v. Bernard Gagnebin/Marcel Raymond (Bibliothèque de la Pléiade; Paris 1959-1995), 1:351 Im Weiteren zitiert als ROC mit Band- und Seitenangabe.

28 Im Original: »dès qu'une fois j'ai écrit une chose, je ne m'en souviens plus du tout. Cette singularité me suit jusques dans la musique. Avant de l'apprendre je savois par cœur des multitudes de chansons: sitôt que j'ai su chanter des airs notés, je n'en ai pu retenir aucun« (ROC 1:351).

29 Im Original: »j'étois dans une agitation qui tenoit du délire. Diderot l'aperçut […]. Il m'exhorta de donner l'essor à mes idées, et de concourir au prix. Je le fis, et dès cet instant je fus perdu. Tout le reste de ma vie et de mes malheurs fut l'effet inévitable de cet instant d'égarement« (ROC 1:351).

Dem Apologeten zufolge hatte also Diderots Appell eine direkte Gefährdung zur Folge. In den folgenden Kapiteln der *Confessions* beschreibt Rousseau die entstellenden Wirkungen, die Schreiben auf seine Identität hatte: »Ich war wirklich umgewandelt; meine Bekannten, meine Freunde erkannten mich nicht wieder« (549).³⁰ Die *Confessions* sind als Geschichte einer Reihe von Entstellungen zu lesen, die durch die Kultur verursacht werden, als Erzählung falscher Vorstellungen, die in dem Buch richtig gestellt werden sollen. Im Vorwort zur Neuchâtel-Ausgabe verspricht Rousseau, sich selbst in Gänze und völliger Transparenz offen zu legen, im Gegensatz zu Montaigne, der sich hinter seinem Porträt sozusagen versteckte (ROC I : 11). Trotzdem wurden die entschuldigenden, sich rechtfertigenden *Confessions* schließlich doch von der paranoiden Angst der Aufgabe und Selbstvergessenheit heimgesucht. Daher sind die *Confessions* die autobiographische Ergänzung der *Dialogues* und der *Rêveries du promeneur solitaire*. Das Vorhaben der Selbstbeobachtung und der Selbstbildung endet in einem schrecklichen Wiederholungszwang, in dem Bedürfnis, wieder und wieder zu schreiben. Alle diese Versuche, durch das Schreiben wiederzugewinnen, was durch das Schreiben verloren gegangen war, sind in gewissem Sinne nutzlos.

Dadurch gibt Rousseau die Tonart für eine spätere Zeit vor, die besessen war von der Idee der Individualität. Damals wurde Identität – die für andere Menschen sichtbare Erscheinung – als Fälschung angesehen, als fürchterlich hemmendes, unterdrückendes, beschämendes Konstrukt. Die gescheiterte Übereinstimmung zwischen gelebter Erfahrung und Darstellung begründete Versuche, das Selbst im literarischen Werk auftauchen zu lassen, ohne es davon beschädigen zu lassen. Ich glaube, dass die romantische Tradition der Verbindung von Musik und Wahnsinn sich letztlich dieser Aufgabe zuwendet. Ganz einfach gesprochen (und natürlich noch zu beweisen): als Metaphern für Nichtdarstellbarkeit könnten Musik und Wahnsinn die Nichtdarstellbarkeit des Selbst in einen Text einführen. Innerhalb einer darstellenden Sprache könnten sie eine neue Dimension eröffnen, die Darstellung übersteigen oder sich ihr entziehen. Wie im Falle Rousseaus jedoch und gerade, weil wir es mit einer literarischen Tradition zu tun haben, wird diese vielleicht schlaue

---

30 Im Original: »j'étois vraiment transformé; mes amis, mes connoissances ne me reconnoissoient plus« (ROC I: 416-417).

oder heimliche Hoffnung auf Wiederaneignung immer von der Möglichkeit weiterer Enteignung begleitet.

Ein kurzer Blick auf die hier behandelten bedeutenden Texte zeigt, dass Selbstdarstellungen oder Beinahe-Selbstdarstellungen sehr häufig sind – zum Beispiel Diderots Moi in *Le neveu*, Wackenroders Berglinger und Hoffmanns Kreisler –, wobei die Gestaltung in der ersten, zweiten und dritten Person möglich ist. Es gibt die persönliche, nervenaufreibende Begegnung des Erzählers, wie in Rochlitz' *Besuch im Irrenhause* oder Hoffmanns *Ritter Gluck*, ebenso wie die Aufspaltung in verschiedene Persönlichkeiten wie zum Beispiel in den vielen anonymen Figuren, die in Kleists *Heilige Cäcilie* vorkommen. Man könnte sogar so weit gehen und Hegels *Geist* einbeziehen – diesen unheimlichen Doppelgänger des Philosophen, der durch die *Phänomenologie* geistert, durch das Buch, das seinen Autor beinahe verrückt gemacht hätte (das jedenfalls vertraute er Schelling an).

Die Tradition von Musik und Wahnsinn als ein autobiographisches Unterfangen zu bestimmen, heißt nun aber nicht, dass Philippe Lejeunes Gattungsbestimmung des »autobiographischen Paktes« voll und ganz respektiert wird. Viel eher wird gerade die vorgeschlagene Identifikation von Erzähler oder Figur mit dem das Buch unterzeichnenden Eigennamen in Frage gestellt.[31] Solche Identifikation wäre vollkommen unangemessen, da wir es durchgängig nicht mit der Stabilisierung von Identität zu tun haben, sondern vielmehr mit einer typisch romantischen Identitätskritik.

Philippe Lacoue-Labarthe und Jean-Luc Nancy machen die einzigartige Arbeit der Romantik in eben dieser Identitätskritik aus, die einerseits darauf abzielt, eine vernünftige Darstellung des freien, absoluten Subjekts zu liefern, und die andererseits den Boden für eben jene Darstellung destabilisieren will. Daher versuchen sie, mit Hinwendung zu Maurice Blanchot, eine Neudefinition der Romantik: »Im romantischen Werk kommt es zur Unterbrechung und Dissemination des romantischen Werkes, was letztlich nicht im Werk selbst ablesbar ist ... Vielmehr lässt es sich in dem niemals genannten und noch weniger gedachten *désœuvrement* ablesen, das sich überall in die Ritzen des romantischen Werkes einschleicht.«[32] *Désœuvrement* – dieses unsagbare, undenkbare Etwas, dieses Bedeutung ent-

---

31 Siehe Philippe Lejeune, *Le pacte autobiographique* (Paris 1975), S. 14.
32 Philippe Lacoue-Labarthe/Jean-Luc Nancy, *L'Absolu littéraire. Théorie de la littérature du romantisme allemand* (Paris 1978).

machtende *aliquid*, das sich aus der Bedeutungsproduktion zurückzieht – konstituiert für Lacoue-Labarthe und Nancy die Macht der Romantik. Obwohl die Autoren von *L'absolu littéraire* vor allem an das fragmentarische Schreiben des *Athenäum* denken, passt dieses Scheitern des Denkens (das weniger die Negation des Denkens ist als seine Unmöglichkeit) gut zusammen mit Hoffmanns Anspielung auf das »unbekannte[ ] Reich« der Musik. Es ist daher durchaus kein Zufall, dass Musik und Wahnsinn in den hier untersuchten Texten häufig als eine unsagbare, undenkbare und daher unfassbare Figur auftauchen.[33]

Lacoue-Labarthes und Nancys Anspielung auf Blanchot bringt dieses Problem des Unsagbaren und Undenkbaren zurück auf das Thema der Stimme. In *L'espace littéraire* (1955) evoziert Blanchot den Mythos von Orpheus, vor allem den zum Scheitern verurteilten Blick, um die Literatur für das zu öffnen, was außerhalb des Werkes liegt. Der Blick zurück auf Eurydike macht die Arbeit des Sängers zunichte, jedoch nicht als Scheitern, sondern vielmehr als notwendige Bewegung, die »das Werk jenseits dessen trägt, was es versichert« – »pour porter l'œuvre au-delà de ce qui l'assure«. Es ist ein Opfer, das »den Gesang weiht« (»consacre le chant«).[34] In einem späteren Text, in dem Blanchot die Schriften Novalis' diskutiert – mit deutlichen orphischen Untertönen, die so sehr zu diesem Dichter passen –, bemerkt er: »Man kann in der Tat behaupten, dass wir in diesen Texten das nichtromantische Wesen der Romantik ausgedrückt finden als auch alle grundlegenden Fragen, die die Nacht der Sprache zur Hervorbringung des Tageslichtes beiträgt: dass Schreiben heißt, (aus) Sprache ein Werk [*œuvre*] werden zu lassen, aber dass dieses Werk ein Außerkraftsetzen [*désœuvrement*] bedeutet, dass poetisch zu sprechen heißt, ein intransitives Sprechen zu ermöglichen, dessen Aufgabe es nicht ist, Dinge zu sagen (nicht in dem zu verschwinden, was es bedeutet), sondern (sich selbst) im (Sich-selbst-)Sagenlassen zu sagen.«[35] Dieses intransitive Sprechen ist nichts anderes als die Stimme, das, was nichts anderes als sich selbst spricht. Und genauso wird die Stimme in den Dienst von Musik und Wahnsinn gestellt, deren Arbeit im Auflösen der Arbeit besteht. Der Widerspruch ist beabsichtigt. Musik und Wahnsinn, die

---

33 Siehe Philippe Lacoue-Labarthe, *Musica Ficta. Figures de Wagner* (Paris 1991).
34 Maurice Blanchot, *L'espace littéraire* (Paris 1955), S. 232.
35 Blanchot, *L'entretien infini* (Paris 1969), S. 524.

entweder als die obere und untere Grenze der Sprache betrachtet werden (wildes Schweigen oder mystische Transzendenz) oder als eine Unmittelbarkeit, die sich qualitativ von der reflexiven Arbeit der Verbalisierung unterscheidet, sind in der Lage, dem reduzierenden Wesen des darstellenden Diskurses zu widerstehen; sie können dem Subjekt erlauben, der mimetischen Dopplung zu entkommen, die mit Selbst-Beraubung droht – jedoch nur als Tropen, d. h. dadurch, dass das Subjekt wieder in das Werk hinein genommen wird und somit verloren geht.

∞

An dieser Stelle soll der Blick noch einmal zurückgehen zu meinem Ausgangspunkt, der ausgesprochen zyklischen Figur von Hoffmanns Kreisler. Hoffmanns *Fantasiestücke* in der endgültigen Ausgabe von 1819 beinhalten zwei Serien von Texten, die angeblich aus der Feder des fiktiven Kapellmeisters stammen. Hoffmann spielt die Rolle des Herausgebers, der die Schriften dieses geheimnisvollen, sich am Rande des Wahnsinns bewegenden Mannes vorlegt. Dass Kreisler stark autobiographische Züge trägt, ist während Hoffmanns gesamter Schriftstellerlaufbahn offensichtlich. Es gibt Anzeichen dafür, dass er mehrmals einen ganzen »musikalischen Roman« in Gestalt einer Biographie des fiktiven Komponisten zu schreiben plante.[36] Er erwähnt etwa eine Sammlung namens *Lichte Stunden eines wahnsinnigen Musikers*.

Autobiographie scheint ein Leben in eine statische Form, in ein Werk zu übertragen, und genau dieser Begrenzung widerstehen Hoffmanns Texte. Paul de Mans bekannte Definition von Autobiographie als »Verunstaltung« (»defacement«) unterstreicht dieses Dilemma. De Mans Betonung der »privativen« Funktion der »Sprache als Trope« offenbart die den zukünftigen Biographen erwartende Referenzkrise – das geschriebene Ich ist dem schreibenden Ich niemals angemessen. Indem de Man das generelle Verständnis von Autobiographie als auf »einem einfacheren Referenzmodus« beruhend in Frage stellt (etwa verglichen mit so genannter Fiktion), schreibt er: »Wir nehmen an, dass das Leben die Autobiographie *hervorbringt* als eine Handlung, die bestimmte Konsequenzen nach

---

[36] Siehe Hoffmanns Tagebuch (8. Februar 1812, HW I: 397) und seinen Brief an Julius Hitzig (28 April 1812; HW I: 243).

sich zieht. Ist dann nicht ebenso die Annahme möglich, dass das autobiographische Vorhaben selbst das Leben hervorbringt und bestimmt und dass was der Autor *tut* tatsächlich durch die formalen Anforderungen des Selbstporträts geleitet und deshalb in allen seinen Erscheinungsbildern durch die Mittel dieses Mediums bestimmt wird?«[37] Der Biograph, der sich zu schreiben wünscht, schreibt sich folglich fort. Der Autor versteigert sich selbst. Er gibt sich selbst eine Form, die die vollere, unhaltbare, exzessive Lebenserfahrung verrät. Die autobiographische Form deformiert immer.

Dieses Problem geht Hoffmann in seinem unabgeschlossenen Roman *Lebensansichten des Katers Murr* (1820-1821) an. Hier fällt die autobiographische Aufgabe einem schreibenden Kater zu, wodurch sich mehrere Schichten von Ironie ergeben. Das Buch verknüpft Menschliches mit Tierischem – eine typisch ironische Technik, die Hoffmann aus den Gravuren Jacques Callots bezog. In einem Text mit dem Titel *Jacques Callot*, dem Haupttext seiner *Fantasiestücke*, schreibt Hoffmann: »Die Ironie, welche, indem sie das Menschliche mit seinem ärmlichen Tun und Treiben verhöhnt, wohnt nur in einem tiefen Geiste, und so enthüllen Callots aus Tier und Mensch geschaffene groteske Gestalten dem ernsten tiefer eindringenden Beschauer alle die geheimen Andeutungen, die unter dem Schleier der Skurrilität verborgen liegen« (HW 2/1: 18). Die Ironie der *Lebensansichten* stellt die Idee der Allgemeinbildung satirisch dar, da Kater Murr im konventionellen Sinne *gebildet* ist und er sein Leben im Stile des beliebten *Bildungsromans bildet*. Darüber hinaus reißt Murr gleichgültig Blätter aus dem Band von Kreislers Biographie heraus, der seinem Meister gehört, um sie als Schmierpapier für sein eigenes *ouvrage* zu benutzen. Das Werk und somit das darin gestaltete Leben des Komponisten wird buchstäblich außer Kraft gesetzt und erhält den Status von Schmierpapier (*Makulatur-Blatt*). Als das Manuskript den Verlag erreicht, werden die Kreisler-Seiten versehentlich neben der Katzenbiographie gedruckt. Der ironische Widerspruch wird für den Leser des Romans insofern ganz besonders spürbar, als er sich durch abwechselnde Geschichten, Unterbrechungen und Lücken arbeiten muss.

Freunden gestand Hoffmann seine Hoffnung, dass dieses Buch endlich sein authentisches Selbst zeigen sollte (»Was ich jetzt bin

---

37 Paul de Man, *The Rhetoric of Romanticism* (New York 1984), S. 69; Hervorhebung im Original.

und sein kann«).³⁸ Aber wie manifestiert sich denn diese Authentizität? Wo kann man Hoffmann hören als den, der »er jetzt ist und sein kann«? Ich möchte an dieser Stelle eine wenn auch spielerische Vermutung aufstellen. In einem Brief an seinen Bamberger Freund Dr. Speyer scheint Hoffmann mit seinem eigenen Vornamen, Ernst, zu spielen, indem er Callots Ausdrücke *das Ernste* und *Skurrilität* verwendet: »Ich empfehle Ihnen den höchst weisen und tiefsinnigen Kater Murr […] *Ein wirklicher Kater* […] gab mir nehmlich Anlaß zu dem *skurrilen* Scherz, der das eigentlich sehr *ernste* Buch durchflicht« (1. Mai 1820, HW 5: 913; Hervorhebung im Original). Kommt das schreibende Selbst aus dem »Schleier der Skurrilität« zum Vorschein, ein Selbst, das nur durch einen unangemessenen literarischen Akt der Selbstdarstellung verraten werden kann? Ist es die absichtliche oder unabsichtliche Verschlüsselung des Namens Ernst, wo das Selbst in das Werk schlüpft, ohne durch dieses untergeordnet oder sublimiert zu werden? Wenn ja, so dringt *das Ernste* genau dadurch in den Text ein, dass es draußen bleibt, oder es ist dadurch im Text, dass es dessen Äußeres bildet, im Werk als eine Art Krypta verortet ist.

Die zwischen einer Katze und einem wahnsinnigen Musiker aufgespaltene Verdopplung des autobiographischen Unterfangens vereitelt unverhohlen die in Lejeunes autobiographischem Pakt festgesetzte simple Identifikation. Die von einem Anfang zu einem Ende laufende Linie jedes dargestellten Lebens (von einer Geburt zu einem Tod, metaphorisch oder physisch) wird zerbrochen, widerlegt, schwindet dahin. In genau diesem Bruch konnte Hoffmann sein wahres Gesicht zeigen, allerdings nur als das sich ständig Entziehende, das jeglicher Form widersteht. Das authentische Selbst durch Darstellung festzuhalten, ist unmöglich. In einer besonders viel sagenden Passage spricht Kreisler über die Unmöglichkeit, seinen wahren Namen zu nennen. Auf Tiecks *Ritter Blaubart* anspielend gibt Kreisler zu: »Ich hatte sonst einmal einen ganz vortrefflichen Namen, durch die Länge der Zeit hab ich ihn fast vergessen, ich kann mich nur noch dunkel daran erinnern« (HW 5: 77). Obwohl Madame Benzon Johannes inständig bittet, seinen anderen Namen auszusprechen, weigert er sich: »es ist unmöglich, und ich vermute beinahe, daß die dunkle Erinnerung, wie ich sonst, was eben meine äußere Gestalt Rücksichts des Namens als Lebenspasseport betrifft, anders gestaltet, aus der angenehmen Zeit herrührt, da ich eigentlich noch

---

38 Hoffmanns Brief an Julius Hitzig (8. Januar 1821; HW 6: 202).

gar nicht geboren« (HW 5:77). Im Gegensatz zu dem ausdrücklich mit seiner »äußere[n] Gestalt« verbundenen Namen Kreisler gibt es einen weiteren geheimen Namen – fast vergessen und unaussprechlich – der zu der Sphäre jenseits oder vor dieser Form liegt, vor seiner Geburt, vor dem Anfang. Diese die Utopie des »noch nicht Geborenseins« markierende frühere Zeit kann nur im postnatalen Bereich und als Negation auftauchen: »Es ist unmöglich«. Was »Zeichnung, Kolorit und Physiognomie« in der Gegenwart betrifft, so ist nichts perfekter als der jetzt von ihm verwendete Name, mit dem ihn die anderen ansprechen. Mit anderen Worten: der Name Kreisler ist das, was *funktioniert* – »stülpen Sie ihn um, sezieren Sie ihn mit dem grammatischen Anatomiermesser, immer herrlicher wird sich sein innerer Gehalt zeigen« (HW 5:77-78). Diese Beschreibung eines in gesellschaftlicher Kommunikation involvierten Selbst steht in starkem Gegensatz zu einem beinahe vergessenen Selbst, das die durch die gesamten *Lebensansichten* hindurch als musikalisch und wahnsinnig kodiert ist. Dieses letztere Selbst stellt sich als ein Frustrationsobjekt für Kreislers Biographen heraus. Obwohl dem Mann eine nach Belieben umzukehrende oder zergliedernde Form gegeben werden kann, entzieht sich des Wesen des Subjekts:

> nichts verdrießlicher für einen Historiographen oder Biographen, als wenn er, wie auf einen wilden Füllen reitend hin und her sprengen muß, über Stock und Stein, über Äcker und Wiesen, immer nach gebahnten Wegen trachtend, niemals sie erreichend. So geht es dem, der es unternommen für dich, geliebter Leser, das aufzuschreiben, was er von dem wunderlichen Leben des Kapellmeisters Johannes Kreisler erfahren. (HW 5:58)

∽

Vorläufig lässt sich kurz zusammenfassen: Die Wende zur Musik und zum Wahnsinn scheint in Aussicht zu stellen, dass das Selbst vor den Verdrehungen und Pervertierungen verbaler Formungen verschont bleibt. Als Metapher der Undarstellbarkeit kann musikalischer Wahnsinn in die Darstellung eintreten, indem er auf verweist auf das, was über diese Form hinausgeht. Folglich erheben die zerbrochenen Linien der Lebensgeschichten in den *Lebensansichten* Form selbst in den Status der Metapher. Dadurch wird die Idee der Form selbst in Frage gestellt.

Gewiss ist diese Problematisierung keine einfache Angelegenheit. Nur Sprache selbst kann Sprache außer Kraft setzen. Auf jeden Fall zieht sich ein expliziter Antiverbalismus durch Hoffmanns Werk und geht weiter geradewegs bis zu Nietzsche. Wörter sind verdächtig, weil sie das vermutlich nicht Reduzierbare reduzieren oder verallgemeinern. Am Ende seiner Karriere schreibt Nietzsche: »Unsre eigentlichen Erlebnisse sind ganz und gar nicht geschwätzig. Sie könnten sich selbst nicht mittheilen, wenn sie wollten. Das macht, es fehlt ihnen das Wort. Wofür wir Worte haben, darüber sind wir auch schon hinaus. In allem Reden liegt ein Gran Verachtung. Die Sprache, scheint es, ist nur für Durchschnittliches, Mittleres, Mittheilsames erfunden. Mit der Sprache *vulgarisirt* sich bereits der Sprechende«.[39] Das offensichtliche Problem liegt darin, dass jede Äußerung der antiverbalen Position in genau dem verbalen System formuliert wird, das unter Beschuss steht. Wie bei Hoffmann so hilft auch an dieser Stelle ein Ironiebegriff, um den logischen Störungen zu widerstehen, vor allem wenn er zu Schlegels ewiger »Ironie der Ironie« erhoben wird. Für Nietzsche wie für seine Vorgänger errichten Musik und Wahnsinn eine Grenze, der die Sprache zwar zustrebt, die sie jedoch niemals erreicht. Diese Grenze kann man verstehen als immanenten Körperbereich oder als transzendenten Bereich des Geistes, als Traumwelt oder als Welt der Schmerzen und der Verzweiflung. Sie mag ganz einfach *ein Lebensgefühl* charakterisieren, das in dem Moment verloren geht, wenn es erkannt wird. Die Annahme einer Außertextualität wird immer nur durch eine neue Textualisierung erreicht. Teilweise benennt das Außerkraftsetzen der Sprache, wofür Musik und Wahnsinn starke Metaphern sind, diesen unerfüllbaren Wunsch, dem Unmittelbaren in vermittelter Weise Ausdruck zu verleihen. So naiv oder verhängnisvoll, so subtil oder hoffnungslos dieser Wunsch auch sein mag, er macht die Energie der folgenden Texte aus.

---

39 Friedrich Nietzsche, *Ecce Homo*, in *Sämtliche Werke* (Kritische Studienausgabe), 15 Bde., hg. v. Giorgio Colli/Mazzino Montinari (München 1988), 6: 128 (Hervorhebung im Original). Im Weiteren zitiert als KSA.

Kapitel 1
Stimmen Hören

Diderot hat keine Autobiographie geschrieben. Anders als Rousseau hinterließ er keine Bekenntnisse, keine Träumereien. Niemals gab es das Versprechen, der Welt ein vollständiges »Werk« darzubieten – »ein durch seine beispiellose Wahrhaftigkeit einziges Werk zu machen, damit man wenigstens einmal einen Menschen zu sehen bekäme, wie er innerlich wirklich war« (*Confessions*, 682).[1] Freimütig aus seinem Leben erzählen zu wollen, sein Selbst lückenlos darzustellen, setzt ein Vertrauen in das Schreiben voraus, das Diderot offensichtlich nicht besaß. Auch Rousseau traf auf die mit dem Schreiben verbundenen Probleme, versuchte allerdings, sie wie ein Wahnsinniger durch mehr Schreiben zu beheben, was nur zur Verschlimmerung seiner Krisen führte. Er folgte, so urteilt der Genfer Ikarus selbst, den Ratschlägen seines Ersatzvaters deutlich zu weit – »[Diderot] spornte mich an, meinen Gedanken freien Lauf zu lassen [...]. Ich tat es, und von diesem Augenblicke an war ich verloren« (460). Im Rückblick wurde Rousseau klar, dass er ein *monumentum* geschrieben hatte, einen Erinnerungsakt, ein öffentliches Werk, aber sich damit auch ein Grabmal gesetzt hatte. Wie Horaz konnte er sich rühmen, dass er »nicht vollkommen sterben« würde (*non omnis moriar* [*Oden* 3.30.6]), was natürlich bedeutet, dass ein Teil von ihm bereits gestorben war. Daher spricht Rousseau von seinem Schreiben als einem Fall (»je tombai«) und glaubt wahnsinnig, dass er durch mehr Schreiben aus diesem *tombeau* herauskommen könne.

Der Daedalus Diderot fliegt dagegen vorsichtiger, was aber nicht heißt, dass er in seinen Texten nicht versuchte, sich selbst darzustellen. Während seiner gesamten Schriftstellerkarriere finden sich eine Reihe Ich-Erzähler, die alle über viele, unzweideutige und leicht auf das Leben des Autors übertragbare Einzelheiten verfügen. In zwei wichtigen Aspekten unterscheiden sich Diderot und Rousseau allerdings. Zunächst zeichnet Diderot im Allgemeinen lediglich ein beschränktes Porträt seiner Figur und gewährt nur gerade genügend Informationen über sie, um die vorgebrachten Ansichten einzubin-

---

1 Im Original: »un ouvrage unique par une véracité sans exemple, afin qu'au moins une fois on pût voir un homme tel qu'il étoit en dedans« (ROC 1:516).

den. Zweitens erscheint diese Figur selten allein. Sie wird stattdessen in Beziehung zu einer anderen handelnden Person gesetzt, die als Mittel zur Charakterisierung dem Zweck dient, den Standpunkt der ersten Person anzufechten und in Frage zu stellen. Wo Rousseau versucht, eine totale, wieder angeeignete Form zu produzieren – so falsch, verletzlich oder skandalös sie sei – zieht Diderot es vor, die Verletzlichkeit selbst dramatisch darzustellen, nämlich durch die Inszenierung des Zusammenbrechens der Form durch den Dialog.[2]

Neben weiteren Absichten (didaktischen, wissenschaftlichen, moralischen etc.) demonstriert Diderots Gebrauch des Dialogs auch aktiv das Problem der Selbstdarstellung, und zwar durch das Aufeinandertreffen von Stimmen oder die Destabilisierung fest gefasster Positionen, besonders solcher, die für philosophisch gehalten werden können. Natürlich ist der Dialog stets eine polyphone Gattung gewesen, aber in Diderots Händen findet die Vermehrung von Stimmen nicht nur zwischen, sondern auch innerhalb von Gesprächspartnern statt. Die Polyphonie ist sowohl inter- als auch intrasubjektiv. In den meisten Fällen betrifft dies den Sprecher, der »Ich« sagt. Wenn das autobiographische Projekt von einer Idee der Beständigkeit abhängt – oder zumindest von einem anhaltenden Gefühl der Selbstidentität –, so decken Diderots Texte die Unbeständigkeit auf und somit die Zerbrechlichkeit jeglicher Subjektivität, auf der dieses Gefühl des Selbstseins beruhen kann.

Man erinnere sich, dass Rousseau Polyphonie verabscheute, gerade weil sie die gefühlsbetonte Kommunikation einer individuellen Seele verbarg. Für ihn lag die Vorrangstellung der Melodie in ihrer ursprünglichen ausdrucksvollen Fähigkeit (»La mélodie, en imitant les inflexions de la voix, exprime les plaintes, les cris de douleur ou de joie, les menaces, les gémissements; tous les signes vocaux des passions sont de son ressort«); in diesem Sinne kann man sagen, dass »Melodie nicht nur imitiert, sie spricht« (»elle n'imite pas seulement, elle parle«, *Essai sur l'origine des langues*, ROC 5:416).[3] Für Rous-

---

[2] Jay Caplan schreibt: »Diderot's work does not easily fit into a single, coherent frame. Instead it continually shifts between mutually exclusive dialogic positions, neither of which provides an entirely satisfactory answer to the question at hand and yet neither of which can be disregarded, either«. *Framed Narratives. Diderot's Genealogy of the Beholder* (Minneapolis 1985), S. 4.
[3] Siehe Marie-Elisabeth Duchez, »Principe de la mélodie et origine des langues. Un brouillon inédit de Jean-Jacques Rousseau sur l'origine de la mélodie«, *Revue de Musicologie* 60 (1974), 33-86.

seau stellen die spätere Entwicklung der Harmonie und die Erfindung der Polyphonie in der europäischen Musikgeschichte einen Verfall dar, durch den die Musik von verbalem Ausdruck getrennt wird und die Stimme des individuellen Sprechers verloren geht. Bedeutung oder sogar Wahrheit kundzutun, ist nur durch Selbstausdruck möglich, indem die Art des Sprechens (*accents*) intime Leidenschaften imitiert. Andererseits hat für Diderot Bedeutung die Eigenschaft, sich dieser Ego-Position zu entziehen. Wie von Jean Starobinski und anderen bemerkt wurde, gehört dieses Privileg der Kommunikation, des Ausdrucks von Eigenartigkeit in den meisten Texten Diderots eher zu der Position des anderen und nicht zum Ich-Erzähler, dem die notwendige Kohärenz fehlt.[4] Allein dadurch, dass er das Wort auf eine andere Stimme überträgt, allein durch dieses Anderssein kann man paradoxerweise sagen, dass Diderot spricht. Dies belegt ein biographisches Detail. Bei der Übergabe seines Manuskripts an seinen Verleger Jacques-André Naigeon bemerkt Diderot: »Tun Sie mit meiner Arbeit, wie es Ihnen beliebt; Sie sind der Meister über Zustimmung, Widerspruch, Hinzufügungen, Auslöschungen«.[5] Die Befugnis liegt sozusagen nicht in den Händen des Autors, sondern vielmehr in den Händen des Adressaten, der »nach Belieben« liest – »comme il vous plaira«. Um die eigene Stimme zu finden, muss man die Stimme des anderen hören. Diderots Echo antwortet auf Rousseaus Narzissmus. Zumindest stimmt das, solange der Schriftsteller die größte Entfremdung erleidet. Starobinski zitiert aus Diderots spätem *Essai sur les règnes de Claude et Néron*: »Nur aus der Tiefe unseres Grabes [*du fond de son tombeau*] denken wir, sprechen wir mit Nachdruck; dort muss man sich befinden, von dort aus muss man sich an die Menschen wenden«.[6] Persönliche Identität und das Recht zu sprechen, kann es nur *post mortem* geben. Obwohl Starobinski überzeugend folgert, dass Diderots Schreiben seine Energie aus einer imaginären Nachwelt bezieht, könnte man ebenso behaupten, der Dialog bewahre ihn auch vor dem Grab, vor der töd-

---

4 Jean Starobinski, »Diderot et la parole des autres«, *Critique* 296 (1972), 3-22. Siehe auch James Creech, »Diderot and the Pleasure of the Other. Friends, Readers and Posterity«, *Eighteenth-Century Studies* 11 (1978), 439-456.
5 Im Original: »Disposez de mon travail comme il vous plaira; vous êtes le maître d'approuver, de contredire, d'ajouter, de retrancher«; zitiert nach Starobinski, »Diderot et la parole des autres«, 10.
6 Im Original: »On ne pense, on ne parle avec force que du fond de son tombeau; c'est là qu'il faut se placer, c'est de là qu'il faut s'adresser aux hommes«; zitiert nach Starobinski, »Diderot et la parole des autres«, 21.

lichen Geschwätzigkeit des Monumentums, indem er dem Sprecher eine identifizierbare, stabile Stimme vorenthält.

Zweifellos ist das berühmteste Beispiel polyphonischer Unterbrechung *Le neveu de Rameau*, den Diderot über einige Zeit hinweg entwickelte und der, nebenbei bemerkt, erst posthum erschien. In diesem Buch verleiht der Autor dem Ich-Erzähler (*Moi*) viele der Eigenschaften, die der heutige Leser dem Philosophen selbst zuschreiben kann. Der in der dritten Person sprechende Antagonist (*Lui*) spielt ganz klar die Rolle von Starobinskis »autre«, dem anderen, der das *Moi* befähigt, seine eigene Haltung zu entdecken – »so ist er ein Krümchen Sauerteig, das das Ganze hebt, und jedem einen Theil seiner natürlichen Individualität zurückgibt«.[7] Dieser Prozess entsteht, weil jede von *Moi* ausgesprochene Position geprüft, lächerlich gemacht und erschüttert wird. Den gesamten Dialog hindurch ist der in der ersten Person sprechende Gesprächspartner nicht in der Lage, ein eindeutiges Gefühl von sich selbst zu entwickeln. Selbstdarstellung findet daher nur statt, um ihre Schwierigkeiten, wenn nicht gar ihre Unmöglichkeit zu enthüllen. Es ist sicherlich kein Zufall, dass *Lui* ein wahnsinniger Musiker ist – jedenfalls so musikalisch und vielleicht so wahnsinnig wie Rousseau selbst –, denn vom Standpunkt des französischen 18. Jahrhunderts aus betrachtet machen sowohl Musik als auch Wahnsinn aus der Idee der Darstellung, einschließlich Selbstdarstellung und Selbstausdruck, ein Problem. Wie dieses Kapitel zeigen wird, wendet sich die Begegnung – oder besser die Konfrontation – zwischen dem Philosophen und dem musikalischen Wahnsinnigen zwangsläufig Problemen des Selbst und des Anderen, der Identität und Differenz, Form und Formlosigkeit zu. Und auf den weiteren Rahmen dieser Untersuchung bezogen lässt sich sagen, dass die Macht der Musik und des Wahnsinns in *Le neveu de Rameau* in Frage stellt, ob man sein Leben als *ouvrage* betrachten und ausschließlich *du fond de son tombeau* sprechen kann.

---

7 Goethes Übersetzung: *Rameau's Neffe. Ein Dialog von Diderot*. In Johann Wolfgang Goethe, *Werke* (Weimarer Ausgabe), 144 Bde., 1/45:6. Im Weiteren zitiert als RN. Im Original: »c'est un grain de levain qui fermente et qui restitue à chacun une portion de son individualité«. Diderot, *Le neveu de Rameau*, hg. v. Jean Fabre (Genf 1963), S. 5. Im Weiteren zitiert als NR.

Sirenen im Palais Royal

> Wie waren sie zueinander gekommen? »Von ungefähr, wie das gewöhnlich der Fall ist.« Wie heißen sie? »Was kann euch daran liegen?« Wo kamen sie her? »Aus dem nächstgelegenen Orte.« Wohin gingen sie? »Weiß man je, wohin man geht?«
> Denis Diderot, *Jakob und sein Herr*[8]

Eine ganz bestimmte Stelle in *Le neveu de Rameau* hat Diderots Biographen immer wieder angezogen. Es handelt sich um ein viel sagendes Porträt des Philosophen als junger Mann:

Er. – […] Nun, Herr Philosoph, die Hand auf's Gewissen, redlich gesprochen, es war eine Zeit, wo Ihr nicht so gefüttert wart wie jetzt.
Ich. – Noch bin ich's nicht sonderlich.
Er. – Aber doch würdet Ihr im Sommer nicht mehr in's Luxemburg gehn --- Erinnert Ihr Euch? im ---
Ich. – Laßt das gut sein. Ja! ich erinnere mich.
Er. – Im Überrock von grauem Plüsch.
Ich. – Ja doch!
Er. – Verschabt an der einen Seite, mit zerrissenen Manschetten und schwarz wollenen Strümpfen, hinten mit weißen Faden geflickt.
Ich. – Ja doch, ja! Alles wie's Euch gefällt (*tout comme vous il plaira*).
Er. – Was machtet Ihr damals in der Allee der Seufzer?
Ich. – Eine sehr traurige Gestalt.
Er. – Und von da ging's über's Pflaster.
Ich. – Ganz recht.
Er. – Ihr gabt Stunden in der Mathematik.

---

[8] Übers. v. Hanns Floerke (München 1921), S. 1. Im Original (*Jacques le Fataliste et son Maître*): »Comment s'étaient-ils rencontrés? Par hasard, comme tout le monde. Comment s'appelaient-ils? Que vous importe? D'où venaient-ils? Du lieu le plus prochain. Où allaient-ils? Est-ce que l'on sait où l'on va?«

Ich. – Ohne ein Wort davon zu verstehen. Nicht wahr, dahin wolltet Ihr?
Er. – Getroffen! (RN 39-40)[9]

Dieser Wortwechsel ist von besonderer Bedeutung für diejenigen, die sich für Diderots Lebensgeschichte interessieren, da er anscheinend Zugang zu einer Phase in seiner Karriere erlaubt, über die es sonst nur wenig Hinweise gibt. Wir wissen, dass er als sechzehnjähriger Bourgeois nach Paris kam, um seine Studien zu beenden und, obwohl sich die Berichte über den Ort seiner Studien widersprechen – entweder bei den Jansenisten am Collège d'Harcourt oder bei den Jesuiten am Louis-le-Grand (oder beiden) –, wissen wir, dass die Université de Paris ihm 1732 einen Magister der Künste verlieh. Großzügige finanzielle Unterstützung erhielt er von seinem Vater, einem etablierten Messerschmied in der Stadt Langres. Nachdem er jedoch aufgrund seiner hartnäckigen Weigerung, irgendeinen Beruf zu ergreifen, von den Geldmitteln des Vaters abgeschnitten war, weiß man nur wenig über den zukünftigen Philosophen, bis er 1742 begann, seine ersten Werke zu veröffentlichen. Bis zu dem Zeitpunkt, als Diderot sich als Autor hervortat, tappt man im Dunkeln. Diderots englischer Biograph Arthur Wilson verleiht der Verzweiflung des Chronisten lebhaft Ausdruck: »Diese Zeit in Diderots Leben ist eine dokumentarische Wüste voll schimmernder Luftspiegelungen von Selbstbehauptung und Grillen mit einigen Wasserstellen nachprüfbarer Tatsachen hier und dort, auf die der keuchend Suchende bereits dem Tode nahe dann endlich trifft.«[10] Und er fügt viel sagend hinzu: »Diderot selbst sprach nur selten [über diese Jahre] und scheint sogar diese Zeit absichtlich im Dunkeln lassen zu wollen.« Die Erinnerungen von Diderots Tochter

---

9 Im Original: »LUI. – Là, monsieur le philosophe, la main sur la conscience, parlez net. Il y eut un temps où vous n'étiez pas cossu comme aujourd'hui. MOI. – Je ne le suis pas encore trop. LUI. – Mais vous n'iriez plus au Luxembourg, en été, vous vous en souvenez ... MOI. – Laissons cela; oui, je m'en souviens. LUI. – En redingote de peluche grise ... MOI. – Oui, oui. LUI. – Éreintée par un des côtés, avec la manchette déchirée et les bas de laine, noirs et recousus par derrière ave du fil blanc. MOI. – Et oui, oui, tout comme il vous plaira. LUI. – Que faisiez-vous alors dans l'allée des Soupirs? MOI. – Une assez triste figure. LUI. – Au sortir de là, vous trottiez sur le pavé. MOI. – D'accord. LUI. – Vous donniez des leçons de mathématiques. MOI. – Sans en scavoir un mot: n'est-ce pas là que vous en vouliez venir? LUI. – Justement« (NR 28-29).
10 Arthur Wilson, *Diderot* (New York 1972), S. 24.

Madame de Vandeul, die sonst als reichhaltige und genaue Informationsquelle dienen, haben hier so gut wie nichts zu bieten. Für einen Mann, der gerne Anekdoten aus seinem Leben erzählte, ist diese Lücke besonders erstaunlich. Mutmaßlich gab es Gefühle von Scham oder Peinlichkeit, den Wunsch, eine Zeit zu verbergen, als er noch niemand war. Dies geht aus dem Gesamtton der oben zitierten Passage klar hervor.

Die Spekulationen des Biographen, die auf Fragmenten dokumentarischer Anhaltspunkte basieren, werden in dieser Passage von einer aus Diderots Feder stammenden Selbstdarstellung ergänzt. Die Scham oder Verlegenheit, die man aus der bloßen Zurückhaltung des Philosophen angesichts dieser frühen Lebensphase annehmen kann, werden nun offen zugegeben. Der berühmte Schriftsteller, der ehrgeizige Enzyklopädist, der Essayist und Romanschriftsteller gewährt einen kurzen Einblick in seine frühere prekäre Laufbahn. Jedoch wird dieses Selbstporträt stark kompromittiert. Zunächst einmal stammt es nicht vom Ich-Erzähler, sondern von seinem Gesprächspartner, Rameaus Neffen. Die Darstellung wird zwar von diesem bestätigt, allerdings nur mit Einschränkungen und, nebenbei bemerkt, beinahe in derselben Weise, in der Diderot oben mit Naigeon sprach – »tout comme il vous plaira«. Zweitens wird die Zuverlässigkeit der Worte des Neffen, wie in allen seinen Aussagen im gesamten Dialog, durch seine Vorliebe für Übertreibungen, Entstellungen und Täuschungen unterminiert. *Lui* ist kein gewöhnlicher Gesprächspartner. Er wird vielmehr als Wahnsinniger dargestellt, dessen Bemerkungen stets *cum grano salis* verstanden werden sollten. Dennoch ruft sein Porträt der früheren Verfassung von *Moi* eine starke Reaktion hervor. Was er sagt, wird nicht bestritten, sondern einfach zurückgewiesen. Anderen mag der Philosoph nicht als armseliger Bohemien in fadenscheinigem Mantel vorgekommen sein, aber diese Erscheinung ist sozusagen verbürgt.

Es ist weder meine Absicht, den Gebrauch literarischen Materials für die Biographie eines Autors zu rechtfertigen, noch zu verteufeln. Ich habe dieses Beispiel vielmehr gewählt, da es eine der wichtigsten Behauptungen dieser Untersuchung berührt, nämlich dass die hier diskutierten, mit *Le neveu de Rameau* beginnenden literarischen Behandlungen von Musik und Wahnsinn durchgängig auf der Leben und Werk trennenden Teilung insistieren. Diderots Dialog erzählt von einer Zufallsbegegnung mit einer historischen Figur, dem merkwürdigen Neffen des berühmten Komponisten Jean-Philippe Rameau.

Das nachmittägliche Gespräch entwickelt sich in Abschweifungen und reicht von Themen der Ästhetik und Wissenschaft bis zu Bildung und Moral. Obwohl sich *Moi* mit seinem aufgeklärten und zielgerichteten Vorgehen sehr bemüht, die schrägen Gedanken des Neffen zu systematisieren, widerstehen dessen schräge Gedanken und sein befremdender Blickwinkel, zumal unterbrochen von exzentrischen Ausbrüchen und verrückten musikalischen Vorführungen, der Anziehungskraft der Philosophie. Auf dem Spiel steht die Wahrheit, oder zumindest die Darstellung der Wahrheit, einschließlich der Darstellung des Selbst. Indem er das Zusammentreffen von musikalischer und wahnsinniger Erfahrung in Dialogform inszeniert, beschäftigt sich Diderots Text ausdrücklich mit der Figur des wahnsinnigen Musikers, um Probleme der Subjektivität, des Selbst und persönlicher Identität zur Sprache zu bringen. Und wie bereits angedeutet, lässt sich der gesamte Untersuchungsgegenstand in der Frage der Stimme zusammenführen.

೫

Zurück zu der oben zitierten Passage: *Mois* beklommene Ungeduld ist direkt an die Tatsache geknüpft, dass er jetzt ein Selbst ist – *un moi*.[11] Lange vor seiner Aneignung durch den psychoanalytischen Diskurs (»le Moi« ist die französische Übersetzung von Freuds »Ich« oder »Ego«) wurde der Ausdruck seit dem 17. Jahrhundert dazu gebraucht, um über ein sich selbst in seiner wesentlichen Einzigartigkeit und Unteilbarkeit bewusstes Selbst zu diskutieren. »Le moi consiste dans ma pensée« – »Das Selbst besteht in meinem Denken«, schreibt Pascal im ersten Band seiner *Pensées*.[12] Dementsprechend bemüht sich *Moi* im gesamten *Neveu de Rameau*, sich als autonomes Individuum darzustellen, als jemand, der sich in seiner Ganzheit sicher fühlt, auf sein Lernen vertraut und stolz auf seine Leistungen ist. In dieser Passage gräbt der kühne Gesprächspartner die Vergangenheit aus, während derer seine persönliche Identität noch nicht stabil war. Zweifellos trifft er damit einen Nerv. Der

---

11 Julia Kristeva untersucht die theoretischen Auswirkungen von Diderots Gebrauch pronominaler Formen in *Le neveu*, mit vielen Bezügen auf Lacan und Benveniste: »La musique parlée; ou, Remarques sur la subjectivité dans la fiction à propos du ›Neveu de Rameau‹«, in *Langue et langages de Leibniz à L'Encyclopédie*, hg. v. Michèle Duchet/Michèle Jalley (Paris 1977), 153-206.
12 Emile Littré, *Dictionnaire de la langue française*, 4 Bde. (Paris 1889), s.v. »Moi« (sec. 27).

Wortwechsel ist auch insofern bedeutend, als er ans Licht bringt, dass in früheren Zeiten eine unheimliche Ähnlichkeit zwischen *Moi* und dem Neffen bestand, so wie er hier beschrieben wird: er führt ein finanziell prekäres Leben, bettelt um Arbeit, gibt sich als Pädagogikexperte aus etc. *Le moi* – das Selbst – spricht teilweise mit dem Ihm (*lui*), der er war oder noch immer ist. Viele Wissenschaftler haben darauf hingewiesen, wie gut die Vorträge des Neffen über intellektuelle Themen mit Diderots eigenen veröffentlichten Arbeiten zusammenpassen. Das Treffen mit *Lui* könnte für *Moi* eine Gelegenheit werden, seine eigene Identität zu begründen; die Debatten können ihm vielleicht die Möglichkeit bieten, ein Selbstgefühl zu entdecken oder zu bestätigen: Daher rührt ein Aspekt des Reizes, den *Lui* ausübt. Allerdings umgeht der Wahnsinn des Neffen (und ich möchte behaupten: seine Musikalität) immer wieder die Strategie von *Moi*. Wenn, wie Sokrates in Platons *Politeia* behauptete, die menschliche Seele der Schichtstruktur der Polis verglichen werden kann (2, 368c-e), dann personifiziert *Lui* – ähnlich der Rolle der *mousike* – in der idealen Stadt, die in den Augen des Philosophen das gesamte Gefüge zum Einsturz bringen kann (4, 424c-e) – schwere Angriffe und ist bereit zur Belagerung.

Auf den ersten Seiten stellt der Erzähler brillant ein Programm der Selbstidentifikation auf, indem er ein Bild von sich als Inbegriff der Selbstgenügsamkeit zeichnet: »Es mag schön oder häßlich Wetter sein, meine Gewohnheit bleibt auf jeden Fall um fünf Uhr Abends im Palais Royal spazieren zu gehen. Mich sieht man immer allein, nachdenklich auf der Bank d'Argenson« (RN 3).[13] Entgegen *Lui's* Bild des früheren Boheme-Daseins des Erzählers, als der *collégien* ziellos am linken Seine-Ufer umherirrte in der Hoffnung auf irgendeine Arbeit, platziert sich *Moi* genau in die Gärten des Palais Royal, auf der *rive droite*, wo er konsequent und ehrenhaft philosophiert. »*Mich* sieht man« – »C'est *moi* qu'on voit«, behauptet er: immer dort, egal wie das Wetter ist, gefeit vor allen äußerlichen Eventualitäten, die einen weniger beständigen Geist stören würden. Andere sehen ihn, aber das ist nicht wichtig, denn seine Existenz besteht ohne Beziehung zu anderen außer zu sich selbst. Seine geistige Beständigkeit passt daher gut zusammen mit perfekter Selbstbeherr-

---

13 Im Original: »Qu'il fasse beau, qu'il fasse laid, c'est mon habitude d'aller sur les cinq heures du soir me promener au Palais-Royal. C'est moi qu'on voit toujours seul, rêvant sur le banc d'Argenson« (NR 3).

schung: »Ich unterhalte mich mit mir selbst von Politik, von Liebe, von Geschmack oder Philosophie« (RN 3).[14] Demnach »spricht« *Moi* aus einer Art Krypta, abgeschirmt von Andersartigkeit, praktisch unanfechtbar *du fond de son tombeau*.

Die Fähigkeit zum gelehrten Selbstgespräch kann man zunächst als überaus philosophisch verstehen. Man denkt an Sokrates' berühmte Definition des Denkens (τὸ διανοεῖσθαι) im *Theaitetos*: Denken ist »Eine Rede [λόγον], welche die Seele bei sich selbst durchgeht über dasjenige, was sie erforschen will. [...] [Sie tut] nichts anders als sich unterreden [διαλέγεσθαι], indem sie sich selbst antwortet« (189e-190a). Diese Lehre vom Denken – einschließlich der daraus entstandenen Lehren, vom mit Descartes einsetzenden Selbstbewusstseinsbegriff bis zu Husserls Ideal der Autoaffektion – sind jedoch nicht eindeutig.

Die Fähigkeit des Erzählers, seine eigenen Worte zu hören und mit sich selbst zu sprechen, einen beständigen Kreislauf zu durchlaufen, der innerlich Mund und Ohr verbindet, gründet einerseits auf einem oder begründet selbst einen Ursprungsort, der noch unberührt ist von jeglicher Art der Vermittlung. Der Erzähler rüstet sich mit Subjektivität aus, die in Abgeschiedenheit von allen anderen definiert ist, indem er die Identität zwischen Sprecher und Hörer unterstreicht und die kommunikativen Pole innerhalb der geistigen Grenzen eines einzigen Individuums verortet. Außerdem bewahrt die Stille der Diskussion die Sprache vor den normalerweise dem Körper zugeschriebenen Unvorhersehbarkeiten, indem sie die Sprache (den *logos*) vom Körperlichen loslöst. Wie Descartes in einer berühmten Formulierung sagte: »Ich erkannte daraus, dass ich eine Substanz sei, deren ganze Wesenheit (*essence*) oder Natur bloß im Denken bestehe und die zu ihrem Dasein weder eines Ortes bedürfe noch von einem materiellen Dinge abhänge, sodass dieses Ich, das heißt die Seele, wodurch ich bin, was ich bin, vom Körper völlig verschieden und selbst leichter zu erkennen ist als dieser und auch ohne Körper nicht aufhören werde, alles zu sein, was sie ist«.[15] Die

---

14 Im Original: »Je m'entretiens avec moi-même de politique, d'amour, de goût ou, de philosophie« (NR 3).
15 René Descartes, *Abhandlung über die Methode des richtigen Vernunftgebrauchs und der wissenschaftlichen Wahrheitsforschung*, übers. v. Kuno Fischer (Stuttgart 1998), IV.2. Im Original: »j'étais une substance dont toute l'essence ou la nature n'est que de penser, et qui, pour être, n'a besoin d'aucun lieu, ni ne dépend d'aucune chose matérielle. En sorte que ce moi, c'est-à-dire

Gleichgültigkeit des Erzählers vor dem Wetter basiert daher auf dem unstofflichen Wesen des Denkens, das zu einer Negation von Differenz selbst führt. Seiner eigenen Stimme zuzuhören ist die einzige Garantie dafür, spontan, autonom und unumschränkt anwesend zu sein.

Andererseits jedoch entfaltet sich diese Verbalisierung in einer linearen Zeitlichkeit, die die Aufmerksamkeit auf die grundsätzlich vergängliche Qualität der Stimme lenken sollte. Ob artikuliert oder unartikuliert verflüchtigt sich die Stimme in dem Moment, in dem sie ausgesendet wird, und stirbt im Augenblick der Geburt. Während jedes Wort an die Stelle des vorherigen tritt, stellt sich das Gespräch trotz seiner Selbstgenügsamkeit als eher schlechter Kandidat heraus, wenn es um das Aufrechterhalten von Präsenz geht. Weit davon entfernt, die Eigenheit des Selbst zu sichern, könnte man die Stimme sehr wohl als das verstehen, was entflieht und dadurch die Position des Subjekts unterminiert. Anstatt meine Autonomie zu sichern, kann meine Stimme – oder besser *die* Stimme – mich einer Art Wahnsinn ausliefern.[16]

Diderot schätzt diese Zweifel, indem er zeigt, wie der selbst-involvierte Denker tatsächlich an inneren Brüchen leidet:

> Ich unterhalte mich mit mir selbst von Politik, von Liebe, von Geschmack oder Philosophie, und überlasse meinen Geist seiner ganzen Leichtfertigkeit. Mag er doch die erste Idee verfolgen, die sich zeigt, sie sei weise oder thöricht. So sieht man in der Allée de Foi unsere jungen Liederlichen einer Courtisane auf den Fersen folgen, die mit unverschämtem Wesen, lachendem Gesicht, lebhaften Augen, stumpfer Nase dahingeht; aber gleich verlassen sie

---

l'âme, par laquelle je suis ce que je suis, est entièrement distincte du corps, et même qu'elle est plus aisée à connaître que lui, et qu'encore qu'il ne fût point, elle ne laisserait pas d'être tout ce qu'elle est« (*Discours de la méthode*, hg. v. Laurence Renault [Paris 2000]).

16 Die lacansche Psychoanalyse mit ihrer Theorie der Objekt-Stimme hinterfragt stets, was Derrida so berühmt als »Phonozentrismus« bezeichnet hat. Mladen Dolars Kommentar dazu lautet: »Für die Psychoanalyse stand die selbst-reflexive Stimme der Selbst-Präsenz und der Selbst-Beherrschung stets ihre Gegenseite gegenüber, die widerspenstige, unkontrollierbare Stimme des anderen. […] Wir könnten vorläufig behaupten, dass sich ein fremder Kern im Zentrum des Narzismus befindet, den narzistische Befriedigung sehr wohl zu verschleiern versuchen mag, der sie aber von innen heraus ständig zu unterwandern droht«. *A Voice and Nothing More* (Cambridge, Mass. 2006), S. 41; siehe auch S. 36-42.

diese um eine andere, necken sie sämmtlich und binden sich an keine. Meine Gedanken sind meine Dirnen. (RN 3)[17]

Diese erstaunliche Passage zeigt, dass *Mois* Gedanken, so beschränkt sie auch innerhalb der Grenzen der Innerlichkeit sein mögen, ihm einen äußeren Raum von Unvorhersehbarkeit, Auflösung und sogar Wahnsinn (*folie*) eröffnen. Deswegen wird seine Beständigkeit, die anfangs durch seine Gleichgültigkeit dem Wetter gegenüber illustriert wurde, nun ernsthaft gestört. Dadurch dass er verschiedenen intellektuellen Problemen nachgeht, gerät er auf Abwege, die sich der subjektiven Kontrolle entziehen. Die unvorhersehbare Richtung verfolgter Gedanken führen ins Vergängliche (»ne s'attachant à aucune«). Der Erzähler fährt fort: »Wenn es gar zu kalt oder regnicht ist, flüchte ich mich in den Café de la Régence« (RN 3).[18] Der Libertinismus seines Denkens erinnert den Erzähler daran, dass er nicht nur aus reinem Geist besteht, sondern dass er tatsächlich einen dem Klima ausgesetzten Körper hat, dass das Gebäude des Selbst-Bewusstseins bereits eine undichte Stelle hat.

Angesichts der Flüchtigkeit der Stimme kann der Philosoph nur hoffen, ihre Manifestationen in eine sinnvolle Sequenz, in eine Bedeutung oder *logos* zu fassen. Das Wort λόγος kommt bekanntlich von λέγειν, dem griechischen Verb für sammeln oder auslesen. Die Person, die spricht, und sei es nur mit sich selbst, bemüht sich, um rational vorzugehen, jedes Wort, jeden Satz auf eine lineare Bedeutungskette aufzuziehen. Denken erfordert Konstruktion, Stück für Stück, idealer Weise mit einem festen Vorbild im Sinn, dessen Stabilität jedoch gerade Gefahr läuft, schwer beschädigt zu werden durch die Zeit, die die Sinnproduktion ihrerseits beansprucht.

Ein anderes Beispiel aus der klassischen Philosophie mag hier weiterhelfen. In Platons *Sophistes* gibt der eleatische Fremde eine klare Definition von Sprache (λόγος), indem er auf die Konstruktionsmetapher zurückgreift. Er beginnt mit der Liste der Bauklötze,

---

17 Im Original: »Je m'entretiens avec moi-même de politique, d'amour, de goût ou de philosophie. J'abandonne mon esprit à tout son libertinage. Je le laisse maître de suivre la première idée sage ou folle qui se présente, comme on voit dans l'allée de Foy nos jeunes dissolus marcher sur les pas d'une courtisane à l'air éventé, au visage risant, à l'œil vif, au nez retroussé, quitter celle-ci pour une autre, les attaquant toutes et ne s'attachant à aucune. Mes pensées, ce sont mes catins« (NR 3).

18 Im Original: »Si le temps est trop froid ou trop pluvieux, je me réfugie au café de la Régence« (NR 3).

deren Rohmaterial aus der Stimme (φωνή) bestehen. Es gibt grundsätzlich zwei Arten stimmlicher Gegenstände: Nomen (oder Namen, ὀνόματα) und Verben (ῥήματα). Der Fremde erklärt daraufhin, wie sie zusammengesetzt werden: »Und nicht wahr, aus Hauptwörtern allein hinter einander ausgesprochen entsteht niemals eine Rede oder ein Satz, und eben so wenig auch aus Zeitworten die ohne Hauptwörter ausgesprochen werden?« (262a) Um Sprache zustande zu bringen, reicht Nähe allein nicht aus. Ein *logos* entsteht nicht einfach durch die Anhäufung von Blöcken vokaler Äußerungen. Das belegt ein Beispiel: »läuft rennt schläft« und andere Handlung bezeichnende Verben. Selbst wenn alle hintereinander ausgesprochen würden, würde dies keinen *logos* erschaffen (ἀπεργάζεται) (262b). Das Hervorbringen von Sprache ist buchstäblich Arbeit (*ap-ergazetai*), ein Zustandebringen, indem ein Name einem Verb zugeordnet wird, wie in »der Mensch lernt« (262c). Wer spricht, erreicht etwas, indem er die Grundbausteine der Sprache »zusammenwebt« (συμπλέκων). Der Fremde folgert: »Darum können wir auch sagen, daß er redet [*oder* sammelt – λέγειν] und nicht nur nennt, und haben ja auch dieser Verknüpfung eben den Namen Rede [λόγον] beigelegt« (262d). Natürlich können nicht alle »stimmlichen Zeichen« (τὰ τῆς φωνῆς αὖ σημεῖα) »zusammengefügt« werden – und hier entlehnt der Fremde einen der Schreinerei entlehnten Ausdruck: ἁρμόττει. Nur die Laute, die in *Harmonie* gebracht werden können, sind in der Lage, im eigentlichen Sinne »Sprache zu produzieren« (λόγον ἀπηργάσατο, 262e). Wie ein Handwerker setzt der Sprecher die ihm zur Verfügung stehenden Laute einer vereinheitlichenden Idee gemäß zusammen, um ein Werk zu errichten. Weiter ins Detail gehend besteht der Fremde darauf: dass »ein *logos*, wenn er ist, notwendig ein *logos* von etwas sein muß, von nichts aber unmöglich« sei (262e).

Die Laute und die Sprache, die in Diderots Geist in der Form von »Dirnen« auftauchen, führen sehr wahrscheinlich nicht zu Produktivität. Von Grund auf abschweifend, neigen diese *catins* dazu, die Arbeit des λέγειν außer Kraft zu setzen, das heißt sie widerstehen einem vereinigenden Plan, der zu einem fruchtbaren Sammeln führen würde. Die reine Aufeinanderfolge von Gedanken, die sich in blinder Metonymie losgelöst von jeglichem Auswahlmuster vollzieht, kann nicht gewährleisten, dass der sich selbst ansprechende Sprecher in der Tat ein Sprecher im eigentlichen, rationalen Sinne ist. Im Gegenteil grenzen die so beschriebenen Gedanken an Irrationalität, als das, was sich dem Griff entzieht, der sie in einem allumfassenden Begriff versammeln würde. Jegliche Verbalisierung innerhalb der Grenzen der Psyche halten zu wollen, ist der Versuch, Denken in eine Bedeutungskette einzuspannen, die ihrerseits das Subjekt als das Subjekt der Sprache begründen würde. Indem *Moi* seinen »Geist seiner ganzen Leichtfertigkeit« (RN 3) überlässt, begibt er sich in eine besonders prekäre Lage.

In genau diesem Stadium der Unsicherheit trifft der Erzähler auf den wahnsinnigen Neffen. Es gibt einen anfänglichen Versuch, sich in seine Selbst-Isolation zurückzuziehen, einer Beziehung mit jemandem außerhalb seines Bewusstseins zu widerstehen, aber die nun offensichtliche Fragilität seiner Autonomie verrät ihn schnell: »Eines Nachmittags war ich dort, beobachtete viel, sprach wenig und hörte so wenig als möglich, als eine der wunderlichsten Personnagen zu mir trat, die nur jemals dieses Land hervorbrachte, wo es doch Gott an dergleichen nicht fehlen ließ« (RN 4).[19] Die Grenzen des *ego cogitans* wurden zerbrochen. Der magische, Unheil abwendende Kreis des intellektuellen Narzissmus wurde durchbrochen. Das *Moi* wird den starken Wunsch haben, ein Gespräch mit jemand anderem als ihm selbst zu haben.

Während der Erzähler zuerst versuchte, sich durch Negation von Differenz zu definieren, erscheint der Neffe als Verkörperung von Differenz selbst. »Es ist eine Zusammensetzung von Hochsinn und Niederträchtigkeit, von Menschenverstand und Unsinn« (RN 4).[20] An einem Tag ist er »mager und zusammengefallen, wie ein Kranker auf der letzten Stufe der Schwindsucht«[21], am nächsten »feist und völlig, als hätte er die Tafel eines Financiers nicht verlassen«[22]; er ist die reine Veränderung, völlig identitätslos: »Rien ne dissemble plus de lui que lui-même« – »Und nichts gleicht ihm weniger, als er selbst« (RN 4). Anders als der Erzähler, der dem Wetter gegenüber gleichgültig zu sein behauptete, lässt der Neffe sein Verhalten vom Wetter bestimmen, zum Beispiel: »Ist die Jahrszeit gelind, so spa-

---

19 Im Original: »J'étais là, regardant beaucoup, parlant peu et écoutant le moins que je pouvais, lorsque je fus abordé par un des plus bizarres personnages de ce pays où Dieu n'en a pas laissé manquer« (NR 4).
20 Im Original: »C'est un composé de hauteur et de bassesse, de bon sens et de déraison« (NR 4).
21 Im Original: »maigre et hâve comme un malade au dernier degré de la consomption« (NR 4)
22 Im Original: »gras et replet comme s'il n'avait pas quitté la table d'un financier« (NR 4).

ziert er die ganze Nacht auf dem Cours, oder den elyseischen Feldern hin und wieder« (RN 6).²³ Er ist ein Paradebeispiel für Unbeständigkeit, ein Mann, der sich seiner Umgebung anpasst. Folgt man dem horazischen Epigraph des Dialogs, das den Neffen astrologisch unter das Zeichen der Vertumni stellt, die römischen Götter, die über den Wechsel der Jahreszeiten bestimmen, könnte man sagen, dass Veränderung sein Geburtsrecht ist.

Ich werde an späterer Stelle auf das Horaz-Epigraph und seinen Kontext in den *Satiren* zurückkommen. Hier möchte ich aber schon hervorheben, dass es vor allem die Stimme des Neffen ist, die ihn erkennbar macht. Im Gegensatz zu dem stummen Selbstgespräch des Erzählers, müssen *Luis* Äußerungen unbedingt von seinem Gegenüber gehört werden; sie laden eher zu einer Beziehung mit der Außenwelt ein, als dass sie sie blockieren. Die Anpassungsfähigkeit des Neffen an das Klima ist symptomatisch für seine Körperlichkeit und definiert ganz konkret zusammen mit seiner lauten Sprache und seinem Verhalten seine Verbindung zu anderen, die ihn umgeben. Daher ist seine Stimme mit »einer ungewöhnlichen Lungenstärke« [»*d'une vigeur de poumons peu commune*«] genauso unwiderstehlich wie die der Sirenen – »Wenn ihr ihm jemals begegnet, und seine Originalität hält euch nicht fest, so verstopft ihr eure Ohren gewiß mit den Fingern, oder ihr entflieht« (RN 4).²⁴ Die Anspielung ist bemerkenswert. Circe warnte Odysseus, dass niemand der Verlockung des Sirenengesangs zu widerstehen vermag, und trotz seiner vorsichtigen Haltung (»écoutant le moins que je pouvais«), ist der Erzähler fasziniert. Die Fähigkeit der Sirenen, zu fesseln, besteht in ihrem Versprechen, totales Wissen zu offenbaren, denn sie wissen »alles, was irgend geschieht auf der lebenschenkenden Erde«, *Odyssee* 12,191; übers. v. Voß) – Verlockung genug für den Enzyklopädisten. Bei Homer verfügen die Sirenen ausdrücklich über ein Wissen, das Identifikation zusichert: »Uns ist alles bekannt, was ihr Argeier und Troer/Durch der Götter Verhängnis in Troias Fluren geduldet« (12,189-190). Als Augenzeuge weiß Odysseus natürlich bereits, was auf dem Schlachtfeld vor Troja passiert ist. Er weiß bereits um das Leid der Argiven und Trojaner. Woher kommt dann die Anziehungskraft? Warum ein

---

23 Im Original: »Si la saison est douce, il arpente toute la nuit le Cours ou les Champs-Élysées« (NR 5).
24 Im Original: »Si vous le rencontrez jamais et que son originalité ne vous arrête pas, ou vous mettrez vos doigts dans vos oreilles, ou vous vous enfuirez« (NR 4).

Risiko eingehen? Der übergroße Wunsch, den Gesang der Sirenen zu hören, kann nur der Wunsch nach Gleichem sein.

Ebenso öffnet Diderots Erzähler zu Beginn seine Ohren der Stimme des Neffen, um zu sich selbst zurückzukehren. Dementsprechend verändert *Moi* sofort sein Urteil über den Neffen, indem er seine »Originalität« als einen Typ einordnet. Während der Erzähler seine Beschreibung fortsetzt, wechselt er die Mittel und charakterisiert den Neffen nicht als »Original«, sondern vielmehr als einen bekannten »Charakter«, den zahllosen Kaspern verwandt, die sich seit dem Mittelalter durch die didaktische Literatur ziehen. Der Erzähler macht also innerhalb eines einzigen Abschnitts deutlich, dass die Einzigartigkeit des Neffen in Beziehung zur langen Tradition didaktischer Narren zu verstehen ist, wie man sie in Sebastian Brants *Narrenschiff* (1492), Erasmus' *Encomium Moriae* (1509) oder Louise Labés allegorischer *Débat de Folie et d'Amour* (1555) wiedererkennt. In diesem Sinne kann der Narr als Triebmittel in der Gesellschaft dienen (»grain de levain«). Die Ersetzung des »Originals« durch »Charakter«, die nebenbei *Mois* eigene Unbeständigkeit verrät, ist symptomatisch für den intellektuellen Willen, diese Erfahrung in eine Narration oder *logos* zu bündeln, die die Position des Subjekts bestätigen würde. Der Narzissmus wurde nicht beschädigt, sondern einfach projiziert. Er beraubt den wahnsinnigen Neffen ausdrücklich seiner Individualität, um die Persönlichkeit des Erzählers wieder geltend zu machen. Allerdings stellt sich im Laufe des Dialogs heraus, dass der Neffe als Verkörperung des Andersseins nichts weniger ist als ein Typ. Seine Einzigartigkeit verhindert, dass der Philosoph sich selbst wieder zurückgegeben wird. Obwohl Homers Text unklar lässt, ob die Sirenen tatsächlich das Wissens des Gleichen gewähren – ihr Ruf kann ebenso gut eine leere Verlockung sein –, ist völlig klar, dass man, wie Circe behauptet, jede Möglichkeit der Rückkehr aufgibt, wenn man einmal angebissen hat.

Auf jeden Fall ignoriert der Erzähler das Risiko und versucht, seinen wilden Gesprächspartner zu zähmen. Dadurch entsteht die große, den Dialog motivierende Spannung zwischen den gebündelten Energien des *Moi*, das daran interessiert ist, den *logos* zu finden, der seine Subjektivität wiederherstellt, und den auflösenden Kräften des *Lui*, die jeden Versuch, seine Singularität einzuordnen, zu zerstören drohen.

Im weitesten Sinne sind die Mittel der Aneignung bereits durch die doppelte Funktion des *Moi* als Gesprächspartner im Dialog und als Erzähler verteilt. Als Subjekt der Erzählung verfügt allein *Moi* über das Privileg, den Gesprächsverlauf auf eine Geschichte zu reduzieren. Ein deutliches Zeichen dieses Privilegs sind die häufigen eingeschobenen Bemerkungen, vorgebracht als Beschreibungen der exzentrischen Pantomimen des Neffen. Diese Nebenbemerkungen passen mit den intellektuellen Klammern zusammen, die den Erzähler anfangs als einen gleichgültigen, isolierten Denker darstellten. Anstatt seine eigenen Dirnen-Gedanken ausschweifend zu verfolgen, gibt *Moi* nun im Hauptteil des eigentlichen Dialogs ganz genau auf die Abschweifungen des anderen Acht. Er hat dabei allerdings weiterhin die Absicht, daraus Bedeutung abzuleiten, und begibt sich dadurch weiterhin in Gefahr. Tatsächlich drücken die Einschübe häufig tiefe hermeneutische Frustration aus:

(Ich hörte ihm zu, und als er diese Scene des Verführers und des jungen Mädchens vortrug, fühlte ich mich von zwei entgegengesetzten Bewegungen getrieben: ich wußte nicht, ob ich mich der Lust zu lachen oder dem Trieb zur Verachtung hingeben sollte. Ich litt. Ich war betroffen von so viel Geschick und so viel Niedrigkeit, von so richtigen und wieder falschen Ideen, von einer so völligen Verkehrtheit der Empfindung, einer so vollkommenen Schändlichkeit und einer so seltenen Offenheit. Er bemerkte den Streit, der in mir vorging, und fragte:) Was habt Ihr?«   (RN 33)[25]

Anstatt eine Festigung des Selbst zu gewähren, führen die Handlungen des Neffen zu einem inneren, verwirrenden Riss. Die Wechselhaftigkeit des Wahnsinnigen steckt seinen Beobachter an und führt dazu, dass er unter den wechselnden Standpunkten leidet. Diese Macht des Wechselns liegt in der Musikalität des Neffen begründet, denn die Temporalität der Musik, ihr Veränderungspotential, ist sowohl Quelle der Faszination als auch Grund für Verwirrung. Da sie in einem unumkehrbaren Fluss stattfindet, könnte

---

25 Im Original: »Je l'écoutais; et à mesure qu'il faisait la scène du proxénète et de la jeune fille qu'il séduisait, l'âme agitée de deux mouvements opposés, je ne savais si je m'abandonnerais à l'envie de rire ou au transport de l'indignation. Je souffrais. [...] J'étais confondu de tant de sagacité et de tant de bassesse; d'idées si justes et alternativement si fausses; d'une perversité si générale de sentiments, d'une turpitude si complète, et d'une franchise si peu commune. Il s'aperçut du conflit qui se passait en moi: ›Qu'avez-vous?‹ me dit-il« (NR 24).

man sagen, dass es in der Musik keine wahre Wiederholung gibt, jedenfalls nicht im engen Sinne. Jede Reprise ist ihrer vorhergehenden Ausführung gleich und ungleich in einem. Obwohl natürlich jede ästhetische Erfahrung an einer Art zeitlicher Entfaltung teilhat – die Zeit, ein Gedicht oder einen Roman zu lesen, die Zeit, ein Bild zu betrachten oder um eine Skulptur zu kreisen –, ist die Zeit der Musik vollkommen inhärent. Die mit der Rezeption visueller oder literarischer Kunst verbundene Temporalität ist vom Gegenstand unabhängig; Leser oder Betrachter bringen ihre eigene subjektive Zeit zur ästhetischen Erfahrung. Mit der Musik verhält es sich anders. Musikalische Wahrnehmung fällt notwendig mit der Entfaltung des Werkes zusammen.[26] Die Musik besteht grundsätzlich aus einem bestimmten Zeitabschnitt. Zeitlichkeit gehört zum Stück. Als strikt in eine Richtung verlaufende Bewegung bindet die Musik ihre Zuhörer körperlich, sie müssen ihre persönliche Zeit der Entwicklung der Musik unterordnen. Diese obligatorische Verbindung zwischen Zuhören und Entfaltung, diese Unterordnung der subjektiven Zeit unter das Tempo eines Musikstücks, erklärt die Wirkung der Musik auf die Zuhörer und ihre Fähigkeit, zu fesseln oder sogar zu verzaubern.

Sowohl Erzähler als auch Neffe sind unwiderstehlich gefangen, dieser in seiner Faszination, jener in seiner Besessenheit. Der Dialog findet genau deshalb statt, weil *Moi* seine philosophische Kontrolle, seine rationale Autonomie lockert. Er übergibt sich der fremdbestimmten Anziehungskraft der ansteckenden Musik des Verrückten. Die Sirene übt im Neffen einen starken Einfluss auf den Philosophen aus, der, indem er dem fremden Tempo nachgibt, gerührt, überwältigt und verändert wird. Dadurch dass er bleibt und seine Ohren offen lässt, wählt der odysseische Erzähler, sich der musikalisch-dialektischen Erfahrung zu unterziehen, ein anderer zu werden, so sehr er auch an den Masten des gesunden Menschenverstandes gebunden bleibt.

---

26 Siehe Bernard Sève, *L'altération musicale* (Paris 2002), S. 22-29.

Zwischen dem Unendlichen und dem Infinitesimalen

Moi sucht nach Versöhnung, Synthese und Selbst-Identität, indem er die einzigartigen Momente des Neffen versammelt, die in Verwirrung enden: »Er häufte und verwirrte dreißig Arien« (RN 118).[27] Auffällig laut (»die Fenster des Kaffeezimmers waren von außen durch Vorbeigehende besetzt, welche der Lärm angehalten hatte«, RN 119) löst sich das Funkeln jedes Satzes in Luft auf. Reine Kontiguität. Ist der Erzähler eine Allegorie des Selbst, so ist der Neffe eine Allegorie der Stimme: einzigartig und vergänglich teilt sie sich selbst mit, bevor sie eine bestimmte Bedeutung kommuniziert. Mit seinen »dreißig Arien« vermischt der Neffe Versatzstücke aus französischen und italienischen, tragischen und komischen Opern: »Je suis un pauvre misérable ... Monseigneur, Monseigneur, laissez-moi partir ... O terre, reçois mon or, conserve bien mon trésor ... Mon âme, mon âme, ma vie! O terre! ... Le voilà le petit ami, le voilà le petit ami! – Aspettare e non venire ... A Zerbina penserete ... Sempre in contrasti con te si sta ...« (RN 118/NR 83). Diese Versatzstücke aus der Oper des 18. Jahrhunderts sind deutlich als Stückwerk erkennbar. Die Semantik dieser Sätze ist belanglos. Da sie vollkommen aus dem Kontext gerissen sind, sind sie tatsächlich zum größten Teil bedeutungslos. Indem er sich reiner Vokalisierung hingibt, kann der Neffe dem Erzähler keinen Sinn vermitteln. Dennoch vermittelt er auf jeden Fall sich selbst, die einfache Tatsache seines Daseins, von Angesicht zu Angesicht, als jemand, der gehört werden muss, ohne unbedingt verstanden zu werden. Auf dieser Grundlage sieht Foucault in *Le neveu* eine anhaltende Faszination des Unmittelbaren.[28]

Wenn der Erzähler die Äußerungen und Gesten des Neffen in einem soliden Bedeutungszusammenhang wissen und das funkelnde Versprechen der Stimme des Verrückten beschwichtigen möchte, so braucht es dazu den Bezug zu einem festen, erkennbaren Wissen. Das Griechische bezeichnet dieses Wissen am besten mit dem Wort ἐποτήμη, das Stehen an einem Ort, unbeweglich und dadurch zeitlos. Also bewegt sich das Sammeln (λέγειν), das Denken ist, von einer

---

27 Im Original: »Il entassoit et brouilloit ensemble trente airs« (NR 83).
28 Foucault, *Wahnsinn und Gesellschaft*, S. 349-357.

zeitlichen Aufeinanderfolge zu einem eidetischen Raum der Gleichzeitigkeit. Die lineare Diskursivität der Sprache wird in einen Betrachtungsgegenstand übertragen, der als Orientierungshilfe für weitere Gestaltung oder Korrektur des Gesagten dient. Die Geschichte der Metaphysik besteht zum größten Teil aus dieser Spannung zwischen einer Vernunftidee, die auf die allmähliche Entfaltung des Gedankens abzielt, und einem Ideal des Intellekts (νοῦς), der betrachtet, was Zeitlichkeit transzendiert. In ihrer jüngsten Untersuchung der Stimme entwickelt Adriana Cavarero ein einfaches und daher nützliches Schema, das den *logos* oder Sprechakt (*legein*) zwischen der Vergänglichkeit der stimmlichen Äußerung und der Unveränderlichkeit der Idee verortet. Im Dienste der Idee »entvokalisiert« der Philosoph Sprache und macht sie so immateriell, sodass Denken seinen Weg zu zeitloser Wahrheit beginnen kann.[29] »Idealerweise«, so Cavarero, »ist die Erfüllung des metaphysischen Systems ein kontemplatives, unbewegliches und ständiges Stadium, das kein Reden zulässt – nicht einmal das stumme Reden der Seele mit sich selbst. … Die Stimme – und das ist der eigentliche Punkt – stört Philosophie.«[30] Das bedeutet, dass die Stimme am entgegengesetzten Pol der Idee liegt, und dennoch ist beiden die Eigenschaft der Zeitlosigkeit gemein, die sie qualitativ von der Linearität des *logos* unterscheidet. Weder die Dauerhaftigkeit noetischer Wahrheit noch der rein vergängliche Augenblick lassen Zeit zu. *Logos* oder Vernunft entfaltet sich zwischen zwei Arten von Unendlichkeit oder besser zwischen dem Unendlichen und dem Infinitesimalen, zwischen zwei über die zeitliche Richtung menschlichen Lebens hinausgehenden Bereichen.

Die Erfahrung des Wahnsinns, so wie sie in *Le neveu de Rameau* dargestellt wird, kann mit Bezug auf diese beiden Unendlichkeiten bestimmt werden. Für den sammelnden Philosophen sind die blitzenden Augenblicke im Verhalten des Neffen ganz klar Symptome seiner Geistesgestörtheit (»Er ward nichts gewahr, er fuhr fort, ergriffen von einer solchen Entfremdung des Geistes, einem Enthusiasmus so nahe an der Tollheit, daß es ungewiß ist, ob er sich erholen wird, ob man ihn nicht in einen Miethwagen werfen und gerade in's Tollhaus führen muß«, RN 119).[31] Außerdem mag in den Augen des

---

29 Adriana Cavarero, *A più voci*, S. 53-57.
30 Cavarero, *A più voci*, S. 56.
31 Im Original: »Lui n'apercevoit rien; il continuoit, saisi d'une aliénation d'esprit, d'un enthousiasme si voisin de la folie, qu'il est incertain qu'il en revienne; s'il

Erzählers auch der Onkel, der Komponist Rameau, ein wenig verrückt sein (»[Er schrieb] so viel unverständliche Visionen und apokalyptische Wahrheiten über die Theorie der Musik [...], wovon weder er, noch sonst irgend ein Mensch jemals etwas verstanden hat«, RN 7).[32] Insgesamt muss *Moi* der Richtigkeit des Sprichwortes zustimmen – »kein großer Geist sich findet ohne einen Gran von Narrheit« (RN 13).[33] Für den Erzähler haben sowohl der metaphysische Visionär als auch der besessene Pantomime einen Platz in der Irrenanstalt verdient. Beiden Extremen wird Wahnsinn zugeschrieben, gerade weil er unterhalb des gesunden Menschenverstandes fällt oder über ihm schwebt.

Dementsprechend beschreibt Diderot in seinem *Encyclopédie*-Eintrag über »Folie« den Wahnsinn allgemein als Abkommen vom Pfad der Vernunft (»s'écarter de la raison«), mit der Folgerung, dass »jeder Exzess *folie* ist«.[34] Extreme Sensibilität und extremes logisches Denken sind zwei Pole, die gleich weit von der Vernunft entfernt sind (»les deux extrêmes sont également folie«). Außer dem unbescheiden leidenschaftlichen Verhalten des Neffen gibt es in *Le neveu* den illusorischen Glauben des Onkels an seine eigenen, übertrieben systematischen Theorien. Obwohl die Philosophen im Allgemeinen Jean-Philippe Rameaus Erklärungen des Fundamentalbass und des *corps sonore* als große Verbesserungen in der Musiktheorie akzeptierten, spielen *Mois* obige Bemerkungen auf eine Ablehnung der immer metaphysischer werdenden Tendenzen an, die vor allem in seinen *Nouvelles réflexions sur le principe sonore* (1760) zu erkennen sind. Wie d'Alembert begrüßte auch Diderot Rameaus Innovationen sehr und nahm sie als Grundlage – zum Beispiel in dem frühen Aufsatz über Akustik in seinen *Mémoires sur les différents sujets de mathématiques* (1748) –, während beide seinen ehrgeizigen Ausführungen gegenüber skeptisch waren und angesichts seiner verrückt mystischen, beinahe rosenkreuzerischen Halluzinationen regelrechte

---

ne faudra pas le jeter dans un fiacre, et le mener droit aux Petites Maisons.« (NR 83).
32 Im Original: »qui a tant écrit de visions inintelligibles et de vérités apocalyptiques sur la théorie de la musique, ou ni lui ni personne n'entendit jamais rien« (NR 6).
33 Im Original: »il n'y a point de grands esprits sans un grain de folie« (NR 10).
34 *Encyclopédie; ou, Dictionnaire raisonné des sciences, des arts, et des métiers*, 17 Bde. (Paris 1751-1772), 7: 42-43.

Lachkrämpfe bekamen.[35] Viel später in *Leçons de clavecin* (1771) stempelt Diderot Rameau als »Systematiker« ab (»un systématique«), der anders als »ein vernünftiger Physiker« (»un bon physicien«) »die Tatsachen so verdreht, dass er diese wohl oder übel an seine Ideen angleicht«.[36] Der Komponist Rameau dürfte genauso wahnsinnig wie sein Neffe sein, zwar nicht aufgrund seiner bürgerlichen Entgleisungen, so doch wegen seiner Fähigkeit, Sinnvolles in eine abstrakte, transzendente Form umzukehren und zu pervertieren.

Der Glaube des Onkels an eine Ordnung und seine Vorliebe für deduktives Vorgehen werden dargestellt, als seien sie in einem Abstraktionswillen begründet. Der Meinung des Neffen nach ist der Komponist »aus Stein gemacht« (NR 79). Er lebt in einem selbsteingezäunten Raum, der Welt und denjenigen gegenüber gleichgültig, die um ihn herum leben. »[E]r denkt nur an sich, und die übrige Welt ist ihm wie ein Blasebalgsnagel. Seine Tochter und Frau können sterben, wann sie wollen, nur daß ja die Glocken im Kirchsprengel, mit denen man ihnen zu Grabe läutet, hübsch die Duodecime und Septdecime nachklingen, so ist alles recht« (RN 11).[37] Kurzum, er ist eine Art Philosoph (»C'est un philosophe dans son espèce«), und zwar von der Art, wie wir sie schon in den ersten Zeilen des Dialogs gesehen haben, als sich *Moi* in egozentrischer Selbstgenügsamkeit darstellte. Indem er seinen Geist umherschweifen lässt und zugibt, dass seine Gedanken seine *catins* seien, rettet der Erzähler sich selbst vor der den Komponisten irreführenden *folie*. Man mag diese Verirrung für ein Zeichen seiner Unbeständigkeit gehalten haben. Tatsächlich aber ist sie die entscheidende Voraussetzung, die ihn wieder der diskursiven Richtung, das heißt der Vernunft zuführt. Dass er die zeitliche Entfaltung seines Denkens verfolgt und sich herablässt, dem merkwürdigen Neffen zuzuhören, ist symptomatisch für *Mois* Rationalität, die sowohl die kontemplative Ewigkeit einer *systématique* als auch den vergänglichen Augenblick des Verrückten ablehnt. Für den Mann der Aufklärung muss Denken dis-

---

35 Siehe: Thomas Christensen, *Rameau and Musical Thought in the Enlightenment* (Cambridge 1993), S. 291-306.
36 Im Original: »tord si bien les faits, que, bon gré, malgré, il les ajuste avec ses idées«. Diderot, *Leçons de clavecin et principes d'harmonie*, in *Œuvres complètes*, 20 Bde., hg. v. J. Assézat (Paris 1875), 12:514.
37 Im Original: »Il ne pense qu'à lui; le reste de l'univers lui est comme d'un clou à soufflet. Sa fille et sa femme n'ont qu'à mourir, quands elles voudront; pourvu que les cloches de la paroisse, qu'on sonnera pour elles, continuent de resonner la douzième et la dix septième tout sera bien.« (NR 8-9).

kursiv sein, insofern es gewährleistet, dass Ideen hinterfragt, näher bestimmt oder auch entlarvt werden. Der Mann der Vernunft muss, so d'Alembert im *Discours préliminaire* zur *Encyclopédie*, ständig zwischen den doppelten Lockungen der transzendenten Landkarte und dem immanenten Labyrinth lavieren.

Exkurs: Das Heulen des Marsyas

> Und ich würde unmaßgeblich die alte Fabel vom Apollo und Marsyas vorschlagen. Sie scheint mir sehr an der Zeit zu sein. Oder eigentlicher zu reden ist sie wohl immer an der Zeit in jeder wohl verfaßten Literatur.
> Friedrich Schlegel, *Gespräch über die Poesie* (1800)

Vom Standpunkt diskursiver Vernunft gesehen sind die beiden zeitlosen Extreme der Idee und des Augenblicks, des Unendlichen und des Infinitesimalen, Orte des Wahnsinns. In *Le neveu* werden beide Pole bemerkenswerter Weise von Musikern dargestellt: von dem systematisch vorgehenden Komponisten und dem geistig verwirrten Künstler. Der Mythos von Apollo und Marsyas – eine für die Geschichte der Musikästhetik zentrale Erzählung – illustriert die dynamische, sich durch Diderots Dialog ziehende Spannung zwischen diesen beiden Polen.[38] Er illustriert nicht nur die dem Werk zugrunde liegende Spannung, sondern er erklärt auch eine Reihe erzählerischer Einzelheiten. Daher scheint ein Exkurs gerechtfertigt.

Apollo, der Gott der Musik, ist dafür bekannt, dass er Menschen in den Wahnsinn getrieben hat. In diesem allgemeinen Sinne unterschied er sich in nichts von den anderen griechischen Göttern, die alle die Macht besaßen, Sterbliche mit Wahnsinn zu bestrafen. Zeus

---

38 Der unterschiedlich ausgelegte Marsyas-Mythos wurde oft dafür gebraucht, wichtige Stränge in die Musikgeschichte als auch in die Analyse sogenannter musiko-literarischer Studien einzuführen. Siehe vor allem John Hollander, *The Untuning of the Sky. Ideas of Music in English Poetry, 1500-1700* (Princeton 1961) u. Daniel Albright, *Untwisting the Serpent. Modernism in Music, Literature, and Other Arts* (Chicago 2000). Für eine breitere Darstellung des Mythos in der klassischen Tradition Europas siehe Edith Wyss, *The Myth of Marsyas in the Art of the Italian Renaissance. An Inquiry into the Meaning of Images* (Newark, Dela. 1996).

stahl den Geist des Bellerophon, Hera stachelte die arme Io an und trieb Herakles in mörderische Wut, Athene verdunkelte Ajax mit schrecklichen Wahnvorstellungen, und Dionysos – der ausdrücklich wahnsinnige Gott (μαινόμενος Διώνυσος)[39] – brachte alle durcheinander, die ihn trafen, sei es in Verehrung oder Ablehnung. Apollos Strafen sind jedoch anderer, eher ambivalenter Natur. Als der Gott der Heilung wurde er oft gerufen, um die Wahnsinnigen zu heilen, wie zum Beispiel in Herakles' oder Orests Fall. Im *Phaidros* stellt Sokrates Apollos Art des Wahnsinns in eine Linie mit der Kunst der Vorhersage (μαντική), indem er die Beziehung des Wortes zu μανία im Allgemeinen unterstreicht (244c). Dieses Geschenk war in der Tat zweideutig, entweder wohltätig oder boshaft, schädlich oder heilsam. Um Kassandra zu strafen, stahl er daher ihren Geist und verlieh ihr die Gabe zu wahren Voraussagen, denen niemand glaubte.

Um die Nützlichkeit göttlichen Wahnsinns vorzuführen, verweist Sokrates auf den in Delphi eingeführten Apollo-Kult, wo die junge Pythia besessen wurde (ἔνθεος) und göttliche Nachrichten in Glossolalien von sich gab, die dann von den diensthabenden Propheten in lesbare Hexameter übertragen wurden. Die durch die Vorsilbe *en-* wie in ἔνθεος oder ἐνθουσιασμός vermittelte Verinnerlichung, die einen »inneren Gott« ankündigt, ist typisch für apollinischen Wahnsinn und unterscheidet ihn von den anderen vom Olymp geschickten Leiden, die im Großen und Ganzen als Angriffe von außen charakterisiert werden.[40] Die Art, wie Apollo in den Kern einer Psyche eindringt und dadurch einen unheimlichen, äußerlichen Raum ausgerechnet innerhalb der Innerlichkeit einer Person schafft, ist ein Zeichen für die diesem Gott zugesprochene Musikalität. Denn Musik findet *in* dem Zuhörer statt und ist daher eine vom Sehen grundverschiedene Wahrnehmungserfahrung, die oft als Distanznahme zwischen Beobachter und Beobachtetem aufgefasst wird. Apollo greift ausdrücklich von innen heraus an. Er *in-spiriert*. Somit ist er den Musen und dem Akt poetischer Schöpfung nahe verwandt.

Während Io von einer Stechmücke oder Orest durch schreckliche Halluzinationen gemartert wurde, bestand Kassandras oder Sibylles apollinischer Wahnsinn vornehmlich in der Stimme, solange er überhaupt *als* wahnsinnig angesehen wurde, das heißt: bevor er in ein

---

39 *Ilias* 6.132.
40 Ruth Padel, *Whom Gods Destroy. Elements of Greek and Tragic Madness* (Princeton 1995), S. 120-128.

Interpretations- oder Verstehenssystem eingespannt wurde. Die Stimme, eines der wichtigsten Unterscheidungsmerkmale im Leben eines Individuums, seiner Identität und Präsenz, war entfremdet worden. Die von Kassandra ausgesprochenen Worte, ihre Selbstdarstellung, gehörten nicht ihr. Ihre Stimme hatte der der Götter nachgegeben. Im *Agamemnon* des Aischylos »lässt« ausdrücklich der δαίμων »sie singen« (1175-1176). Cicero bemerkt, dass der Gott in ihr spricht und nicht Kassandra (»Deus inclusus corpore humano iam, non Cassandra, loquitur« [*De divinatione* 1.67]). Dies erklärt teilweise die Verführung durch Musik und die Angst vor der Musik, wie sie in Platons *Politeia* ausgedrückt ist, wo behauptet wird: »[Musik dringt] am meisten in das Innerste der Seele [εἰς τὸ ἐντὸς τῆς ψυχῆς] und am stärksten sie erfaßt« (*Pol.* 3, 401d; übers. v. Teuffel). Die dreifache Kunst von Wort, Ton und Bewegung, μουσική, droht mit Verwirrung und damit, eine Person zu verwandeln. Aber genau diese Verfremdung erzeugt Bedeutung: Erst nachdem sie von Apollo getroffen worden war und *ihre* eigene Stimme verloren hatte, wurde Kassandra zu einer Vermittlerin des Wahren.

Auch wenn die Geschichte von Apollo und Marsyas nicht ausdrücklich von Wahnsinn handelt, so wird sie dennoch durch zwei entgegengesetzte Vorstellungen musikalischer Erfahrung strukturiert. Diese wiederholen das oben umrissene Schema, das die Vernunft zwischen die Idee und den Augenblick stellt. Kurzum, der Mythos stellt den unmittelbaren, vergänglichen Ausdruck der eindringenden Natur apollinischer Vermittlung gegenüber, die gemäß einer transzendenten Vision oder Form funktioniert. Die Begegnung wird als ausgesprochen grausam dargestellt. Apollodor zufolge rettet der halbtierische Satyr Marsyas die Flöte oder αὐλός, die Athene erfunden, aber dann angewidert fortgeworfen hatte. Sie entledigte sich des Instruments, da es beim Spielen ihr Gesicht verzerrte, das heißt, »es machte ihr Gesicht nicht schön oder formlos [ἄμορφον]« (*Bibliotheke* 1.4.2). In seinem übermäßigen Stolz auf sein Talent mit dem neugefundenen Instrument forderte Marsyas Apollo selbst zu einem Wettbewerb heraus. Als der Wettkampf in einem Patt endete, stellte Apollo in der zweiten Runde Marsyas eine tödliche Falle, indem er seine Lyra »umkehrte« (στρέψας) und verlangte, dass dasselbe mit der Flöte geschehe.[41] Da es ihm auf diese Weise unmöglich

---

[41] Womöglich hat Apollodor die später von Hyginus wiederaufgegriffene Geschichte der Inversion erfunden (*Fabula* 165).

war, einen Ton hervorzubringen, verlor Marsyas den Wettbewerb und wurde dazu verdammt, jegliche Strafe des Gottes anzunehmen. Apollo nagelte ihn daraufhin an einen Baum und zog ihm bei lebendigem Leib die Haut ab. Der Gott entstellte ihn auf eine an Athenes Entstellungen erinnernde und sie radikalisierende Art mit einem ganz besonders brutalen Ergebnis. Ovid räumt den Einzelheiten in seiner Version besonders viel Platz ein und beschreibt aufs Lebhafteste, wie die Sehnen des Opfers grausam zu sehen waren (*Metamorphosen* 6.382-400).

Im Allgemeinen wird der Mythos als Warnung vor Hybris gelesen: Man soll nicht den Hochmut besitzen, einen Gott herauszufordern. Auch auf die Gefahr der Übertreibung hin möchte ich jedoch diese Interpretation in Frage stellen, da ich glaube, dass dies einen zentralen Punkt dieser Untersuchung betrifft. Apollo gewinnt aufgrund einer List – oder einer Umkehrung. Die Lyra kann umgekehrt gespielt werden; der *aulos* nicht. Meines Erachtens besiegt Apollo Marsyas durch die Mittel der Dichtung selbst. Das von dem Verb στρέψειν (»umkehren«) stammende Partizip στρέψας führt zu dem Nomen στροψή, was nicht nur eine »Gemeinheit« bezeichnet, sondern auch die »Wendung«, die der Chor in der öffentlichen Aufführung vollführt, daher die »Strophe« im Gedicht. Marsyas' Arroganz rührt von seinem Glauben her, dass er sich auf so machtvolle Weise, so unmittelbar auszudrücken weiß, dass er selbst einen Gott übertreffen könnte. Er glaubt also, seine Seele ohne Vermittlung – oder besser ohne Umkehrung – durch die poetische Form kommunizieren zu können. Er träumt von direktem, unverdorbenem und daher irgendwie »formlosem« Ausdruck – ἄμορφον. Aber der Gott der Dichtung hat seine Tricks. Marsyas beherrscht die Strophe nicht, und so wird Formlosigkeit in ihrer vollen Hässlichkeit exponiert.

Einerseits könnte man sagen, dass Marsyas Sprache verweigert. Die Lyra (oder *kithara*) begleitet die Worte eines Liedes, erhält einen Text mit Hilfe harmonischer Unterstützung aufrecht. Im Gegensatz dazu erlaubt der *aulos* der Stimme keine linguistische Artikulation. Er schiebt Worte beiseite, indem er den Atem einzig zum Ausstoßen des reinen Lautes verwendet. In der Version des Mythos von Diodorus Siculus ist Apollo der Sieger, nicht weil er sein Instrument drehte, sondern vielmehr weil er sich in der zweiten Runde fürs Mitsingen entschied (*Bibliotheke* 3.59.1-6). Marsyas verausgabt sich und schüttet seinen Lebensatem aus, seinen Geist oder πνεῦμα. Derweil singt der olympische Gott, und seine Finger zupfen die Saiten relativ ruhig. Die daktylische und logische (verbale) Kontrolle des Gottes über die Musik steht im Gegensatz zu der pneumatischen Verausgabung der Stimme des Satyrn. Apollo mischt der Musik Worte bei, während Marsyas beinahe aus Hyperventilation einer Ohnmacht zum Opfer fällt.

Diese buchstäblich alogische Natur des *aulos* trug zweifellos zur seiner Degradierung im Athen des 5. und 4. Jahrhundert bei als eines Instruments, das gewöhnlich mit Sklaven und Prostituierten, mit Trinkgelagen und irrationalem Verhalten in Verbindung gebracht wurde. Seine nichtgriechische, phrygische Herkunft trieb die Abneigung nur noch voran. In der Erziehung der Athener Kinder war sein Gebrauch verboten, und er war aus Platons idealer Stadt verbannt (*Politeia* 3, 399c-e). Aristoteles, der auch bemerkt, dass der *aulos* der menschlichen Sprache im Wege steht, erklärt, dass Athene das Instrument nicht einfach deshalb ablehnte, weil es »entstellte«, sondern weil es der »Intelligenz« (διάνοιαν) nichts zu bieten hat. Daher, so folgert Aristoteles, konnte der *aulos* »der Göttin des Wissens und der Kunst« – von ἐπιστήμη und τέχνη – keine guten Dienste erweisen (*Pol.* 8, 1341b).

Was der *aulos* nicht auszuführen in der Lage ist, ist die Stärke der Lyra. Das besaitete Instrument ist das perfekte künstlerische Werkzeug für wissenschaftliche Untersuchung und die Bestimmung ewiger Wahrheiten. Die pythagoreische Förderung des Wissens über die physikalischen und kosmologischen Sphären basiert auf einer numerischen Vierergruppe (Tetraktys), das heißt auf den ersten vier ganzen Zahlen (Eins, Zwei, Drei und Vier), deren Addition zur vollkommenen Zahl Zehn führt. Die lautliche Entsprechung dieses Modells liegt in den ursprünglich vier Saiten der Lyra, welche die gleichklingenden Intervalle einer vollkommenen Quarte, Quinte und Oktave erzeugten. Diese Intervalle spiegelten aufs Schönste die proportionalen Beziehungen zwischen den Grundzahlen des Universums (4:3, 3:2 und 2:1).[42] Die Saitenlänge und die Beständigkeit des Tons lieferte ein konkretes Modell jener abstrakten Ordnung, die jeglicher Wirklichkeit zugrunde lag, ein zugleich sichtbares, fühlbares und hörbares Modell. Obwohl der *aulos* ursprünglich mit vier

---

42 Später wurde die Zahl der Lyrasaiten auf sieben erhöht, wodurch die heptatonische Tonleiter in eine Linie mit den sieben Planeten gebracht wurde. Siehe Plinius, *Nat. Hist.* 2.20. Für weitere Aspekte pythagoräischer Übereinstimmungen bis über die Renaissance hinaus, siehe Wyss, *Myth of Apollo*, S. 27-33.

denselben Grundtönen entsprechenden Löchern konstruiert wurde, erforderte das doppelte Schilfrohr einen Atemüberschuss, der die Backen aufblies und dadurch zu Athenes Entstellung führte. Es brachte einen vergleichsweise ungleichmäßigen Ton zustande, der im Allgemeinen als moralisches Versagen, wenn nicht gar als Angriff auf die universale Ordnung schlechthin interpretiert wurde.[43]

Aus anderer Perspektive mag man angesichts der Wirkung der Lyra zögern und ihre Fähigkeit in Frage stellen, die Stimme in Einklang mit harmonischem Rhythmus zu bringen. Bei weiterer Betrachtung der Opposition von Lyra und *aulos* fällt auf, dass das Blasinstrument der menschlichen Stimme viel näher ist, obwohl es den Spielern keine Wortartikulation während des Spiels erlaubt. Wie die menschliche Stimme ist auch der *aulos* monodisch, nichtakkordisch. Die synchrone Anordnung der Saiten der Lyra, die eine Harmonie ertönen lässt, die die ewigen Proportionen des Kosmos widerspiegelt, ist von der individuellen Einzelstimme so weit entfernt wie der Körper von den himmlischen Konstellationen. Wie die gesungene Melodie wird auch die Melodie der Flöte der Zeit überantwortet – unpräzise und veränderbar, vergänglich, sterblich. Der *aulos* mag unlogisch sein (den *logos* daran hindern, gehört zu werden), aber er bietet auch eine Selbstdarstellung, die über das Verbale hinausführt. Marsyas scheint die Reduktion der Stimme auf linguistische Bedeutung in Frage zu stellen. Im Lichte seiner Aufführung scheint die apollinische Koordination von Wort und Harmonie um den Preis einer seltsamen Vergeistigung erkauft zu sein oder wiederum einer Verfremdung von innen heraus zu unterliegen.

Der schöne Apollo konnte ein Instrument, das der Erkenntnis im Wege stand, nicht ertragen. Er weigerte sich, etwas zu billigen, das sowohl physisch als auch moralisch verunstaltete. Aus diesem Grund gab er Marsyas nicht bloß eine Form, sondern eine ganz besonders passende. Indem er seinen Körper an einen Baum nagelte und seine Eingeweide zur Schau stellte, verwandelte er ihn in eine Art Lyra – in ein aus Holz und Saiten aus Eingeweiden bestehendes Instrument. Das griechische Wort νεῦρον, wie Ovids »nervus« bezeichnet sowohl »Sehne« als auch »Lyra-Saite«. Das Leben, das einst wild und unlogisch pulsierte, ist nun auf der Rinde ausgestreckt und dient dazu, die Zahlenbeziehungen zu illustrieren, die einem gesetzes-

---

43 Diodor berichtet weiter, dass Apollo aus Reue für seine Grausamkeit gegen Marsyas die Saiten seiner Lyra zerbrach und dadurch die *harmonia* zerstörte.

treuen Kosmos unterliegen. Apollo instrumentalisiert den Satyr im buchstäblichen Sinne. Er unterjocht dessen Maßlosigkeit.

Tizians berühmte Darstellung der Szene würdigt diese Implikationen des Mythos insofern, als Apollo Marsyas selbst auf den Kopf gestellt hat. Diese Interpretation wird noch dadurch untermauert, dass Tizians Porträt des Opferkörpers, mit am Boden ruhenden gekrümmten Armen, die Form und Farbe der Viola des Gottes nachbildet. Die symmetrischen Löcher in Marsyas' Brust, der Bogen seines Mundes und sogar das dünne Messer des Anatomen werden alle von den f-Löchern, dem Steg und Bogen des Apollo wiederholt. Der Spieler des *aulos* glaubte, dass er durch den reinen Klang siegen könne, in dem er die Genauigkeit artikulierter Worte übersteige. Doch der apollinische Musikansatz – die Fähigkeit des Gottes, umzuwenden und umzuformen, eine Strophe zu spielen – lehrt ihn, dass seine, ebenso wie Kassandras Innerlichkeit, einer groben Verfremdung unterzogen wird. Marsyas' Eingeweide werden ihm herausgerissen. Die mythische Strafe offenbart die Wahrheit der Anatomie: um zu verstehen, wie Leben funktioniert, muss das Leben zu einem Objekt der Erkenntnis, ἐπιστήμη gemacht werden, und das heißt, das Leben zu beenden. Wissenschaft und Kunst definieren das Leben als Technologien des Verstehens, indem sie es töten. Τέχνη verrät ihre Komplizenschaft mit dem Tod.

Sicherlich versucht Apollos beim Stimmen des Marsyas kaum, seine Gewalt zu verbergen, aber sie spiegelt auch eine Art Wahnsinn auf der göttlichen Seite wider, die Besessenheit, zu enthüllen was in oder hinter der Stimme liegt, die Besessenheit, am lebenden Körper zu sezieren und zu verstehen, wie dieses Material funktioniert, sodass es verbessert werden kann. Möglicherweise will Apollo die Stimme entkörperlichen, um sie zu vergeistigen wie den aus dem geköpften Orpheus kommenden Gesang.

Dadurch dass Apollo die Lyra umkehrt, erlangt er das Recht, Marsyas umzukehren. Hierbei ist zu berücksichtigen, dass die Lyra immer als Instrument der Inversion galt. Der *homerischen Hymne an Hermes* zufolge war es der kindliche Gott, der als Erster eine Lyra aus einem Schildkrötenpanzer herstellte. Wie die Hymne erzählt, ist Hermes unglaublich geschickt im Hervorbringen von Umkehrungen, zum Beispiel als er die Fährte des von Apollo gestohlenen Viehs umkehrt (76-78). Als er auf einer Schildkröte vor seiner Höhle sitzt, kam er auf die Idee, das Tier zu töten und den Panzer als Resonanzraum zu nutzen. Überzeugend erwähnt er den »Schaden«, der sicherlich entstehen wird, wenn das Tier weiterleben sollte, und fügt hinzu: »aber du sollst dann am schönsten singen, wenn du stirbst« (ἢν δὲ θάνῃς, τότε κεν μάλα καλὸν εἴδοις, 38). Er reißt den lebendigen Leib des Tieres aus seinem Panzer heraus, was an die Häutung des Marsyas erinnert, und verwandelt dadurch das sterbliche Leben der Schildkröte in das unsterbliche Leben der Musik.

Hermes' Erfolg ist somit wirklich ein *Werk*, ein *ergon*, das durch die Mittel des Todes zu neuem Leben führt. Tatsächlich ist Apollo, der in der *Hymne* wiederholt als »der durch seinen Willen Wirkende« (Ἑκάεργος) bezeichnet wird, von dem Instrument überwältigt, das er für ein »Wunderwerk« (θαυματὰ ἔργα [440]) hält. Obwohl es ihm das »provozierend-verführerische Geheul des *aulos*« (ἱμερόεις βρόμος αὐλῶν, 452) nie Vergnügen bereitet hat, ist er den Verzauberungen der gespannten Lyra vollkommen erlegen. Am Ende erhält Apollo das Instrument von Hermes als Bezahlung für das gestohlene Vieh. Das ist nichts als ein weiterer Tausch, eine weitere Umkehrung.

Marsyas' Position lehnt den lyrischen Plan, so wie er hier dargestellt wurde, ab. Ein durch den Tod erkauftes Leben ist kein Leben. Diese Position hat mit der Sprache zu tun, daher Marsyas Zurückhaltung. Die einzigen Worte, die Ovid Marsyas zu sagen erlaubt, sind Worte des Protests: »Quid me mihi detrahis? [...] A! Piget! A! non est [...] tibia tanti« – »Was entziehst du mir selber mich? [...] Ah, mich gereut's! ah! [...] soviel nicht gilt mir das Schallrohr!« (*Metamorphosen* 6, 385-386; übers. v. Voß). Marsyas kann den Anblick nicht ertragen, von sich selbst weggezogen zu werden. Keine Musik, auch nicht die der Flöte, ist den Preis des Lebens wert.

Marsyas' Schmerz, sein Schock und sein Unverständnis bestätigen sein Misstrauen schöner Form gegenüber. Als Satyr ist eine Figur des Übermaßes mit unersättlichem sexuellem Verlangen, immer bereit, alle Schranken, alle Definitionen zu durchbrechen. Es war ja gerade die Formlosigkeit des *aulos*, die das Instrument am Anfang so attraktiv für ihn machte. Der hässliche Marsyas wurde angezogen von dem, was Athenes Gesicht ἄμορφον machte. Es gab ihm die Möglichkeit, in der Einzigartigkeit eines Lebens zu verweilen, das nicht auf sprachlichen Ausdruck, nicht auf Form reduzierbar ist. Daher dachte er, dass es vielleicht etwas gäbe, was außerhalb des Wirkens von Sprache bleiben könnte und dadurch Apollos Wunder-*ergon* zum Scheitern brächte. Aber Marsyas ist Apollo nicht ebenbürtig. *Ah... Ah...* Aus den letzten Schreien des Satyrs hören wir, wie der sprichwörtliche Schmerz durch Wiederholung bereits in Dichtung verwandelt wird. Dieser nichtsemantische, aber leidenschaftliche Schrei ist der letzte Laut von Marsyas, während er in der daktylischen Form verschwindet, sich in einen Vers verwandelt. Apollo lehrt die Vergeblichkeit der Wünsche des Satyrs, indem er enthüllt, dass alles, was so tut, als sei es außerhalb des Werkes, bereits von eben diesem verstanden wird. Was nonverbalen Ausdruck betrifft, so beweist er, dass er stets der Umkehrung unterworfen ist, so einzigartig er auch sei. Jeglicher Ausdruck neigt dazu, sich nach außen zu kehren; jegliches Leben, solange es sich als Leben manifestiert, muss aus-gedrückt, nach außen gepresst und ausgeweidet werden. Marsyas beginnt als wortloser *aulos*-Spieler und endet als tote Lyra. Er wird zu einem Instrument für eine rücksichtslos funktionierende Sprache.

Sokratische Energie

> Ich. – Und wie, mit Eurem Silenenbauch
> Denis Diderot, *Rameau's Neffe*

Die verschiedenen, aus unterschiedlichen Quellen stammenden Motive des Marsyas-Mythos bringen eine formative Sprachvorstellung ans Licht. Mit unterschiedlichem Nachdruck verursacht die Form bildende Natur verbaler Sprache Misstrauen in der gesamten Tradition von wahnsinnigen musikalischen Darstellungen. Marsyas' Position protestiert meines Erachtens gegen ganz bestimmte, von ihr als verdorben eingestufte Aspekte der Sprache. Dieser Protest hat zwei Seiten: zunächst zweifelt er am Ausschließlichkeitsanspruch der Sprache, Bedeutung herzustellen; zweitens stellt er in Frage, wie die Sprache als Objektivierungsinstrument funktioniert, als diskursives Werkzeug, um den Augenblick in die Idee zu verwandeln – etwas, was Marsyas ausnahmslos als Enteignung ansieht.

Im Modell instrumenteller Sprache erfüllen Wörter die Aufgabe, Sinn herzustellen durch Bezeichnung und subjektive Absicht. Diese beiden Funktionen gründen in der klassischen Theorie des Symbols. In Aristoteles' berühmter Definition, die die gesamte europäische Tradition beeinflusst, sind gesprochene Worte (τὰ ἐν τῇ φωνῇ) Symbole für die »Affekte der Seele« (παθήματα τῆς ψυχῆς, *De interpretatione* 16a). Das bedeutet, die Verbalisierung besteht in einer doppelten Artikulation, bereits angedeutet in der Metapher der σύμβολα, die aus zwei von vertraglich verpflichteten Personen mitgeführten Stücken eines Gegenstandes bestehen, die man buchstäblich »zusammenwerfen« (συμβάλλειν) kann. Linguistisch gesprochen ist ein Wort insofern ein Symbol, als es ein substantielles Zeichen bildet, das auf einer zweiten Ebene noch einmal artikuliert werden muss. Dies allein führt zu Bedeutung. Durch die »Vorstellungen in der Seele« garantiert der Benutzer der Sprache den korrekten Weg von der bedeutenden Substanz zur Bedeutung. Daher wird die menschliche Stimme (φωνή) als Träger oder Behältnis einer Äußerung als bereits bedeutsam verstanden (Aristoteles beschreibt, dass die Worte ganz klar »in der Stimme« sind – ἐν τῇ φωνῇ). Die Stimme wird hier von allen anderen in der Natur vorkommenden Lauten unterschieden, denen die Absichtlichkeit des Sprechens fehlt. Wir können ihnen zwar Bedeutung anheften (oder zuerkennen), doch bleibt diese interpretative Absicht dem Laut zwangsläufig fremd. Für Aristoteles steht die menschliche Lautproduktion als Stimme im Gegensatz zu tierischen Lauten aufgrund jener inneren Absichtlichkeit.

Allerdings verkompliziert die doppelte Artikulation der Symbolisierung diese Definition. Wenn die Stimme die materielle, bedeutungsübertragende Substanz ist, dann könnte man ihre Funktion als rein vermittelnde betrachten, die selbst nicht zur Bedeutung beiträgt. Tatsächlich sind in Aristoteles' Modell die »Affekte der Seele« das ideale Ziel, vor dem die materiellen Kommunikationsmittel verschwinden. Die Stimme muss sich in Bedeutung auflösen. Das Material ist hier entbehrlich, weil es in sich selbst bedeutungslos ist. Die Sprache scheint so zu funktionieren, dass sie die Stimme braucht und aufbraucht.[44]

Eindeutiger, zumindest im konventionellen Sinne, sind Bezeichnung und Absicht in der griechischen Vorstellung von μουσική nur aufgrund des rationalen *logos* präsent, der die harmonischen und rhythmischen Dimensionen beherrscht. Wie im Falle des Soloinstruments *aulos* fehlen Bezeichnung und Absicht ohne *logos*. Die Pfeifen geben nur Laute von sich – lediglich eine Artikulation auf der rein materiellen Ebene. Es ist ein Zeichen, das nicht mit Bedeutung zusammengebracht (oder »geworfen«) werden kann. Marsyas aber

---

44 Siehe Dolar, *A Voice and Nothing More*, S. 14-19.

bestreitet, dass das Symbolische die einzige Art der Sinnstiftung ist. Seine Aufführung behindert die beteiligte Arbeit. Er stellt das instrumentelle Sprachmodell in Frage und sieht die doppelte Artikulation als grausame Umkehrung. »Quid me mihi detrahis?« – Von einer positiveren Warte aus scheint Marsyas nahezulegen, dass Sprache sich neben der Kommunikation von Inhalt ebenfalls selbst mitteilt. Sprache ist nicht bloß ein Instrument; sie ist auch eine Stimme. Wenn Sprache funktioniert, so sorgt Marsyas' Ansatz dafür, dieses Funktionieren außer Kraft zu setzen. Marsyanische Musik ist irrational oder wahnsinnig, weil sie nur auf der lautlichen Ebene bleibt, unfähig, den Laut in ein Symbol oder Zeichen (nichthörbarer) Bedeutung zu verwandeln. Diese Ebene der materiellen Substanz wird oft mit dem Leben selbst – bloßem Leben – in Verbindung gebracht, wo das »Ach« in seiner ganzen Besonderheit gehört wird: unwiederholbar und vergänglich.

Aus Sicht der klassischen Tradition ist ein solches Insistieren auf der intransitiven Natur des Lautes merkwürdig, als es konventionelleren Gesangsmodellen zuwiderläuft, die auf der Idee der Förderung durch Musen, Inspiration und Übertragung beruhen. Die Musen retten einzelne Augenblicke, indem sie sie aus dem *hic et nunc* herauslösen und in eine andere, nicht flüchtige, sondern dauerhafte Ordnung einfügen. Als Töchter des Erinnerung (Mnemosyne) erschaffen die Musen Gesang, indem sie Teile unmittelbarer Erfahrung sammeln und mit dem verbinden, was nicht mehr besteht. Die Erinnerung ist ein Speicher für das nicht mehr Vorhandene. Aus ihr geht die Arbeit der Musen hervor, mit der Augenblicke aus gegenwärtigem Dasein herausgelöst und zu einem Anfang, einer Mitte und einem Ende, zu einem *logos* angeordnet werden, der eine Form begründet. Marsyas ist ein Dummkopf oder Narr, da er nur die Gegenwart wahrnimmt, unfähig, sie mit dem, was nicht mehr Gegenwart ist, zu verknüpfen. Er kann nicht zu Erkenntnis gelangen, die in Wiederholung, in der Verbindung der Wahrnehmung mit dem Wahrgenommenen gründet.

Marsyas ist ein Idiot, da er nicht in der Lage ist, über das »Einzelne« (ἴδιον) hinauszugehen. Aber wie die Torheit des Erasmus so birgt auch seine Idiotie Wahrheit. Marsyas' Bestehen auf vergänglichem, unwiederholbarem Leben zeigt, dass das, was nicht mehr hier ist, tatsächlich tot ist. Erinnerung ist weniger ein Speicher als vielmehr ein Friedhof. Mit den Musen zu singen bedeutet, zu trauern. Marsyas würde lieber vergessen – was unmöglich ist –, um in der reinen Gegenwart zu leben. Der Lehre der Seelenwanderung zufolge ist die Voraussetzung für tote Seelen, um ins Leben zurückkehren zu können, das Trinken aus den Wassern des Lethe, um das Vergessen in sich aufzunehmen. Bloßes Leben scheint der Erinnerung selbst abzuschwören und damit dem verführerischen Unsterblichkeitangebot der Musen. Marsyas schreit dagegen an, aus dem gelebten Augenblick herausgerissen zu werden. Natürlich weiß der Idiot nicht, dass er bereits in dem Augenblick verloren ist, in dem er zu sprechen beginnt und Worte formuliert, die in Bedeutung verwandelt werden müssen. Seine blutige Ex-Pression aus der eigenen Haut ist die logische Folge seines Ausdrucks.

Obwohl Marsyas Worten gegenüber äußerst misstrauisch ist, ist seine Position dennoch nicht einfach eine sprachlose. Ganz im Gegenteil geht sie mit einem sprachlichen Handeln einher, das die konventionellen Mittel symbolischer Bedeutung einer kühnen Neubeurteilung unterzieht. Platon beschreibt zum Beispiel Sokrates häufig als einen marsyanischen Typ, immer bereit, die objektiven, durch Sprache erklärten Wahrheiten außer Kraft zu setzen. Und Wilhelm von Humboldt zufolge stellt Sokrates den Status einer Sprache als ein vollendetes Werk (ἔργον) in Frage und untersucht lieber, wie genau Sprache funktioniert – »eine *wirkende* Kraft« (ἐνέργεια).[45] Sokrates' Methode des Kreuzverhörs, die durchweg zusammengeht mit der Suche nach Selbsterkenntnis, besteht in der Frage, was Sprache sagt, indem analysiert wird, wie sie funktioniert. Seine Ironie zeigt wenig Achtung vor allen Wahrheiten, die sprachlich zustande kommen.

Dementsprechend wird Sokrates' Misstrauen gegenüber dem Schreiben, das so hervorragend im *Phaidros* dargestellt wird, in Verbindung gebracht mit seiner Gleichgültigkeit gegenüber Tatsachen. Zu Beginn des Dialogs antwortet Sokrates auf Phaedrus' Wissbegier in Bezug auf mythische Geschichten, indem er sich auf die unzähligen rationalen Erklärungen bezieht, die es gibt. Zum Beispiel könnte die Vergewaltigung Oreithyias durch Boreas so erklärt werden, dass sie von einer Böe des Nordwindes (πνεῦμα Βορέου [229a]) von einem Felsen in den Tod gestoßen wurde. »Ich aber, o Phaidros, halte nun dergleichen Dinge zwar im übrigen für etwas ganz Hübsches, dabei aber für die Sache eines sehr starken und sich gern abmühen-

---

45 Wilhelm von Humboldt, *Werke*, 5 Bde., hg. v. A. Flitner/K. Giel (Darmstadt 1960-1981), 3:418.

den Geistes, der auch nicht eben glücklich zu preisen ist […] Ich jedoch habe dazu keineswegs Muße. Die Ursache hiervon, mein Lieber, ist diese: Noch immer bin ich nicht soweit, dem Delphischen Spruch gemäß mich selber zu kennen« (229d-e). Seth Benardete kommentiert diese Passage folgendermaßen: »Die Universalität des Wissens und die Individualität der Selbsterkenntnis scheinen nicht miteinander vereinbar zu sein«.[46] Sokrates' Selbstfixierung lässt alles Außenstehende unberücksichtigt.

Aus diesem Grund wird Sokrates in der *Apologie* von dem Porträt schockiert, das seine Ankläger von ihm liefern und in dem er sich nicht wiedererkennen kann. Sie stempeln ihn als eine Art »Weisen« ab, der darüber nachdenkt, was überhalb und unterhalb der Erde ist, und der dann andere mit diesem Unsinn in die Irre führt (19b-c). Um dies zu berichten, möchte Sokrates etwas Wahres, etwas Authentisches erzählen, aber sicherlich nicht »aus zierlich erlesenen Worten« (κεκαλλιεπημένους γε λόγους, 17b). Er misstraut schönen Reden wie denen seiner Ankläger insofern, als sie etwas hinter ihrer Form verbergen. Sokrates interessiert sich mehr für Semiotik als für Semantik: nicht für die Bedeutung der Wörtern, sondern eher dafür, wie Wörter Bedeutung herstellen. Daher fordert er durch die Art, mit der er die Bürger Athens ins Kreuzverhör nimmt, Apollo selbst heraus, den Gott schöner Formen. Sokrates beschreibt, wie er einmal von seinem Freund Chairephon nach Delphi gebracht wurde, um die von Apollo besessene Pythia zu fragen, ob es einen weiseren Mann als Sokrates gebe. Als Sokrates die Antwort hörte, dass er der weiseste Mann sei, begann er seine täglichen Diskussionen mit den Athenern, um Apollos Diktum zu widerlegen und »das Orakel zu überführen« (ἐλέγξων τὸ μαντεῖον, 21c). Er nimmt jedes der schönen Wörter seiner Gesprächspartner auseinander, die es den Unweisen ironischerweise erlauben, vor sich selbst und vor anderen als weise zu gelten.

Im *Symposion* ist es wieder Phaidros, diesmal Gastgeber des nächtlichen Festes, der die Festgesellschaft in eine dem Eros gewidmete Rederunde verwandelt. Nachdem er die *aulos* spielenden Mädchen aus dem Raum verbannt hat, beginnt dieser »Vater des *Logos*« (177d) das nüchterne Gespräch. Als alle Teilnehmer an der Reihe gewesen

---

46 Seth Benardete, *The Rhetoric of Morality and Philosophy. Plato's* Gorgias *and* Phaedrus (Chicago 1991), S. 104.

sind, stürzt jedoch ein berauschter Alkibiades herein und lässt die Tür für die zurückkehrenden Flötenspielerinnen offen. Mit barschen Worten greift er Sokrates an und vergleicht ihn mit Marsyas:

> Ich behaupte nämlich, daß er ganz ähnlich jenen Silenen sei, welche man in den Werkstätten der Bildhauer findet, so wie diese Künstler sie mit Hirtenpfeifen oder Flöten (σύριγγας ἢ αὐλούς) darzustellen (ἐργάζονται) pflegen; wenn man sie aber nach beiden Seiten hin auseinandernimmt, dann zeigt es sich, daß sie Götterbilder einschließen. Und wiederum vergleiche ich ihn mit dem Satyr Marsyas. [...] Du bist ein übermütiger Schalk. Oder bist du es nicht? Wenn du es leugnest, will ich dir Zeugen beibringen. Und ferner: du wärest kein *Aulos*-Spieler? Ja, sogar ein noch viel bewundernswürdigerer als Marsyas. Denn vermittelst fremder Werkzeuge nur bezauberte er die Menschen durch die Gewalt seines Mundes, und so auch jetzt noch ein jeder, welcher seine Weisen spielt. [...] Du aber unterscheidest dich von ihm nur darin, daß du ohne Instrumente durch deine bloßen Reden (ψιλοῖς λόγοις) das bewirkst. [...] Denn wenn ich ihn höre, dann pocht mir das Herz weit stärker, als wenn ich vom Korybantentaumel ergriffen wäre, und Tränen entströmen meinen Augen bei seinen Reden. *(Symposion* 215a-e)

Alkibiades, der schöne junge Mann, dessen Worte ausdrücklich mit »Pfeilen« (βέλη, 219b) verglichen werden, nimmt eine klar apollinische Position ein. Dadurch bildet er den Wettbewerb zwischen Apollo und dem Satyr nach. Plutarch berichtet in seiner Alkibiades-Biographie, dass Alkibiades den Marsyas-Mythos in Erinnerung ruft, als er seine Abneigung gegen den »niedrigen und engherzigen« *aulos* proklamiert, der den »Meister der Stimme und der Sprache beraubt« (*Alkibiades*, 2.5-6). Nun im *Symposion* will er seinen Lehrer in Stücke reißen, ihm die Eingeweide herausnehmen, ihm das Fell (δοράν [221e]) über die Ohren ziehen, um die schönen, göttlichen Formen bloßzulegen, die er im Innern verborgen glaubt. Der Wettbewerb ist inszeniert, aber Alkibiades ist bereits benachteiligt, da er die fragwürdige Rolle eines betrunkenen Apollo spielt. Außerdem braucht Sokrates, wie Alkibiades zugibt, den *aulos* nicht. Die Macht seiner marsyanischen Worte genügt, um den Formwillen des schönen Mannes zunichte zu machen. Daher kehrt Platon die mythische Umkehrung um – hier wird Apollo besiegt und Marsyas bleibt unversehrt.

Man könnte sagen, dass Sokrates' Arbeit darin besteht, sprachliche Formen durch musikalische Darstellung auseinanderzunehmen und nicht durch eine Reihe vorgefertiger Reden. In einer berühmten Passage aus dem *Phaidon*, die den jungen Nietzsche beeindruckte, gibt Sokrates zu, einen sein ganzes Leben lang wiederkehrenden Traum zu haben, der ihn auch am Abend vor seiner Hinrichtung heimsucht: »O Sokrates […] mach und treibe [ἐργάζου] Musik!« (60e) Er erklärt, dass er die Aufforderung der Musen immer als Ermutigung verstanden habe, das zu tun, was er ohnehin tat, zu philosophieren, »weil nämlich die Philosophie die vortrefflichste Musik ist und ich diese doch trieb [πράττοντος]« (61a). Sokrates scheint die Aufforderung der Musen (Apollos) zu befolgen, aber indem er seine philosophische Musik »macht« (πράττοντος), weicht er bereits von der wörtlichen Formulierung des Befehls ab, die ausdrücklich »Arbeit« (ἐργάζου) fordert. Dennoch benutzt Sokrates eine musikalische Metapher zur Beschreibung seines auf Marsyas anspielenden Charakters: ein dialektischer Tausch, der auf der Gegenwart der Sprecher und der Unmittelbarkeit der Situation gründet. Man erinnere sich, dass die primäre Absicht in unmittelbarer Selbsterkenntnis (oder γνῶσις) besteht, im Gegensatz zu einem vermittelten Wissen dessen, was dem Selbst äußerlich ist (ἐπιστήμη). Die musikalische Metapher ist nicht nur deshalb von Bedeutung, weil sie das Wesen von Sokrates' Rede weiter umreißt, sondern auch, weil sie mögliche Aspekte des Sprachgebrauchs freilegt, die sich von der gewöhnlicheren Vermittlungsarbeit unterscheiden. Hier sei nur kurz angemerkt, dass Sokrates an mehreren anderen Stellen, zum Beispiel im *Phaidros* und in der *Apologie*, diese musikalische Methode ausdrücklich als »manisch« bezeichnet.

Viele der mit musikalischer Erfahrung des Wahnsinns beschäftigten Schriftsteller widerstehen dem formenden Impuls des Apollinischen. In dieser Hinsicht unterscheiden sie sich von einer konventionelleren Poetik, die formale Ordnung anstrebt. Tatsächlich lehnen die meisten Dichter Marsyas' Wunsch nach Formlosigkeit ab. Dante zum Beispiel verrät seinen Willen zur Form in seiner Anrufung Apollos zu Beginn des *Paradieses*.

> Entra nel petto mio, e spira tue
> sì come quando Marsia traesti
> de la vagina de la membra sue

(1.19-21)

> So zeuch denn ein in meine Brust und hauche,
> Sowie du tatest, als den Marsyas
> Du aus der Scheide seiner Glieder zogest!

Dante begrüßt die Inspiration, die zu einer Neugeburt führen kann (»de la vagina«). Bereitwillig akzeptiert er die von Hermes ausgehandelten Bedingungen von Apollos Arbeitsvertrag, durch den poetische Unsterblichkeit erlangt werden kann. Doch um welchen Preis? Der marsyanische Schriftsteller widersteht dieser Art von Erlösung. Es besteht ein Misstrauen, die Unmittelbarkeit und Macht des inneren Gefühls umzuformen in die überaus logische Ordnung der Lyra, die Worten Laute an die Seite stellt, an denen alle teilhaben. Die Schriftsteller, die sich Musik und Wahnsinn zuwenden, sind insofern als marsyanisch zu bezeichnen, als sie Möglichkeiten suchen, eben die Sprache außer Kraft zu setzen, auf die sie angewiesen sind. Sie erkennen, dass die tiefgreifende Besonderheit des Gefühls von Sprache nur beeinträchtigt werden kann, denn ihr für die Kommunikation notwendiger allgemeiner Charakter führt unvermeidlich zur Gleichmachung und Verflachung des individuellen Gefühls – daher ihre Leidenschaft für ein Schreiben, das Alternativen zu standardisierten Bedeutungen bietet. Jeder Marsyaner betrachtet symbolischen Ausdruck – das Auflösen des sinnlichen Zeichens in einem nicht wirklichen, nicht spürbaren Bedeutungssystems – als eine grausame Perversion, eine Enteignung oder als eine Art von Tod.

Diderots Neffe wird ausdrücklich mit der marsyanischen Position in Verbindung gebracht, wenn er vom Erzähler als Silenus beschrieben wird (NR 8/37). Dass der Neffe auf radikaler Singularität besteht, seine flüchtigen Aufführungen und sein Misstrauen verbaler Konvention gegenüber –, all das entspricht zudem seinem satirischen und satyrischen Charakter. (Obwohl die Gattung der Satire [satura], die sich auf eine zufällige oder sogar wirre Mischung von Stilen bezieht, etymologisch nicht mit Satyr [satyrus] verwandt ist, der seinerseits aus der griechischen Mythologie stammt und auf eine komische Aufführung zurückgeht, haben die Übereinstimmung zwischen Zufälligkeit und frecher Komödie zusammen mit der reinen Homonymie zur allgemeinen Verschmelzung beider Begriffe beigetragen. Die Tatsache, dass Diderot *Le neveu de Rameau* den Untertitel »Satyre« gab und das griechische Y dem konventionelleren und etymologisch eindeutigeren »Satire« vorzog, legt nahe, dass der Autor die

Verwirrung beider Begriffe verbreiten wollte. Ich komme darauf später zurück.) Neben der ausdrücklichen Anspielung auf Silenus und der Verschmelzung des Satirischen mit dem Satyrischen unterstreicht auch Diderots Porträt des Neffen die Familienähnlichkeit. Vielsagend erinnern die ersten Worte des Neffen, die er an den Erzähler richtet, ein wenig an den Ausbruch von Ovids *aulo*-Spieler (»A...A...«) – »Ah, ah vous voilà, M. le philosophe« (NR 7). Die wiederholte Beschreibung der »Lungenkraft« des Neffen (»Dieux, quels terribles poumons!« [NR 4]) erinnern uns weiter an Marsyas' Atemaufwand, ebenso wie der folgende Bericht einer seiner leidenschaftlicheren Augenblicke:

> Mit aufgeblasenen strotzenden Wangen und einem rauhen dunkeln Ton stellte er Hörner und Fagot vor, einen schreienden näselnden Ton ergriff er für das Hautbois, mit unglaublicher Geschwindigkeit übereilte er seine Stimme die Saiten-Instrumente darzustellen, deren Tönen er sich auf's genaueste anzunähern suchte, er pfiff die kleinen Flöten, er kollerte die Querflöte, schrie, sang mit Gebärden eines Rasenden [*comme un forcené*] und machte ganz allein die Tänzer, die Tänzerinnen, die Sänger, die Sängerinnen, ein ganzes Orchester, ein ganzes Opernthater, sich in zwanzig verschiedene Rollen theilend, laufend, innehaltend, mit der Gebärde eines Entzückten, mit blinkenden Augen und schäumendem Munde. (RN 120/NR 84)

Weitere Einzelheiten nähern das Porträt des Neffen dem Bild von Alkibiades, das im *Symposion* gezeichnet wird, an: wie der Neffe ist Sokrates immer für eine Überraschung gut – »wie du immer plötzlich da zu erscheinen pflegst, wo ich dich am wenigsten vermute« (213c); seine Merkwürdigkeit unterminiert jegliche Versuche, rational zu sein (wofür Alkibiades hier sein Trinken verantwortlich macht) – »in meinem Zustande ist es nicht leicht, deine Seltsamkeiten [ἀτοπίαν] geläufig und in geordneter Reihenfolge aufzuzählen« (215a); er entlarvt konventionelle Überzeugungen, besonders solche, die mit gesellschaftlichen Werten zu tun haben – »Denn er würde mich zwingen zu gestehen, daß ich, während mir selber noch so vieles fehlt, doch meine eigenen Angelegenheiten vernachlässige und stattdessen die der Athener betreibe« (216a). Kurzum, er ist absolut einzigartig – »daß er aber keinem von allen Menschen weder aus alter noch aus gegenwärtiger Zeit vergleichbar ist, das verdient alle mögliche Bewunderung« (221c): »Rien ne dissemble plus de lui que lui-même«.

Angesichts Sokrates' verzaubernder Eigentümlichkeit kann Alkibiades nur seine Ohren verschließen – »Mit Gewalt verstopfe ich mir daher die Ohren wie vor den Sirenen und fliehe schnell von dannen« (216b). Hier allerdings weicht Diderots Erzähler von seinem klassischen Modell ab. Während Alkibiades seine Ohren verstopft, lässt der Erzähler seine offen. Anfangs ist er überzeugt davon, dass er einen *topos* für die Merkwürdigkeiten des Neffen, seine *atopia*, finden kann. Aber während der Dialog seinen Lauf nimmt, versteht er langsam, dass er durchaus Gefahr läuft, sich selbst an die sirenischen Stimmen zu verlieren. Dieses Risiko gehört natürlich zum Programm. Der Mann der Vernunft muss sich selbst zwischen zwei Arten des Wahnsinns verorten, zwischen der Transzendenz apollinischer Umkehrung und der Hyperimmanenz des marsyanischen Augenblicks. Nur in diesem Balanceakt wird das *moi* in der Lage sein, Subjektivität zu erreichen, das heißt seinen *logos* auf die Verschiedenheit zweier möglicher Tode zu richten: entweder Tod durch Form (ein *ouvrage*) oder Tod durch eine sich beim Ausströmen verlierende Stimme.

Kapitel 2
Ungleicher Gesang

> Sur la manière dont se lièrent les premières sociétés, étoit-il étonnant qu'on mît en vers les premières histoires, et qu'on chantât les premières lois?
>
> Jean-Jacques Rousseau, *Essai sur l'origine des langues*

Für die Moralphilosophen des 18. Jahrhunderts ist das Problem der Selbstidentität eng mit dem der Selbstdarstellung verknüpft. Es gibt ein Interesse an der Fähigkeit, seiner subjektiven Position eine Form zu geben, die dann anderen und dadurch auch sich selbst mitgeteilt werden kann. Der rationale Gebrauch der Sprache, verstanden als intentional und referentiell, wirkt genau in diese Richtung. Daher ist der Ich-Erzähler in Diderots *Neveu de Rameau* zu Beginn des Dialogs so eifrig darum bemüht, sich selbst als eine Person darzustellen, die ihre verbalen Äußerungen vollkommen zu kontrollieren vermag. Das Bedürfnis, die Kontrolle über seine Aussagen zu haben, einschließlich seiner Selbstdarstellungen, zielt – durch die Mittel der Mimesis – auf die Schaffung einer festen Identität, auf die Bildung einer Figur, die dem Subjekt der Sprache angemessen und (vollkommen) entsprechen würde.

Dieser Prozess hat ganz klare moralische Implikationen in Bezug auf das Selbst und den anderen. *Moi* stellt sich selbst als ein Beispiel der Beständigkeit dar (er ist *immer* im *selben* Café) und als einen Rationalisten, der in der Lage ist, die disparatesten Elemente zu sammeln und dann zu vereinen (seine Gedanken sind seine *catins*). Das heißt, er geht aus von dem Glauben an persönliche Identität, was seinen Zugang zu dem Neffen weiter bestimmt. Somit muss dessen Wahnsinn systematisiert werden (zum Beispiel als ein Mittel intellektueller Gärung – »er [ist] ein Krümchen Sauerteig, das das Ganze hebt« [RN 6]). Ebenso muss sich die Musikalität einem mimetischen Programm anpassen, das heißt, sie muss *musica ficta* werden, in Diskurs aufgenommener Klang, zur Repräsentation und zum Ausdruck bereit und fähig. Zu diesem Zweck will *Moi* – der es bestens versteht, Erfahrungen in perfekte Gegenteile zu spalten (»Qu'il fasse beau, qu'il fasse laid«), der seine Nachmittage gerne beim Betrachten der Schachspiele verbringt, die alle Begegnungen sauber in schwarz und weiß einteilen – das Anderssein von *Lui* als einen wirksamen Gegensatz deuten, um die Logik der Totalität zu verstärken.[1] Der Neffe ist aber der Nonkonformist, radikal anders, eine Macht der Ungehörigkeit oder sogar der Nicht-Identität, er gleicht nichts anderem. Sein Wahnsinn deutet nicht bloß darauf hin, dass er nicht in der Lage ist, sich selbst rational darzustellen, sondern zeigt – vielleicht wie jedes Monster – vielmehr ganz einfach das Scheitern von Darstellung. Sein Zur-Schau-Stellen mimetischer Prozesse – die merkwürdige Gestensprache, die lächerliche Imitation von Orchesterinstrumenten, das Rollenspiel etc. – nimmt den gesamten Mechanismus auseinander. Sein Entlarvungstalent verbirgt nur ungenügend seinen Bildersturm, der sich nicht allein mit der Zerstörung von Bildern zufrieden gibt, sondern ebenso auf die Sprache zielt. Und doch kann die Flüchtigkeit seines musikalischen Wahnsinns nicht auf eine rein zerstörerische Funktion beschränkt werden. Tatsächlich deutet sein Außerkraftsetzen der Sprache darauf hin, dass die eigene Persönlichkeit mehr ist, als sich rational ausdrücken lässt, dass das Leben mehr ist, als sich in die Form einer identifizierbaren Figur oder in einen repräsentativen Diskurs pressen lässt. Die Anspielung des Erzählers auf die Rede des Alkibiades – »Und wie, mit Eurem Silenenbauch« – die das marsyanisch-sokratische Wesen des Neffen anerkennt, kennzeichnet die Nicht-Übereinstimmung der äußeren Erscheinung mit dem Inneren des Wahnsinnigen. Seine Ungehörigkeit mag einerseits apollinische Bildung und Rückbesinnung auf das Rationale heraufbeschwören, während sie andererseits vielleicht nahelegt, dass es bereits innere Götter gibt, Ergottheiten außerhalb jeglicher Figurationssysteme, die in der Lage sind, jede Form zu zerstören und dreist Bedeutung zu widerstehen.

Die Tatsache, dass der Neffe ein wahnsinniger Musiker ist, ist von enormer Bedeutung. Sie weist darauf hin, dass es vielleicht andere Dimensionen der Sprache gibt, die nicht in das rationale Modell passen. Seit Aristoteles haben Rhetoriker zwischen der Ausdruckskraft des Gesagten und seiner lexikalischen Bedeutung unterschieden. Im 18. Jahrhundert basierte der Gegensatz zwischen Ausdruck und Se-

---

1 Siehe Avital Ronell, die beharrlich den Zwang der Philosophie infragestellt, Musik an irgendein diskursives System binden zu wollen. »Finitude's Score«, in *Finitude's Score. Essays for the End of the Millenium.* (Lincoln 1994), S. 19-40.

mantik oder zwischen Kraft und Bedeutung häufig auf der Unterscheidung zwischen Sprache und Gesang. Intonation, Rhythmus, Betonung, Tonlage etc. machten in verbaler Kommunikation die musikalische Wirkung einer Aussage, das heißt ihre Stimme aus. Daraus folgte, dass sie für die Gesamtheit menschlicher Erfahrung stand, ohne diese auf den Wortschatz zu reduzieren. Rousseaus Pfingst-Traum, Babel rückgängig zu machen, Sprache und Gesang wieder zu vereinen, bezieht sich auf dieses Bestreben, Kraft und Bedeutung nicht zu trennen. Mit seinem Neffen durchkreuzt Diderot den Plan. Indem *Le neveu de Rameau* auf der Infragestellung des Begriffs der Selbstdarstellung beharrt, macht der Text Darstellbarkeit selbst zum Problem. Das bedeutet, dass Kraft vom Ausdruck getrennt wird. Die Stimme wird nicht länger als ein Mittel mit eigener Ausdrucksfunktion verstanden, sondern vielmehr als das materielle Sprachsubstrat, das zur Bedeutungsvermittlung notwendig ist, aber eigentlich nicht zur Semantik beiträgt oder gar zu ihr gehört. Die Intensität, mit der das 18. Jahrhundert versuchte, die Andersartigkeit von Wahnsinn und Musik wieder zu etablieren, zeugt von einer ungemeinen Schwierigkeit.

Musik und das Irrationale

Zum Schluss des Dialogs führt die Frage des Verrückten zu einem Bekenntnis des Philosophen:

>Er. – [...] Was ist denn ein Gesang?
>Ich. – Gesteh' ich Euch, diese Frage geht über meine Kräfte. So sind wir alle [*Voilà comme nous sommes tous*]. Wir haben im Gedächtniß nur Worte, die wir zu verstehen glauben, weil wir uns ihrer oft bedienen und sie sogar richtig anwenden. So haben wir auch im Verstand nur unbestimmte Begriffe. (RN 110-111)[2]

---

2 Im Original: »LUI. – Qu'est ce qu'un chant? MOI. – Je vous avouerai que cette question est au dessus de mes forces. Voilà comme nous sommes tous. Nous n'avons dans la mémoire que des mots que nous croyons entendre, par l'usage fréquent et l'application même juste que nous en faisons; dans l'esprit, que des notions vagues.« (NR 77)

Indem dem Ich-Erzähler ein musikalischer Narr als Antagonist entgegengesetzt wird, stellt der Dialog nicht nur den konventionellen Gebrauch allgemeiner Begriffe in Frage, sondern auch solche individueller Identität und der Autobiographie, von Darstellung und Selbstdarstellung. »So sind wir alle« versteckt möglicherweise eine gewöhnliche Täuschung, eine »vage Vorstellung«, die aus Gründen kommunikativer Bequemlichkeit die Einzigartigkeit objektiver und subjektiver Erfahrung verallgemeinert und vertuscht.

Als Verkörperung des Doppelthemas von Musik und Wahnsinn führt der Neffe eine Bedeutungslosigkeit ein, die alle ontologischen Fragen in semantische verwandelt. Von den musikalischen Darbietungen des Verrückten zur Verzweiflung gebracht, muss das dargestellte Ich – *Moi* – die Richtung seiner Untersuchung neu bestimmen: Statt die möglichen Bedeutungen von »Gesang« zu erforschen, wendet er sich der Bedeutung von Wörtern zu, zum Beispiel von »je« und »moi«. Sicherheit wird aufgegeben. Dementsprechend ist der Dialog als Ganzes voll von Frustrationsbekundungen des Philosophen: »Ich hörte ihm zu […] fühlte ich mich von zwei entgegengesetzten Bewegungen getrieben […]. Ich litt. […] Ich war betroffen« (RN 33).³ Hegel, der der Satire Diderots die Schlüsselrolle zuerkannte, das Ende des aufgeklärten Subjekts zu markieren, erklärt, dass gerade »die *Verrücktheit* des Musikers« den Zusammenbruch linguistischer Normen offenbare sowie die daraus resultierende Entfremdung des modernen Menschen, seine *Zerrissenheit*. Aber warum? Wie arbeiten Musik und Wahnsinn zusammen? Und worin genau besteht ihre Bedrohung für subjektives Wissen und individuelle Identität? Ist alle Musik wahnsinnig und aller Wahnsinn musikalisch? Oder ist es nicht eher so, dass Musik nur insofern wahnsinnig ist, als sie den der Sprache innewohnenden Wahnsinn aufdeckt, demzufolge jegliche Singularität, jegliche Einzigartigkeit aufgehoben würde?

Die Fragen drehen sich alle um das Problem der Mimesis, das auf verschiedene Weise verstanden werden kann. Allgemein basiert die Beschuldigung des Wahnsinns auf einem Scheitern der Darstellung, und zwar einschließlich des Scheiterns, sich selbst darzustellen als ein kognitives Subjekt. Hier bedeutet »Wahnsinn« ganz einfach »nicht mimetisch«. Darüber hinaus kann das Wort auf ganz unter-

---

3 Im Original: »Je l'écoutais […] l'âme agitée de deux mouvements opposés […]. Je souffrois. […] J'étois confondu« (NR 24).

schiedliche Gruppen angewandt werden: Neoklassizisten werten Musik als wahnsinnig ab, da sie nicht abbildet. Diejenigen wiederum, die den Worten misstrauen, klagen über den Wahnsinn der Sprache, das heißt über ihre Unfähigkeit, die Seele abzubilden, emotional genau und im rousseauschen Sinne musikalisch zu sein. Ein *close reading* von *Le neveu de Rameau* zeigt jedoch, dass die scheinbar unkomplizierten Positionen sehr viel komplexerer Natur sind. Wenn Diderot an anderer Stelle für den mimetischen – und daher gesunden – Charakter der Musik argumentiert, erlaubt er in diesem Text, dass seine eigenen Standpunkte ernsthaft in Frage gestellt werden. Als Denker, Philosoph und schreibendes Subjekt unterzieht sich Diderot einer intensiven Selbstbefragung.

Um die von Diderots wahnsinnigem Musiker präsentierte Herausforderung besser zu verstehen, sollte sie in den Kontext weiterer Entwicklungen in der Ästhetik des 18. Jahrhunderts gestellt werden. Ein besonders aufschlussreiches Beispiel ist Johann Christian Gottsched. Es mag merkwürdig erscheinen, sich den Zugang zu Diderots Text über einen deutschen Theoretiker zu suchen, doch Gottscheds Fähigkeit, Vorschriften neoklassischer französischer Praktiken zu formulieren, und zwar höchst systematisch, rechtfertigt diesen Ansatz. Nicht zufällig erhielt er unter seinen lutheranischen Zeitgenossen den zweifelhaften Titel »Dichterpapst«. Gottsched hätte Diderots Dialog heftig abgelehnt. Er war der Musik gegenüber äußerst misstrauisch, und für Verrückte hatte er keine Geduld. In seinen Theaterbesprechungen, die wöchentlich in den *Beyträgen zur critischen Historie der deutschen Sprache, Poesie, und Beredsamkeit* (1732-1744) erschienen, wetterte er gegen die Figur des Hanswurst, die seiner Meinung nach von der deutschen Bühne verbannt werden sollte. Die improvisierten Witze und störenden Grimassen des Narren hatten keinerlei Beziehung zur Handlung; sie boten nichts außer dem verworrenen Inhalt eines verzerrten Geistes, »eine unordentliche Phantasie«, die das Publikum nur lautstark vom wahren Zweck der Theateraufführung ablenkte, nämlich von der Nachahmung der Natur.[4] Die satirische (und satyrische) Gewalt solcher Figuren wie Harlekin, Kasper und Pickelhering setzten sich über Konventionen hinweg und verstießen gegen jegliche aristotelischen Regeln. Hatte Descartes wahnsinniges Verhalten als Beispiel für die mögliche Täu-

---

4 Siehe Wolfgang Promies, *Die Bürger und der Narr; oder, Das Risiko der Phantasie* (München 1966), S. 14-51.

schung von Sinneswahrnehmung gesehen, betrachtete Gottsched das unschickliche Verhalten von Possenreißern als unnötige Schaustellung reiner *sensibilia*, die den Geist daran hinderten, das sinnvolle und wahrhafte Reich des durch den Verstand Erkennbaren zu erreichen. Das Problem war schließlich auch ein nationales, da Gottsched den Hanswurst nicht als Überbleibsel des früheren deutschen Possentheaters sah, sondern eher als einen gefährlichen Importartikel aus dem Süden, als eine Invasion der respektlosen Narren der Commedia dell'Arte.

Bezeichnenderweise wiederholt sich Gottscheds Verhältnis zu dem verrückten Schauspieler in seiner Ablehnung der Oper, die er ebenfalls italienischen Ursprüngen zuschreibt. »So ist denn die Oper ein bloßes Sinnenwerk: der Verstand und das Herz bekommen nichts davon. Nur die Augen werden geblendet; nur das Gehör wird gekützelt und betäubt: die Vernunft aber muß man zu Hause lassen, wenn man in die Oper geht«.⁵ Oper ist irrational, weil ihre Musik und ihre spektakulären visuellen Effekte die Herrschaft der Dichtung untergraben. Die Oper versäumt es, die korrekte Funktion der Musik zu respektieren, die Gottsched zufolge ausschließlich eine dienende sein sollte. Die Beschreibung ist vollkommen klassisch und folgt sowohl dem horazischen Diktum von Bildung und Vergnügen (*aut prodesse aut delectare*) und der Dreiteilung der platonischen Seele. Wenn Kunst auf die richtige Weise nachahmt, bereitet sie Vergnügen und ist lehrreich, spricht sowohl das Herz als auch den Verstand an. Der Sinnesschock der Oper jedoch richtet sich allein an das Begehren – an Platons ἐπιθυμία –, das dann die Stelle des Herzens und des Geistes einnimmt. Das Leiden ist dem des Tyrannen vergleichbar, dessen Seele in der *Politeia* so beschrieben wird, dass sie einzig von hungrigem Verlangen gelenkt wird auf Kosten von Verstand und Herz; dadurch wird er ausdrücklich als Wahnsinniger charkterisiert (9, 571a-573c). Um Konnotationen des Wahnsinns zu entgehen, muss die Musik sich damit zufriedengeben, die Dienerin des Wortsinns und emotionaler Aufrichtigkeit zu sein.

Gottscheds Genealogie der dichterischen Formen zufolge ist die wahre Rolle der Musik stets eine nachgiebige Nebenrolle gewesen. Zu diesem Zweck musste Musik absolut wiederholbar sein. Gott-

---

5 Johann Christoph Gottsched, *Versuch einer Critischen Dichtkunst* (1751), in *Ausgewählte Werke*, 12 Bde., hg. v. Joachim Birke u.a. (Berlin 1968-1987), 6/2: 369.

sched versteht die Regelmäßigkeit epischer Darstellung in daktylischen Hexametern als ein sich ständig wiederholendes Schema der Wiederkehr, das der linearen Entfaltung der Erzählung Kohärenz verleiht. Gottsched unterstreicht die Bedeutung von »Umkehren« in den Wörtern *Strophe* und *Vers* (von *vertere*), die jede Zeile als eine zum Beginn zurückkehrende Melodie nehmen.

> Dadurch werden nun auch die poetischen Strophen länger, die sie denn unter sich einander gleich machen; weil man am Ende der einen, die Melodie wieder vom Anfange anheben mußte. Das Wort στροφη zeigt solches zur Gnüge, weil es von στρεφειν, oder vom Umkehren, seinen Ursprung hat, und also eine Wiederkehr bedeutet. Wenn man es also lateinisch einen Vers heißt, so ist es eben so viel; weil VERSUS von VERTERE hergeleitet wird.[6]

Richtige Nachahmung gründet in der Macht des Wortes über den Ton – eine durch Wiederholung ausgeführte Beherrschung, in der die Melodie umgekehrt und zu mimetischen Zwecken umgewandelt wird. Operngesang blendet vor Schönheit, verblüfft und ist schließlich auch wahnsinnig, weil hier die Macht der Musik viel zu bewegt ist und die für Gottscheds Programm so bedeutende Wiederholung nicht zulässt. Wie der aufdringliche Hanswurst überstrahlen Operneffekte die diskursive Bedeutung der Geschichte.

Gottsched verknüpft Musik mit dem Problem des Wahnsinns, da beide auf spontaner Sinnlichkeit beruhen, ohne Rücksicht auf verständliche oder wohlbegründete emotionale Erfahrung. Gewiss trug die transalpine Hitze ihren Teil zu der ansteckenden Bedrohung bei, die der norddeutsche Mann der kühlen, klaren Vernunft witterte. Die Gefahr bestand jedoch nicht nur in den Figuren der Commedia dell'Arte oder dem Schauspiel von Impresarios aus dem Settecento: die kühn von Wörtern getrennte italienische Instrumentalmusik stellte ebenfalls eine unvergleichliche Gefahr dar. Nichtvokale Musik war die wahnsinnigste von allen, da sie der Kunst jegliche mimetische Funktion absprach. Ohne die Aufsicht durch einen Text waren Musiker angeblich nicht der Nachahmung fähig. Das heißt, Musik allein konnte das Besondere nicht in einer kommunizierbaren Form darstellen, die man kognitiv verstehen konnte.

Viele Theoretiker des 18. Jahrhunderts erwähnen, wenn auch aus unterschiedlichen Gründen, den Kampf der Musik mit physischer

---

6 Gottsched, *Versuch*, S. 6.

oder psychologischer Darstellung.⁷ Einerseits sah man in der vagen Semantik reiner Musikstücke die Furcht einflößende Unfähigkeit, die Natur abzubilden. Andererseits und in Bezug auf innere Erfahrung konnte man die unerwarteten und häufigen Gefühlsveränderungen als eine Art von Raserei betrachten, die die Leidenschaften einer Person ohne verstandesmäßigen Zusammenhang nachahmten. Für Noël Antoine Pluche gleichen Sonaten beispielsweise dem Ausdruck von Wahnsinnigen, die ohne nachvollziehbare Motivation von Gelächter in Tränen und von Freude in Wut übergehen.⁸

Am eifrigsten versuchte Jean-Jacques Rousseau diese negativen Ansichten umzukehren. Zwar teilte er Gottscheds Ansicht vom Ursprung der Sprache aus dem Gesang; allerdings bestand er ebenso auf der Tatsache, dass Musik da am wirksamsten ist, wo sie als Melodie der Abbildung menschlicher Leidenschaften verpflichtet ist. Die These aber, dass Musik eine Bedrohung von Mimesis darstelle, lehnte Rousseau ab. Ganz im Gegenteil, die Bedrohung ging von der verbalen Sprache aus, deren Artikulierung den Ausdruck von ihrer ursprünglichen Wirksamkeit abtrennte. Aus diesem Grund lobte Rousseau die Überlegenheit der italienischen Sprache, die seinem Gefühl nach mehr natürliche Akzente der ursprünglichen Sprache beibehielt, verglichen mit den unmelodiösen, überartikulierten Mustern des Französischen. Wenn Musik für wahnsinnig angesehen wurde, so nur weil gesellschaftliche Konventionen das Individuum entfremdeten. Für Rousseau war Sprache in der Tat auch eine *Wende* der Musik – Gottscheds *vertere* – allerdings nicht als eine positive Wendung von Sinnlichem in Verständliches, sondern vielmehr als eine negative Pervertierung, die die Worte um ihre ursprüngliche, musikalische Macht betrog. Wo Gottsched glaubte, dass die Nachahmung der Natur die Herrschaft des Wortes über den Ton voraussetzte, argumentierte Rousseau, dass nur die Musik in der Lage sei, die leidenschaftslosen Abstraktionen verbaler Sprache mit Leben zu füllen.

Obwohl Rousseaus theoretische Positionen Gottscheds abschätzige Ansicht der Musik als einer dem Irrationalen verbundenen Kunst zunichte machen, behandelt er das Thema Musik und Wahn-

---

7   Siehe Belinda Cannone, *Philosophies de la musique (1752-1780)*, (Paris 1990), S. 15-24.
8   Noël-Antoine Pluche, *Le spectacle de la nature*, 8 Bde. (Paris 1749-17-56), 7:115.

sinn nirgendwo in seinen Schriften ausdrücklich oder eingehend. Dies fiel Diderot zu, dessen aufreizender, labiler und musikalischer Neffe zu einer Neubewertung und einer Verkomplizierung aller beteiligter Begriffe führte. *Le neveu de Rameau* behandelt nicht nur das Problem der Darstellung äußerer Wirklichkeit oder innerer Befindlichkeiten, sondern nimmt die Idee der Mimesis selbst viel radikaler unter die Lupe.

»*Vertumnis, quotquot sunt, natus iniquis*«. Mit diesem Epigraph aus Horaz' *Satiren* stellt Diderot den Neffen unter das Zeichen der »widrigen oder ungleichen [*iniquis*] Vertumni«, das heißt unter den Schutz der für den Wechsel der Jahreszeiten verantwortlichen Götter. Ihr ebenfalls von dem Verb *vertere* abgeleiteter Name stellt den Neffen als Allegorie für Veränderung selbst dar, mit allen dazugehörigen Konnotationen von Konversion, Perversion und Inversion. Als ein Marsyas allerdings beschwört der Neffe keine Umkehrung des Formlosen ins Geformte, sondern eher eine Perversion des Geformten ins Formlose. Ja mehr noch, er verursacht eine Umkehrung der Umkehrung. Somit werden in Diderots Text Grundsätze der Mimesis außer Kraft gesetzt und der starken Spannung zwischen Ähnlichkeit und Abweichung, Gegensatz und Wiederholung, Anstand und Unanständigkeit ausgesetzt. Mir seinem Porträt eines wahnsinnigen Musikers, der handelt und beschrieben wird als jemand, der sich von sich selbst unterscheidet (»nichts gleicht ihm weniger, als er selbst« [RN 4]), zieht der Dialog die semantischen, moralischen und ontologischen Implikationen aus jeder mimetischen Operation. Der Neffe beschädigt die meisterhafte Kontrolle des Philosophen durch eine Reihe merkwürdiger Aufführungen, die den Wahnsinn aufzeigen, der jeder Nachahmung innewohnt. Theorien des Scheins – von Rousseaus Traum von sozialer Transparenz und gemeinschaftlicher Gleichheit zu Vorstellungen von einer Selbst-Gleichheit, die individuelle Identität begründet – werden von diesem verrückten Liebhaber der italienischen Oper und einer Art Hanswurst gestört, der jedoch niemanden, nicht einmal sich selbst gleicht.

Mimesis: Kratylos und der Ursprung der Sprache

Gottscheds und Rousseaus eher klaren Positionen zum Trotz ist Nachahmung nie eine einfache Sache gewesen. Die sich durch die Ästhetik des 18. Jahrhunderts ziehende klassische Tradition lässt stattdessen eine grundlegende Ambivalenz erkennen. Wie sich zeigen wird, ist Diderots Beitrag zu dieser Tradition ausgesprochen wichtig, da er viele der von anderen nicht beachteten Spannungen verschärft.

Beginnen wir mit der Doppelform des griechischen Wortes μίμσις selbst, das man als bildliche Darstellung dessen ansehen kann, was das Wort anzeigt: Verdoppelung. Jemand wie Platons Kratylos könnte das Wort »*mimesis*« selbst als eine Nachahmung der Nachahmung hören, denn Kratylos glaubt, dass Worte so funktionieren wie Musik und dass jeder Name in seiner phonetischen Aufmachung eine Beschreibung dessen liefert, was er benennt. Er betrachtet die Wörter einer Sprache als von der Natur (φύσει) begründet. Dies ist der größte Streitpunkt zwischen ihm und seinem Gegenspieler Hermogenes, der die Wörter als durch Konvention bestimmt ansieht. Für Hermogenes funktioniert Sprache dem Gesetz oder νόμος gemäß, ist nicht natürlich, sondern arbiträr. Im Gegensatz dazu hört Kratylos Wörter als mimetisch motiviert. Für ihn ist Sprache keinesfalls ein arbiträres Zeichensystem, sondern vielmehr naturgemäß wahr.

In Hermogenes' Augen ist Kratylos wahnsinnig. Seine Weigerung »klar zu sprechen«, lässt seine Rede wie Prophezeiungen aussehen (μαντείαν, 384a), die Sokrates im *Phaidros* als eine der vier Typen göttlichen Wahnsinns bestimmt. Aber nicht nur Kratylos' Verwirrungstendenzen lassen ihn als einen Wahnsinnigen erscheinen. Nachdem Sokrates Kratylos mit dem Zugeständnis verteidigt, dass ein Wort tatsächlich eine »Nachahmung« (μίμημα) sei, tadelt er ihn dafür, dass er Mimesis einfach als eine Sache vollkommener, von Differenz nicht betroffener Ähnlichkeit betrachtet: »Lächerliches wenigstens, o Kratylos, würde den Dingen widerfahren von den Wörtern die ihre Benennungen sind, wenn diese ihnen in allem auf alle Weise ähnlich gemacht würden. Alles nämlich würde zwiefach da sein, und man würde von keinem von beiden mehr angeben können, welches das Ding selbst wäre, und welches das Wort« (*Kratylos* 432d). Die Lächerlichkeit von Kratylos' Position besteht in dem Wunsch, die jeder Wiederholung innewohnende Diskrepanz auszuschalten. Trotz seiner großzügigen Haltung Kratylos' Mimesis-Vorstellung gegenüber kann Sokrates die Unterdrückung von Differenz dennoch nicht tolerieren: »Oder merkst du nicht, wie viel den Bildern [εἰκόνες] daran fehlt, dasselbe zu haben wie das dessen Bilder sie sind?« (432d)

Zur Veranschaulichung wendet sich Sokrates der Vorstellung persönlicher Abbildung zu:

> [Ein Bild] wird im Gegenteil ganz und gar nicht einmal dürfen alles Einzelne so wiedergeben wie das abzubildende ist, wenn es ein Bild sein soll. [...] Wären dies wohl noch so zwei verschiedene Dinge wie Kratylos und des Kratylos Bild, wenn einer von den Göttern nicht nur deine Farbe und Gestalt nachbildete, wie die Maler, sondern auch alles Innere eben so machte wie das deinige, mit denselben Abstufungen der Weichheit und der Wärme, und dann auch Bewegung, Seele und Vernunft, wie dies alles bei dir ist, hineinlegte, und mit einem Worte alles wie du es hast noch einmal neben dir aufstellte, wären dies denn Kratylos und ein Bild des Kratylos, oder zwei Kratylos?   (432b-c)

Sokrates sieht ein, dass Mimesis immer problematisch ist, unabhängig davon, wie man die Wahrheit der Nachahmung, ihre *vraisemblance* versteht. Als eine Ab-bildung oder Re-präsentation (eine Wiederaufführung oder Wiederholung) des natürlich Gegebenen funktioniert Nachahmung gemäß einer doppelzüngigen Logik. Ihre Energie speist sich aus der unlösbaren Spannung zwischen demselben und dem anderen. Die Spaltung zwischen dem ersten (*mi*) und dem zweiten Phonem (*mê*) markiert eine von Ähnlichkeit zusammengehaltene Differenz. Kratylos ist lächerlich, weil er Wiederholung und Entsprechung verwechselt. Er erkennt nicht, dass die Postulierung von Entsprechung ein gewisses Maß an Ungleichheit mit sich bringt.

In einer Passage aus der *Physik* respektiert Aristoteles die doppelte, abwechselnde Logik der Nachahmung in einer umfangreichen Definition der Kunst: »[Ü]berhaupt vollendet die Kunst [τέχνη] theils was die Natur nicht zu vollbringen [ἀπεργάσασθαι] vermag, theils ahmt sie sie nach« (199a). Zuerst nimmt die Kunst das, was die Natur unbearbeitet lässt, und beendet es und dann stellt sie etwas vollkommen Neues her, das dem Natürlichen sowohl angehört als auch nicht angehört – etwas, das mit dem Natürlichen durch Ähnlichkeit verbunden und gleichzeitig durch Differenz von ihm getrennt ist. Die Unterscheidung zwischen Vervollständigung und Erfindung erschwert die Bedingungen des Streites zwischen Hermogenes und Kratylos. Einerseits fährt τέχνη mit dem fort, was die Natur selbst gegeben hat, auch wenn es unvollendet ist, während andererseits das Technische in den Konventionen besteht, die bestimmen, ob eine Abbildung wahr ist. In beiden Fällen ist τέχνη sowohl motiviert als auch arbiträr. Folglich gibt es zwei Konzeptionen des Natürlichen, die vom kratylistischen Glauben an die Natur als Fülle abweichen: In Bezug auf nachahmende Erfindung ist die Natur unzureichend (es existiert jetzt etwas, das nicht vollkommen natürlich ist), und hinsichtlich künstlerischer Vervollständigung ist die Natur unproduktiv, unfähig zu arbeiten, *désœuvrée*.

Im gesamten *Neveu de Rameau* respektiert Diderot die Schwierigkeiten des mimetischen Unterfangens. Als der verrückte Neffe beispielsweise um eine Definition seiner eigenen Kunst gebeten wird, liefert er eine Erklärung voller Einschränkungen: »Der Gesang ist eine Nachahmung durch Töne einer, durch Kunst erfundenen, oder, wenn es Euch beliebt, durch Natur eingegebenen Tonleiter, sie werde nun durch Stimmen oder Instrumente dargestellt, eine Nachahmung physischer Laute oder leidenschaftlicher Töne« (RN 111).[9] Nach der deutlichen Aussage, dass »Gesang eine Nachahmung ist«, verfängt sich die Bemerkung des Neffen sofort in Doppelzüngigkeit, die an Aristoteles' Alternative zwischen dem natürlich Gegebenen und reiner Erfindung erinnert. Die Aussage ist tatsächlich eine beinahe parodistische Wechselbewegung, wodurch Nachahmung in einer Reihe von Möglichkeiten gründet: Kunst oder Natur, Stimme oder Instrument, Lauten oder Akzenten. So stellt sich Mimesis als der eigentliche Gegenstand der Satire heraus: ein anscheinend identifizierbares Thema, das sich der Identifikation entzieht.

An anderer Stelle in seinen Schriften über Musik zeigt sich Diderot jedoch einverstanden mit einem weniger komplizierten Verständnis der mimetischen Funktion von Musik, einem Verständnis, das sich auf gleicher Linie mit dem Rousseau zugeschriebenen Programm befindet. Große Triebkraft erhielt dieses Programm von Jean-Baptiste Dubos, der die kratylistische Unterscheidung zwischen natürlichen und arbiträren Zeichen einsetzte, indem er die

---

9   Im Original: »Le chant est une imitation, par les sons d'une échelle inventée par l'art ou inspirée par la nature, comme il vous plaira, ou par la voix ou par l'instrument, des bruits physiques ou des accents de la passion« (NR 78).

musikalische,»von der Natur eingesetzte« Sprache der Leidenschaften von ausschließlich konventioneller, artikulierter Sprache unterschied.[10] Rousseau verwendete diese Unterscheidung in seinem Essay über den Ursprung der Sprache, der eine ursprüngliche in einem Leben der Leidenschaften und starker Gefühle gründende Identität von Wort und Ton annimmt. Die folgende Rationalisierung von Sprache war buchstäblich eine Entzauberung, durch die die Sprache ihren von der Natur gegebenen Akzent an immer konventionellere Artikulationen verlor. Man mag auch heute noch den leidenschaftlichen Ton des modernen Französisch vernehmen – zum Beispiel in den Vokalen und internalisierten Nasallauten –, aber dieser natürliche Akzent geht in der Artikulation von Zunge und Zähnen verloren. Für Rousseau drücken die dentalen und frikativen Lautmodifikationen, für die die nordischen Sprachen so berühmt sind, eine Bedürftigkeit aus, die den Menschen zu Besitz und dadurch in die Isolation treibt. Gegen Condillac argumentierend, der den Sprachursprung auf Notwendigkeit zurückführte, sieht Rousseau ihn vornehmlich durch Begehren und Vergnügen motiviert, das heißt durch die Leidenschaften, die die Menschen zusammenführen.[11] Rousseau wird seinem Kratylismus untreu, da er sich auf das leidenschaftliche *m* in *aimer* bezieht, dessen Ausdruck der Liebe durch die dentale Artikulation der Notwendigkeit in *aider* ersetzt.[12] Ein einziger Buchstabe genügt demzufolge, um die Menschheit aus einem unmittelbaren Le-

10 Jean-Baptiste Dubos, *Réflexions critiques sur la poésie et la peinture* (Paris 1733), S. 426.
11 Condillacs *Essai sur l'origine des connaissances humaines* (Amsterdam 1746) stellt die Musik zwischen die natürlichen Schreie des Gefühls und die konventionellen Laute der Sprache im eigentlichen Sinne. Seine berühmte Erzählung von zwei verlassenen Kindern, die ohne jeglichen Kontakt zur Außenwelt aufwachsen, illustriert mit an Rousseau erinnernden Worten, wie die natürlichen Betonungen des Augenblicks schließlich durch das Gedächtnis in künstlichen Zeichen fixiert gebannt wird, die zu beschwören vermögen, was nicht mehr präsent ist. Wie Rousseau charakterisiert Condillac die erste Sprache als musikalisch, doch anders als in Rousseaus Aufsatz werden ausschließlich Notwendigkeit und Gebrauch und nicht das reine Vergnügen hervorgehoben. Siehe Downing Thomas, *Music and the Origins of Language: Theories from the French Enlightenment* (Cambridge 1995), S. 71.
12 Rousseau schreibt:»Ces deux termes [*aimez-moi, aidez-moi*], quoiqu'assés semblables, se prononcent d'un ton bien différent. On n'avoit rien à faire sentir, on avoit tout à faire entendre; il ne s'agissoit donc pas d'énergie mais de clarté. A l'accent que le cœur ne fournissoit pas, on substitua des articulations fortes et sensibles, et s'il y eut dans la forme du langage quelque impression

ben in der Natur in eine Welt kalter Reflexion zu versetzen, in der Natur artikuliert, benutzt und verbraucht wird.[13] Dennoch entkommt auch Rousseau kaum der der Mimesis innewohnenden Zwickmühle. Indem die Nähe der Sprache zu ihrer Quelle offenbart wird, stellt die Klangfarbe gleichzeitig ihre Distanz her. Wie Derrida unermüdlich zeigt, ist der Ursprung bereits durch die notwendige Artikulation geteilt.[14] Die Ersetzung von *m* durch *d* ist nichts als ein mimetisches Symptom des mimetischen Doppelspiels.

Im *Phaidros* greift Sokrates auf dasselbe kratylistisch-rousseausche Argument zurück, das die genealogische Seite der Sprache betrifft. Sokrates' Thema ist nicht die die Menschen verbindende Liebe, sondern vielmehr der Wahnsinn, der die Menschen den Göttern näher bringt:

> Das aber verdient als Zeugnis bemerkt zu werden, daß auch von den Alten die, die die Namen festgesetzt haben, den Wahnsinn [μανία] weder für schändlich noch für einen Schimpf hielten. Denn nicht würden sie dann die schönste Kunst, durch welche die Zukunft erkannt wird, gerade mit diesem Namen verflechtend Wahrsagekunst [μαντικήν] genannt haben, sondern weil sie etwas Schönes ist, wenn sie durch göttliche Schickung entsteht, haben sie es so beliebt und festgesetzt. Die Neueren aber haben unschönerweise das Τ (ταῦ) hineinsteckend sie μαντικήν geheißen
>
> (244b-c).

Das Wort *mania*, das sich ausschließlich aus Nasalen und Vokalen zusammensetzt und daher leicht an Rousseaus *aimer* erinnert, wird derselben dentalen Artikulation unterzogen, die die ursprüngliche Sprache von der heutigen unterscheidet. Das *t* führt die Vorstellung der Kunst oder τέχνη ein, das rationale, kalkulierte Verfahren, das notwendigerweise dem irrationalen, unkalkulierbaren Augenblick göttlicher Inspiration folgt. Die Struktur des *Phaidros* legt nahe, dass manische Unmittelbarkeit eine Nähe zur Quelle genießt (zu den Göttern oder den Musen), die dann später durch die reflexive Arbeit der Philosophie artikuliert wurde. Genauso folgt auf Sokra-

---

naturelle, cette impression contribuoit encore à sa dureté«. *Essai sur l'origine des langues* (ROC 5:408).

13 In einer früheren Bemerkung über die unartikulierten Sprachen der Natur sagt Rousseau: »Etendez ces idées dans toutes leurs branches, et vous trouverez que *le Cratyle* de Platon n'est pas si ridicule qu'il paroit l'être« (ROC 5:383).

14 Jacques Derrida, *De la grammatologie* (Paris 1967).

tes' wahnsinnige, »manische« (μανικῶς) Reden (265a) die Arbeit der Erklärung. Sei er nun prophetisch, ritualistisch, poetisch oder erotisch – Wahnsinn wird über die Arbeit erfasst, die er post factum vollbringt. Rousseau, dessen »reine Sprache« Hölderlin als durch den wahnsinnigen Gott Dionysos göttlich inspiriert beschreibt, ist in der Tat verrückt, wenn er glaubt, sie könne den Ursprungsort einnehmen, der noch unverdorben ist durch Konventionen, die νόμοι, die dieses Ereignis durch die Artikulationen der Sprache vermitteln.[15]

Rousseaus politisches Programm basiert ebenfalls auf einer Geschichte der Diskontinuität und Dekadenz: Die in der modernen Gesellschaft weit verbreitete Ungleichheit ist eine direkte Folge der Artikulationen, die menschliche Gemeinschaften spalten, zum Beispiel in unterdrückte und dominierende Gruppen, in die Besitzenden und die Entrechteten. Um die durch Ungleichheit hervorgerufenen Ungerechtigkeiten zurückzunehmen, müsste die Sprache selbst wieder verzaubert, ihre Artikulationen aufgelöst und ihr natürlicher Ton (*accent*) wiederhergestellt werden.[16] Die Wiederbetonung der Sprache würde die Sprache erneut in einen ursprünglichen, transparenten Gemeinschaftszustand zurückführen, der auf Mitgefühl, *pitié*, gründet. Letzteres erlaubte es einem Menschen zuerst, die stimmlichen Äußerungen eines anderen als Darstellung seiner Leidenschaft, Freude, Angst oder seines Schmerzes zu erkennen und sich damit zu identifizieren. Rousseau zufolge verdankte sich der Erfahrung, Ähnlichkeit in einer anderen Person zu entdecken, nicht nur die Einrichtung von Gemeinschaft, sondern auch das Gefühl, ein Individuum zu sein, dessen Existenz an die Tatsache gebunden war, dass man einer Gemeinschaft angehörte.

Rousseaus Aussagen zur Musik entsprechen diesem Szenario sehr gut. Die *Querelle des Bouffons*, ausgelöst durch die Pariser Aufführung von Pergolesis *La serva padrona* 1752, führte dazu, dass Rousseau seine Position genauer bestimmte. Sein Nachdruck auf Melodie oder Gesang (*chant*) als Sprache des Herzens wandte sich gegen die mathematische Methode harmonischer Systeme, wie beispielsweise von dem Komponisten Jean-Philippe Rameau vorge-

---

15 Hölderlins *Der Rhein* beschreibt Rousseaus Sprache als »die Sprache der Reinesten – »aus heiliger Fülle/Wie der Weingott, törig göttlich/Und gesetzlos«.
16 Siehe John T. Scott, »Rousseau and the Melodious Language of Freedom«, *Journal of Politics* 59 (1997), S. 803-829.

schlagen, der Musik im Wesentlichen als lebloses akustisches Material behandelte, das manipuliert, kontrolliert und gemäßigt werden konnte. Rousseaus Ansicht nach führte Rameau die dem Cartesianismus inhärente Ungleichheit fort, indem er die Musik durch gelebte Erfahrung von ihrer Quelle entfernte.

Überwiegend teilte Diderot Rousseaus Position, wenn er Musik als Ausdruck von Leidenschaften bezeichnete, die in Empfindsamkeit gründen. In den *Leçons de clavecin* (1771) erklärt Diderot: »Das ist, was man die Kette der Laute nennt, deren Abfolge das Denken hervorruft, die Fähigkeit, zur Seele und zum Ohr zu sprechen und die Quellen des Gesangs und der Melodie zu kennen, deren wahres Modell in der Tiefe des Herzens liegt«.[17] Früher hatte Diderot eine Theorie der Geste und Pantomime entwickelt, zum Beispiel in seiner *Lettre sur les sourds et muets* (1751) und den *Entretiens sur le fils naturel* (1757), wodurch vorverbale und außerverbale affektive Bewegungen des Körpers eine natürlichere, weniger konventionelle Sprache ins Theater einführen konnten. »Unartikulierte Worte« (als leidenschaftliche Schreie oder plötzliche Ausrufe), »heftige Gefühle«, der Tonfall der »Stimme und des Tons«, körperliches Gestikulieren, alle waren in der Lage, die Aufführung zu beleben und ihr den »Tonfall der Wahrheit« zurückzugeben.[18] Trotz seiner Abneigung gegen das Theater erkennt Rousseaus parteiischer Beitrag zur *Querelle des Bouffons*, seine Oper *Le devin du village*, das Werk seines Freundes an, indem er auf der Bühne eine pantomimische Szene einbezieht.

Rousseaus als Intermezzo geschriebene Oper spielt formal auf die Opera Buffa an, die eine Fortentwicklung der zwischen den Akten einer Opera Seria aufgeführten komischen Zwischenspiele ist. In dieser Hinsicht spielte die Opera Buffa eine strukturelle Rolle ähnlich der antiken Komödie, den Satyrspielen, die den Ernst der tragischen Aufführungen unterbrachen. Diderot, der in der Kunst der Komposition völlig ungeübt war, bot sein eigenes Intermezzo am Vorabend der *Querelle*, keine Opera Buffa, sondern einen Dialog, *Le neveu de Rameau*, dessen Untertitel in der Schreibweise des Ma-

---

17 Im Original: »C'est là ce qui s'appelle enchaîner des sons dont la succession fasse penser; savoir parler à l'âme et à l'oreille et connaître les sources du chant et de la mélodie, dont le vrai type est au fond du cœur«. Diderot, *Œuvres complètes*, 25 Bde., hg. v. Jean Varloot (Paris 1975), 19:353.
18 Diderot, *Entretiens sur le fils naturel*, in *Œuvres*, hg. v. André Billy (Bibliothèque de la Pléiade, Paris 1951), S. 1220-1221.

nuskripts »Satyre« lautet. Wie die Schauspieler im italienischen Intermezzo, die die Improvisationselemente der Commedia dell'Arte ausnutzten, führt Rameaus Neffe die satirischen Funktionen vor, die aus dem Umsturz sozialer Normen und sprachlicher Konventionen resultieren. Seine wilden Pantomimen, sein respektloses Verhalten und seine virtuose Zurschaustellung verschiedener Tonlagen lassen alle an die Opera Buffa denken. Zunächst scheinen sie das rousseausche Programm auszuführen, die leidenschaftslosen Konventionen zu entzünden, die den menschlichen Ausdrucks seiner Seele berauben. Als Meister im Nachahmen von Tonfällen könnte der Neffe Sprache durch Mimesis wieder aufladen, was für Rousseau ein Zeichen für die Ähnlichkeit der Menschen untereinander wäre. Die Musikalität des Neffen ist jedoch nicht in der Lage, die Menschen in einer idealen Gemeinschaft geteilten Mitgefühls zu vereinen. Im Gegenteil, seine seltsamen Darstellungen sind eher bemitleidenswert. Als Wahnsinniger und Außenseiter lebt er weder in einer Gemeinschaft, noch gehört er einer an. Als sozialer Parasit ist er eher bedürftig als dass er liebt. Statt das Problem der Ungleichheit zu lösen, scheint die musikalische Sprache des Herzens dieses verdorbenen Mannes es eher aufrechtzuerhalten. Anders als bei Rousseau ist die nichtsemantische Macht des Gesangs hier der Grund für die Zerstörung jeglicher Identifikation. Dabei muss unterstrichen werden, dass diese Funktion nicht nur Rousseaus Theorie zuwiderläuft, sondern erstaunlicherweise auch dem größten Teil von Diderots eigenen ästhetischen Positionen. Das autobiographische Ich, *le moi*, hat in der Tat seinen Gegenspieler gefunden.

Identität und Differenz

Zurück zum Epigraph zu Beginn des Dialogs aus Horaz' *Satiren* 2.7: »Vertumnis quotquot sunt natus iniquis«. Ernst Robert Curtius rät im abschließenden Exkurs zu *Europäische Literatur und lateinisches Mittelalter* dazu, das Motto als eine Einladung zu verstehen, Diderots Text zusammen mit allen anderen Horazischen *Satiren* zu lesen.[19] Und tatsächlich gibt es bedeutende Übereinstimmungen. In

---

19 Ernst Robert Curtius, *Europäische Literatur und lateinisches Mittelalter* (Bern 1948), S. 557-558.

der Horaz-Dichtung nutzt der Sklave Davus die Saturnalien (»libertate Decembri« [4]), während derer er einen freien Mann mimt, um seinen Herrn zu schelten. Die Figur des Sklaven als Herrn beschwört buchstäblich die die *Querelle des Bouffons* auslösende Oper, Pergolesis *La serva padrona* (»Die Magd als Herrin«), herauf, in der die freimütige Hausdienerin Serpina ihren Herrn mit einer List dazu bringt, sie zu heiraten. Das Saturnalienfest, in dem durch Paronomasie das Wort »*satura*« mitklingt, findet an den Tagen statt, die außerhalb des Kalenders liegen. Eine Zeit außerhalb der Zeit, nur einmal im Jahr, ist prädestiniert für die Umkehrung jeglicher hierarchischer Ordnungen. Ebenso bemerkt Diderots Erzähler, dass er nur »einmal im Jahr« eine Ausnahme macht und mit einem Verrückten wie dem Neffen spricht (»Ils m'arrêtent une fois l'an« [NR 5]). Wie der Neffe so erteilt auch Davus den Treueansprüchen seines Herrn eine Lektion. Er meint, dass die meisten Menschen flatterhaft sind, wie zum Beispiel Priscus, der ein unberechenbares Leben geführt hat (»vixit inaequalis« [10]). An einem Tag ein »Lebemann« (»moechus«), an einem anderen ein »Weiser« (»doctus«) – man könnte sagen, dass Priscus »unter das Zeichen der Vertumni« geboren wurde (14). Als Davus seine Schmährede auf seinen Herrn lenkt und ihn beschuldigt, moralisch genauso schwankend zu sein, verliert dieser seine Geduld. Er schreit und sucht nach einer Waffe, einem Stein oder Pfeil. Davus entgegnet: »aut insanit homo aut versus facit« (117) – »Der Mann ist entweder verrückt oder er macht Verse«, was den poetischen Akt mit dem Wahnsinn verbindet und zugleich die Perversion des Versemachens wiederholt. Als die für den Wechsel der Jahreszeiten verantwortlichen Götter sind die Vertumni äußerst musikalisch, da Musik die Kunst der Zeit schlechthin ist – eine Kunst des Verlaufs, des Wechsels, der Veränderung. Die Vertumni verleihen die Fähigkeit, Dinge in etwas anderes zu verwandeln, indem sie Konversionen und Inversionen bewirken. Bei Horaz wird ihnen, allerdings ohne genauere Bestimmung, Missgunst und Unbeständigkeit (*iniquis*) zugeschrieben. Als Regulatoren des Jahreswechsels stehen sie im Gegensatz zu Priscus, der absolut keiner Ordnung folgt. Aber man kann auch behaupten, dass die Vertumni die Vertreter von Veränderung selbst sind, die die unter ihrem Einfluss Geborenen der Unbeständigkeit aussetzen. Sind sie »beständig« und dadurch denen ungleich, die unbeständig sind? Oder sind sie »unbeständig«, allem und jedem gegenüber radikal ungleich? Diese Fragen verkomplizieren die Funktion von

Diderots Epigraph. Obwohl die meisten Leser es auf den Charakter des Neffen beziehen, könnte es ebenso gut auch den Charakter des Erzählers widerspiegeln.[20] Gewiss erfreut sich der Neffe weder der Identifikation mit einer Gemeinschaft noch der Gleichheit mit sich selbst – »Rien ne dissemble plus de lui que lui-même«. Anderseits wurde ja bereits gezeigt, dass auch *Moi* keineswegs ein Beispiel vollkommener Beständigkeit ist. Tatsächlich legt die Satire des Horaz nahe, dass derjenige, der sich selbst wichtig nimmt, am angreifbarsten ist. So werden feste Identitätsbegriffe erschüttert, wie zum Beispiel subjektive Identität, auf welcher stimmlicher Ausdruck gründet, oder die produktive Identität, die etwa ein Kunstwerk stützt.

Der Mangel an subjektiver Stabilität des Neffen rüstet ihn für satirische Unterbrechungen in Form von musikalischen Aufführungen, und diese Musikalität wiederum kratzt am Sinn der Persönlichkeit des Erzählers.[21] Wie schon Platon beobachtet hat, ist Wahnsinn außerordentlich ansteckend, vor allem wenn er durch Musik hervorgerufen wird.

ഔ

Mit Hilfe der zahlreichen Masken gelingt es dem Neffen zu zeigen, dass sich die Gesellschaft selbst aus maskierten Personen zusammensetzt. In diesem Sinne stimmt seine Entlarvung mit dem rousseauschen Programm überein. Als ein Meister des Tons erinnert er uns alle an unsere natürlichen Ursprünge und zerstört alle Konventionen und kulturellen Verbindungen. Daher gleicht er dem Meisterschauspieler in Diderots *Paradoxe sur le comédien*, dem es gelingt, vielfältige Identitäten anzunehmen, gerade weil ihm eine eigene Identität fehlt. Paradoxerweise muss der große Schauspieler leer sein. Er darf »kein Empfindungsvermögen« haben, wenn er in der Lage sein will, »alles nachzuahmen«.[22] Wie der Neffe muss er, um es mit Lacoue-Labarthe zu sagen, ein »subjektloses Subjekt« sein.[23] Man könnte annehmen, dass die Leere des Schauspielers der Gestörtheit des Neffen eng verwandt ist. Aber wie zu zeigen sein wird,

20 Siehe Yoichi Sumi, Le neveu de Rameau: *Caprices et logiques du jeu* (Tokyo 1975). S. 117-118.
21 Siehe Jean Starobinski, »L'accent de la verité«, in *Diderot et le théâtre* (Paris 1984), S. 9-26.
22 Diderot, *Paradoxe sur le comédien*, in *Œuvres*, hg. v. André Billy, S. 1006.
23 Philippe Lacoue-Labarthe, »Diderot: le paradoxe et le mimésis«, in *L'imitation des modernes: Typographies II* (Paris 1986), S. 15-36.

hören die Ähnlichkeiten zwischen Neffen und Schauspieler hier auch schon auf.

Die Reihe der Aufführungen, mit denen der Neffe den Dialog unterbricht, beweisen ganz klar sein mimetisches, musikalisches Talent:

> Er weinte, er lachte, er seufzte, blickte zärtlich, ruhig oder wüthend. Er war eine Frau, die in Schmerz versinkt, ein Unglücklicher seiner ganzen Verzweiflung hingegeben, ein Tempel, der sich erhebt, Vögel, die bei'm Untergang der Sonne sich im Schweigen verlieren. Bald Wasser, die an einem einsamen und kühlen Orte rieseln, oder als Gießbäche von Bergen herabstürzen, ein Gewitter, ein Sturm, die Klage der Umkommenden, vermischt mit dem Gezisch der Winde, dem Lärm des Donners, es war die Nacht mit ihren Finsternissen, es war der Schatten und das Schweigen, denn selbst das Schweigen bezeichnet sich durch Töne. Er war ganz außer sich. Erschöpft von Anstrengung, wie ein Mann der aus einem tiefen Schlaf oder aus einer langen Zerstreuung hervortritt, blieb er unbeweglich, stumpf, erstaunt.
>
> (RN 120-121)[24]

Dies ist kein gefühlloser, berechnender Schauspieler, sondern vielmehr ein überempfindliches Opfer überwältigender Leidenschaft. Die Begeisterungsfähigkeit des Verrückten steht im Gegensatz zur Distanziertheit des Schauspielers. Statt die leere Subjektivität des großen mimetischen Schauspielers zu besitzen, scheint der Neffe seine Subjektivität gänzlich zu verlieren.[25] Wie Kassandra verhält er sich so, als ob ein Gott in ihm *wirke* (»avec l'air d'un energumène«). Der tranceartige Zustand legt keine kühle Distanz nahe, sondern

---

24 Im Original: »Il pleuroit, il rioit, il soupiroit; il regardoit, ou attendri, ou tranquille, ou furieux; c'étoit une femme qui se pâme de douleur; c'étoit un malheureux livré à tout son désespoir; un temple qui s'élève; des oiseaux qui se taisent au soleil couchant; des eaux qui murment dans un lieu solitaire et frais, ou qui descendent en torrents du haut des montagnes; un orage, une tempête, le plainte de ceux qui vont perir, melée au sifflement des vents, au fracas du tonnerre; c'étoit la nuit, avec ses ténèbres; c'étoit l'ombre et le silence; car le silence même se peint par des sons. Sa tête étoit tout à fait perdue. Epuisé de fatigue, tel qu'un homme qui sort d'un profond sommeil ou d'une longue distraction; il resta immobile, stupide, étonné« (NR 84-85).

25 Lacoue-Labarthe (»Diderot: le paradoxe et le mimésis«) unterscheidet zwischen der aktiven Mimesis des Schauspielers (der gewollten Fähigkeit zur Ausleerung der eigenen Subjektivität) und der passiven Mimesis des wirklich Besessenen, wie im Falle des Neffen.

eher absolute Ekstase. Zwar mag der Neffe als Schauspieler beginnen und eine Reihe von Masken tragen, die gemäß einer berechneten Absicht eingesetzt werden, aber er endet als Verrückter, der sich mit der Maskierung identifiziert. Seine Ekstase offenbart, dass die Distanz, die die Sicherheit des unbeteiligten Schauspielers gewährte, überschwemmt wurde. Diese gewaltige Erfahrung, dieser Verlust des Selbst bedeutet, dass der Neffe, im Gegensatz zum Schauspieler, eine subjektive Identität besitzt, denn der Selbstverlust hängt davon ab, dass man zuallererst ein Selbst hat.

Während der Mimetiker die Natur für sich arbeiten lässt, geht der Neffe müßig, er ist *désœuvré*. Rousseau definiert Genie als die Fähigkeit, Gefühle durch einen Tonfall zu vermitteln; wie Diderots Erzähler erklärt er sogar, dass Genie »die Stille selbst sprechen läßt«.[26] Auch der Neffe kann die Stille sprechen lassen, nicht aufgrund irgendeiner genialen Fähigkeit, sondern eher aufgrund der passiven Erfahrung des Selbstverlustes. Auf die Frage, warum er niemals ein eigenes Kunstwerk geschaffen hat, bekennt der Neffe: »Ich glaubte Genie zu haben, am Ende der Zeile lese ich, daß ich dumm bin, dumm, dumm« (RN 140).[27] Der *comédien*, der auf der Bühne Aneignung aktiv ausübt, findet seinen Schatten in dem Wahnsinnigen, der die Gesellschaft entlarvt, indem er sich passiv hinter einer endlosen Reihe von Masken verliert. Der Neffe ist ruhelos, immer in Bewegung, ohne im subjektiven Sinne aktiv zu sein, das heißt er ist aktiv, ohne etwas zu tun. Sein unerschöpflich verrücktes Verhalten verbirgt nur schlecht seinen Müßiggang. Er ist nicht in der Lage, etwas Dauerhaftes zu bewirken.

Ästhetisch verraten die vergänglichen Improvisationen des Neffen eine Vorstellung von Musik, die eher auf der Entfaltung in der Zeit und dem Zuhören beruht als auf Komposition. Das Kompositionsparadigma in der Musik unterstreicht die Autorität der subjektiven Identität des Komponisten, die somit vor jeglicher Möglichkeit des Fehlers, der Fehlinterpretation oder der Verfälschung sicher ist. Mögliche Entstellungen durch öffentliche Aufführung werden demzufolge als Unfälle verbucht, die keineswegs vom transzendenten Wesen des Werks ablenken. Ein musikalisches Werk genießt daher eine privilegierte Stellung und unterscheidet sich von der Geschichte

---

26 Rousseau, *Dictionnaire de la musique*, s.v. »Génie«, ROC 5: 837.
27 Im Original: »[J]e m'étois persuadé que j'avois du génie; au bout de ma ligne, je lis que je suis un sot, un sot, un sot« (NR 98).

seiner Aufführungen, von der es unbeschadet bleibt. Mit anderen Worten liegt das vollendete Kunstwerk außerhalb der Zeit, unbehelligt von immanenten, materiellen Bedingungen musikalischer Schöpfung. Musikhistoriker bezeichnen diese Vorstellung als »Werk-Begriff«, die letztlich eine Erfindung der Moderne ist.[28] Das performative Paradigma stellt diese Sichtweise in Frage, indem es Produktion und Rezeption von Musik als existentielle Bedingungen für diese begreift. Letztlich heißt das, dass ein ungespieltes Musikstück gar keine Musik ist, genauso wie es Sprache nicht ohne einzelne Äußerungen gibt.[29] Die jeweiligen Eigenarten der Musikinstrumente und einzelnen Musiker, die Absichten des Dirigenten und das Anliegen der Solisten, die Akustik im Konzertsaal, die Anordnung der Sitze, die Kleidung, das Wetter – all das trägt zur Aktualisierung des Stücks bei und erschüttert den Glauben an die feste Identität einer Komposition tiefgreifend. In dieser Hinsicht unterstreicht das performative Paradigma die grundlegende Zeitlichkeit der Musik, ihre Vergänglichkeit und Unfassbarkeit.

Während die Leistungen des Komponisten sein Vermächtnis an die Nachwelt sichern mögen, vergehen die Vorstellungen des Neffen in der für sie nötigen Zeit. Die vergängliche Qualität dieser Darbietungen lenkt die Aufmerksamkeit auf eine Musikerfahrung, die vorsubjektiv ist, vor jeglicher Identität, vor Persönlichkeit im reflexiven Sinne. Der Neffe, der von Texten besessen ist, die nicht seine eigenen sind, zersetzt somit das Bild von authentischem Ausdruck oder origineller Komposition. Ähnlich spricht Roland Barthes von der »Körnung« (»grain«) der Stimme, wo die Stimme selbst emphatisch »nichts Persönliches« ist: »[Diese Stimme] drückt nichts aus, was den Kantor oder seine Seele ausmacht; sie ist nicht original [...], und doch ist sie gleichzeitig individuell: sie läßt uns einen Körper hören, der zwar zugegebenermaßen keinen Personenstand oder keine ›Persönlichkeit‹ besitzt, der aber dennoch ein eigener Körper ist«. Deshalb, so folgert er: »Die ›Körnung‹ ist der Körper in der Stimme, die

---

28 Zum »Werk-Begriff« siehe Lydia Goehr, *The Imaginary Museum of Musical Works. An Essay in the Philosophy of Music* (Oxford 1992).
29 Die Unterscheidung zwischen einer Betrachtung der Musik als Aufführung auf der einen oder als Komposition auf der anderen Seite hat weitreichende Auswirkungen auf Theorien der Sprache und der Subjektivität. Susan Bernstein verfolgt dieses Thema von Saussure bis zu Nancy, indem sie sich auf Saussures Unterscheidung zwischen *langue* und *parole* stützt. (*Virtuosity of the Nineteenth Century. Performing Music and Language in Heine, Liszt, and Baudelaire* [Stanford 1998], S. 36-57.).

singt [...] nicht aber ›subjektiv‹«.³⁰ Gegen Barthes' Behauptungen, die sich stets auf die linguistischen Analysen Julia Kristevas beziehen, ist Susan Bernstein der Ansicht, dass dennoch wieder eine Ausdruckstheorie eingeführt wird, da die von Barthes und Kristeva vertretene Sprachtheorie weiterhin Ausdruck einschließt: »Barthes möchte sich von einer Ausdruckstheorie distanzieren, die auf einem präexistenten rationalen cogito basiert. Aber wie bei Kristeva ist es schwierig zu bestimmen, wie sich letzten Endes die der Musik zugeschriebene Bedeutungsaussetzung von einem Modell des ›Ausdrucks‹ unterscheidet, da die Analyse auf einem linguistischen Modell basiert«.³¹ Am Ende liegt Bernstein richtig, wenn sie in diesen und anderen sprachlich orientierten Theoretikern einen latenten Expressionismus entdeckt. In dieser Hinsicht erscheint das, was Diderot seinem Text erlaubt, als eine weitaus radikalere Einsicht in die nicht zu reduzierenden, widerspenstigen Eigenschaften der Stimme.

Diderots Erzähler ist entschlossen, eine transzendente, subjektive Position zu sichern. Darum beginnt er mit einer Reihe von Porträts und Beschreibungen des Neffen, die seiner Verpflichtung einer bestimmten Hermeneutik gegenüber zuwiderlaufen, nämlich dem Willen, diesen musikalischen Wahnsinn durch irgendeine Theorie einzuschränken. Er ist bemüht, die verrückten Pantomimen des Neffen in eine nachahmende, ausdrucksvolle Kunstform umzuwandeln, um sie verständlich zu machen und so die eigene Position des Erzählers als des Subjekts der Sprache zu bestätigen. Anders gesagt hält der Erzähler an einer rousseauistischen Position fest, die die mimetische Qualität der Musik offenbaren oder sogar zeigen will, dass Musik eine Art gehobene, natürlich motivierte Sprache ist. Aber Mimesis lässt sich nicht so einfach lenken. Und genau das erschüttert den Erzähler, als er seine Ohren öffnet und beginnt, dem wahnsinnigen Musiker zuzuhören.

In seinem früheren Text *Lettre sur les sourds et muets* teilt Diderot Rousseaus Hoffnung darauf, dass Mimesis gesellschaftliche Gleichheit wieder herzustellen vermag. Ironischerweise geschieht das durch das Verstopfen seiner Ohren. Diesem Brief zufolge verstopft sich Diderot sehr zur Verwunderung seiner Begleiter während einer Theateraufführung die Ohren, weil er dadurch angeblich den mime-

---

30 Roland Barthes, »Le grain de la voix«, *Musique en jeu* 9 (1972), 57-63; 58 und 62.
31 Bernstein, *Virtuosity of the Nineteenth Century*, S. 49.

tischen Gehalt der Körperbewegungen besser beobachten könne.[32] Er erzählt daraufhin von einer Begegnung mit einem namenlosen Taubstummen während eines Schachspiels im *Café de la Régence*. Bis zu diesem Punkt ist die Anekdote eine vollkommene Vorwegnahme der Begegnung zwischen dem Philosophen und dem Neffen, der ebenfalls zum Schachspiel in demselben Café erscheint. Wie im *Neveu* führt die Zufallsbegegnung auf das Thema der Musik. Der Text beschreibt, wie der Taube in die Wohnung des Père Castel gebracht wird, um zu erfahren, wie er auf das berühmte »Farbklavier« reagiert.[33] Nach einer kurzen Vorstellung auf Castels *claveçin oculaire*, die aus einer abwechselnden Folge von Farben bestand, die auf einem Schirm erscheinen, folgert Diderots tauber Kandidat, dass Musik »eine bestimmte Art der Kommunikation« ist, dass Instrumente den »Sprechorganen« gleichen, die Ausdruckszeichen hervorbringen. Er bestätigt damit Rousseaus Behauptung, dass »Melodie nicht nur nachahmt, sondern spricht«. Für Diderot zeigt die Erfahrung des Taubstummen, dass Laute Bedeutung haben (»*sons/sens*«). Das heißt, sie bestätigt Castels Theorie und die Annahme des Philosophen, dass nämlich Musik linguistisch funktioniert und eine Art Text erzeugt. Diderots Folgerung wird noch glaubwürdiger durch Paronomasie: ein mimetisch aufgeladenes rhetorisches Mittel, das auf der visuellen Erscheinung des geschriebenen Wortes beruht und hier die zugrunde liegende Verbindung zwischen *sens* und *sons* unterstreicht. Musik wird dadurch wiederhergestellt, aber nur auf der Grundlage des Sehens, nur für die Tauben oder für die Philosophen mit unverstopften Ohren.

Das Eingangsthema der *Lettre sur les sourds* betrifft grammatische Inversionen, wie zum Beispiel das Nachstellen des Adjektivs im Französischen. Diderot argumentiert, dass dies die historische Sprachentwicklung verdunkelt, die auf Sinneswahrnehmung gründet und bei der das Erkennen von Eigenschaften der von Substanti-

---

32 Diderot, *Lettre sur les sourds et muets*, hg. v. Otis Fellows (Genf 1965), S. 52-53.

33 Louis-Bertrand Castel stellte sein Instrument zum ersten Mal 1725 vor als Beweis für die physikalischen Analogien zwischen Licht und Schall, kurz im Begriff »chromatisch« ausgedrückt (aus dem griechischen χρῶμα, »Farbe«). Für den in Mathematik und Physik ausgebildeten Jesuiten Castel stimmte das musikalische Zwölftonsystem genau mit den zwölf Abteilungen des Farbkreises überein, was er in seinem Aufsatz darlegte: *L'Optique des couleurs, fondée sur les simples observations, et tournée sur-tout à la pratique de la peinture, de la teinture et des autres arts coloristes* (Paris 1740).

ven vorausgeht. Im direkten Gegensatz zu Condillac behauptet Diderot, dass die Artikuliertheit der französischen Sprache im Wesentlichen die natürliche Wahrnehmung auf den Kopf stellt, indem sie Adjektive hinter das Nomen stellt.[34] Zur Einführung des Themas der Umkehrung wählt Diderot ein Vergil-Epigraph:

> Versisque viarum
> Indiciis raptos; pedibus vestigia rectis
> Ne qua forent.

Die den Akt der Umkehr (*versis*) thematisierenden Worte kommen aus der *Aeneis*, Buch 8, wo der von Wahnsinn oder Raserei getriebene Cacus (»furiis Caci mens effera« [205]) von Herkules Vieh stiehlt. Um sein Vergehen zu verdecken, kehrt er ihre Spuren um, indem er sie rückwärts in seine Höhle zieht. Trotz des offensichtlichen Themas der Inversion verbirgt Diderots Zitat jedoch einen weiterreichenden Kommentar über epistemologische Voraussetzungen. Ein Blick in Vergils Text zeigt sofort, dass Diderot selbst die Beschreibung der Umkehrung umkehrt:

> Atque hos, ne qua forent pedibus vestigia rectis,
> cauda in speluncam tractos versisque viarum
> indiciis raptos saxo occultabat opaco.   (*Aeneis* 8.209-8.211)

Um aus den Spuren die Wegrichtung nicht erkennen zu lassen, zog er die Tiere am Schwanz in die Höhle und tarnte auf diese Weise den Raub. Dann verbarg er die Beute im Dunkel der Felsen.

Obwohl Diderot nicht erklärt, wie er das Zitat verwendet, ist seine Absicht durch die Neuanordnung der Worte vollkommen klar. Wo Vergils Zeilen von Reflexion zu Aktion voranschreiten, zeigt Diderots Manipulation, wie die Tat dem Gedanken vorausgeht. In Vergils Text denkt Cacus über mögliche Folgen nach (»ne qua forent«) und handelt dann dementsprechend (»versisque viarum indiciis raptos«). Im Gegensatz dazu steht der Satz über die Angst in Diderots Version nach der Tat. Diese Reihenfolge stimmt überein mit den größeren Behauptungen der *Lettre*. Was von der Sprache am meisten versteckt wird, so die Schlussfolgerung der *Lettre*, ist ihre eigene Spur zurück zu einem gestischen, körperlichen Ursprung. Diderots Betrachtung der Tauben und Stummen will daher die sprachliche

---

34 Condillac, *Essai sur l'origine*, S. 234.

Inversion umkehren. Sie zielt auf die Dichtkunst, die menschliche Bewegung vertuscht, so zum Beispiel Vergils Gewandtheit des Spondeus, der die schweißtreibende Mühe, die damit verbunden ist, das Vieh am Schwanz zu zerren, in Kunst verwandelt.

cau-d(a) – in-spe-lun – cam-trac- tos – ver- sis-que-vi – a-rum

Aber das ist nicht alles. Dieses Epigraph enthält eine Anspielung auf die *Homerische Hymne auf Hermes*, wo der Kindgott Apollo Vieh stiehlt und durch eine List (τέχνη) dessen Spuren umkehrt, um das Vergehen zu vertuschen.

δολίης δ' οὐ λήθετο τέχνης
ἀντία ποιήσας ὁπλὰς, τὰς πρόσθεν ὄπισθεν
τὰς δ' ὄπιθεν πρόσθεν (*Hym. Herm.* 76-78)

seine listige Kunst aber machte er nicht vergessen
und hatte die Hufen verkehrt herum gestellt:
die vorderen nach hinten.

Als Apollo den Verstoß entdeckt und die schlaue, poetische Tat erkennt (ποιήσας), bietet Hermes als Entschädigung seine gerade erfundene Lyra an, ein, wir erinnern uns, aus einer lebenden oder toten Schildkröte hergestelltes Instrument, deren Panzer in einen ewigen Resonanzkörper transformiert wurde.

Wenn es in Diderots *Lettre* darum geht, mit verstopften Ohren sprachliche Umkehrungen und die dadurch entstehende Unbeständigkeit zu verstehen, so stellt *Le neveu de Rameau* eine weit größere Schwierigkeit dar, indem die Ohren der Philosophie für die Auswirkungen dieser hermetischen Musik und die ansonsten unterdrückten Töne offen gehalten werden. Im Namen der Vertumni signalisiert der Text, wie philosophisch Rückwärtsgewandte eventuell selbst eine Umkehrung erdulden. Wie schon bemerkt stellt sich der Erzähler zu Anfang des Dialogs als Mann der Theorie vor, der seine Ohren vor der Geschäftigkeit verschließt (»écoutant le moins que je pouvois«) und sich immer gerne spekulativen Selbstgesprächen hingibt. Als aber der Neffe aufkreuzt, öffnet er seine Ohren ausdrücklich. Schockiert und verwirrt sucht er gleichsam tastend nach Verständnis. Er versucht, den Wahnsinn in begrifflichen Systemen wiederzugeben. Seine einzige Möglichkeit besteht darin, die Textformen und -fragmente zusammenzubringen, die ausnahmslos plötzlich auftauchen. Wie Apollo versucht er den marsyanischen Neffen in ein Bedeutungsinstrument zu verwandeln, aber wie Sokrates ist der Neffe immer schon dazu bereit, jegliche Form zu zerbrechen, wann immer sie auftritt.

Krise im Café de la Régence

Das intellektuelle Klima der *Encyclopédie* brachte einen großen Optimismus hervor, vor allem dank der Überzeugung, dass Sprache, wenn sie richtig benutzt wird, ihre volle Wirksamkeit entfaltet. Die Mitarbeiter am enzyklopädischen Projekt beabsichtigten, die freie Verbreitung von Ideen zu fördern, indem sie jedem Aspekt menschlichen Wissens eine diskursive Form verliehen, was als Grundlage für eine egalitäre Gesellschaft dienen sollte. Wie Chevalier de Jaucourts Eintrag »Sprache« behauptet, setzt der Gebrauch der Sprache ein gewisses Maß an Gleichheit voraus: »Seit der Mensch sich vom Geschmack, von der Notwendigkeit und vom Vergnügen hat mitreißen lassen, mit seinen Mitmenschen zusammen zu sein, war es für ihn notwendig, seine Seele nach außen zu tragen und die seelischen Umstände mitzuteilen«.[35]

Diderots musikalisch wahnsinniger Neffe stört dieses Szenario insofern beträchtlich, als er als jemand dargestellt wird, der grundsätzlich ungehörig und anders ist. Als ein Text voller Spaltung erscheint der gesamte Dialog als großes Experiment, um die Wirksamkeit der Sprache zu prüfen. Ebenso problematisiert er Vorstellungen persönlicher Identität, die durch Sprache begründet sind. Die Spaltung in *Le neveu* ist so offensichtlich, dass sie als sein grundlegendes Thema gelten kann. Als Dialog im wahrsten Sinne bezieht der Text seine erzählerische Energie aus dem Zusammenprall entgegen gesetzter Kräfte. Der Prozess des Gegensatzes ist bereits im Titel selbst angelegt, der klar und deutlich zwei verschiedene Personen nennt. Die Unterschiede zwischen dem gefeierten Komponisten Jean-Philippe Rameau und seinem müßiggehenden Neffen werden im Titel sowohl durch den Gegensatz zwischen Eigennamen und Gattungsnamen festgehalten (*le* neveu *de* Rameau) als auch zwischen Ursprünglichem und Folge, zwischen Schöpfer und Epigone, Komponist und

---

35 Im Original: »Dès que l'homme se sentit entraîné par goût, par besoin & par plaisir à l'union de ses semblables, il lui étoit nécessaire de développer son âme à un autre, & lui en communiquer les situations«; s.v. »Langage« in Jean d'Alembert und Denis Diderot, *Encyclopédie*, 9: 242.

Darsteller (*le neveu de Rameau*). Sowohl auf der Ebene der Form als auch des Inhaltes organisieren diese grundlegenden Gegensätze viele der Diskussionen im Dialog, namentlich ausgeführt zwischen Ruhm und Unbekanntheit, Erfolg und Scheitern, Produktivität und Faulheit. Dadurch wird eine stete Trennung zwischen den Gesprächspartnern aufgebaut, während sie moralische, ethische, politische und ästhetische Probleme betrachten und diskutieren.

Auf den ersten Blick trifft die Philosophie somit auf ihr Anderes; das Subjekt der Sprache trifft auf das subjektlose Subjekt. Die Spaltungen jedoch trennen nicht nur den aufgeklärten Freigeist vom verrückten Zyniker; sie spalten auch den Autor selbst in zwei Teile. Der seine Seele in zwei Gegner (*Moi* und *Lui*) teilende Seelenkampf führt dazu, dass viele der Sprache innewohnenden Unterscheidungen aufgedeckt werden: zwischen Autor und Erzähler, zwischen Diderot und *Moi*, zwischen dem schreibenden Subjekt und seinem unheimlichen Doppelgänger, dem dargestellten Subjekt.

Solch mimetische Gespaltenheit stellt die Wirksamkeit der Sprache in Frage und schwächt dadurch die Durchführbarkeit der *Encyclopédie*. Diderot litt an diesem Skeptizismus, vor allem in den Jahren nach der öffentlichen Verurteilung des Projektes 1759. Würde das Werk der Gewalt der Zeit standhalten? Konnte seine Gültigkeit vor der Nachwelt bestehen? In seinem Eintrag über das Wort »Encyclopédie«, das heißt auf dem höchsten Punkt der Selbstreflexion des Projekts, erwähnt Diderot die Nachwelt niemals als einen zeitlosen Bereich der Wahrheit. Stattdessen spricht er viel sagend von seinen zukünftigen Lesern als von »unseren Neffen«, und das nicht weniger als vier Mal.

> In der Tat ist das Ziel einer Enzyklopädie, die Kenntnisse zusammen zu führen, die über die Oberfläche der Erde hin verstreut sind, und deren allgemeines System den Menschen, die mit uns leben, mitzuteilen, und es an die, die nach uns leben werden, weiterzugeben, auf dass die Arbeiten der vergangenen Jahrhunderte keine für die folgenden Jahrhunderte unnötigen Arbeiten gewesen sind, auf dass unsere Neffen, während sie gebildeter werden, zugleich tugendhafter und glücklicher werden, und wir nicht sterben, ohne uns um das Menschengeschlecht verdient gemacht zu haben.[36]

---

36 Im Original: »En effet, le but d'une *Encyclopédie* est de rassembler les connoissances éparses sur la surface de la terre; d''en exposer le système général aux hommes avec qui nous vivons, & de le transmettre aux hommes qui viendront

Als eine Ausführung einer dieser Neffen erinnert *Lui* den Enzyklopädisten daran, dass die Hoffnung auf eine Nachwelt – auf anhaltenden Fortschritt zu einer gebildeteren, tugendhafteren, glücklicheren Zukunft hin – das Risiko der Perversion akzeptieren muss. Und dennoch kommuniziert der wahnsinnige Musiker Diderots, seiner Verrücktheit zum Trotz. Er spricht und singt, auch wenn die Bedeutung seiner Äußerungen ständig in Frage steht. Mit dieser Charakterisierung scheint Diderot die Möglichkeit zu erwägen, dass reine Differenz trotz, aber auch durch das konventionelle Zeichensystem namens Sprache ausgedrückt werden kann. Als besonders gutes Beispiel dafür dient eine Episode aus der Geschichte des Renegaten von Avignon.

In der Mitte des Dialogs bringt die Geschichte des Renegaten sowohl den Philosophen als auch seinen Gesprächspartner schier zur Verzweiflung. Allzu bereit, seine »Fähigkeit zur Erniedrigung« zur Schau zu stellen, bringt der Neffe den abscheulichen Mann ins Spiel, der das Vertrauen und den Schutz eines freundlichen, wohlhabenden Juden gewann, bloß um ihn der Heiligen Inquisition zu verraten und mit seinem Vermögen davonzulaufen. (NR 74-76/RN 103-108). Unter allen von Diderots Narren erzählten Anekdoten ist diese einzigartig, da sie beide Gesprächspartner an einen Punkt bringt, an dem sie nichts mehr sagen können, an eine Grenze jenseits der es möglicherweise keine weitere Kommunikation gibt. *Moi* weiß nicht weiter: »Ich wusste nicht, sollte ich bleiben oder fliehen« (RN 109).[37] Die bösartige Verherrlichung des Neffen von missbrauchtem Vertrauen, Antisemitismus, mörderischer Habgier und ins Lächerliche gezogener Gerechtigkeit stößt den Mann der Aufklärung jedoch kaum ab. Im Gegenteil scheint selbst der Geschichtenerzähler die Sprache aufgeben zu wollen, überwältigt durch wahnsinnige Freude oder peinliche Scham. Für beide Männer ist die Sprache an ihr Ende gekommen. Der Neffe fällt zurück in eine seiner unbehaglichsten Übungen und führt eine verwirrte »Fuge« vor, während der Erzähler sich in innere Betrachtung zurückzieht, weil er überhaupt nicht

---

après nous; afin que les travaux des siecles passés n''aient pas été des travaux inutiles pour les siecles qui succéderont; que nos neveux, devenant plus instruits, deviennent en même tems plus vertueux & plus heureux, & que nous ne mourions pas sans avoir bien mérité du genre humain«; s.v. »Encyclopédie«, in d'Alembert und Diderot, *Encyclopédie*, 5:635.

37 Im Original: »Je ne scavois, moi, si je devois rester ou fuir, rire ou m'indigner.« (NR 76).

weiß, wie er sich verhalten soll. Diderot gestaltet die Geschichte des Renegaten so, als sei ein so tiefer Punkt der Unmoral erreicht, dass das Versprechen verbaler Kommunikation, das auf denselben Strukturen und Überzeugungen beruht, die moralisches Verhalten und Urteil garantieren, nicht mehr möglich sei.

Der Dialog endet aber nicht hier, sondern er wendet sich vielmehr einer ausführlichen Diskussion von Musik zu. Das Thema war von *Moi* bereits angeschnitten worden. Sein einziger Kommentar zum Verbrechen des Renegaten betrifft den »Ton« in der Stimme des Neffen, während dieser die Geschichte erzählt. »Ich weiß nicht, wovor ich mich mehr entsetzen soll, vor der Verruchtheit des Renegaten oder vor dem Ton, mit dem Ihr davon sprecht« (RN 108).[38] Der Sprachgebrauch des Neffen zeigt, dass sowohl Inhalt als auch Form verdorben sind. Der kriminelle Charakter des Gesagten entspricht der Boshaftigkeit des Erzähltons. Somit verschmelzen der Protagonist und der Erzähler durch die Einzelheiten der Geschichte. Die Geschichte des Renegaten, die die Sprache als ein Werkzeug für Betrug und Manipulation einsetzte, entspricht vollkommen der erzählerischen Handlung des *Lui* – einem wahrhaften Nihilisten, der darauf erpicht ist, die Beziehung der Sprache zur Wahrheit zu demontieren. Sowohl der Neffe als auch der Betrüger erscheinen durch und durch als Lügner, die das kommunikative Vertrauen zutiefst missbrauchen. Die Möglichkeit einer festen Entsprechung zwischen Worten und Dingen oder sogar zwischen Äußerung und Absicht wurde als etwas insgesamt Zerbrechliches und leicht Ausnutzbares gezeigt.

Vieles deutet darauf hin, dass eine Art semantischer Desintegration stattgefunden hat: der äußerst doppelzüngige Sprachgebrauch des Renegaten; das abgeschmackte Stereotyp des Juden, der unfähig ist, die Bedeutung hinter den Buchstaben zu erkennen; und selbst der Nachklang des Namen Avignon, eines Ortes, der die Geschichte der Kirchenspaltung markiert und möglicherweise als Allegorie dafür dient, wie die transzendente Grundlage von Bedeutung angefochten werden kann. Auf der Erzählebene gibt es die zweifelhafte Prahlerei eines Verrückten, dessen heuchlerische und selbst-widersprüchliche Fähigkeiten erschreckend sind. Das Verbrechen des Renegaten, der das in ihn gesetzte Vertrauen missbrauchte und einen

---

38 Im Original: »Je ne scais lequel des deux me fait le plus d'horreur, ou de la scélératesse de votre renegat, ou du ton dont vous en parlez.« (NR 76).

Mann in einen grausamen Tod stürzte, entspricht den Reden eines Narren, der seine Verpflichtung, die Wahrheit zu sagen, nicht einhielt und damit Sprache selbst einem Autodafé übergab.

Aus dieser Krise heraus rückt die Musik in den Vordergrund, sowohl als Diskussionsthema als auch als ein performatives Ablenkungsmanöver. *Lui* zieht sich auf seine merkwürdigen Nummern zurück, während *Moi* unbedingt definieren will, was Musik ist, was sie macht und zu welchem Zweck. Die Antwort auf die Kreuzverhöre des Philosophen sind verrückte Pantomimen von Orchesterfanfaren und Opernaufführungen. Insgesamt folgt auf die Geschichte des Abtrünnigen das Doppelthema Musik und Wahnsinn in genau dem Moment, in dem Sprache als Wahrheitsträger zusammenbricht. Die Musikalität der Sprache, der Ton, in dem etwas gesagt wird, fasziniert den Philosophen, weil sie eine bösartige Stimme jenseits denotativer Bedeutung zum Ausdruck bringen. Semantik genügt nicht länger, um Sprache als ein Kommunikationsmittel zu verstehen. Sie ist vielmehr ein Mittel zur Verheimlichung, dessen sich der Neffe mit seiner vorgeführten Ansammlung von Opernbruchstücken bedient.

Dennoch wird das semantische Projekt einem Phoenix gleich wiederbelebt, um seine eigenen Grenzen musikalischer Erfahrung gegenüber zu erkennen. Neben ausführlichen Diskussionen über das Wesen der Musik werden dem Leser weitere wahnsinnige Darbietungen durch den Neffen geboten. Diese verrückt anmutenden Schauspiele besetzen einen Ort des Nicht-Bedeutens und stellen dadurch eine große Herausforderung für den starken Wunsch des Philosophen nach Verstehen dar. Fragen bezüglich einer möglichen Bedeutung der Musik entsprechen Gedanken über die Nicht-Bedeutung wahnsinnigen Verhaltens. Wenn Wahnsinn eine nicht-bedeutende Beziehung zu einer metaphysischen Bedeutungsordnung begründet, dann lässt dieser Text darauf schließen, dass Musik in einer ähnlichen Beziehung zu dieser Ordnung steht, nämlich in einer Beziehung der Nicht-Bedeutung. Der entscheidende Punkt jedoch liegt darin, dass trotz dieses Scheiterns bedeutsamer Logik Sprache dank der Musik und des Wahnsinns weiter besteht. Selbst nachdem Sprache aller Bedeutung entleert wurde, gibt es ausdrücklich noch mehr zu sagen.

Satire, Ungleichheit und das Individuum

Mit dem Untertitel »Zweite Satyre« sollte man *Le neveu* zusammen mit zwei anderen Texten lesen, mit denen ihn viele Ähnlichkeiten verbinden: *Satire I, sur les caractères et les mots de caractère, de profession, etc,.* erstmals erschienen in Grimms *Correspondance littéraire* (Oktober 1778), und mit einem sehr kurzen, unveröffentlichten Dialog mit dem einfachen Titel *Lui et Moi*.[39] *Lui et Moi* ist ganz klar ein Vorläufer von *Le neveu* und handelt von einer anderen Begegnung zwischen einem Philosophen und einem Bösewicht als Gesprächspartner. Der erste Abschnitt beschreibt die Ausgangssituation. Obwohl *Moi* viele Male hereingelegt worden war, lieh er diesem Schurken (*coquin*) weiterhin Geld, obwohl dieser kürzlich die Frechheit besessen hatte, seine Mittel zur Finanzierung einer Satire gegen seinen eigenen Wohltäter zu verwenden. Nach einigen Monaten trifft *Moi* nun zufällig auf *Lui*, der abgehärmt und schlecht ernährt aussieht. Diesmal widersteht *Moi* dem Mitleid; dieser »Blutsauger« (»sangsue«) kann nicht gebessert werden, und *Moi* hat keinerlei Mitgefühl. Der Dialog erreicht denselben Grad des Schreckens wie nach der vom Neffen erzählten Anekdote über den Juden und den Abtrünnigen – »Ich wurde von Entsetzen gepackt« (715). Hier allerdings wird der moralische Schock nicht durch Musik überwunden; das Gespräch wird nicht fortgeführt. Stattdessen endet der Text abrupt und lässt das Grauen des Philosophen stumm nachklingen. Diderot hört auf zu schreiben, wenn seine Figuren aufhören zu reden. Hier zumindest hat der Nihilismus das letzte Wort.

Satire I handelt von der Vielfalt des menschlichen Charakters. Anders aber als La Bruyères früheres Projekt suchen Diderots Untersuchungen nach unendlicher Differenz, die nicht auf Rationalisierung oder Typologie reduziert werden kann. Wie *Le neveu* wird dieser Text von Epigraphen aus Horaz' *Satiren* überschrieben, und zwar aus dem ersten Gedicht des zweiten Buchs:

---

39 *Lui et Moi* (1762) in Diderot, *Œuvres*, hg. v. André Billy, S. 713-715 und 1414-1415. Zur Kritik siehe: Herbert Dieckmann, »The Relationship between Diderot's Satire I and Satire II«, *Romanic Review* 43 (1952), S. 12-26; Donal O'Gorman, *Diderot the Satirist. Le neveu de Rameau and Related Works: An Analysis* (Toronto 1971).

> Sunt quibus in satura videar nimis acer, et ultra
> legem tendere opus. (*Sat.* 2.1.1)
>
> Es gibt Leute, denen ich in den Satiren zu beißend erscheine, und die meinen,
> ich überspannte das Werk über die Gesetze
>
> Quot capitum vivunt, totidem studiorum
> milia (*Sat.* 2.1.27)
>
> Es gibt so viele tausend Vorlieben wie Menschen leben

Diderot übernimmt also Horaz' satirisches Programm, nämlich die Fähigkeit der Sprache zu untersuchen, die feinen Nuancen individuellen Gefühls und Leidenschaft aufzuzeichnen – ein ganz besonders scharfes oder engagiertes Projekt, das über Konventionen hinausging (»ultra legem«). Wie Diderot stellt Horaz sich selbst als dargestellte Figur in den Text, als einen unheimlichen Doppelgänger, eine Figur, die ausdrücklich gesehen werden soll (»videar«). Hier wird die satirische Stimme noch nicht einem gestörten Neffen verliehen, sondern dem Ich-Erzähler, dessen Schärfe alle Darstellungen durchschneiden kann, einschließlich seiner eigenen.

Besonders in seiner Suche nach feinen Unterschieden individuellen Ausdrucks leistet *Satire I* einen wichtigen Beitrag zu Diderots Ablehnung mechanistischer Argumente, wie sie beispielsweise von Helvétius vorgetragen wurden, der in *De l'esprit* (1758) behauptete, alle Menschen seien genau gleich geboren, und menschliche Vielfalt sei bloß eine Folge von Erziehung und dem allgemeinem Umfeld. Helvétius schreibt zum Beispiel:

> Wir sind uns also einig, dass die Ungleichheit des Geistes, wie sie bei den Menschen, die ich – wie alle – gut organisiert nenne, beobachtet werden kann, keineswegs von deren mehr oder weniger gut ausgeprägtem Organisationsgrad abhängt, sondern von der unterschiedlichen Erziehung, die sie genießen, von den verschiedenen Umständen, in denen sie sich befinden.[40]

---

40 Im Original: »Il est donc certain que l'inégalité d'esprit, apperçue dans les hommes que j'appelle communément bien organisés, ne dépend nullement de l'excellence plus ou moins grande de leur organisation; mais de l'éducation différente qu'ils reçoivent, des circonstances diverses dans lesquelles ils se trouvent, enfin du peu d'habitude qu'ils ont de penser«, Claude-Adrien Helvétius, *De l'esprit* (Paris 1978), S. 438-439.

Zur Richtigstellung dieser Ansicht besteht Diderot auf menschlicher *Ungleichheit*. Er unterstreicht den Einfluss natürlicher, innerer Begabung auf die Bildung jedes menschlichen Charakters als einzigartigen Wesens. Laut Diderot hat diese Bedingung offensichtliche Folgen für das Verständnis von Sprache: »Ist es nun aber möglich, dass, obwohl die menschliche Ausgestaltung verschieden ist, die Empfindung dennoch dieselbe ist? Die Unterschiede sind so groß, dass, wenn jedes Individuum sich eine ihm gemäße Sprache schaffen könnte, es so viele Sprachen wie Individuen gäbe. Kein Mensch sagt auf dieselbe Art und Weise ›Guten Tag‹ und ›Auf Wiedersehen‹ wie ein anderer«.[41] Obwohl sie unentbehrlich für intersubjektive Kommunikation sind, löschen die sprachlichen Verallgemeinerungen nur die Besonderheit menschlichen Gefühls aus. Die zaghaften Hinweise individuellen Sprechens kann man nur im Ton der Person hören: nicht in dem, was, sondern wie es gesagt wird. Wie in Kratylos' lächerlichem Bestreben sollte Musikalität Sprache vor oder jenseits konventioneller Festlegung zeigen, jenseits *nomos* – *ultra legem*, sozusagen, wie die beißende Satire von Horaz.

Wie bereits angedeutet ist *Le neveu de Rameau* die Geschichte davon, wie der Philosoph sich entschied, diesem mimetischen Schrei zuzuhören, aber nicht als Auflösung sozial ungerechter Artikulationen, sondern eher als Sirenengesang der Ungleichheit. Hier gibt es den Vorsatz, hinter eine Gesetzmäßigkeit zu gelangen, die natürliche Unterschiede gleichsetzen oder richtig stellen würde. Die daraus resultierenden ethischen Probleme sind offensichtlich. Gibt es eine Möglichkeit, Individualität zu respektieren, ohne dass dies zu groben Ungerechtigkeiten führt? Ist das Auslöschen von Einzigartigkeit – ihre Gleichmachung – nicht ein angemessener Preis für gesellschaftliche Gerechtigkeit? Inwieweit gehört das spalterische Wesen des Individuums – des Genies zum Beispiel, oder des Verrückten – zum Kollektiv? Und kann man überhaupt von einem Individuum jenseits dieses Kollektivs sprechen?

---

41 Im Original: »Or est-il possible que l'organisation étant différente, la sensation soit la même? Telle est sa diversité, que si chaque individu pouvait se créer une langue analogue à ce qu'il est, il y aurait autant de langues que d'individus; un homme ne dirait ni bonjour, ni adieu comme un autre«. Diderot, *Réfutation suivie de l'ouvrage d'Helvétius intitulé* L'Homme, in *Œuvres complètes*, hg. v. Assézat, 2: 279.

Die einzigartige, ungleiche Musik der Sprache des Verrückten verführt den Moralisten zum Liebäugeln mit der Ungerechtigkeit. Als Wahnsinniger entspricht der Neffe der furchtbaren Wollust des *coquin* in *Lui et Moi*, aber als Musiker sendet er einen Ton aus, der den Philosophen eher zum Bleiben als zur Flucht verleitet. Die höchst individuelle, ungleiche Musik seiner Sprache lockt den Philosophen an. Die Anekdote vom Abtrünnigen und dem Juden, den beiden Figuren der Verschiedenheit, erfüllt den Philosophen mit einem solchen Grauen, dass er davongelaufen wäre, wäre da nicht der meisterhafte Ton des Neffen gewesen. Der Pessimismus von *Lui et Moi*, der auf den entschieden unmusikalischen, unangenehmen Eigenschaften des parasitären Blutsaugers beruht, wird von der Hoffnung darauf, etwas jenseits der Sprache zu hören, geheilt.

Man könnte *Le neveu de Rameau*, dessen Schluss uns darüber im Unklaren lässt, wer »zuletzt lacht«, auch als eine aufrichtige Betrachtung menschlicher Ungleichheit lesen als Reaktion auf Helvétius' biologischen Gleichheitsgedanken. Gewiss, der Neffe ist in jeglicher Hinsicht andersartig. Gegenüber der *Satire I* legt diese radikale Ungleichheit jedoch nahe, dass die Suche nach einer individuellen Stimme – einschließlich der des Autors – vielleicht von Anfang an ein Fehler ist. Der Begriff der Identität, der in einer Vorstellung von Gleichheit, der Übereinstimmung mit sich selbst im Laufe der Zeit, in der Möglichkeit der Wiederholung gründet, kann die rätselhafte Individualität des Neffen nicht erfassen. *Le neveu* ist hinter dem Einzigartigen her, aber so, dass er Identitätsvorstellungen aufweicht, um die Möglichkeit eines Individuums in Betracht zu ziehen, das in viele Stimmen gespalten ist, jeweils anders und sich selbst niemals gleich.

Das Wort *inégalité* kommt im gesamten Dialog tatsächlich nur ein Mal vor (das heißt ohne Wiederholung), und zwar eindrucksvoll während der Geschichte vom Renegaten und hier ausdrücklich in Bezug auf den Ton. Gedankenverloren entschuldigt sich der Erzähler: »Ich sinne über die Ungleichheit [*inegalité*] Eures Tons. Ihr sprecht bald hoch, bald tief« (RN 105).[42] Den gesamten Dialog hindurch wird die Spaltung zwischen Moral und Kunst durch Ton hervorgerufen. Durch den Ton manifestiert sich die eigene Rede selbst als ungleich mit einer Absicht. Wie der Neffe bekennt, liest er

---

42 Im Original: »Je rêve à l'inégalité de votre ton; tantôt haut, tantôt bas« (NR 74).

Molière, um seine wahren Ziele zu verbergen, um geizig zu sein ohne geizig zu klingen, um ein Heuchler zu sein, ohne heuchlerisch zu klingen (NR 60). Er ist dem Schauspieler ähnlich und unähnlich zugleich. Er ahmt zwar nach, aber eigentlich ahmt er Nachahmung nach.

Der Wechsel zu Fragen des Tons bestätigt die Annahme, dass die Frage nach der Ungleichheit zusammenhängt mit Musik und dem Problem der Bedeutung. Während der normale Vortrag wohl auf der transparenten Verbindung zwischen zwei Identitäten basiert, führt der musikalische Vortrag eine andere Art des Gesprächs ein. Nachdem er versucht, Musik zu definieren, muss der Erzähler bekennen, dass ihm »diese Frage über [s]eine Kräfte geht« (RN 110). Für ihn führt die Unbestimmheit des Wortes »Gesang« zu der Frage von Unbestimmtheit im Allgemeinen. Wie in der *Satire I* werden Worte in empirischer Art als zu allgemein, zu begrifflich angesehen, um die Feinheiten individueller Erfahrung verzeichnen zu können. Dem würde der Neffe zustimmen, wären da nicht die von musikalischem Ausdruck gebotenen Möglichkeiten. Für ihn kann die Sprache immer noch die besonderen feinen Aspekte persönlichen Gefühls darstellen, solange sie mit der Musik vereint ist. Individualität wird gerettet, aber nur wenn Sprache melodisch wird, nur wenn Artikulation dem Tonfall (*accent*) nachgibt.

Daher sagt der Neffe: »*Musices seminarum accentus*: der Accent ist die Pflanzschule der Melodie« (RN 112) – »L'accent est la pépinière de la mélodie« (NR 79). Die Aussage wiederholt die Position von Rousseaus *Ursprung der Sprache*, dass der Verlust des Tonfalls bzw. Akzents in modernen Sprachen mit ihrer Rationalisierung einhergeht. Wo Rousseau allerdings auf der Ähnlichkeitsfunktion in der Mimesis besteht, gründet für Diderot jegliche Ähnlichkeit in Differenz. Die ekstatischen Vorstellungen des Neffen, der allen, auch sich selbst, unähnlich ist, laufen seinen subjektiven Aussagen zuwider: Musik (Ton, Akzent, Rhythmus, der Schrei) kann persönliche Identität nicht ausdrücken, weil das Identitätsprinzip selbst bereits ein Ergebnis von Entmusikalisierung ist – eine Entzauberung. Musik kann der Rede tatsächlich den Gesang zurückgeben, sie kann die gewünschte Wiederverzauberung herbeiführen, aber sie kann Identität nicht ertragen, die ganz einfach ein Konstrukt aus Konvention, Wiederholung und persönlicher Erinnerung ist. Durch seine wahnsinnige Vorführung, die sich in der unaufhaltsam voranschreitenden Zeit vollzieht, beweist der Neffe, dass der Identitätsbe-

griff bereits weit von seinem Ursprung im Gesang entfernt ist. Das
»Ich« entsteht erst durch die Gemeinschaft, mit den Artikulationen,
die die Vergänglichkeit des flüchtigen Tonfalls aufhalten und akustische Erfahrung in ein bleibendes Werk verwandeln, das erkannt
und in Erinnerung gerufen werden kann. Die Improvisationen des
Neffen sträuben sich gegen die Zuordnung durch eine Opusnummer. Seine Musik setzt den Trieb, Dasein aus der Zeit zu gewinnen,
außer Kraft.

In dieser Hinsicht illustriert *Le neveu* die materialistische Epipha-
nie, die von d'Alembert ausgedrückt wird in dem von Diderot aufgezeichneten Traum: In einer Fiebertrance ruft d'Alembert Prophe-
tien in abgehackter Prosa, während seine Betreuer, der Arzt Bordeu
und Mademoiselle de l'Espinasse zuhören:

> Und Ihr sprecht über Individuen, Ihr armen Philosophen! Lasst
> Eure Individuen beiseite! Gebt mir eine Antwort! Gibt es in der
> Natur ein Atom, das in jeder Hinsicht einem anderen ähnelt? ...
> Nein ... Stimmt Ihr nicht darin zu, dass in der Natur alles mit
> allem verbunden ist und dass keine Lücke in der Kette möglich
> ist? Was also meint Ihr mit Euren Individuen? Es gibt sie gar
> nicht, nein, es gibt sie überhaupt nicht.[43]

D'Alemberts Gäste diskutieren dann weiter, dass nicht nur Identität,
sondern die ganze Vorstellung von Individualität (als ein über die
Zeit identifizierbares Wesen) in einem zerbrechlichen Glauben an
Gleichheit gründet. Sie ist nichts als eine Folge der Erinnerungs-
fähigkeit, die jede Nervenfaser in unterschiedlichem Grad besitzt.
Die vertumnischste Kunst, die Musik, hat laut Diderot die stärkste
Wirkung auf unser Nervensystem. Daher ist es bestens ausgestattet,
die Vorstellung persönlicher Identität als rein physiologisches Symptom zu bestimmen. Wie in d'Alemberts irren Fieberreden offenbaren die Rhapsodien des Neffen die Zerbrechlichkeit dieser Konvention und die Wirklichkeit atomistischer musikalischer Ungleichheit.
Der Wahnsinn des Neffen enthüllt unser Dasein als ständig in Ver-

---

43 Im Original: »Et vous parlez d'individus, pauvres philosophes! laissez là vos individus; répondez-moi. Y a-t-il un atome en nature rigoureusement semblable à un autre atome? ... Non ... Ne convenez-vous pas que tout tient en nature et qu'il est impossible qu'il y ait un vide dans la chaîne? Que voulez-vous donc dire avec vos individus? Il n'y en a point, non, il n'y en a point«. Diderot, *Rêve d'Alembert*, in Œuvres, hg. v. André Billy, S. 899.

änderung begriffen, unwiederholbar und unumkehrbar. Er zeigt, dass unsere Selbst-Gleichheit in Selbst-Differenz gründet. Die Identität des Neffen besteht im ständigen Verlust von Identität; Ungehörigkeit ist das Einzige, was ihm zugehörig ist. Er verkörpert das Anderssein: »Nichts gleicht ihm weniger als er selbst«. So ist er das, was er aufführt. Indem Diderots Text Musik und Wahnsinn verknüpft, untersucht er die grundlegende – mimetische – Spannung zwischen dem Einzelnen und dem Allgemeinen, Wiederholung und Differenz, zwischen Polen, die zugleich weit voneinander entfernt als auch nah beieinander liegen, gemeinsam und isoliert – von einem Ort, der irgendwie derselbe und doch immer anders ist.

༄

Gottsched, Rousseau und Diderots Philosoph (*Moi*) sind alle der Überzeugung, dass Kunst mimetisch sein soll. Ihre Meinung geht allerdings da auseinander, wenn es um die Bestimmung von Mimesis geht, darum, von was sie erreichen kann und was nicht. Gottsched räumt dem semantischen Gewicht der Worte die wichtigste Rolle ein und weist dadurch der Musik eine zweitrangige Rolle zu, die für sich, als reiner Klang genommen, nichtsemantisch ist. Für ihn ist Mimesis genau genommen Nachahmung – das heißt die Re-Präsentation oder Abbildung von etwas Vorherigem. Das *representandum* ist das ursprüngliche Element, das jede Nachahmung eines bloß abgeleiteten Inhalts untergeordnet sein lässt. Mimesis an sich kann sich entweder auf äußere oder innere Erfahrung beziehen. Ob als Nachahmung der *belle Nature* oder des persönlichen Gefühls – Mimesis kann am besten erreicht werden, wenn Sprache dem musikalischen Material ihre rationale, narrative Energie auferlegt, wenn sie Musik in Muster verwandelt, die wiederholbar und demnach erkennbar sind. Wenn Musik aber nicht an die semantische Klarheit der Worte gebunden ist, wird sie – als irrationale oder wahnsinnige Macht – zur Bedrohung. Ihre reine Sinnlichkeit übernimmt die Führung über das Herz oder den Verstand, wodurch dieser Kunst sowohl das Angenehme als auch das Lehrreiche abhanden kommt.

Der mimetische Imperativ ist bei Rousseau nicht weniger stark, allerdings hier mit Betonung auf der Originalität des Ausdrucks, der ihn über den Status der sekundären, abgeleiteten Kopie erhebt. Für Rousseau besitzt Ausdruck selbst Inhalt. Er erkennt die bedeutende

Fähigkeit der Worte an, gleichwohl betrachtet er verbale Sprache als irgendwie unzulänglich. Die Neigung zu Abstraktion und der Abtrennung der Begriffe von der Lebenskraft ist ihm zufolge der Grund für die geringen mimetischen Fähigkeiten von Worten. Deshalb ist dem menschlichen Ausdruck durch Musik im Allgemeinen und Melodie im Besonderen besser gedient, denn nur melodische Modulationen sind in der Lage, die Artikulationen rationaler Sprache aufzulösen und wieder einen ursprünglichen Tonfall einzuführen. Die Unterdrückung dieses Tonfalls durch die Sprache treibt die Individuen in einer Gesellschaft insofern in den Wahnsinn, als ihnen eine authentischere Beziehung zu sich selbst und zu anderen vorenthalten wird. Die Wiederherstellung der Musik innerhalb der Sprache verspricht daher die Wiedereinsetzung der Gleichheit unter den Menschen: eine auf Gerechtigkeit und Transparenz gründende Gesellschaft. Natürlich ist Rousseaus Mimetismus hier verknüpft mit einer kratylistischen Vorstellung von Motivation, die wenig mit »Darstellung« oder »Repräsentation« im neoklassischen Sinn zu tun hat. Die mimetische Kraft des Tonfalls ahmt in Wirklichkeit gar nichts nach, »re-präsentiert« nichts. Das heißt, sie wird als wahrer Ausdruck innerer Erfahrung angesehen. Letzten Endes besteht die einzige Möglichkeit, Gleichheit zu gewährleisten, darin, dass niemand etwas nachahmt. (*Der Gesellschaftsvertrag* macht das deutlich in Bezug auf »Souveränität« und »Allgemeinwillen«.) Eine musikalisierte Gesellschaft, eine Gesellschaft im Einklang, besteht aus Individuen, die am authentischen Ausdruck ihres inneren Selbst mitwirken, gleichgestellt und dadurch gerecht.

Diderot scheint in den meisten seiner Schriften über Musik übereinzustimmen mit Rousseaus Haltung zum mimetischen Potential des persönlichen Ausdrucks. Seine Theorien der Gesten und der Pantomime schaffen zusammen eine Kunst des Tonfalls, die die leidenschaftslosen Konventionen und Abstraktionen sprachlicher Bezeichnung außer Kraft setzen. Seine Satiren aber zeigen, dass dem utopischen Traum von sozialer Gerechtigkeit durch die Wiederherstellung des Tonfalls nicht gedient ist. Im Gegenteil, die mimetische Macht der Musik ist eine Art Gewalt, die grenzenlose Differenz und tiefgreifende Ungleichheit offenlegt – *Quot capitum vivunt, totidem studiorum milia* (»Es gibt so viele tausend Vorlieben wie Menschen leben«). Darum bestätigen die Vorstellungen des Neffen die Ängste des Rationalisten: Musik ist wahnsinnig, nicht einfach weil sie die kommunikative Beziehung zu anderen unterbricht, sondern auch weil sie als eine in der Zeit unwiederholbare Kunst die Beziehung einer Person zu sich selbst verstört. Dies ist die erschreckende Lehre der Musikalität des Neffen: Nichts ähnelt uns weniger als wir selbst, nicht ist vergänglicher. Trotz bedeutender Unterschiede hat Diderots Text mit Gottscheds Klassizismus zumindest die Vorstellung gemein, dass die Musikalität der Sprache wahnsinnig sein kann. Beide gehen auf unterschiedliche Weise auf Rousseaus Einschätzung der Natur und des Natürlichen ein, auch auf den natürlichen Antrieb der Sprache im Gesang. Wie noch zu zeigen sein wird, bezog sich Hegel bei der Formulierung seiner eigenen anti-rousseauschen Positionen auf *Le neveu*. Die Aspekte dieser Debatte brachte er in den philosophischen Diskurs ein, der eine bedeutende Rolle dabei spielte, wie sich die Verbindung von Musik und Wahnsinn entwickelte – vor allem bei Kleist und Hoffmann. Die wahnsinnigen Musiker der deutschen Literatur der Romantik sind in gewissem Sinne nur Modulationen oder Variationen von Themen, die Diderots verrückter Schauspieler bereits eingeführt hatte.

Kapitel 3
Klingender Sinn

Etwas ist geschehen. Ob man nun Brüche in der Ideengeschichte berücksichtigt oder nicht, unstrittig ist etwas geschehen, etwas, dessen Bedeutung erst von der Nachwelt tatsächlich anerkannt, diskutiert und eingeschätzt wurde, und das auch erst, nachdem es eine Form gefunden hatte. Dazu passt die wunderbare Publikationsgeschichte von Diderots *Neveu*: die hartnäckige Unterdrückung durch den Autor, Goethes Übersetzung eines später verlorengegangenen Manuskripts, die Rückübersetzung aus dem Deutschen für die französische Erstausgabe 1821 usw. bis schließlich zur Entdeckung des Textes aus Diderots Hand 1890, mehr als ein Jahrhundert nach dem Tod des Autors, durch einen gewissen Georges Monval, einen Bibliothekar der Comédie Française, der das Manuskript von einem Bücherstand an der Seine gekauft hatte, lange nachdem das Werks bereits Verbreitung erfahren hatte.[1]

Über die erste Rezeption von *Le neveu de Rameau* zu sprechen, bedeutet gleichsam, von einem Echo zu sprechen, von einem von seinem Ursprung entfernten Text, der jenseits des Rheins von keinem Geringeren als Goethe aufgezeichnet wurde, dessen ergiebige Prosa Generationen deutscher Leser und Schriftsteller von Hegel bis Freud bezaubert hat.

1805 kam Diderots Text an die Öffentlichkeit als ein Werk, dessen Platz im blühenden deutschen Literaturkanon bereits vorbereitet worden war. In Goethescher Prosa erschien *Rameaus Neffe* in Deutschland wie im einheimischen Gewand und wirkte kaum fremd. Dass das französische Original nicht auffindbar war, erhöhte die Wirkung nur. Foucault zufolge konnte Diderots Dialog und die darin geschilderte Begebenheit jedoch ohnehin erst jetzt, auf dem Höhepunkt deutscher Romantik, angemessen vom Publikum aufgenommen werden. Aus einer nicht lokalisierbaren Quelle posthum verbreitet, begann so die berühmte Laufbahn dieses Textes: »Das

---

[1] Siehe Paul Vernière, »Histoire littéraire et papyrologie. A propos des autographes de Diderot«, *Revue d'Histoire Littéraire de la France* (Juli–Sept. 1966), 409-418; und Vernière, *Diderot, ses manuscrits et ses copistes* (Paris 1967).

achtzehnte Jahrhundert konnte den Sinn, der in *Rameaus Neffen* freigesetzt wurde, nicht genau verstehen [*entendre*]. Dennoch geschah in der gleichen Epoche, in der der Text geschrieben wurde, etwas, das eine entscheidende Änderung versprach«.[2] In Foucaults Augen konnte der Text erst *nachträglich* funktionieren.

Ein Bruch in der großen Gefangenschaft

Was also ist geschehen und warum mit dieser zeitlichen Verzögerung? Warum musste dieses Ereignis so lange warten, um verständlich zu werden? Foucaults Argumentation scheint deutlich zu sein. Seine *Histoire de la folie (Wahnsinn und Gesellschaft. Eine Geschichte des Wahns im Zeitalter der Vernunft)*, der Versuch einer allgemeinen Neueinschätzung der Geisteskrankheit, argumentiert historisch, indem zunächst eine Epoche »der großen Gefangenschaft« angenommen wird, in der Wahnsinn als ›Unverstand‹ (*déraison*) gewaltsam von der rationalen Gesellschaft ferngehalten werden musste. Zu einem späteren Zeitpunkt wurde die »Entstehung des Asyls« ausgerufen, in der Geisteskranke wieder in die Gesellschaft eingeführt wurden, wenn auch unter der Überwachung durch den Psychiater. Der Wechsel von einem Diskurs der Isolierung zu einem der medizinischen Behandlung – beide von Foucault als Unterdrückungs- und Unterjochungsmechanismen betrachtet – wird von zwei entscheidenden Wegweisern markiert: 1656 mit dem Beginn des ersten *hôpital général*, in dem ein Prozent der Pariser Bevölkerung untergebracht werden konnte, und 1793, als Philippe Pinel, der mythische »Befreier der Geisteskranken« die Leitung des Bicêtre übernahm. Mit *Le neveu de Rameau* ist es »das erste Mal seit der großen Gefangenschaft«, Jahrzehnte vor der Revolution, das heißt Jahrzehnte bevor ›Unverstand‹ als Geisteskrankheit wieder in die Gesellschaft zurückkommen konnte, dass »der Wahnsinnige wieder zur gesellschaftlichen Gestalt wird«.[3] Und dennoch ist es laut Foucault dem 18. Jahrhundert nicht gelungen, dies zu verstehen oder zu hören – *entendre*. Es gab kein offenes Ohr für dieses Thema. Statt-

---

2 Foucault, *Wahnsinn und Gesellschaft*, S. 358. (*Histoire de la folie à l'âge classique* [Paris: Gallimard, 1972], S. 443).
3 Foucault, *Wahnsinn und Gesellschaft*, S. 358.

dessen entstand eine »große Furcht« vor Ansteckung, die die moralische und kognitive Sicherheit der Bourgeoisie bedrohte. Wahnsinn nicht mehr als tödlichen, sondern als wichtigen Teil menschlicher Erfahrung wahrzunehmen, fand erst Gehör zum Beispiel in den phantastischen Visionen der deutschen Romantiker oder in der subtilen Dialektik des deutschen Idealismus.

Obwohl Foucault dies vorsichtig leugnet, ist die in *Wahnsinn und Gesellschaft* implizite Teleologie offensichtlich. Es ist kein Zufall, dass eine der ersten und einflussreichsten Auseinandersetzungen mit *Le neveu* sich in Hegels *Phänomenologie des Geistes* (1807) befindet, die dem wahnsinnigen Musiker eine zentrale Rolle in der Kulturanalyse der Aufklärung zuerkennt. An die Stelle von *Mois* Unverständnis und Unsicherheit (»Ich wusste nicht, sollte ich bleiben oder fliehen« [RN 109]) tritt die idealistische Erkenntnis, dass der Geist sich in Form eines »höheren Bewusstseins«[4] manifestiert. Die foucaultsche Schwelle ist überschritten worden. Der Dialog gibt der Dialektik nach, in Jena eher als in Paris, im 19. Jahrhundert eher als im 18.

Um Hegels Antwort auf Diderot genauer zu betrachten, ist es zunächst sinnvoll, sich dem allgemeinen Wesen einer solchen Aneignung des Dialogs durch die Philosophie einen Moment zu widmen. Es gibt eine lange und angesehene Tradition, Wahnsinn als diskursiv, intelligent, aufschlussreich zu zeigen. Spätestens seit Platon musste die flüchtige Stimme des Wahnsinns der anhaltenden Beredtheit der Philosophie nachgeben. Im *Phaidros* kommt Sokrates diese Stimme zu, vor allem in seiner zweiten Rede, seiner »wahnsinnig« (μανικῶς [249d]) ausgestoßenen »Palinode«, entzündet durch die Blitze seines δαιμόνιον [242b – c]. Der Mythos des Wagenlenkers motiviert daher den Rest des Dialogs. Was in wahnsinniger Inspiration geäußert wird, bedarf genauer Befragung und vorsichtiger Entfaltung: die Geburt der Philosophie. Ebenso werden die vier Arten göttlichen Wahnsinns (θεῖα μανία), die Sokrates in seinem Enthusiasmus auflistet, von einer Teleologie bestimmt und begrenzt. Jede erfüllt einen Zweck (τέλος), der ihre Verwirklichung bestimmt: prophetischer Wahnsinn bringt Vorteile für den Staat hervor; ritueller Wahnsinn heilt Krankheiten; dichterischer Wahnsinn verherrlicht, und erotischer Wahnsinn führt direkt zum Projekt der Philosophie

---

4 G. W. F. Hegel, *Phänomenologie des Geistes*, in *Werke*, 20 Bde., hg. von Eva Moldenhauer und Karl Markus Michel (Frankfurt/M. 1986), 3:389. Im Weiteren zitiert als PG mit Seitenangabe.

selbst (*Phaidros*, 244c-245b). Nachdem Sokrates und Phaidros die göttlich inspirierten Worte »gehört haben« (ἠκούσαμεν [278d]), beginnt Sokrates die philosophische Suche nach Wahrheit. Das folgende Lob des wahnsinnigen Augenblicks kann demnach nicht selbst wahnsinnig sein. Dementsprechend schreibt Silke-Maria Weineck in Bezug auf die Rolle des Wahnsinns im *Phaidros*: »Die verantwortliche Natur von wahnsinnig hervorgebrachter Bedeutung macht eine kritische Paraphrase notwendig, die selbst nicht wahnsinnig sein muss. […] Gerade das Vorrecht wahnsinniger Rede nimmt dem wahnsinnigen Sprecher das Recht auf das, was er hervorbringt. Der Sprecher kann niemals wahnsinnige Rede als seine eigene beanspruchen, *solange er wahnsinnig ist*.«[5]

In vielerlei Hinsicht wiederholt dieses strukturelle Motiv die Orakelpraktiken in Delphi, wo die in Trance versetzte Pythia Melissa unverständliche Glossolalien ausspuckte, was dann von den Priestern in recht klaren Hexametern entziffert wurde. Sokrates jedoch hegte Zweifel an der Erzeugung von Dichtung. Foucault legt wiederholt nahe, dass im Falle von Rameaus Neffen eine Art Integrationsprozess stattfindet, dessen »Existenz« die »Umkehrung« des Rationalismus anzeigte, »die nicht vor der Epoche von Hölderlin und Hegel verstanden [*entendu*] werden konnte«.[6] Um Diderots wahnsinnigem Musiker Gehör zu verschaffen, muss man ihn vor dem Hintergrund von Hegels *Phänomenologie des Geistes* betrachten, auf deren Seiten die Stimme des Neffen gleichsam wie in einem großen Resonanzraum nachklingt.

Der wahnsinnige Musiker taucht auf

Ein Überblick über französische Literatur des späten 17. und frühen 18. Jahrhunderts scheint Foucaults Behauptung zu bestätigen, dass *Le neveu de Rameau* so etwas wie ein Ereignis war. Es zeigt sich, dass Diderots Porträt eines musikalisch begabten Verrückten für seine Zeit ziemlich einzigartig ist. Foucault, der keine möglichen Verbindungen zwischen der Geistesgestörtheit des Neffen und seiner Musikalität sah, hätte gut daran getan, auch der Musik einen

---

5 Weineck, *The Abyss Above*, S. 45 (Hervorhebung im Original).
6 Foucault, *Wahnsinn und Gesellschaft*, S. 354-355.

Platz in der »großen Gefangenschaft« einzuräumen. Denn obwohl Musik sicher nicht derselben gesellschaftlichen Isolation ausgesetzt war und obwohl die damaligen Theoretiker und Philosophen sich regelmäßig mit musikalischen Themen beschäftigten, gibt es erstaunlich wenig literarische Darstellungen von Musikern oder musikalischer Erfahrung. Es scheint fast, als hätten die Literaten ihre Ohren vor der Musik verschlossen. Die vorwiegend orphischen Themen in der Dichtung der Pléiade fanden später keinen Anklang mehr. Es lässt sich sogar eine regelrechte Feindseligkeit der Literatur gegenüber den Musikkünsten erkennen. Schriftsteller des Goldenen Zeitalters und darüber hinaus beschweren sich regelmäßig über ihre Behandlung durch die Komponisten. Boileau, dessen Libretto von Lully in beleidigender Weise abgelehnt worden war, antwortete mit einer berühmten Entgegnung: »Musik kann keine Geschichte erzählen« (»La musique ne saurait narrer«).[7] Voltaire, der ebenfalls unter den unmöglichen Forderungen Jean-Philippe Rameaus litt, beklagte sich bei Charles Hénault, dass der berühmte Komponist ganz einfach »verrückt« (*fou*) sei.[8]

Die hier hörbare Wut steht in Verbindung mit dem von Schriftstellern vertretenen Glauben, dass die Musik sich den Worten unterzuordnen habe, denn nur die Worte könnten der *tragédie lyrique* Bedeutung verleihen. Für den rational gesinnten Menschen sollte die Musik die Dienerin der Dichtung bleiben. Reine Instrumentalmusik beunruhigte die Schriftsteller daher umso mehr, als sie anscheinend auf jegliche Bedeutung verzichtete. In *Spectacle de la nature* (1746) betrachtet Abbé Pluche Musik ohne Worte als reines Vergnügen. In seinem an Athenes Misstrauen erinnernden Urteil dem *aulos* gegenüber findet Pluche, dass Instrumentalmusik »das Ohr unterhält, ohne dass sie dem Geist auch nur einen Gedanken liefert«. Diese Klänge sind völlig »frei von Sinn« (»destitués de sens«) und vernachlässigen dadurch ihre oberste Aufgabe, nämlich moralische Prinzipien auf intellektuell verständliche Weise zu übermitteln.[9] Für die

---

7 Nicolas Boileau-Despréaux, »Préface«, *Fragment d'un prologue d'opéra*; zitiert nach William Brooks, »Mistrust and Misconception. Music and Literature in Seventeenth- and Eighteenth-Century France«, *Acta Musicologica* 66 (1994), S. 22-30; 23.
8 Voltaire an Hénault (14. Sept. 1774); zitiert nach Brooks, »Mistrust and Misconception«, S. 25.
9 »L'usage qui est extrêmement étendu depuis quelques siècles, de se passer de la musique vocale et de s'appliquer uniquement à amuser l'oreille sans présenter à l'esprit aucune pensée; en un mot de prétendre contenter l'homme par une

Mehrheit der Schriftsteller des 18. Jahrhunderts wäre es in jedem Sinne des Wortes undenkbar, diese potentiell bedeutungslose, müßige, unmoralische Kunst in ein literarisches Werk aufzunehmen und sie darüber hinaus mit einem nicht weniger geistesgestörten, unproduktiven oder unmoralischen Protagonisten positiv darzustellen.

Diderots Figur des wahnsinnigen Musikers scheint diesen Ungedanken auszusprechen und dadurch einen Ort für diesen verbannten, doppelt fürchterlichen Topos zu schaffen. Die spätere Epoche, auf die sich Foucault bezieht, bot eine sehr viel günstigere Position, um den Wahnsinn des Neffen als etwas zu betrachten, das einen Gedanken wert, wenn nicht sogar etwas absolut Lobenswertes ist.

Der Boden für Hegels Rezeption des Textes war nicht nur durch Goethes Übersetzung bereitet, sondern auch durch die frühere Blütezeit der Empfindsamkeit, den Sturm und Drang und die Frühromantik in der deutschen Literatur. Hier gedeihen Verrückte, zum Beispiel in Christian Spiess' *Biographien der Wahnsinnigen* (1795-1796), Tiecks *Der blonde Eckbert* (1797) oder Jean Pauls *Titan* (1803). Auch besteht kein Mangel an musikalisch talentierten Außenseitern. In Adolf Knigges *Die Reise nach Braunschweig* (1792) treffen wir einen fahrenden Flötisten, einen vertumnischen Typ, der unter verschiedenen Pseudonymen und in wechselnder Kleidung reist. Wie Diderots Neffe bedroht seine beinahe teuflische Macht ernsthaft die moralische Gesellschaft, verzaubert Musikliebhaber und verführt *manntolle* Frauen, die er zuerst beraubt und dann verlässt.

[E]in Erz-Taugenichts, der von den Schwächen andrer Leute lebte. Wenn er in einer Stadt die müßigen Music-Liebhaber durch sein Talent und die manntollen Weiber durch seine seelenlose Figur bezaubert hatte, nistete er sich auf eine Zeitlang ein und blieb dort, bis irgend ein verübtes Bubenstück ihn nöthigte, bey Nacht und Nebel fortzugehen, da ihm dann gewöhnlich die Flüche betrogner Gläubiger, mit Undank gelohnter Wohlthäter und verführter Mädchen nachfolgten. Dann trat er zwölf Meilen von da unter anderm Namen auf, hieß in St. Petersburg Monsieur Dubois, in Berlin Signor Carino, in Hamburg Herr Zarowsky und in

---

longue suite de sons destitués de sens; ce qui est directement contraire à la nature même de la musique, qui est d'imiter, comme sont tous les beaux arts, l'image et le sentiment qui occupent l'esprit.« Pluche, *Le spectacle de la nature*, 7:111.

Wien Herr Leuthammer; erschien bald in gestickten Fracks, mit zwey Uhren, bald im zerrißnen Überrocke, als blinder Passagier auf dem Postwagen.[10]

Weniger mit der moralischen Sphäre und mehr mit der Dunkelheit der Melancholie befasst, kommt in den 1803 anonym erschienenen *Nachtwachen von Bonaventura* ein etwas gestörter Protagonist vor, der ein Horn trägt und seine Runden dann beginnt, wenn die Welt der Vernunft schlafen geht. Der Wächter ist besessen von Musik, die er ausdrücklich als ein Mittel gegen dichterische Ambitionen betrachtet, als »Antipoetikum«. Er verdankt der Nacht verstörte Seelen und wahnsinnige Halluzinationen des Gehörs, zum Beispiel den geheimnisvollen Gesang, den nur die Sterbenden zu hören in der Lage sind: »der erste süße Laut vom fernen Jenseits«.[11]

Natürlich kam Geistesgestörtheit nicht nur in der Literatur vor. Im Jahr 1805, als auch Goethes Übersetzung des *Neveu* erschien, wurde in Bayreuth die Psychische Heilanstalt für Geisteskranke eröffnet, die erste deutsche Irrenanstalt, eine liberal gesinnte Einrichtung, die ganz klar nach Pinels Standards angelegt war. Außerhalb der medizinischen Berufe war nun auch die Philosophie bereit, ein Gespräch mit Geisteskrankheit zu beginnen. Kant hatte bereits die Notwendigkeit erkannt, die Analyse geistiger Störungen in seine Untersuchung der Menschheit einzubeziehen: »Indessen fordert doch die Anthropologie, obgleich sie hiebei nur indirect pragmatisch sein kann, nämlich nur Unterlassungen zu gebieten, wenigstens einen allgemeinen Abriß dieser tiefsten, aber von der Natur herrührenden Erniedrigung der Menschheit zu versuchen«.[12] Wahnsinn (»amentia«), Verrücktheit (»dementia«) und Delirium (»insania«) ersetzen den »sensus communis« durch einen »sensus privatus« – aber diese Sonderbarkeit blieb gleichwohl bedeutsam, ergab weiterhin Sinn.[13] Dennoch stimmte Kant früheren Meinungen über die Un-

---

10 Adolf Knigge, *Die Reise nach Braunschweig*, hg. v. Paul Raabe (Kassel 1972), Kap. 5.
11 Ernst August Klingemann, *Nachtwachen von Bonaventura*, hg. v. Jost Schillemeit (Frankfurt/M. 1976), S. 17.
12 Immanuel Kant, *Anthropologie in pragmatischer Hinsicht*, *Gesammelte Schriften*, 23 Bde. (Akademie-Ausgabe), 7: 214.
13 Kant, *Anthropologie*: »Das einzige allgemeine Merkmal der Verrücktheit ist der Verlust des Gemeinsinnes (*sensus communis*) und dagegen eintretende logische Eigensinn (*sensus privatus*), z. B. ein Mensch sieht am hellen Tage auf seinem Tisch ein brennendes Licht, was doch ein anderer Dabeistehende[r] nicht sieht, oder hört eine Stimme, die kein Anderer hört.« (7: 219). Siehe

heilbarkeit des Wahnsinns zu. Für ihn ist für eine Heilung der Gebrauch des subjektiven Verstandes notwendig, der gerade dem Verrückten fehlt. Zu Hegels Zeiten begann eine Neueinschätzung dieser Einschätzung. Ganz besonders wichtig ist, dass Wahnsinn langsam als durchaus heilbar betrachtet wurde.[14] Es erfreute sich Beliebtheit, die geistig Kranken zu besuchen, der *Irrenhausbesuch* kam in Mode, was den allgemeinen Willen innerhalb der Gesellschaft signalisierte, den einst ausgeschlossenen anderen zurück in ihre Reihen aufzunehmen.[15] Wieder verriet dieser neu willkommen geheißene Nachbar oft eine musikalische Veranlagung. *Der Besuch im Irrenhause* (1804) von Friedrich Rochlitz, dem Herausgeber der *Allgemeinen Musikalischen Zeitung*, spiegelt nicht nur die Mode der Klinikbesuche wider, sondern kodiert Erfahrungen des Wahnsinns als klares musikalisches Phänomen.[16]

Wie kam es, dass Wahnsinn aus der Unsichtbarkeit wieder auftauchte? Und woher kommt die klare Vorliebe dafür in der deutschen Kultur? In seiner Untersuchung über den *Sonderling* schrieb Herman Meyer das plötzliche Auftauchen solcher Figuren in der deutschen Literatur des späten 18. Jahrhunderts einem neuen Interesse an menschlicher Subjektivität zu, das das Individuum gegen objektive Wirklichkeit und die Gesellschaft im Allgemeinen stellte.[17] Theodore Ziolkowski entwickelt diese These weiter und nimmt eine allgemeine Ernüchterung in Bezug auf die Ideale der Aufklärung und die Versprechen des Rationalismus an. Die Faszination für den Wahnsinnigen sollte jedoch nicht nur im Zusammenhang mit einem neuen Interesse am Innenleben menschlicher Subjektivität gesehen werden, sondern auch mit dem Programm des transzendenten Idealismus, der versuchte, die vom vorhergehenden Jahrhundert übernommenen Konflikte zwischen empirischer und rationaler Methode zu lösen. Das spezifisch Deutsche an diesem Phänomen ist laut Ziolkowski das deutsche Versagen, auf weltpolitischer Ebene mitzuspie-

Theodore Ziolkowski, *German Romanticism and Its Institutions* (Princeton 1990), S. 146ff.
14 Siehe Klaus Dörner, *Bürger und Irre. Zur Sozialgeschichte und Wissenschaftssoziologie der Psychiatrie* (Frankfurt/ M. 1969).
15 Anke Bennholdt-Thomsen/Alfredo Guzzoni, »Der Irrenhausbesuch. Ein Topos in der Literatur um 1800«, *Aurora* 42 (1982), S. 82-110.
16 Friedrich Rochlitz, *Der Besuch im Irrenhause*, in *Auswahl des Besten aus Friedrich Rochlitz' sämmtlichen Schriften*, 6 Bde. (Züllichau 1821-1822).
17 Herman Meyer, *Der Sonderling in der deutschen Dichtung* (München 1963), S. 101.

len.¹⁸ Die deutsche Begeisterung für Innerlichkeit und für das Irrationale geht allerdings weiter zurück, bis vor die napoleonische Besatzung und Fichtes Postulierung des absoluten Ich. Obwohl die unmittelbaren politischen, philosophischen und institutionellen Veränderungen zweifellos einen entscheidenden Einfluss auf die Haltung gegenüber psychologischen Zuständen ausübten, war das Fundament bereits im vorhergehenden Jahrhundert gelegt worden. Dabei ist darauf hinzuweisen, dass die von Ziolkowski beschriebene Empfänglichkeit um 1800 bereits vorweggenommen wurde von den im Wandel begriffenen Vorstellungen über das Wesen musikalischer Komposition und Wertschätzung.

Empfindsamkeit

Der Reiz subjektiver Innerlichkeit und ein gleichzeitiges Interesse an nichtrationaler Erfahrung laufen parallel mit den sich entwickelnden neuen Vorstellungen von Musik, besonders unter deutschen Komponisten und Theoretikern, als einer Kunst der Empfindsamkeit. Das gesamte 18. Jahrhundert hindurch wurden Vorstellungen des Gefühls entweder ergänzend oder im absoluten Gegensatz zu rationalen Konventionen formuliert. Während der Neoklassizismus das Herz dem Verstand unterordnete, war später die Empfindsamkeit dem Verstand überlegen, was eine Neueinschätzung der verbalen Sprache zur Folge hatte. Sowohl auf dem aufblühenden Gebiet der Ästhetik als auch in der sich herausbildenden Gattung des Romans wurden langsam die Forderungen kognitiven Verstehens in Frage gestellt. Die neuerliche Betonung des Gefühls beschränkte deutlich die Fähigkeit der Sprache, die Fülle menschlicher Erfahrung zu erfassen. Gegen die durchsichtigen und daher reduktiven Eigenschaften der Wörter verwiesen die Theoretiker auf die Undurchsichtigkeit des individuellen Gefühls, dessen Kommunikation jenseits von Semantik und Syntax liege und auf etwas Geheimnisvollerem beruhe, wie zum Beispiel auf schwer zu ergründender zwischenmenschlicher Sympathie.

Schon 1715 behauptete Jean-Pierre Crousaz in seinem *Traité du beau*: »Seine Ideen drückt man leicht aus, aber es ist sehr schwer,

18 Ziolkowski, *German Romanticism*, S. 154.

seine Empfindungen zu beschreiben. Es ist sogar unmöglich, irgendjemand anderem durch Worte eine genaue Kenntnis von ihnen zu geben, der nicht schon einmal ähnliche Empfindungen gehabt hat«.[19] Später im selben Jahrhundert wurde der Antiverbalismus von Crousaz' Behauptung, der im selben Jahrhundert auch in späteren Werken wie von Charles Batteux und Abbé Dubos erprobt wurde, von deutschen Theoretikern mit der Behauptung ausgenutzt, dass nur die Musik in der Lage sei, die feinen Unterschiede menschlichen Gefühls auszudrücken. Und auch dem britischen Empirismus entstammen wichtige Beiträge dazu. In *Das forschende Orchestre* (1721) nahm Johann Mattheson bereits die volle Blüte der *Empfindsamkeit* vorweg, indem er sich auf das Werk John Lockes und anderer bezieht und seine Musikwissenschaft auf das Diktum gründet, dass »Empfindung die Quelle aller Ideen ist«.[20] Ab der Jahrhundertmitte arbeiteten die bedeutenden Berliner Zeitschriften von Friedrich Wilhelm Marpurg – *Der critische Musicus an der Spree* (1749-1750) und *Historisch-kritische Beyträge zur Aufnahme der Musik* (1754-1778) – weiter daran, den deutschen, vor allem an musikalischen Themen interessierten Intellektuellen französische Ästhetik und empirische Gedanken aus Großbritannien zu übermitteln. In seinen wöchentlichen *Nachrichten* (1770) erörtert ein Geschäftspartner von Marpurg, Johann Adam Hiller, beharrlich – gegen neoklassische Ansichten – die angebliche kognitive Verworrenheit der Musik:

> Welches sind die Gegenstände, mit denen sich die Musik am meisten beschäfftiget? Die Leidenschaften. […] Diese Leidenschaften sind [dem Componisten] entweder vermittelst der Worte vorgeschrieben, oder er kann seinen Gedanken freyen Lauf lassen, und ohne durch Worte eingeschränkt zu werden, Empfindungen wählen, die einer oder andern Leidenschafft untergeordnet werden können, oder auch zu mehr als einer zu gehören scheinen. Und gesetzt, dass man nicht wusste, wohin man diese oder jene Erfindungen eines Componisten rechnen sollte, so hören sie doch des-

---

19 Im Original: »On esprime aisément ses idées, mais il est très difficile de décrire ses sentiments, il est même impossible d'en donner par aucun discours une exacte connoissance à ceux qui n'en ont jamais éprouvé de semblables«. Jean-Pierre Crousaz, *Traité du beau* (1715); zitiert nach Georgia Cowart, »Sense and Sensibility in Eighteenth-Century Musical Thought«, *Acta Musicologica* 56 (1984), S. 251-266; 254.
20 Zitiert nach Hugo Goldschmidt, *Die Musikästhetik des 18. Jahrhunderts und ihre Beziehungen zu seinem Kunstschaffen* (Zürich 1915), S. 60.

wegen nicht auf, ihren Grund in der menschlichen Seele und den Empfindungen derselben zu haben, und die Schuld liegt bloss daran, dass wir die Grenzen dieser Empfindungen noch nicht ganz übersehen, und öffters viele sich äussern können, die wir mit keinem Nahmen zu benennen wissen.[21]

Descartes' Angst, der exzessive Ansturm einander widerstrebender Leidenschaften könne »den Gebrauch der Vernunft völlig auslöschen oder verkehren«, hatte sich in etwas Begehrenswertes und Lobenswertes gewandelt.[22] Der Übergang allerdings war alles andere als ein klarer Bruch. Die meisten Ästhetiker betrachteten Empfindsamkeit als eine mäßigende Kraft, die übermäßige Rationalität und rohes Gefühl im Gleichgewicht hielt. Daher plädiert Johann Georg Sulzer dafür, dass der Ort der Empfindsamkeit in den Künsten liege, während er gleichzeitig gegen ihren unmäßigen Gebrauch warnt: »Denn wie der Mangel der genugsamen Empfindsamkeit eine grosse Unvollkommenheit ist [...] so ist auch ihr Übermass sehr schädlich, weil er alsdenn weichlich, schwach und unmännlich wird.«[23] Diderots Neffe, der »Ausrufungen, Interjectionen, Suspensionen, Unterbrechungen, Bejahungen, Verneinungen« (RN 123/NR 87) verlangt, konnte nun eine Antwort finden, nicht nur in der deutschen ästhetischen Theorie, sondern auch im gefühlvollen, leidenschaftlichen Stil von C. P. E. Bachs flüchtigen Phantasien.

Empfindsamkeit stützte sich auf ein neu formuliertes Verständnis des Körpers, was weitreichende epistemologische Auswirkungen hatte. In dem früheren Paradigma war die cartesische *res cogitans* im wesentlichen unkörperlich, ein dem Körper transzendentes Wesen, das selbst in den objektiven (das heißt nicht-subjektiven) Bereich der *res extensa* verwiesen war. Indem nun die »Lebensmaterialisten« (*vital materialists*) des 18. Jahrhunderts, unter ihnen Diderot, den Körper biologisch oder organisch bestimmten, im Gegensatz zu einem ausgedehnten leblosen, seelenlosen Ding, ließen sie den rationalistischen Dualismus zusammenbrechen, der Bedeutung allein im Ver-

---

21 Zitiert nach Bellamy Hosler, *Changing Aesthetic Views of Instrumental Music in 18th-Century Germany* (Ann Arbor: UMI Research Press, 1981), S. 23. Siehe John Neubauer, *The Emancipation of Music from Language. Departures from Mimesis in Eighteenth-Century Aesthetics* (New Haven 1987).
22 René Descartes, *Passions de l'âme*, Art. 76, *Œuvres et lettres*, hg. v. André Bridoux, Bibliothèque de la Pléiade, (Paris 1953), S. 730-731.
23 Johann Georg Sulzer, *Allgemeine Theorie der schönen Künste*, 5 Bde. [2te Fassung, 1792-1795] (Nachdruck: Hildesheim 1967), 2:56.

stand verortete, der über und gegen das Physische und Physiologische gestellt war. Sie fanden damit einen Weg, über Musik nicht im Sinne eines Mangels zu sprechen – als eine Kunst, die nicht für sich selbst denken kann oder die der Leitung durch intelligente Worte bedarf – sondern vielmehr im Sinne körperlichen, physischen Ausdrucks.[24] Als eine Sprache des Gefühls, die eher von mitfühlendem Nachhall abhängt als von kognitivem Verstehen, hatte die Musik bereits die engen Grenzen der Vernunft umgangen.

Trotz ihrer Kürze spielten die theoretischen Aussagen Johann Gottfried Herders über die Musik eine entscheidende Rolle für die Entwicklung der musikalischen Empfindsamkeit. Einerseits wiederholte er die allgemeinen Vorstellungen der französischen und englischen Tradition, andererseits deutete er auf eine Vorstellung musikalischer Erfahrung hin, die über die heute so weit verbreitete Ansicht der Musik als einer Sprache des Gefühls hinausreichte. In *Kalligone* (1800), seiner »Metakritik« von Kants kritischer Philosophie, ist er nicht einverstanden mit Kants Urteil, dass Musik nichts als ein »schönes Spiel« von Gefühlen sei. Stattdessen postuliert er, dass ihre Quelle in unserem »Inneren« liege.[25] Musikalische Erfahrung hat wenig mit Rationalität zu tun. Vielmehr formen unsere Nervenfasern eine Art Klavichord, das in unwillkürlicher Reaktion erzittert und dem Körper erlaubt, sich selbst spontan, automatisch und ohne Rückgriff auf die dualistischen Strukturen des Rationalismus auszudrücken.[26] Das hatte Diderot bereits in dem der *Lettre sur les sourds* angehängten Brief an Mademoiselle de la Chaux angedeutet: »In der Musik hängt das Sinnesvergnügen von einer Disposition ab, die sich nicht nur auf das Ohr bezieht, sondern auf das gesamte Nervensystem. Wenn es tönende Köpfe gibt, gibt es ebenso Körper, die ich gerne als harmonisch bezeichnen würde«.[27]

---

24 Die repräsentativste Arbeit dieses neuen Monismus in Bezug auf Musik ist Johann Nikolaus Forkel, *Allgemeine Geschichte der Musik* (Leipzig 1788-1801). Siehe Daniel Chua, *Absolute Music and the Construction of Meaning* (Cambridge 1999), S. 105-113.
25 Johann Gottfried Herder, *Kalligone* (1800), in *Werke*, 10 Bde., hg. v. Martin Bollacher u. a., (Frankfurt/M. 1985-1998), 8:811.
26 Herder, *Kalligone*, S. 812-820.
27 Im Original: »En musique, le plaisir de la sensation dépend d'une disposition particulière non seulement de l'oreille, mais de tout le système des nerfs. S'il y a des têtes sonnantes, il y a aussi des corps que j'appellerois volontiers harmoniques.« Diderot, *Lettre sur les sourds et muets*, S. 101.

Ebenso ist für Herder jeder musikalische Klang die Folge einer äußerlichen Körperberührung, die das Innere wahrnehmbar macht. Musik ist ganz einfach ein Nachhall, ein Klang von innen heraus, ein Echo, das auf äußere Impulse antwortet. »In der gesamten Natur alle elastischen Körper auf einen Stoß oder Strich (uns hörbar oder minder hörbar) ihr *Inneres*, d. i., ihre erregten und sich wieder herstellenden Kräfte zu *erkennen geben*.«[28] Im nächsten Kapitel argumentiert Herder vehement gegen Kant, dessen Behauptung zufolge musikalisches Vergnügen allein in der Freude an mathematischen Proportionen liege. Herders Empirismus hingegen schreibt musikalisches Vergnügen grundlegenden körperlichen Reaktionen zu, die im Wesentlichen unwillkürlich und nicht kognitiv sind. Musik ist daher im strengen Sinne bedeutungslos, da sie sich menschlichem Verstehen entzieht, und dennoch ist sie insofern bedeutsam, als sie sich auf die Beziehung der Menschheit zur Welt auswirkt. Dieser Zusammenhang ist der deutschen Faszination für die nichtrationale Seite menschlicher Erfahrung zuzuschreiben, von der der Wahnsinn nur ein extremer Fall ist. Bemerkenswerterweise wurde diese Begeisterung zum großen Teil durch die nichtrationale Funktionsweise von Musik genährt.

Goethes von Herder beeinflusstes Frühwerk zeigt an vielen Stellen die sich verändernde Haltung der Irrationalität gegenüber. Darüber hinaus spiegelt es das Gefallen am neuen theoretischen Blick auf die Bedeutung und Wirkung von Musik wider. Bereits in seinem ersten Roman *Die Leiden des jungen Werthers* (1774) gibt es Hinweise auf eine Nähe zwischen Wahnsinn und musikalischer Erfahrung, besonders in der glühenden, ja beinahe rasenden Leidenschaft des Protagonisten für Volkslieder und in seiner schwülstigen Hingabe an sie. In der Beschreibung der berühmten Tanzszene im ersten Teil der Novelle sehen wir wie die angenehme Musik die Gäste für den plötzlich und gewaltsam ausbrechenden Sturm empfindlicher und anfälliger werden lässt.

Der Tanz war noch nicht zu Ende, als die Blitze, die wir schon lange am Horizonte leuchten gesehn, und die ich immer für Wetterkühlen ausgegeben hatte, viel stärker zu werden anfingen, und der Donner die Musik überstimmte. Drei Frauenzimmer liefen aus der Reihe, denen ihre Herrn folgten; die Unordnung wurde

---

28 Herder, *Kalligone*, S. 811 (Hervorhebung im Original).

allgemein und die Musik hörte auf. Es ist natürlich, wenn uns ein Unglück, oder etwas Schreckliches im Vergnügen überrascht, daß es stärkere Eindrücke auf uns macht als sonst, theils wegen des Gegensatzes, der sich so lebhaft empfinden läßt, theils und noch mehr, weil unsere Sinne einmal der Fühlbarkeit geöffnet sind und also desto schneller einen Eindruck annehmen.[29]

Gerade dieser verletzliche, musikalisch hervorgerufene Zustand wird die wahnsinnige, unmögliche Liebe des sentimentalen Helden bestimmen, die ihn schließlich in den Selbstmord treibt. Der Roman verknüpft die Musik mit dem Wahnsinn aber auch als eine mögliche Heilquelle. Genau einen Monat nach dem Tanz beschreibt Werther die wohltuende Wirkung der Musik auf seine Seele:

[Lotte] ist mir heilig. Alle Begier schweigt in ihrer Gegenwart. Ich weiß nie, wie mir ist, wenn ich bei ihr bin; es ist, als wenn die Seele sich mir in allen Nerven umkehrte. – Sie hat eine Melodie, die sie auf dem Claviere spielet mit der Kraft eines Engels, so simpel und so geistvoll! Es ist ihr Leiblied und mich stellt es von aller Pein, Verwirrung und Grillen her, wenn sie nur die erste Note davon greift. Kein Wort von der alten Zauberkraft der Musik ist mir unwahrscheinlich. Wie mich der einfache Gesang angreift! Und wie sie ihn anzubringen weiß, oft zur Zeit, wo ich mir eine Kugel vor den Kopf schießen möchte! Die Irrung und Finsterniß meiner Seele zerstreut sich, und ich athme wieder freier.[30]

Die Szene lässt an die legendären Kräfte von Davids Harfe denken, der allein es zu verdanken war, dass König Saul sich von dem ihn marternden bösen Geist der Melancholie befreien konnte (1 Samuel 16:14-22). Sein ganzes Leben hindurch griff Goethe immer wieder auf das Motiv der Heilkraft der Musik zurück, von den »Himmelstöne[n]« in der Nachtszene im *Faust* bis zur späten *Novelle* (1828), in der das Flötenspiel und der Gesang des Knaben den wilden Löwen zu beruhigen vermögen.[31] Für den Autor, der als junger

---

29 Goethe, *Die Leiden des jungen Werthers*, in *Werke* (Weimarer Ausgabe), 1/19: 34.
30 Goethe, *Die Leiden des jungen Werthers*, S. 54-55.
31 Als er die Musik des »Chor[s] der Engel« hört, erklärt Faust frustriert: »Was sucht ihr, mächtig und gelind, / Ihr Himmelstöne, mich am Staube?« (I, 762-763; [Weimarer Ausgabe], 1/14: 42). In Bezug auf seine *Novelle* erklärt Goethe Eckermann: »Zu zeigen, wie das Unbändige, Unüberwindliche oft besser durch Liebe und Frömmigkeit als durch Gewalt bezwungen werde, war die

Mann zuerst Klavier und dann Cello spielen gelernt hatte und dessen Eltern beide ausgezeichnete Musiker waren, erschienen die wohltuenden Eigenschaften der Musik immer im Lichte einer gewissen Nostalgie, einer Sehnsucht nach einem einfacheren, natürlicheren Leben.[32] Allerdings ist es gerade die Glückseligkeit der Musik, die den Gegensatz zu der gegenwärtigen Lage umso härter erscheinen lassen kann. Gegen Ende des *Werther* rührt Lottes Klavierspiel den verlorenen jungen Mann zu unkontrollierbaren Tränen und untröstlicher Verzweiflung. Er schreit, damit sie aufhöre, und wird daraufhin gebeten zu gehen (4. Dezember, S. 138-139). Auch wenn sie ein mögliches Heilmittel für Wahnsinn ist, so kann die Musik doch immer auch sein möglicher Grund sein.

Ich erachte es daher nicht als Zufall, dass die wichtigsten Vertreter geistiger Verstörung und Irrationalität in *Wilhelm Meisters Lehrjahre* (1795-1796), der Harfenspieler und das Kind Mignon, beide eine merkwürdig starke Beziehung zur Musik haben, sei es als Quelle eines natürlichen, überschwänglichen Gefühls, sei es als ein Mittel gegen psychische Qualen oder als Ausdruck eines einsamen, unverständlichen Lebens. Den gleich nach dem verheerenden Feuer in Buch fünf gesungenen »traurigen Gesange« des Harfenspielers versteht Wilhelm als »Trost eines Unglücklichen, der sich dem Wahnsinn ganz nahe fühlt«. Die letzte und einzige Strophe, die Wilhelm behalten konnte, ist beispielhaft für eine neue Betrachtung von Geistesgestörtheit:

> An die Thüren will ich schleichen,
> Still und sittsam will ich stehn,
> Fromme Hand wird Nahrung reichen.
> Und ich werde weiter gehn.
> Jeder wird sich glücklich scheinen,
> Wenn mein Bild vor ihm erscheint,
> Eine Thräne wird er weinen,
> Und ich weiß nicht, was er weint.[33]

Aufgabe dieser Novelle, und dieses schöne Ziel, welches sich im Kinde und Löwen darstellt, reizt mich zur Ausführung« (15. Januar 1827; *Goethes Gespräche mit Eckermann*, hg. v. Franz Deibel [Leipzig 1908], S. 244-247).
32 Für weitere Beispiele, siehe *Goethes Gedanken über Musik*, hg. v. Hedwig Walwei-Wiegelmann (Frankfurt/M. 1985), S. 83-96.
33 Goethe, *Wilhelm Meisters Lehrjahre* (Weimarer Ausgabe), I/22: 221-222.

Die Verse legen genau die Einsamkeit, das Mitgefühl und die Undurchschaubarkeit an den Tag, die die romantischen Vorstellungen von Wahnsinn bis in die spätere Tradition umtreiben und die von diesen Zeilen machtvoll angezogen werden, von Schubert und Schumann bis zu Hugo Wolf.[34] Man darf nicht vergessen, dass die Erstausgabe von *Wilhelm Meister* Notenbeispiele für die Liedtexte von Goethes Freund, dem Kapellmeister Johann Friedrich Reichardt, enthielt. Dieser Komponist empfing eine neue Generation von Dichtern und Philosophen in seinem Haus in Giebichenstein, seinem luxuriösen Landsitz außerhalb von Halle. Hier genossen Goethe und Schiller, die Brüder Schlegel, Novalis, Tieck, Jean Paul und andere musikalische Abende mit Reichardts neuesten Vertonungen der jüngsten Gedichte.[35]

Unter den häufigsten Besuchern befand sich der gefeierte Johann Christian Reil, der seit 1789 der wichtigste Arzt in Halle war (und mehr als einmal Gelegenheit hatte, Goethe selbst zu behandeln). Reil spezialisierte sich auf dem Gebiet, das später als »Psychiatrie« bekannt werden sollte, ein Terminus, den er selbst 1808 geprägt hatte.[36] Reils *Rhapsodien über die Anwendung der psychischen Curmethode auf Geisteszerrütungen* (1803) hatten eine sofortige Wirkung nicht nur unter Medizinern, sondern – dank ihres außerordentlich beschwörenden, metaphorischen Stils als auch aufgrund Reils Verbindung zu Reichardts romantischem Zufluchtsort in Giebichenstein – auch auf literarische Kreise. Außer seinem offensichtlichen Streben nach hohem dichterischen Stil, ist Reils Buch deshalb bemerkenswert, weil es für die menschliche Behandlung geistesgestörter Menschen plädiert. Als ein Mann des Gefühls in jeglicher Hinsicht tat Reil mehr für Entdämonisierung von Wahnsinnigen als irgendjemand zuvor. Wie Rousseau, aber weniger heftig, gab er dem zivilisatorischen Fortschritt die Schuld daran, dass immer mehr Menschen

---

34 Siehe Jack Stein, »Musical Settings of the Songs from *Wilhelm Meister*«, *Comparative Literature* 22 (1970), 125-146; und Lawrence Kramer, »Decadence and Desire. The *Wilhelm Meister* Songs of Wolf and Schubert«, *Nineteenth-Century Music* 10 (1987), 229-242.
35 Siehe Walter Salmen, *Johann Friedrich Reichardt. Komponist, Schriftsteller, Kapellmeister und Verwaltungsbeamter der Goethezeit* (Freiburg/B. 1963), S. 75-147.
36 Siehe Robert Richards, »Rhapsodies on a Cat-Piano; or, Johann Christian Reil and the Foundations of Romantic Psychiatry«, *Critical Inquiry* 24 (1998), 700-736; 702.

in Irrenanstalten eingeliefert wurden.[37] Reil beschrieb die meisten Arten von Geistesgestörtheit als Symptome gesellschaftlicher Entfremdung. Vor allem die ausgeprägte Musikalität des ekstatischen Psychiaters führte während der Romantik zu einer Synthese von Philosophie und Dichtung, einer Mischung aus Physiologie und Ästhetik, deren Ziel es war, den Zusammenhang zwischen Normalität und geistiger Anomalie offenzulegen.

Hegels Lektüre von Le neveu de Rameau

Vor dem Hintergrund der neuen Empfänglichkeit für psychische Störungen, ausgelöst durch Vorstellungen von Sentimentalität und bekräftigt durch institutionelle, philosophische und wissenschaftliche Reformen, erkannte Hegel, dass die »Verrücktheit des Musikers« in *Rameaus Neffe* Zeichen für die notwendige Selbstentfremdung des modernen Menschen ist (PG 387). In der *Phänomenologie des Geistes* ist der Neffe das beste Beispiel dafür, dass Bildung ein Bereich der Selbstentfremdung ist. Für Hegel ist Diderots Narr eine sich sowohl innerhalb als auch außerhalb der Aufklärung befindende Figur, jemand, der seine ihm innewohnenden Widersprüche zeigt und gleichzeitig in der Lage ist, sie als solche zu erkennen. Die durch die Charakterisierung des Neffen offengelegten Probleme werden somit zu zentralen Momenten in der *Phänomenologie*, die sich dem unerbittlichen Streben nach Selbstbewusstsein widmet.

Zerrissenheit

Öffnet man den Blick, so könnte man vermuten, dass Diderots Text bloß ein anderes literarisches Beispiel für eine philosophische Analyse ist, so wie vorher die *Antigone* von Sophokles zur »Sittlichkeit« der Antike gehört und die Erzählung von der »Schönen Seele« in Goethes *Wilhelm Meisters Lehrjahre* zur Welt der Moral. Diderots *Neveu* allerdings sollte nicht einfach als eines von vielen literarischen Beispielen betrachtet werden. Seine als Verkörperung der *Zerrissenheit* dargestellte *persona inæqualis* hat eine grundlegendere Funk-

---

37 Johann Christian Reil, *Rhapsodieen über die Anwendung der psychischen Curmethode auf Geisteszerrütungen* (Halle 1803), S. 12.

tion, weil sie die tiefen Brüche zeigt, die jede Bewegung hin zu höheren Bewusstseinsformen bereits andeutet.

Im zweiten Teil des sechsten Kapitels der *Phänomenologie* lässt Hegel das harmonische, natürliche Reich der antiken griechischen Zivilisation hinter sich und bewegt sich auf die moderne Welt der Kultur zu, wo Bewusstsein als etwas an sich Unharmonisches betrachtet wird. Das glückliche in der Polis genossene Gleichgewicht zwischen göttlichem und menschlichem Gesetz, Familie und Staat, Weiblichem und Männlichem, wird nun von dem Geist gestört, der alles Stabile in der Gesellschaft in Stücke reißt und zerstört. Dieser Geist der Kultur ist die Zerrissenheit, die das von Bildung geprägte Leben als eines der Perversion und Verkehrung enthüllt. Der wichtigste Grund für diesen allgemeinen Zusammenbruch ist der Widerspruch zwischen dem, was man einen natürlichen Zustand nennen könnte, und dem gegenwärtigen Zustand – zwischen dem natürlich Gegebenen und seiner unnatürlichen Verwirklichung. Demzufolge scheint »Bildung« nicht mehr in den Bedeutungszusammenhang natürlicher Entwicklung zu fallen, der unter der Mehrzahl der romantischen Schriftsteller weit verbreitet war. Stattdessen steht sie in starkem Gegensatz zu allem, was als Natur gelten könnte. Bildung betrifft den Bereich in der Natur, der bearbeitet und verändert wird: sei es rohe Sinneswahrnehmung oder die einer Person zugeschriebene unmittelbare Empfindung. Das bedeutet, dass es dem Natürlichen immer an etwas mangelt, es bedarf einer kulturellen Transformation. Somit wirkt Bildung, verstanden als Verwirklichung, in doppelter Richtung: sie wandelt die Vergänglichkeit des Natürlichen um und bietet sie der Universalität und Beständigkeit des Gegenwärtigen an.

Die größte Metamorphose macht vor allem das subjektive Selbst durch. Hegel schreibt: »Wodurch also das Individuum hier Gelten und Wirklichkeit hat, ist die *Bildung*. Seine wahre *ursprüngliche Natur* und Substanz ist der Geist der *Entfremdung* des *natürlichen* Seins. Diese Entäußerung ist daher ebenso *Zweck* als *Dasein* desselben; sie ist zugleich das *Mittel* oder der *Übergang* sowohl der *gedachten Substanz* in die *Wirklichkeit* als umgekehrt der *bestimmten Individualität* in die *Wesentlichkeit*« (PG 364; Hervorhebung im Original). Die den Entfremdungsprozess markierende *Wirklichkeit* zeigt sich im daraus resultierenden *Werk*. Der Vorgang der Bildung ist daher ein Selbstbildungsprozess: »Diese Individualität bildet sich zu dem, was sie *an sich* ist, und erst dadurch *ist* sie *an sich* und hat wirkliches Dasein; soviel sie Bildung hat, soviel Wirklichkeit und Macht« (PG 364; Hervorhebung im Original). So wie die glückliche Welt der griechischen Polis dem dissonanten Unglück der Moderne nachzugeben hatte, so muss sich das Selbst in einem Naturzustand den Bildungsprozessen überlassen, durch die es verwirklicht wird. Daher kommt Hegel zu folgendem klaren Schluss: »Obwohl das Selbst als *Dieses* sich hier wirklich weiß, so besteht doch seine Wirklichkeit allein in dem Aufheben des natürlichen Selbsts« (PG 364; Hervorhebung im Original). Bildung ist damit der Bereich der *Zerrissenheit*, da sie eine Bewusstseinsform befördert, die nur durch Selbstentfremdung ist, was sie ist. In der Welt der Bildung hat »nichts einen in ihm selbst gegründeten und inwohnenden Geist, sondern ist außer sich in einem fremden« (PG 361). Das moderne Bewusstsein ist dadurch wirklich, dass es nicht ist, was es von Natur aus ist. Daher rührt die Verknüpfung von Bildung und Verzweiflung, wo Natur mit Glück verbunden war.

Aber was genau war dieses Glück, und woher kommt die Unzufriedenheit? Bereits in der Einleitung zur *Phänomenologie* warnte Hegel mit einer Anspielung auf Platons Höhlengleichnis davor, dass der Pfad der Philosophie ein beschwerlicher sei:

> Was auf ein natürliches Leben beschränkt ist, vermag durch sich selbst nicht über sein unmittelbares Dasein hinauszugehen; aber es wird durch ein Anderes darüber hinausgetrieben, und dies Hinausgerissenwerden ist sein Tod. Das Bewußtsein aber ist für sich selbst sein *Begriff*, dadurch unmittelbar das Hinausgehen über das Beschränkte und, da ihm dies Beschränkte angehört, über sich selbst, mit dem Einzelnen ist ihm zugleich das Jenseits gesetzt, wäre es auch nur, wie im räumlichen Anschauen, *neben* dem Beschränkten. Das Bewußtsein leidet also diese Gewalt.
>
> (PG 74; Hervorhebung im Original)

Die *Gewalt* des Bewusstseins ist in Hegels großem dialektischen Plan diejenige Kraft, die es dem Geist erlaubt, aus seinem vor-reflexiven Zustand in der Natur auszubrechen. Sie lockert die Bindung an zufälliges und flüchtiges Dasein und macht den Weg für den Geist zur Idee frei, wodurch das Universelle an die Stelle des Besonderen tritt. In diesem Sinne wiederholt der zweite Teil der *Phänomenologie* den Beginn des ersten Teils. Darin wird die Erfahrung widerlegt, derzufolge das Wahrnehmbare die richtige Grundlage für

Wissen ist. Die von Hegel im Kapitel »Sinnliche Gewissheit« ausgeführten kurzen Experimente dienen als grundlegende Beispiele für diese Behauptung. Bildung, verstanden als schwere, historische Aufgabe, ermöglicht es der Philosophie, Wahrheit wahrhaftig zu begründen. Aus diesem Grund beschreibt Hegel die Welt der Bildung im Rückgriff auf eine historische Erzählung, die vom europäischen absolutistischen Staat über die Aufklärung bis zur Französischen Revolution verläuft. Statt die komplizierten Schritte und Umkehrungen in Hegels Bildungsbegriff nachzuvollziehen, genügt hier die Erkenntnis, dass die beschriebene Epoche durchweg als eine Zeit definiert wird, in der die *Wirklichkeit* des Selbst auf Kosten seines »natürlichen Selbst« erreicht wird. Die Undurchsichtigkeit der Besonderheit der Seele verdankt sich, wie jedes Phänomen des »Jetzt«, ihrer Flüchtigkeit: diese Unmittelbarkeit »geht unmittelbar über« in ein Phänomen für andere. Es wird in so etwas wie Wissen verwandelt, das per definitionem im Gegensatz zu dem steht, was bereits vergangen ist. Anders gesagt kann die Wirklichkeit des Selbst nur durch die Veräußerlichung erreicht werden, die wiederum Subjektivität mit einer Spaltung gleichsetzt. Diderots Neffe taucht insofern als philosophischer Held auf, als sein musikalischer Wahnsinn, »die Verrücktheit des Musikers« (PG 387), diese elementare Spaltung zeigt, die der aufklärerische Erzähler (*Moi*) nicht zu fassen vermochte und der Idealist aus Jena nun in den Dienst des Geistes stellen konnte.

Hegel charakterisiert den Neffen und den Philosophen jeweils als Vertreter eines »niederträchtigen« und eines »edelmütigen« Bewusstseins (PG 385). Vereinfacht gesagt betrachtet das edle Bewusstsein seinen eigenen Willen als übereinstimmend mit dem Staatswillen, während das niedere Bewusstsein die Staatsgewalt als eine feindliche Unterdrückungsgewalt ansieht. Befindet sich das niederträchtige Bewusstsein immer »kurz vor der Revolte«, bleibt der ehrenhafte Mann der Aufklärung selbstgenügsam. Letzten Endes aber kommt das edelmütige Bewusstsein zu der Einsicht, dass die Staatsgewalt, die es für »gut« befunden hatte, in Wirklichkeit »schlecht« ist, vor allem dann, wenn der Monarch zu einem selbstsüchtigen Despoten wird. Alle festen Werte, die das Leben des edelmütigen Bewusstseins gefestigt hatten, fallen einer nach dem anderen im Widerspruch auseinander. Das »Gute« wird zum »Schlechten«, das »Schlechte« wird zum »Guten«; jede Einschätzung erfährt eine Umkehrung.

Er ist diese absolute und allgemeine Verkehrung und Entfremdung der Wirklichkeit und des Gedankens; die *reine Bildung*. Was in dieser Welt erfahren wird, ist, daß weder die *wirklichen Wesen* der Macht und des Reichtums noch ihre bestimmten *Begriffe*, Gut und Schlecht, oder das Bewußtsein des Guten und Schlechten, das edelmütige und niederträchtige, Wahrheit haben; sondern alle diese Momente verkehren sich vielmehr eins im andern, und jedes ist das Gegenteil seiner selbst.

(PG 385; Hervorhebung im Original)

Die allgemeine Umkehrung ist natürlich eine notwendige Folge in der Welt der Bildung, wo, wie bereits ausgeführt, das Selbst nur durch das, was es nicht ist, es selbst ist. Von diesen beiden Bewusstseinsarten ist es allerdings der »verrückte« Geist des niederträchtigen und wahnsinnigen Musikers, der in der Lage ist, mit den Widersprüchen der Bildung zurechtzukommen. Das edelmütige Bewusstsein auf der anderen Seite hat immer größere Schwierigkeiten, mit dem ständigen Zusammenbruch seiner strikten Unterscheidung zwischen »gut« und »schlecht« fertig zu werden. Zum Schluss fehlen dem Philosophen die Worte. Aus diesem Grunde lässt Hegel den Neffen siegen, denn er (*Lui*) erkennt die Wahrheit, die *Moi* missachtet.

Die vom niederträchtigen Bewusstsein offengelegte Zerrissenheit kennzeichnet alles, was der Bildung zuzurechnen ist, als Quelle des Unglücks und verurteilt zudem das einfache Schreiben in der ersten Person:

Ich ist *dieses* Ich – aber ebenso *allgemeines*; sein Erscheinen ist ebenso unmittelbar die Entäußerung und das Verschwinden *dieses* Ichs und dadurch sein Bleiben in seiner Allgemeinheit. *Ich*, das sich ausspricht, ist *vernommen*; es ist eine Ansteckung, worin es unmittelbar in die Einheit mit denen, für welche es da ist, übergegangen und allgemeines Selbstbewußtsein ist. – Daß es *vernommen* wird, darin ist sein *Dasein* selbst unmittelbar *verhallt*; dies sein Anderssein ist in sich zurückgenommen; und eben dies ist sein Dasein, als selbstbewußtes *Jetzt*, wie es da ist, nicht da zu sein und durch dies Verschwinden da zu sein. Dies Verschwinden ist also selbst unmittelbar sein Bleiben; es ist sein eigenes Wissen von sich und sein Wissen von sich als einem, das in anderes Selbst übergegangen, das vernommen worden und allgemeines ist.

(PG 376; Hervorhebung im Original)

Obwohl es ihnen nicht bewusst ist, erfreut sich Diderots Erzähler (*Moi*) ebenso wie die Monarchie (»L'état c'est moi«) »wirklicher Existenz« nur insofern, als diese für beide bereits vergangen ist. Durch die Veräußerlichung durch Sprache, durch die Textualisierung, wird die Existenz greifbar, aber nur als etwas »Wahrgenommenes« oder »Vernommenes«, das heißt als etwas, das nicht auf sich selbst gründet.[38] Indem ich »ich« schreibe, muss ich eine Selbstleugnung hinnehmen. Die dem Schreiben des Wortes »ich« innewohnende autobiographische Geste bewegt sich auf ein Selbst-Exil oder sogar eine Selbst-Auslöschung zu. Das reine Gefühl, selbst zu sein, kann nicht abgebildet, wahrgenommen oder vernommen werden, ohne dass das Selbst sich verliert. Anderen Umständen und Umwälzungen ausgesetzt wird später Rimbaud dieselbe Vorstellung zur Sprache bringen, wenn er die Grammatik selbst außer Kraft setzt: »JE est un autre« (»ICH ist ein anderer«).

Im weiteren Sinne verkörpert der *vertumnische* Neffe die Dialektik selbst. Ihm sind die gegenseitigen Verwicklungen und Verschmelzungen aller Gegensatzpaare bewusst. Die pervertierende Macht, die das Verhalten des Verrückten mit sich bringt, setzt sich über alle rationalen Unterscheidungen hinweg und verwischt sie. Daher »lacht« der Neffe für Hegel »zuletzt« und nicht das erzählende *Moi*, dessen »edles«, »ehrenhaftes Bewusstsein« gerade darin besteht, strenge, aber zerbrechliche Grenzen zwischen Gegensätzen aufzustellen, beispielsweise zwischen Gut und Schlecht, dem Selbst und dem Nicht-Selbst. Das Konkrete auf Seiten des Neffen korrigiert das Abstrakte der moralischen Perspektive; seine wahnsinnig machende Ästhetik demontiert die klaren, aber leblosen Unterscheidungen, die der Moralist postuliert.[39] Diese Unterscheidungen werden von dem müßigen Neffen außer Kraft gesetzt, dessen erstaunlich energisches *désœuvrement* die Leere von allem offenbart, seien es abstrakte Repräsentationen oder ein einzelner Ausdruck. Das Kapitel »Sinnliche Gewissheit« der *Phänomenologie* zeigte bereits, dass Sprache, die ›Selbstbewusstsein ist, das für andere existiert‹, wahrhafter ist als subjektive Absicht: Privates ›Meinen‹ muss von öffentlichem ›Sagen‹ unterschieden werden. Das »Werk des Gedankens« offenbart, dass

---

38 »Das Selbstbewußtsein ist *an* und *für sich*, indem und dadurch, daß es für ein Anderes an und für sich ist; d.h. es ist nur als ein Anerkanntes« (PG 145; Hervorhebung im Original).

39 Siehe Suzanne Gearhart, »The Dialectic and Its Aesthetic Other. Hegel and Diderot«, *Modern Language Notes* 101 (1986), 1042-1066; 1052-1054.

»meine Absicht« oder »Meinung« nicht in der Lage ist, sich zur Universalität der Wahrheit zu erheben, zum *Allgemeinen* (PG 90-91). Angesichts von *Luis* Wahrheit hat die Bedeutung von *Mois* Worten wahrhaft nichts zu sagen. Das ist der entscheidende Punkt. Hegels Neffe ist nicht die spontane, rasende, *subjektlose* Stimme der Unmittelbarkeit, sondern in ihm verkörpert sich gleichsam die Vermittlung und Zerrissenheit – die Bildung. In der *Phänomenologie* ist er kein Marsyas, der auf seine Verkehrung und das Sezieren am lebenden Körper wartet, sondern selbst der Verkehrer, in gewisser Weise Sokrates verwandt, der stets den edlen Alkibiades in den Wahnsinn trieb.

Natur und Kultur

Hegels Programm insgesamt wird vielleicht tatsächlich am besten in Diderots *Neveu* veranschaulicht, allerdings nicht ohne einen gewissen Grad interpretativer Gewalt. Das sechste Kapitel der *Phänomenologie* weist insgesamt drei verschiedene Zitate aus dem Dialog auf. Jedes ist vollkommen aus seinem Kontext herausgelöst und wird ohne Angabe der Quelle eng mit Hegels Argument verwoben.

Das erste Zitat wird auf den Plan gerufen, um die Unzulänglichkeit »natürlicher Individualität« zu erläutern. Sie wird als bloß »*gemeintes* Dasein«, als Hypothese, bezeichnet, deren Ursprung vorausgesetzt werden muss, den es aber an sich nie gegeben hat (PG 364). »Natürliches Sein« ist eine »*Art* des Daseins«, ein »espèce«, dessen Bestätigung auf Täuschungen beruht. Zur Erklärung verwendet Hegel des Neffen eigene Definition des Wortes »espèce« als »von allen Spitznamen der fürchterlichste; denn er bezeichnet die Mittelmäßigkeit und drückt die höchste Stufe der Verachtung aus« (PG 365). Hier verrät Hegel seine starke, ausgesprochen philosophische Methode der Lektüre. Sehen wir uns den Kontext der Bemerkung bei Diderot an, finden wir, dass der Neffe gar nicht über »natürliches Sein« als ein »espèce« spricht. Im Gegenteil, er wendet das Wort auf das an, was Hegel vermittelt nennen würde, »wirkliches Dasein«. Der Neffe erklärt wie vergeblich seine Versuche sind, seinen Sohn zu erziehen. Wie kann man ein Kind zu etwas bilden, was seinen angeborenen Neigungen widerspricht?

Erziehung immer den Hang der Erbfaser durchkreuzt, so würde er, wie durch zwei entgegengesetzte Kräfte gezogen, den Weg des

Lebens nur schwankend gehen, wie man deren so viele sieht, die sich gleich linkisch im Guten wie im Bösen benehmen. Das heißen wir Espécen, von allen Spitznamen ist dieß der fürchterlichste, denn er bezeichnet die Mittelmäßigkeit und drückt die höchste Stufe der Verachtung aus. (RN 128)[40]

In dieser Passage zeichnet der Neffe die fühlende Seele nicht als angenommene Existenz, sondern vielmehr als ein ursprüngliches Wesen, das davor verteidigt werden muss, in Hegels wirkliches Selbst hineingezogen zu werden. Der Neffe behauptet, dass jeglicher Versuch, seine natürliche Veranlagung ändern zu wollen, bestenfalls nutzlos ist und schlimmstenfalls zu Stumpfsinn führt.

Im direkten Widerspruch zu der Auslegung des Neffen behauptet nun Hegel, dass Bildung keine mittelmäßige »Art des Daseins« herbeiführe, sondern dem Individuum vielmehr erlaube, wesentlich oder eigentlich oder wirklich zu werden. Für den Philosophen ist die angenommene Existenz einer sogenannten »natürlichen Individualität« mittelmäßig, eine abzulehnende Existenzart. Obwohl der Neffe die angeeignete oder gebildete Person einen »Typ« nennt, wird Hegel durch seine eigene Philosophie dazu genötigt, die Worte des Neffen so zu verstehen, dass sie die natürliche, d. h. unkultivierte, ungebildete Art beschreiben. Für Hegel nämlich stellt der Neffe ein höheres Bewusstsein dar, das das natürliche Selbst als etwas Minderwertiges erkennen muss. Dieses erste Zitat ist programmatisch, weil es die vom Philosophen durchweg benutzte Strategie offenbart: Er verwendet Diderots Worte so, dass sie über die Anlage der Figur hinausweisen, ja ihr vielleicht sogar widersprechen.[41]

---

40 Im Original: »[L]'éducation croissant sans cesse la pente de la molécule, il seroit tiré comme par deux forces contraires, et marcheroit tout de guingois, dans le chemin de la vie, comme j'en vois une infinité, également gauches dans le bien et dans le mal; c'est ce que nous apellons des espèces, de toutes les épithètes la plus redoutable, parce qu'elle marque la médiocrité, et le dernier degré du mépris« (NR 90).

41 Die bezwingende Stärke von Hegels Lektüre wird deutlich unter denjenigen Kommentatoren, denen entgeht, dass der Philosoph die Aussage des Neffen auf eine Art interpretiert, die der im Kontext des Dialogs eingebetteten Absicht widerspricht. John Smith beispielsweise entgeht das Argument des Neffen über das Angeborensein, wenn er behauptet, dass sowohl Hegel als auch der Neffe Verachtung für den »Typen« (*espèce*) empfinden, da solch eine Person »fälschlich glaubt, sie habe eine individuelle Persönlichkeit, und dadurch nicht in der Lage ist zu erkennen, dass sie, wie jede andere Person auch, ihre Persönlichkeit aus den ihr vorliegenden sozialen Rollen zu beziehen hat« (*The Spirit and Its Letter: Traces of Rhetoric in Hegel's Philosophy of Bildung*

Das zweite Zitat lässt sich leichter auf Diderots Text zurückführen, auch wenn der Name des Autors nirgendwo genannt wird. Hier erklärt Hegel, dass nur der Geist der Kultur, der seinen Ausdruck im niederen Bewusstsein findet, in der Lage ist, die Umkehrungen und Verdrehungen zu erkennen, die vom edlen oder einfachen Bewusstsein der Aufklärung getragen werden. Für Letzteres ist die Geschwätzigkeit des Ersten »die Verrücktheit des Musikers«. In einem direkten Zitat aus Goethes Übersetzung stellt Hegel den ungleichen Schwätzer als denjenigen dar, der »dreißig Arien, italienische, französische, tragische, komische, von aller Art Charakter, häufte und vermischte; bald mit einem tiefen Baß stieg er bis in die Hölle, dann zog er die Kehle zusammen, und mit einem Fistelton zerriß er die Höhe der Lüfte ..., wechselweise rasend, besänftigt, gebieterisch und spöttisch« (PG 387 = RN 118/NR 83). Das ist *Mois* Beschreibung von *Luis* unvergesslicher Vorführung, deren Ekstase die Behauptung des Neffen zu illustrieren scheint, Musik solle auf natürlichem Ausdruck gründen und nicht auf akademisch verhängten Regeln. Wieder beachtet Hegel den Kontext nicht. Insbesondere versäumt er, auf den Naturalismus des Neffen hinzuweisen, und benutzt die Beschreibung stattdessen dazu, eine menschliche Ausdrucksform darzustellen, die dem »edlen Bewusstsein« abgeht. So missachtet er Diderots Erzählung, indem er behauptet, dass *Moi Luis* verrückte Vorführung völlig befremdlich und unverständlich findet, während der Erzähler tatsächlich von seiner eigenen »Bewunderung« und seinem »Mitleid« spricht. In diesem Moment wirft er eine Bemerkung ein, bevor er mit einem anderen Zitat fortfährt:

> Dem ruhigen Bewußtsein, das ehrlicherweise die Melodie des Guten und Wahren in die Gleichheit der Töne, d. h. in *eine* Note setzt, erscheint diese Rede als »eine Faselei von Weisheit und Tollheit, als ein Gemisch von ebensoviel Geschick als Niedrigkeit, von ebenso richtigen als falschen Ideen, von einer so völligen Verkehrtheit der Empfindung, so vollkommener Schändlichkeit als gänzlicher Offenheit und Wahrheit ... Es wird es nicht versagen

[Ithaca 1988], S. 210]). Hans Robert Jauss beweist ein feineres Verständnis, wenn er die Aussage des Neffen ironisch versteht und sie dadurch in eine Linie mit Hegels Interpretation stellt. (*The Dialogical and the Dialectical* Neveu de Rameau. *How Diderot Adopted Socrates and Hegel Adopted Diderot* [Berkeley 1983], S. 21). Meines Wissens ist James Smith der Einzige, der einen vollständigen Widerspruch behauptet: »The Fool's Truth. Diderot, Goethe, and Hegel«, *Journal of the History of Ideas* 57 (1996), 625-644; 634.

können, in alle diese Töne einzugehen und die ganze Skala der Gefühle von der tiefsten Verachtung und Verwerfung bis zur höchsten Bewunderung und Rührung auf und nieder zu laufen; in diese wird ein lächerlicher Zug verschmolzen sein, der ihnen ihre Natur benimmt« (PG 387; Hervorhebung im Original)

Hegels kurze Erklärung scheint ein fortlaufendes Zitat zu unterbrechen. Allerdings stammt das zweite Zitat aus einem ganz anderen, früheren Abschnitt in Diderots Text, in dem *Lui* einen Zuhälter (»proxénète«) nachahmt, der versucht, ein junges Mädchen zu verführen (NR 24). Ohne jegliche Zeichensetzung pfropft Hegel dann noch eine dritte Passage auf, die sich als direktes Zitat ausgibt, in Wirklichkeit aber eine Paraphrase von *Mois* Beschreibung der Vorführung ist, von der in Hegels erstem Zitat berichtet wird (NR 83-84).

Hegels Art des Zitierens lässt dieselbe Art des Verdrehens erkennen, die dem Neffen qua Geist der Bildung zugeschrieben wird. Wie ein Echo schneidet er Textbrocken ab und fügt sie zusammen und geht somit über das Original hinaus und formuliert es neu. In dieser Hinsicht spiegelt Hegels Strategie seinen philosophischen Ansatz wider. *Meinen* ist die Unwahrheit, die die Wahrheit nur dann erreichen kann, wenn sie wird, was sie nicht ist. Die Wahrheit des *Sagens* gehört auf die Seite der Philosophie, die artikulieren kann, was Diderots Text sagt, im Unterschied zu dem, was er bedeutet. Diese Montage oder dieser Zusammenschnitt offenbart nicht nur die Wahrheit des Dialogs, sondern macht außerdem deutlich, wie eine individuelle Wahrheit – zum Beispiel die Wahrheit der *Phänomenologie des Geistes* – nur in der dialektischen Konfrontation von mehreren Texten entstehen kann. Hegels Philosophie *bildet* Diderots Satire ebenso, wie diese jene formt.[42] Durch intertextuelle *Gewalt* hört Hegel der »Verrücktheit des Musikers« zu und findet in seiner »allgewaltigen Note« die Versöhnung, die »den Geist sich selbst [geben]« wird (PG 387). Auf diese Weise hofft der idealistische Philosoph, die Unzulänglichkeiten eines rein rationalistischen Standpunkts korrigieren zu können. Er zeigt, dass der Ich-Erzähler (*Moi*) oder sogar das in Selbst-Gleichheit (»das sich Gleiche«) gründende »Selbst« (*le moi*) nur ein Stadium auf dem Weg zur Wahrheit ist:

---

42 Siehe David Price, »Hegel's Intertextual Dialectic. Diderot's *Le neveu de Rameau* in the *Phenomenology of Spirit*«, *Clio* 20 (1991), 223-233.

»weil dieses sich Gleiche nur eine Abstraktion, in seiner Wirklichkeit aber die Verkehrung an sich selbst ist« (PG 388). Deshalb *funktioniert* Philosophie – *philosophy works.*

Sentiment de l'existence

Philosophie wirkt insofern, als sie *Wirklichkeit* hervorbringt, indem sie dem Natürlichen Form verleiht, das ansonsten substanzlos ist, eine reine Annahme, »ein gemeintes Dasein«. Hegels Aneignung oder falsche Aneignung von Diderots Text versucht zu zeigen, was der Neffe sagt, und nicht, was er meint, so wie die Vorführung des Neffen Hegels eigene Worte aus dem Bereich der bloßen *Meinung* in das Reich der Wahrheit zu bringen vermag. Er zitiert den Naturalismus des Neffen, um gegen den Naturalismus zu sprechen und um seinen eigenen Idealismus zu verwirklichen. Anders gesagt wendet Hegel die Perversion und Geistesgestörtheit des Neffen sowohl gegen diesen als auch gegen sich selbst. Man könnte sagen, dass diese dialektische Arbeit das Wesen des Neffen auf eine Weise mäßigt, die an die natürlich gegebene Mäßigung der Obertonreihe erinnert.

Diese Analogie gewinnt sogar noch an Bedeutung, wenn wir an Rousseaus Argumente gegen Rameaus Onkel denken, gegen eine die natürlich begabte Stimme zerstörende Mathematisierung. Goethe hatte bereits in den einleitenden Notizen zu seiner Übersetzung dazu geraten, dass jegliches Verständnis von *Rameaus Neffen* die historische *querelle* zwischen französischer und italienischer Musik bedenken müsse, zwischen Rousseaus geliebten mediterranen Melodikern und Rameaus harmonischem System: »In der Hälfte des vorigen Jahrhunderts waren die sämmtlichen Künste in Frankreich auf eine sonderbare, ja für uns fast unglaubliche Weise manierirt und von aller eigentlichen Kunstwahrheit und Einfalt getrennt«.[43] Hegel übernimmt die Rolle Rameaus, der versuchte, die Unstimmigkeiten natürlich hervorgebrachter Töne durch ein auf Stimmung gegründetes System in Einklang zu bringen.

---

43 Goethe, »Anmerkungen über Personen und Gegenstände, deren in dem Dialog Rameau's Neffe erwähnt wird«, (Weimarer Ausgabe), 1/45:184.

Wie Hegels eigene Dialektik ist dieser musikhistorische Prozess reich an theologischen Begleiterscheinungen. Das beginnt mit Andreas Werckmeister (*sic!*), dessen *Musicalische Paradoxal-Discourse* (1707) eine der ersten theoretischen Rechtfertigungen der Stimmung lieferte. Für Werckmeister sollte das so genannte Pythagoreische Komma als eine *felix culpa* betrachtet werden: ein Symptom für den Fall der Menschheit, der die natürlichen Obertöne unserer irdischen Wirklichkeit unvollkommen und daher der Erlösung bedürftig machte.[44] Was Rameau (und später Hegel) als eine Antwort auf Gottes Gebot verstand, das Gegebene zu vervollkommnen, betrachtete Rousseau einfach als die traurige Entfernung von unseren natürlichen Ursprüngen.

So erklärt sich Hegels anti-rousseauische Position, mit der er die Passage beendet, die sich mit *Rameaus Neffen* befasst:

> An die allgemeine *Individualität* aber gerichtet, kann die Forderung dieser Entfernung nicht die Bedeutung haben, daß die Vernunft das geistige gebildete Bewußtsein, zu dem sie gekommen ist, wieder aufgebe, den ausgebreiteten Reichtum ihrer Momente in die Einfachheit des natürlichen Herzens zurückversenke und in die Wildnis und Nähe des tierischen Bewußtseins, welche Natur auch Unschuld genannt wird, zurückfalle; sondern die Forderung dieser Auflösung kann nur an den *Geist* der Bildung selbst gehen, daß er aus seiner Verwirrung als *Geist* zu sich zurückkehre und ein noch höheres Bewußtsein gewinne.«
> (PG 388-389; Hervorhebung im Original)[45]

Damit wird Rousseaus nostalgischer Traum von einer natürlichen, musikalischen Sprache zunichte gemacht. Für Rousseau stellte Musik diejenige Kunst dar, die am besten dazu geeignet war, menschliche, nicht auf Worte reduzierbare Gefühle (*sentiments*) auszudrücken. Eine bedeutsame Episode in seinen späten *Rêveries du promeneur solitaire* (1776-1778) liefert eine Schlüsselbeschreibung des Zustandes, den Rousseau herbeisehnte und den Hegel diskreditierte. Im *Fünften Spaziergang* erzählt Rousseau von den »glücklichsten Tagen seines Lebens« auf der kleinen St. Petersinsel in der Mitte des Bielersees. Es ist ein Ort der Zuflucht und der Einsamkeit,

---

44 Siehe Lubkoll, *Mythos Musik*, S. 28.
45 Vgl. Hegel, *Enzyklopädie der philosophischen Wissenschaften. Dritter Teil: Die Philosophie des Geistes*, in Werke, 10: 124-132.

ein von der Zivilisation unverdorbener Platz, der selten besucht wird und der daher Schutz vor allen gesellschaftlichen Übeln bietet. Mittigkeit und Eingegrenztheit werden durchgehend betont, zum Beispiel kann die Skizze der Insel in der »Mitte« des Sees, »natürlich begrenzt [*circonscrite*] und getrennt vom Rest der Welt«[46] als Spiegelbild des *Fünften Spaziergangs* verstanden werden, des Textes, der sich exakt in der Mitte der zehn »Spaziergänge« befindet. Außerdem kann der Autor sich hier »selbst begrenzen bzw. umschreiben« (»se circonscrire« [1040]), sich ungestört von Wünschen und Leidenschaften dem Müßiggang (»oisiveté«), wenn nicht sogar dem »Nichtstun« (»*far niente*« [1042]) hingeben.

Es ist kaum überraschend, dass er während seiner Inselzeit von natürlichen Lauten, von der ursprünglichen Musik der Natur »gewiegt« wird: »das Geschrei der Adler, das ununterbrochene Gezwitscher einiger Vögel und das Geräusch der Bäche, die vom Berge stürzen«.[47] Diese natürliche Musik überwältigt die Artikulationen einer subjektiven Position über das Objektive hinaus und gegen dieses. Während einer Hörerfahrung kann sich der Wahrnehmende nicht von der Wahrnehmung unterscheiden. Subjektivität, Reflexion und Denken werden durch ein einfaches »Gefühl des Daseins« ersetzt, das völlig auf sich selbst gerichtet ist, selbstgenügsam (wie die St. Petersinsel), nichts ist ihm äußerlich: »Die Empfindung der Existenz, frei [*dépouillé*] von jeder andern« (132)[48] – aller anderen Empfindungen und Leidenschaften, ja sogar jeglicher Andersheit »enthäutet« (»dépouillé«), die die Grundlage darstellt für die Möglichkeit von Reflexion. So tritt bei Nacht das ständige Geräusch des anebbenden Wassers an seine Ohren: »so fühlte ich mein Daseyn mit Vergnügen, ohne die Mühe zu haben, daran zu *denken*« (128; Hervorhebung JH).[49] Manchmal fährt Jean-Jacques ganz allein auf einem kleinen Boot hinaus und lässt das Wasser ihn tragen, wohin es will. Stundenlang verliert er sich in Träumerei ohne ein bestimmtes Ziel.

46 Jean-Jacques Rousseau, *Rêveries du promeneur solitaire*: »naturellement circonscrite et separée du reste du monde« (ROC 1: 1048).
47 Jean-Jacques Rousseau, *Einsame Spaziergänge* (München 1783), S. 117. Die in Klammern gesetzten Seitenangaben beziehen sich auf diese Ausgabe. Im Original: »le cri des aigles, le ramage entrecoupé de quelques oiseaux, et le roulement des torrents qui tombent de la montaigne« (ROC 1: 1040).
48 Im Original: »Le sentiment de l'existence dépouillé de toute autre affection« (1047).
49 Im Original: »pour me faire sentir avec plaisir mon existence, sans prendre la peine de penser« (1045).

Wieder verlagert sich Subjektivität. Das »Je« taucht nur in der Negation auf: »da zog das Gemurmel der Wellen und die Bewegung des Wassers meine Sinnen auf sich, verscheuchte jede andre Bewegung aus meiner Seele, und versenkte sie in wollustvolle Betrachtungen, in welchen mich oft die Nacht überfiel, *ohne daß ich's wahrnahm*« (128; Hervorhebung JH).[50] Für Hegel ist dieses einfache, nichtreflexive Gefühl nichts als eine unbewusste, auf Entfremdung wartende Leere, durch die das Reflexive wieder zurückkehren kann. Nur so kann Selbstbewusstsein entstehen. Rousseau verlangt keine Veräußerlichung. Vorreflexiv und in der Unmittelbarkeit des Augenblicks kann man noch immer das Vergnügen genießen: »es läßt keine Leere in seiner Seele, die sie zu füllen wünscht« (132).[51] Reflexion würde eine Ungleichheit einführen, einen Unterschied, aus dem die Unterscheidung zwischen Subjekt und Objekt hervorgehen würde. Dieses hervortreten des »Ich« würde das sanfte Pulsieren der natürlichen Musik stören und dem Lied der Gleichheit ein Ende bereiten: »Ist die Bewegung ungleich oder zu stark, so weckt sie uns auf; dass sie uns auf die gegenwärtigen Gegenstände aufmerksam macht, so beraubt sie uns des Vergnügens [*le charme*] zu träumen« (134).[52] Der »Charme«, aus dem lateinischen Wort für »Lied« (*carmen*, Fr. »chant«), würde einer jähen Entzauberung oder einem *désenchantement* erliegen.

Für dieses existentielle, von aller Veräußerlichung enthäutete (*dépouillé*) Gefühl hätte Hegels Dialektik keine Geduld. Die Möglichkeit eines reflexionslosen Selbstbewusstseins ließe er nicht zu. Für ihn ist ein solcher Zustand gänzlich unbewusst und ein solches Subjekt notwendigerweise »ein Leichnam« (*une dépouille*). Während Rousseau dieses unmittelbare Selbstgefühl behauptet und es sogar als eine Errungenschaft betrachtet, versteht Hegel es einzig als ein Vorspiel zur Philosophie, die allein zu artikulieren vermag, was dieses »Gefühl« eigentlich sagt. Für Hegel hat Rousseaus musikalischer Verlust der Subjektivität – sein musikalischer Wahnsinn – Unrecht zu glauben, dass er etwas ausdrücken kann, was Philosophie nicht

---

50 Im Original: »là, le bruit des vagues et l'agitation de l'eau fixant mes sens et chassant de mon âme toute autre agitation la plongeoient dans une rêverie délicieuse, où la nuit me suprenoit souvent sans que je m'en fusse aperçu« (1045).
51 Im Original: »qui ne laisse dans l'âme aucun vide qu'elle sente le besoin de remplir« (1046-1047).
52 Im Original: »Si le mouvement est inégal ou trop fort, il réveille; en nous rappelant aux objets environnants, il détruit le charme de la rêverie« (1047).

kann. Bei Hegel hört der Wahnsinn des Musikers auf, eine Quelle der Faszination, der Bewunderung, des Begehrens oder der Angst zu sein und wird vielmehr zu einem grundlegenden Stadium im Prozess der Verwirklichung. Aus diesem Grund ist laut Hegel der Neffe auch überhaupt nicht wahnsinnig: »dieser sich selbst klaren Verwirrung« (PG 387). Verglichen mit dem einfachen Geist zeigt das zerrissene Bewusstsein ein höheres Entwicklungsstadium. Indem Sprache simpler Abstraktionen und des natürlichen Standpunkts entledigt (*unworked*) wird, erlaubt die Zerrissenheit des Neffen der Sprache, ihre wahre Arbeit zu leisten, nämlich die Einführung konkreter, das Selbstbewusstsein begründender Begriffe.

Rousseau möchte, dass die Erfahrung des Hörens zu einem Gefühl des eigenen Daseins führt, das unmittelbar, vorbegrifflich und vorreflexiv ist. Allerdings demonstriert Hegels dialektischer Ansatz, dass jedes Selbstgefühl, jedes Selbstbewusstsein notwendig von einer Selbstobjektivierung abhängt, von einem durch Sprache vermittelten Selbstausdruck. Selbstbewusstsein heißt »für andere sein«. Nur durch die Reflexion im anderen kann ich ich selbst werden. Hegel aber muss nicht derjenige sein, der in dieser Auseinandersetzung als »Letzter lacht«. Die *Naturphilosophie* von Friedrich Schelling, Hegels anderem Tübinger Schulkameraden, kann so verstanden werden, dass sie einen rousseauschen Zug weiterverfolgt und ihn gemäß eines transzendentalen Idealismus weiterentwickelt, der sich sehr von Hegels unterscheidet. In Bezug auf Hegels Forderung nach Entfremdung und darauf folgender Reflexion greift Schelling auf Rousseaus Sprache zurück:

> In der Hegelschen Philosophie verhält sich der Anfangspunkt gegen das ihm Folgende als ein bloßes Minus, als ein Mangel, eine Leere, die erfüllt und insofern freilich als Leere aufgehoben wird, aber es gibt dabei so wenig etwas zu überwinden, als bei der Füllung eines leeren Gefäßes zu überwinden ist; es geht dabei alles ganz freilich zu – zwischen Seyn und Nichts ist kein Gegensatz, die thun einander nichts.[53]

Wo Hegel bloß »ein gemeintes Dasein« sieht, sieht Schelling Natur.

---

53 Friedrich Schelling, *Sämmtliche Werke*, 14 Bde., hg. v. K. F. A. Schelling (Stuttgart 1856), 1/10:137. Zu diesem Punkt siehe Andrew Bowie, *Aesthetics and Subjectivity. From Kant to Nietzsche*, Zweite Ausgabe (Manchester 2003), S. 157.

Genau dieses vorreflexive, aber immer noch zum Selbst gehörende Gefühl berührt Rousseau in seinem *Fünften Spaziergang*, vielsagend durch natürliche Geräusche und Rhythmen, in Vogelgesang und Wasserrauschen. Dieses für Hölderlin und seine Generation höchst bedeutsame Stadium scheint endlich Rousseaus Angst vor Selbstverlust und -enteignung zu beheben. Denn das Wesen der hier skizzierten Hörerfahrung legt Dimensionen menschlichen Lebens offen, die nicht auf reflexives Verstehen reduziert werden können. Diese Richtung wird, beginnend mit Wackenroder, von den deutschen Romantikern verfolgt werden, die alle Rousseau viel zu verdanken haben. Natürlich betrachtete Hegel die Musik als sehr viel höher und mit mehr Respekt als jemand wie Kant. Folglich hatten seine Gedanken über musikalische Komposition und Rezeption, besonders in Bezug auf die Zeitlichkeit dieser Kunst, einen großen Einfluss auf spätere ästhetische Theorien. Für Kant, der das zeitliche Wesen der Musik unbeachtet ließ, war die Tonkunst bloß ein vergnügliches Spiel der Gefühle, das dem Verstehen nichts zu bieten hatte und daher überhaupt keine Kunst war. Für Hegel allerdings, wie die späten Vorlesungen über Ästhetik zeigen, hatte die Musik einen privilegierten Platz in seinem philosophischen System. Dennoch scheint seine Diskussion der Musik von einem rousseauschen Naturalismus geplagt, den er stets schlechtzumachen suchte. Die Art, wie Hegel die Musik in den dialektischen Dienst nimmt, mutet wie ein Versuch an, die Kunstform vor Rousseaus wahnsinnigem Programm zu retten, genau wie die *Phänomenologie* versuchte, die Geistesverrücktheit von Diderots Musiker in den Dienst zu nehmen. Arbeit ist das einzige Heilmittel gegen Wahnsinn, behauptet Hegel in der *Philosophie des Geistes*. Was aber, wenn Musik stärker wäre als Hegels philosophischer Wille? Was, wenn sie in der Lage wäre, das System außer Kraft zu setzen (*unwork*)? Was, wenn Musik von Natur aus und unheilbar wahnsinnig wäre?

Verteilt über die Schriften und Vorlesungsnotizen außerhalb der *Phänomenologie* liefert Hegel weitere Definitionen von Musik und Wahnsinn, die sich auf verblüffende Weise zu ergänzen scheinen. In seinen *Vorlesungen über die Ästhetik* wird Musik durchweg als eine Kunst der »reinen Innerlichkeit« betrachtet,[54] was seinen kurzen, aber wichtigen Aussagen in der »Anthropologie« seiner *Philosophie*

---

54 »Was durch [Musik] in Anspruch genommen wird, ist die letzte subjektive Innerlichkeit als solche; sie ist die Kunst des Gemüts, welche sich unmittelbar

des Geistes entspricht, wo Irrsinn vor allem als Rückkehr zu oder als Rückzug auf Innerlichkeit verstanden wird, als ein »Versinken in Innerlichkeit« ohne Bezug auf äußerliche Wirklichkeit.[55] Entsprechende Passagen finden sich leicht auch anderswo. Diese unterschiedlichen Definitionen scheinen nicht nur die Affinität zwischen Musik und Wahnsinn zu offenbaren, sondern auch das »Stadium«, das Musik und Wahnsinn mit dem oben dargelegten »natürlichen Selbst« teilen. Hegel versteht alle Arten des Wahnsinns als eine Regression auf einen archaischen Zustand einfachen Fühlens (»das Gefühlsleben«).[56] Der Wahnsinnige zieht sich auf seine Innerlichkeit zurück, schneidet sich von der Außenwelt ab und »beschränkt sich selbst«, in der Tat ähnlich wie Rousseau auf der St. Peterinsel.[57] Freilich ist Musik für Hegel eine Kunstform – eine »sinnliche Vorstellung« des Geistes[58] – und dadurch von einer psychologischen Störung qualitativ verschieden. Dennoch, die Tatsache, dass Hegel Musik als »das Aufheben der räumlichen Objektivität« und »ein Verlassen derselben«[59] definiert, signalisiert zumindest, dass einige Kontaktpunkte zwischen der ästhetischen Erfahrung und dem Geisteszustand bestehen.

Die Verbindung wird besonders deutlich in Hegels Diskussion über »die Gewalt der Musik«, die erstaunliche Ähnlichkeiten mit Rousseaus Bericht im *Fünften Spaziergang* aufweist. Zunächst definiert er Musik im Hinblick auf Innerlichkeit, das heißt als eine Nicht-Beziehung zu Raum und räumlichen Figuren.

Indem nun der musikalische Ausdruck das Innere selbst, den inneren Sinn der Sache und Empfindung zu seinem Gehalt und den

an das Gemüt selber wendet«. Hegel, *Vorlesungen über die Ästhetik III*, in *Werke*, 15:135.
55 Hegel, *Philosophie des Geistes*, 10:160-182.
56 »Das Gefühlsleben als *Form, Zustand* des selbstbewußten, gebildeten, besonnenen Menschen ist eine Krankheit, in der das Individuum sich *unvermittelt* zu dem konkreten Inhalte seiner selbst verhält und sein besonnenes Bewußtsein seiner und des verständigen Weltzusammenhangs als einen davon unterschiedenen Zustand hat, *magnetischer Somnambulismus* und mit ihm verwandte Zustände«. Hegel, *Philosophie des Geistes*, 10:132-133 (Hervorhebung im Original).
57 Hegel schreibt: »[W]enn unsere Seele immer nur ein und dasselbe empfindet oder sich vorstellt, wird sie schläfrig. So kann die einförmige Bewegung des Wiegens, eintöniges Singen, das Gemurmel eines Baches Schläfrigkeit in uns hervorbringen«. *Philosophie des Geistes*, 10:92.
58 Siehe, z. B., *Vorlesungen über die Ästhetik*, 14:245.
59 *Vorlesungen über die Ästhetik*, 15:134.

in der Kunst wenigstens nicht zu Raumfiguren fortschreitenden, in seinem sinnlichen Dasein schlechthin vergänglichen Ton hat, so dringt sie mit ihren Bewegungen unmittelbar in den inneren Sitz aller Bewegungen der Seele ein. Sie befängt daher das Bewußtsein, das keinem Objekt mehr gegenübersteht und im Verlust dieser Freiheit von dem fortflutenden Strom der Töne selber mit fortgerissen wird.[60]

Ist Musik ausschließlich mit Innerlichkeit beschäftigt, so macht sie die darstellende Distanz zunichte, die den Beobachter vom Beobachteten unterscheidet. Da Subjektivität in ihrer Beziehung zur Außenwelt gründet (in ihrem Dasein für andere), führt die Auslöschung des äußerlichen Raums durch die Musik, ihr ikonoklastischer Rückzug von allem, was dort »draußen« dargestellt werden kann, potentiell zum Verlust von Subjektivität überhaupt. Eine musikalische Aufführung bietet dem Zuhörer keinen konkreten, veräußerlichten Gegenstand und ist dadurch nicht in der Lage, die Distanz zwischen dem subjektiven und objektiven Pol ästhetischer Erfahrung aufrechtzuerhalten. Sie besteht aus »bloß abstrakte[n] Tönen in [ihrer] zeitlichen Bewegung«, die es ihr erlaubt, ein Vehikel rein innerlichen Inhaltes zu sein.[61] Für Hegel hat genau diese Fähigkeit, und nicht etwas der Musik Inhärentes, die Tradition veranlasst, über die Gewalt der Musik, ihre »Allgewalt« zu sprechen:

> Wir dürfen deshalb keine abgeschmackte Meinung von der Allgewalt der Musik als solcher hegen, von der uns die alten Skribenten, heilige und profane, so mancherlei fabelhafte Geschichten erzählen. Schon bei den Zivilisationswundern des Orpheus reichten die Töne und deren Bewegung wohl für die wilden Bestien, die sich zahm um ihn herumlagerten, nicht aber für die Menschen aus, welche den Inhalt einer höheren Lehre forderten. Wie denn auch die Hymnen, welche unter Orpheus Namen, wenn auch nicht in ihrer ursprünglichen Gestalt, auf uns gekommen sind, mythologische und sonstige Vorstellungen enthalten. In der ähnlichen Weise sind auch die Kriegslieder des Tyrtaios berühmt, durch welche, wie erzählt wird, die Lakedämonier, nach so langen vergeblichen Kämpfen zu einer unwiderstehlichen Begeisterung angefeuert, endlich den Sieg gegen die Messenier durchsetzten. Auch

---

60 *Vorlesungen über die Ästhetik*, 15:154.
61 *Vorlesungen über die Ästhetik*, 15:157.

hier war der Inhalt der Vorstellungen, zu welchen diese Elegien anregten, die Hauptsache, obschon auch der musikalischen Seite, bei barbarischen Völkern und in Zeiten tief aufgewühlter Leidenschaften vornehmlich, ihr Wert und ihre Wirkung nicht abzusprechen ist. Die Pfeifen der Hochländer trugen wesentlich zur Anfeuerung des Mutes bei, und die Gewalt der Marseillaise, des *Ça ira* usf. in der Französischen Revolution ist nicht zu leugnen.[62] Musik ist nicht dem Wesen nach wahnsinnig, sie kann aber sehr wohl in den Wahnsinn treiben.

Aus diesem Grunde muss Musik mit der *Arbeit* beginnen:

> Musik ist Geist, Seele, die unmittelbar für sich selbst erklingt und sich in ihrem Sichvernehmen befriedigt fühlt. Als schöne Kunst nun aber erhält sie von seiten des Geistes her sogleich die Aufforderung, wie die Affekte selbst so auch deren Ausdruck zu zügeln, um nicht zum bacchantischen Toben und wirbelnden Tumult der Leidenschaften fortgerissen zu werden oder im Zwiespalt der Verzweiflung stehenzubleiben, sondern im Jubel der Lust wie im höchsten Schmerz noch frei und in ihrem Ergusse selig zu sein.[63]

Vom Standpunkt des Geistes gesehen kann man sagen, dass Musik wie ein Begriff funktioniert, der das Dissonante des Besonderen in der Übereinstimmung des Universellen auflöst. Ihr wahnsinnig machendes Potential muss gezügelt werden, damit der Geist auf dem rechten Pfad bleibt. Die Schlichtheit des Gefühlslebens muss mit Differenz konfrontiert werden, sodass ein dialektisch aufgeladenes, konkretes Gefühl der Individualität zustande kommt, ein Selbstbewusstsein in Beziehung zur Welt. Entsprechend sollte man Hegel zufolge versuchen, Verrückte »auf andere Gedanken zu bringen und sie darüber ihre Grille vergessen zu machen. Dies Flüssigwerden der fixen Vorstellung wird besonders dadurch erreicht, daß man die Irren nötigt, sich geistig und vornehmlich körperlich zu beschäftigen; durch die *Arbeit* werden sie aus ihrer kranken Subjektivität herausgerissen und zu dem Wirklichen hingetrieben«.[64] Bereits in der *Phänomenologie* hatte Hegel seine Technik implementiert und sich an die »Verrücktheit des Musikers« gehängt, nur um seine Aufgabe für die Philosophie zu offenbaren. Das bacchanalische To-

---

62 *Vorlesungen über die Ästhetik*, 15:157-158.
63 *Vorlesungen über die Ästhetik*, 15:197-198.
64 *Philosophie des Geistes*, 10:181 (Hervorhebung im Original).

ben des Neffen wurde gezügelt, Gewalt wurde abgewehrt und die *persona inaequalis* konnte zeigen, wie Differenz – wie im Begrifflichen – in Gleichheit zusammengehalten werde kann. Eine Veränderung hatte sich vollzogen. Die Zeit war bereit geworden, den Wahnsinnigen zu hören und ihm seine Aufgabe zuzuweisen. Und dennoch trotzte der Wahnsinn, vor allem in seiner musikalischen Form, der Besserungsanstalt *(workhouse)*. Seine Gewalt war alles andere als erschöpft.

Kapitel 4
Die gewaltsamste unter den Künsten

Er. – Unsre Kunst [...] die gewaltsamste der Künste
Rameau's Neffe (122)

Im späten 18. Jahrhundert war die Vorstellung, Musik könne sich gewaltsam auf die Zuhörer auswirken, zum Allgemeinplatz geworden. Weil sie eine Sprache der Leidenschaften war, sagte man der Musik nach, sie habe unmittelbaren Zugang zum flüchtigen Leben der Gefühle. Sie wurde daher als ungeheuer mächtig, im gefährlichen Sinne sinnlich und moralisch als problematisch betrachtet. Das durch die musikalische Erfahrung hervorgerufene unbestreitbare Vergnügen konnte sich ebenso schnell und unvorhergesehen in sein Gegenteil verkehren. Jederzeit konnte Schmerz an die Stelle von Freude treten. Was auch immer die Musik dazu befähigte, den Geist zu erleichtern, Hoffnungslosigkeit wegzuwischen oder den Zaghaftigen zu ermutigen, konnte sie ebenso dazu bringen, den klar Denkenden zu benebeln, den Entschlossenen zu verwirren oder sogar die Labilen weiter in den Wahnsinn zu treiben. Man betrachtete die Zuhörer als Personen, denen kaum eine andere Wahl blieb, als ihren subjektiven Willen der berauschenden Macht der Musik unterzuordnen. Musik zu hören bedeutete, die eigene Autonomie aufs Spiel zu setzen.

Aufgrund dieser Erfahrung des Verschlungenwerdens und der auferlegten Heteronomie wurde die Musik als ein vorbildlicher Fall des Erhabenen angesehen, das heißt als etwas, was sich der Definition, dem Verständnis oder der Darstellung entzog. Historisch gesehen blühte der Diskurs über die Erhabenheit der Musik, der mit der Longin zugeschriebenen antiken Abhandlung *Peri hypsous* begann, eng verknüpft mit der Entwicklung der Symphonie. Majestätisch, stark, und – was wahrscheinlich am wichtigsten ist – ohne Einmischung von Text, konnte die Symphonie ohne Weiteres – *erhaben* – mit etwas Vorreflexivem oder Vorsubjektivem mitschwingen, da sie keinerlei Darstellung zuließ, die als Reflexionsgrundlage für ein individuelles Subjekt hätte dienen können. Auf diesem grundsätzlichen Erfahrungsniveau sollte das Erhabene als im strengen Sinne anti-mimetisch betrachtet werden, als das, was Darstellung beinahe oder sogar völlig unmöglich macht. Die erste Theoriewelle, die versuchte, das Erhabene in der Musik zu verstehen, konnte nicht viel mehr tun, als diese Wirkung zu bemerken. Johann Peter Schulz' Eintrag »Symphonie« in Sulzers *Allgemeine Theorie der schönen Künste* (1771-1774) firmiert beispielsweise nur als eine Sammlung von Charakterisierungen des 18. Jahrhunderts, die Musik als weit, unvorhersehbar und vollkommen überwältigend betrachteten: »Die Symphonie ist zu dem Ausdruck des Großen, des Feierlichen und Erhabenen vorzüglich geschickt [...] [Das] Allegro in der Symphonie ist, was eine pindarische Ode in der Poesie ist, es erhebt und erschüttert, wie diese, die Seele des Zuhörers und erfordert denselben Geist, dieselbe erhabene Einbildungskraft und dieselbe Kunstwissenschaft, um darin glücklich zu sein«.[1] Edmund Burke, Immanuel Kant und Johann Gottfried Herder behandelten das Thema des Erhabenen ein wenig anders, indem sie weniger Gewicht auf die dem Kunstwerk innewohnenden Eigenschaften legten und dafür mehr auf die mit der ästhetischen Erfahrung einhergehenden subjektiven Prozesse.[2] Hier zielt Theorie auf so etwas wie Wiederherstellung. Die Ansichten und Schlussfolgerungen allerdings sind sehr unterschiedlich und werden erst in späteren Arbeiten teilweise miteinander in Einklang gebracht, wie zum Beispiel in den Essays über das Erhabene in der Musik von Christian Friedrich Michaelis, die fünf Jahre nach Veröffentlichung von Kants dritter Kritik im Jahre 1790 erschienen.[3] Insgesamt könnte man sagen, dass der neue Ansatz als seine erste Prämisse die Passivität des Hörens annimmt, die der Aktivität des Sehens entgegengesetzt werden sollte. Das Sehen wurde eher dem Bereich schöner Gegenstände zugeschrieben, die gemessen, verglichen und vom Auge geschätzt werden konnten. Im Gegensatz dazu wurde das Ohr als ein verletzliches Organ betrachtet, das nicht in der Lage ist, eine für Rationalisierung notwendige sichere Distanz aufrechtzuerhalten. In der gesamten Tradition war Musik als das erkannt worden, was Distanz außer Kraft setzt. Sie »dringt in das Innerste der Seele«, wie Sokrates in der *Politeia* bemerkt (καταδύεται εἰς τὸ ἐντὸς τῆς ψυχῆς,

---

1 Johann Peter Schulz, »Symphonie«, in Sulzer, *Allgemeine Theorie der schönen Künste*, 2:478.
2 Siehe Carl Dahlhaus, »E.T.A. Hoffmanns Beethoven-Kritik und die Ästhetik des Erhabenen«, *Archiv für Musikwissenschaft* 38 (1981), S. 79-92.
3 Christian Friedrich Michaelis, *Ueber den Geist der Tonkunst und andere Schriften*, hg. v. Lothar Schmidt (Chemnitz 1997).

3, 401d). Aus diesem Grund sollte Musik, so die Empfehlung für Platons ideale Stadt, streng gezügelt, durch Gesetz kontrolliert oder gerechtfertigt werden. Auch im 18. Jahrhundert konnte Musik als im gefährlichen Sinne gewaltsam aufgefasst werden, insofern als die Identität eines Individuums auf dem Spiel stand. Indem nun die Erfahrung des Hörens ausdrücklich mit Vorstellungen der Erhabenheit verknüpft wurde, wurde das Problem noch dringlicher, da es sich ausdrücklich um die Frage der Darstellbarkeit drehte. Die Identität des einzelnen Subjekts, einschließlich der Identität eines Kollektivs (Gemeinschaft, Volk, Nation usw.), die wie alle Identität in einem Darstellungssystem gründet, wurde stark in Frage gestellt durch Vorstellungen des Erhabenen, das gerade als das Scheitern oder die Unmöglichkeit der Darstellung verstanden wurde. Wenn es zu Wiederherstellung kommen sollte, dann nur dadurch, dass die Funktion der Musik in darstellenden (mimetischen) Verfahren geklärt werden müsste.

Darum waren Theorien des Erhabenen darum bemüht (qua Verlust), Arten des Ersatzes oder des Gewinns zu definieren. Burke zum Beispiel bietet eine von John Dennis' beliebten Alpenbeschreibungen abgeleitete Vorstellung des »frohen Schreckens« (»delightful horror«), wodurch die Furcht vor schrecklicher Größe durch eine sichere Faszination aus der Ferne ergänzt wird. Kant analysiert dieses Gefühl in der dritten *Kritik* weiter, allerdings nicht auf der Grundlage der Selbsterhaltung, sondern basierend auf dem Wissensdurst des Subjekts, dem Trieb, seine kognitiven Fähigkeiten zu erweitern. Für Kant wirkt sich der in der Erhabenheitserfahrung erlittene Verlust auf die verständnislose Einbildungskraft aus. Deren Unfähigkeit bietet der Vernunft eine Gelegenheit, ihre Überlegenheit unter Beweis zu stellen. Wir werden sehen, dass Herders Fall sehr viel schwieriger zu ergründen ist. Seine Diskussion des Erhabenen vor allem im *Vierten Wäldchen* und der *Kalligone* führt, zusammen gelesen mit seinem Bericht über Kirchenmusik in *Cäcilia*, zu einer neuen Vorstellung von Gemeinschaft, allerdings einer, die deutlich von konventionellen Identitätsvorstellungen abweicht. Wackenroders Novelle *Berglinger*, die ich am Ende dieses Kapitels erörtere, kann in Bezug auf Herders Darstellung von Verschmelzung und Singularität gelesen werden, vor allem im Hinblick auf die Behandlung sakraler Musik. Die Überempfindlichkeit von Wackenroders verdammtem Komponisten, die sich durchweg als eine Neigung zu erhabenen Ekstasen manifestiert, offenbart die bedeutenden Auswirkungen der Gewalt der Musik auf die Verknüpfung von Musik und Wahnsinn.

Das Erhabene in der Musik bei Longin und Burke

Die eingestandene Gewalt der Musik stellte in der Tat ein dringendes Problem für die Ästheten des 18. Jahrhunderts dar. Die beharrliche Forderung, Musik müsse einem Text untergeordnet sein, ist symptomatisch für ihre Unruhe. Verbale Sprache oder zumindest irgendeine Art von Sprachlichkeit (etwa Musik als Sprache der Leidenschaften) wurde zur Aufrechterhaltung des mimetischen Prinzips als notwendig angesehen, um der irrationalen, verwirrenden und zweideutigen Gefühlsbetontheit entgegenzuwirken. Semiotische Strukturen oder ein Text im eigentlichen Sinne sollten den außermusikalischen, ideenhaften Inhalt liefern, der den Zuhörer sicher durch das undeutliche Lautlabyrinth führen sollte, und dadurch vollständiges Eintauchen unterbinden. Die lange Tradition der Polyphonie mit ihren ausgeschmückten Läufen und verdichteten Harmonien hatte stets eine Bedrohung gegenständlicher Klarheit dargestellt. Mit der Entwicklung und der wachsenden Beliebtheit instrumentaler Musikformen wie der Sonate und der Symphonie beschleunigten sich nun die allgemeinen Ängste.

Sie machen sich bereits darin bemerkbar, dass Rousseau auf einem gemeinsamen Ursprung der Sprache und der Musik besteht. Seine Sehnsucht nach individuellem Ausdruck motivierte seine deutliche Bevorzugung der Melodie vor Harmonie und verbarg nur schwerlich seine Bedenken gegenüber reiner Instrumentalmusik. Rousseau, dessen leidenschaftliche Liebe zu den Tönen unerschöpflich war, litt selbst unter der gleichen Müdigkeit, die er von Fontenelle kannte, der »in einer Entzückung der Ungeduld« (»dans un transport d'impatience«] ausruft: »*Sonate, was willst du von mir?*« (»*Sonate, que me veux tu?*«).[4] Diese Ungeduld ist nichts als ein Ausdruck tiefer Angst. Ungezügelt durch Worte könnte die Musik ungehindert ihre Gewalt ausüben. Ihr Verstoß gegen Bedeutung als auch ihre schädliche Wirkung auf die Zuhörer könnte ohne weiteres mit uneingeschränkter Kraft fortschreiten.

Indem er Fontenelles bekanntes Bonmot in ein Stadium des »transport« versetzt, beschwört Rousseau das allen Debatten zugrundeliegende Schlüsselproblem nicht nur über die Beziehung der Musik zu den Wörtern, sondern auch über die Erhabenheit der Musik. *Trans-*

---

4 Jean-Jacques Rousseau, *Dictionnaire de musique*, s.v. »Sonate«, ROC 5: 1060.

port – das Wort, das Boileau in seiner Übersetzung von Longins Traktat *Über das Erhabene* von 1674 für *ekstasis* verwendete – signalisierte zu dieser Zeit die Erfahrung, von einem genialen Werk überwältigt zu werden. Erhaben war, was das Subjekt überwältigte, was die Zuhörer durch seine Weite, seine Regelwidrigkeit, seine Größe oder seine bloße Stärke mitriss. Das Individuum wurde angeblich wie Ganymed aus seiner irdischen Existenz herausgerissen und zu göttlichen Höhen, zu einem Bereich jenseits der Vernunft geführt.

Der gemeinhin als Longin bezeichnete Autor macht klar sehr deutlich, dass dieses Zusammentreffen ein ausgesprochen heftiges Hörerlebnis ist:

> Denn das Grossartige führt nicht zur Überredung bei den Zuhören (ἀκροωμένους), sondern zur Entzückung (εἰς ἔκστασιν), und überall wirkt es mit erschütternder Kraft stärker als das Überredende und Gefällige, da ja die Wirkung dessen, was überreden soll, in der Regel von uns abhängt (ἐφ᾽ ἡμῖν), jenes dagegen eine unwiderstehliche Macht und Gewalt (δυναστείαν καὶ βίαν ἄμαχον) ausübt, der jeder Zuhörer sich unterwerfen muss, und da wir ferner das Geschick in der Auffindung der Gedanken und die Anordnung und die Gestaltung des Stoffs.[5]

Während Überredung an die rationalen Fähigkeiten der Zuhörer appelliert, fordert das Erhabene uns als seine Opfer. Daher kann Longin die Erfahrung des Erhabenen wegen seiner ihm wesenhaften Gewalt (βία) einer »gefälligen Erfahrung« (πρὸς χάριν) entgegensetzen. Als ein »Zuhörer« leidet Longins Opfer ganz besonders unter der gewaltigen Macht des Akustischen. Das Ohr wird von der erhabenen Gewalt attackiert. Die Analogie zur Musik liegt daher nahe und taucht manchmal ganz ausdrücklich auf. In Bezug auf die Frage, wie Wörter in einer Rede angeordnet werden sollen, bezieht sich Longin darauf, wie Töne zusammen eingesetzt werden, nämlich durch die Kunst der *harmonia*. *Harmonia* (ursprünglich ein Tischler-Ausdruck, der in der Musik das Zusammenpassen von Tönen in einer Melodie in griechischer Monodie bedeutet) »[dient] nicht nur von Natur den Menschen zur Überredung und zum Vergnügen (πειθοῦς καὶ ἡδονῆς) […], sondern [ist] auch ein wunderbares Mittel für erha-

---

[5] Longin, *Peri hypsous*, 1, übers. v. G. Meinel (*Über das Erhabene* [Kempten 1895]).

benen Ausdruck und Leidenschaft (μεγαληγορίας καὶ πάθους)« (39).
Wenn die erfreuliche Erfahrung des rationalen Überzeugtwerdens
einer unwiderstehlichen Macht nachgibt, kann das verheerende Folgen haben:

> Denn wenn schon der *aulos* gewisse Leidenschaften den Zuhörern einflösst und sie in einen Zustand der Betäubung und des korybantischen Taumels versetzt und, indem sie den Gang des Rhythmus angibt, den Zuhörer, auch wenn er ganz unmusikalisch (ἄμουσος) ist, zwingt, nach diesem Rhythmus zu schreiten und mit der Musik gleichen Takt zu halten, wenn ferner die Töne der *kithara*, die für sich einfach nichts bedeuten (οὐδὲν ἁπλῶς σημαίνοντες), durch ihre Abwechselung, ihr Zusammenklingen und die melodische Mischung (μίξει τῆς συμφωνίας), wie du als Kenner weisst, oft einen wunderbaren Zauber ausgiessen […] müssen wir da nicht glauben, dass das kunstmässige Wortgefüge […] unser ganzes Denken beherrscht? (39)

Die Betonung auf emotionaler Erregung, Zwanghaftigkeit und sogar Wahnsinn (»korybantischem Taumel«), die alle im Zuge musikalischer Erfahrung beobachtet werden können, zeigt hier, wie Wörter funktionieren können. Die asemantischen Eigenschaften der Stimme können die rationale Distanz überwältigen: der Zuhörer muss »nach diesem Rhythmus schreiten«. Allerdings ist für Longin das Musikbeispiel letztlich nichts anderes als eine Redewendung mit beschränkter Anwendbarkeit. Im Verlauf eben jener Passage fügt Longin nebenbei hinzu: »wiewohl dies nur Bilder und unechte Nachahmungen (εἴδωλα καὶ μιμήματα νόθα) der Überredung sind, nicht […] angeborene Betätigungen (ἐνεργήματα γνήσια) der menschlichen Natur«. Schließlich dienen die »einfach nichts bedeutenden« Tonphänomene nicht als vollends angemessene Entsprechung für die wahre *Arbeit* (ἐν-έργημα) des menschlichen Geistes. Hypnotische Rhythmen und aufreizende musikalische Weisen führen zu nichts anderem als einer automatischen Reaktion. Am Ende hat man es mehr mit Verhextsein oder Psychagogie zu tun als mit eigentlicher, bedachter Rhetorik.

Wenn Longin beiläufig Musikalität als etwas Abgeleitetes (»nur Bilder und unechte Nachahmungen«) herabsetzt, so ist dies eine Reaktion auf die Furcht vor der Macht der Musik, die in der gesamten literarischen Tradition Griechenlands zu beobachten ist. Bezeichnenderweise beginnen und enden die homerischen Epen mit aggressiven Hörerfahrungen. Apollo reagiert auf die Bitten des Priesters Chryses, seine Tochter zu befreien, und steigt Apollo in das Lager der Achaier hinab:

βῆ δὲ κατ' Οὐλύμποιο καρήνων χωόμενος κῆρ,
τόξ' ὤμοισιν ἔχων ἀμφηρεφέα τε φαρέτρην.
ἔκλαγξαν δ' ἄρ ὀιστοὶ ἐπ' ὤμων χωομένοιο   (*Ilias* 1, 44-46)

Schnell von den Höhn des Olympos enteilet' er, zürnendes
                                                                Herzens,
Auf der Schulter den Bogen und ringsverschlossenen Köcher.
Laut erschallen die Pfeile zugleich an des Zürnenden Schulter
                                                              (übers. v. Voß)

Apollo schießt mit seinen unsichtbaren Pfeilen und straft Agamemnons Männer mit Pest und Feuersbrunst: δεινὴ δὲ κλαγγὴ γένετ' ἀργυρέοιο βιοῖο –»Und ein schrecklicher Klang entscholl dem silbernen Bogen« (49). In diesem Abschnitt benutzt Homer das Wort βιός für »Bogen«, anstelle des gebräuchlicheren τόξου. Die Wortwahl ist jedoch ganz besonders treffend. Obwohl die Wörter etymologisch nicht verwandt sind, klingt das sich auf die Bogensehne beziehende Wort βιός wie die Gewalt (βία), die über die griechischen Krieger verhängt wird.[6] Als kämen sie aus heiterem Himmel, greifen die wilden, mit dem beängstigenden *Klang* des Bogens abgeschossenen Geschosse die Kompanie an und verwirren sie. Es gibt kein Entkommen vor dem schmerzvollen Leiden.

Der Klang des tödlichen Bogens ist wieder in der *Odyssee* zu hören, als der als Fremder verkleidete, rachsüchtige Held den Bogen vor den Freiern zupft, die daraufhin erkennen, dass das Schicksal nahe ist:

αὐτίκ' ἐπεὶ μέγα τόξον ἐβάστασε καὶ ἴδε πάντη,
ὡς ὅτ' ἀνὴρ φόρμιγγος ἐπιστάμενος καὶ ἀοιδῆς
ῥηϊδίως ἐτάνυσσε νέῳ περὶ κόλλοπι χορδήν,
ἅψας ἀμφοτέρωθεν ἐϋστρεφὲς ἔντερον οἰός,
ὣς ἄρ' ἄτερ σπουδῆς τάνυσεν μέγα τόξον Ὀδυσσεύς
δεξιτερῇ ἄρα χειρὶ λαβὼν πειρήσατο νευρῆς·
ἡ δ' ὑπὸ καλὸν ἄεισε, χελιδόνι εἰκέλη αὐδήν.
μνηστῆρσιν δ' ἄρ' ἄχος γένετο μέγα, πᾶσι δ' ἄρα χρὼς
ἐτράπετο· Ζεὺς δὲ μεγάλ' ἔκτυπε σήματα φαίνων.

---

[6] Vgl. Heraklit, Fragment 48 (Diels-Kranz): τῷ οὖν τόξῳ ὄνομα βίος ἔργον δὲ θάνατος (»Des Bogens Name ist nun Leben, sein Werk Tod«).

Als er den großen Bogen geprüft und ringsum betrachtet:
So wie ein Mann, erfahren im Lautenspiel und Gesange,
Leicht mit dem neuen Wirbel die klingende Saite spannet,
Knüpfend an beiden Enden den schöngesponnenen Schafdarm:
So nachlässig spannte den großen Bogen Odysseus.
Und mit der rechten Hand versucht' er die Senne des Bogen;
Lieblich tönte die Senne, und hell wie die Stimme der Schwalbe.
Schrecken ergriff die Freier, und aller Antlitz erblaßte.
Und Zeus donnerte laut, und sandte sein Zeichen vom Himmel.

(*Odyssee* 21, 405-413; übers. v. Voß)

Odysseus' mörderische Tobsucht beginnt damit, dass er die Rolle eines erfahrenen Musikers annimmt, dem zornerfüllten, bogenschwingenden Apollo nicht unähnlich. Es ist so, als extrapoliere das Epos eine einfache (und daher unerschöpflich komplexe) Analogie aus Heraklits einundfünfzigstem Fragment, in dem Bogen und Lyra als Beispiele für Übereinstimmung innerhalb von Verschiedenheit firmieren.[7] Pascal Quignard, der diese beiden Momente am Ende beider Epen Homers erwähnt, weist auf die Analogie zwischen dem göttlichen Bogen, der auf unerklärliche Weise zu einem klingenden Tod aus der Entfernung führt, und dem Klang der Lyra hin, die unsichtbar die Atmosphäre durchstößt.[8] Ähnlich ist auch der donnernde Zeus, den die Römer als *Iuppiter tonans* übersetzen, nur mit den Ohren wahrzunehmen. Die Bedeutung des Tons ist ebenso mächtig wie unvermeidbar.

Göttlichem Klang muss man gehorchen. Dessen Macht ist gewaltsam, weil sie die rationale Kontrolle der Zuhörer überwältigt. Daher vermag sie sogar die Gewalt gewaltsam zu überwinden. Zu Beginn der *Ilias* »erscheint« (φαινομένη) Athene, die für alle außer für den halb-unsterblichen Achill unsichtbar ist, vor allem durch die Stimme (1, 198ff). Sie gebietet dem Helden von der Tötung des Agamemnon abzusehen. Trotz seiner Wut gehorcht Achill, da er die Vorzüge besonnenen Handelns erkennt: ὃς κε θεοῖς ἐπιπείθηται μάλα τ' ἔκλυον

---

[7] Heraklit, Frag. 51: οὐ ξυνιᾶσιν ὅκως διαφερόμενον ἑωυτῷ ὁμολογέει παλίντροπος ἁρμονίη ὅκωσπερ τόξου καὶ λύρης. (»Sie verstehen nicht, wie das auseinander Strebende ineinander geht: gegenstrebige Vereinigung wie beim Bogen und der Leier«; übers. v. Diels).

[8] »L'arc est la mort à distance: la mort inexplicable. […] La lyre ou la cithare sont d'anciens arcs qui lancent des chants vers le dieu (des flèches vers la bête).« Pascal Quignard, *La haine de la musique* [1996] (Paris 2003), S. 37.

αὐτοῦ (»Wer dem Gebot der Götter gehorcht, den hören sie wieder«, 1, 218). In der späteren romanischen und germanischen Tradition wird jeder Zuhörer als gehorsam dargestellt. Das englische *obey*, wie das französische *obéir* (aus dem lateinischen *oboedire*, »zuhören«) ist ausgesprochen prägnant in dieser Hinsicht. Auch die Semantik im Deutschen nutzt häufig eine etymologische Verbindung zwischen *Hören*, *Gehören* und *Gehorchen*.[9] Betont man diese Beziehung, so wird der Akt des Hörens durch und durch passiv. Das Deutsche impliziert, dass man sich als Besitz eines anderen versteht (»Ich gehöre zu ihm«) oder dass man sich nach dem Willen eines anderen richtet (»Ich gehorche ihm«). Indem man (zu)hört, lässt man sich als Teil eines Ganzen lenken oder betrachten. So *gehört* man, wem man *zuhört*, und man *hört* auf den, dem man *gehorcht*.[10]

ഌ

Edmund Burke, dessen *Philosophical Enquiry into the Origin of our Ideas of the Sublime and the Beautiful* (1757) eine außerordentlich wichtige Rolle bei der Ausbildung des europäischen Diskurses über das Erhabene spielte, unterstreicht ebenfalls den Wahrnehmungssinn des Hörens.[11] Für Burke gilt: »Keine Leidenschaft beraubt das Gemüt so durchgreifend aller seiner Kraft zu handeln und zu räsonieren wie die Furcht«.[12] Im Großen und Ganzen geschieht dies, weil das Erhabene das Scheitern des Sehens ausnutzt. Gerade Dun-

9 Siehe Jacob Grimm und Wilhelm Grimm, *Deutsches Wörterbuch*, 33 Bde. (München 1984), s.v. »GEHÖREN«, 4a: »*noch jetzt fragt man auf dem lande z. b. ein kind:* wem gehört du? wer sind deine angehörigen? *genauer: wer sind deine eltern, wer ist dein vater? eigentlich:* wem hast du zu gehorchen?«.
10 Heine behandelt die Auswirkungen dieses etymologischen Netzwerks und seine Beziehung zu der wahnsinnig machenden Musik in seiner Novelle *Die Florentinischen Nächte*. Siehe meinen Aufsatz, »›Sinneverwirrende Töne‹. Musik und Wahnsinn in Heines *Florentinischen Nächten*«, *Zeitschrift für deutsche Philologie* 126 (2007), S. 1-18.
11 Die Gegenüberstellung von Sehen und Hören führte zu einer reichen und überzeugenden Tradition innerhalb der ästhetischen Theorie während des gesamten 18. Jahrhunderts. Siehe Joachim Gessinger, *Auge und Ohr. Studien zur Erforschung der Sprache am Menschen, 1700-1850* (Berlin 1994).
12 Edmund Burke, *Philosophische Untersuchungen über den Ursprung unserer Ideen vom Erhabenen und Schönen* [1757], II. 2, übers. v. Friedrich Bassenge, hg. v. Werner Strube (Hamburg 1989), S. 91. Im Original: »No passion so effectually robs the mind of all its powers of acting and reasoning as fear«. *A Philosophical Enquiry into the Origin of Our Ideas of the Sublime and the Beautiful*, hg. v. Adam Phillips (Oxford 1990).

kelheit ruft ein direktes Gefühl des Schreckens hervor: »Um irgendeine Sache sehr schrecklich zu machen, scheint im allgemeinen Dunkelheit notwendig zu sein. Wenn wir den genauen Umfang irgendeiner Gefahr kennen, wenn wir unsere Augen an ihren Anblick gewöhnen können, so schwindet ein gut Teil unserer Befangenheit« (II. 3, 93).[13] Eine reine Hörerfahrung würde sich der Macht der Augen entziehen, um eine furchtbare Situation zu meistern. Obgleich Burke nur wenig über die Kunst der Musik spricht, betont er für das Erhabene durchweg die Vorrangstellung des Hörbaren über das Sichtbare. In seiner Beschreibung der von ihm als kalt betrachteten Distanz, mit der man ein Gemälde ansieht, bezieht er sich auf den Abbé Dubos, der das Sehen ganz klar als den höheren Sinn ansieht, wenn er die folgenden Zeilen aus Horaz' *Ars poetica* zitiert:

Segnius irritant animos demissa per aures
Quam quae sunt oculis subjecta fidelibus

(Horaz, *Ars poet.* 180-181; zitiert nach Burke, II. 4)

Was ihm durch die Ohren zugetragen wird, erregt das Gemüt schwächer, als was die zuverlässigen Augen vermitteln   (95)

Wie Burke erklärt, gibt Dubos der Malerei den Vorzug, da ihre sichtbare Präsenz eine Kraft verleiht, die weit über die Wirksamkeit der Dichtung hinaus reicht. Daher sind die Zuhörer, so jedenfalls scheint Horaz nahezulegen, stets träge oder faul oder passiv (*segnis*).[14] Für Burke allerdings ist es gerade dieses Untätigsein, dieses *désœuvrement* sozusagen, das den Schlüsselfaktor für das Entstehen des Erhabenen darstellt, indem es die Arbeit des verlässlichen Sehens

13 Im Original: »To make any thing very terrible, obscurity seems in general to be necessary. When we know the full extent of any danger, when we can accustom our eyes to it, a great deal of the apprehension vanishes«.
14 Diese Vorstellung von Passivität berührt direkt eine Vorstellung von Individualität, die nicht auf den Begriff oder das Bild von Subjektivität zurückzuführen ist. Die jüngste Arbeit von Timothy Reiss ist besonders hilfreich, wenn es darum geht, die sich entwickelnden Ausformulierungen dieser Vorstellung eines vor- oder sogar eines nichtsubjektiven Selbst zu verfolgen. Zu diesem Zweck schlägt er im Gegensatz zu »Passivität« (was das Subjekt bereits impliziert) den Begriff »Passibilität« vor: »Passibilität war die grundlegende Natur des menschlichen Wesens *als* Mensch. Seine Beziehung zu den schier endlos vielfältigen Dingen, Eigenschaften und Ereignissen seiner Umgebung – göttlich, belebt, sozial, physisch – war eine des stets und unaufhörlich Betroffenseins durch das schiere In-ihnen-Sein, oder genauer Teil-von-ihnen-Sein. *Passibilität* benennt diese Beziehung wie *Passivität* nicht tut.« *Mirages of the Selfe. Patterns of Personhood in Ancient and Early Modern Europe* (Stanford 2003), S. 97 (Hervorhebung im Original).

unberücksichtigt lässt. Tatsächlich ruft unsere Unwissenheit über die Dinge, unsere Unfähigkeit zur Klarsicht unsere Bewunderung hervor und erregt hauptsächlich unsere Leidenschaften. »Knowledge and acquaintance make the most striking causes affect but little« – »Wissen und Vertrautheit bewirken, dass die auffallendsten Dinge uns nur wenig affizieren« (II. 4, 96). Daher muss Dubos' Beurteilung des Erhabenen umgekehrt werden: seine Macht zeigt sich ganz entschieden *per aures*.

Ist die Sicht der beispielhafte Sinn der Vernunft, der Klarheit und der kühlen, kontemplativen Distanz, dann ist das Hören der Sinn, der den Einsturz räumlicher Bezüge und der sicheren Grenze zwischen Wahrnehmenden und Wahrgenommenen herbeiführt. In dem Eintrag »Musik« in seiner *Allgemeine[n] Theorie der schönen Künste* denkt Johann Georg Sulzer über die physiologische Grundlage der Unterscheidung zwischen musikalischer und visueller Erfahrung nach. »Die Natur«, so Sulzer, »hat eine ganz unmittelbare Verbindung zwischen dem Gehör und dem Herzen gestiftet; jede Leidenschaft kündigt sich durch eigene Töne an und eben diese Töne erwecken in dem Herzen dessen, der sie vernimmt, die leidenschaftliche Empfindung, aus welcher sie entstanden sind«.[15] Da das Medium der Luft, durch das hindurch sich musikalische Töne in den Ohrkanal bewegen, »viel gröber und körperlicher« ist als das flüchtige Element des Lichts, ist die Wirkung des Klangs umso gewaltiger: »Daher können die Nerven des Gehörs, wegen der Gewalt der Stöße, die sie bekommen, ihre Wirkung auf das ganze System aller Nerven verbreiten, welches bei dem Gesichte nicht angeht. Und so lässt sich begreifen, wie man durch Töne gewaltige Kraft auf den ganzen Körper und folglich auch die Seele ausüben könne« (3:422). Das Gehör hat die stärkste Kraft auf die Leidenschaften; deswegen ist ein falscher Ton viel schlimmer als eine abstoßende Farbe in einem Gemälde. Sulzer bezieht sich auf die vielen Geschichten, die von dem Einfluss der Musik auf bestimmte Krankheiten erzählen, und während er eingesteht, dass viele dieser Berichte vollkommen mythisch oder »fabelhaft« sein mögen, bestätigt er dennoch auf der Grundlage seiner Beobachtung der Wirkung von Musik auf den Körper, dass es guten Grund gibt zu glauben, Musik besitze die Fähigkeit, menschliche Krankheiten sowohl zu lindern als auch zu verschlimmern. »Dass Menschen in schweren Anfällen des Wahnwitzes durch Mu-

---

15 Sulzer, »Musik«, in *Allgemeine Theorie der schönen Künste*, 3:422.

sik etwas besänftiget, gesunde Menschen aber in so heftige Leidenschaft können gesetzt werden, dass sie bis auf einen geringen Grad der Raserei kommen, kann gar nicht geleugnet werden« (3:427). Daher spricht Sulzer ständig von der »allgewaltigen Kraft« der Musik (3:422); diese Erhabenheit wird künftige Generationen fesseln.

Für Burke ist die unsichtbare Eigenschaft des Klangs entscheidend. Beim Sehen lässt die Distanz zwischen Betrachtern und Betrachtetem sowohl Beherrschung als auch Entzug zu. Diese Möglichkeiten gibt es beim Hören so gut wie nicht. Der Raum wird überwunden oder sogar abgeschafft, sodass kein Platz ist für kognitive Distanz. Außerdem durchdringt Klang selbst hartnäckigste Hindernisse, nicht bloß als etwas Unsichtbares, sondern auch als etwas, dem feste Materialität fehlt. Töne bewegen sich über Entfernungen hinweg, dringen in Innenräume ein, überschreiten alle Grenzen, einschließlich derjenigen, die die Innerlichkeit eines Subjekts von der Umwelt trennt. Musik überschreitet die Schwelle (*limen*), die Orpheus von seiner verlorenen Eurydike trennt. Klang geht unter der Schwelle durch, unterschwellig, *sub limen – subliminal* und *sublim*.

Der Psychologe Erwin Straus erkennt in seinen Untersuchungen über die Phänomenologie des Hörens aus den dreißiger Jahren diese Erhabenheit in dem Drang, den Oberkörper beim Hören von Musik zu bewegen. Wie schon erwähnt bemerkt auch Longin, wie selbst eine Person ohne musikalische Neigungen veranlasst wird, bei einer mächtigen Hörerfahrung mitzuschwingen. Für Straus zeigt dies, wie akustische Phänomene Körpererfahrung verändern, indem sie das Zentrum des Selbstbewusstseins von der Nasenwurzel zum Bauchnabel verlagern.[16] Diese Verlagerung des Sitzes der Subjektivität bringt mit sich, dass intellektuelle, kognitive Aktivität durch eine unmittelbarere und daher weniger klare Erfahrung bloßen Daseins ersetzt wird. Folglich verändert sich die Raumwahrnehmung. Zur Veranschaulichung betont Straus die qualitativen Unterschiede zwischen Farbe und Ton. In rein optischer Erfahrung ist Farbe immer an ihren Gegenstand gebunden; sie ist immer »da drüben, das heißt in einer bestimmten Richtung und in der Ferne, irgendwo uns selbst

---

16 »The crescendo of motor activity inthe trunk accentuates the functions expressive of our vital being at the expenseof those which serve knowledge and practical action. [...] The ›I‹ of being the awake, active person is centered in the region at the base of the nose, between the eyes; in the dance it descends into the trunk.« Erwin Straus, *Phenomenological Psychology*, übers. v. Erling Eng (New York 1966), S. 26.

gegenüber. Die Farben werden begrenzt und sind aber auch selbst Grenze; sie grenzen Raum ein und unterscheiden ihn in seitlich und in die Tiefe angeordnete Teilräume«.[17] Aus diesem Grund ist visuelle Tätigkeit der Grund und das Vorbild für »theoretisches wissenschaftliches Wissen« (5). Im Gegensatz dazu erfüllt ein nachhallender Ton den Raum. Obwohl wir bestimmen können, aus welcher Richtung ein Klang kommt, löst der Nachhall selbst sich von seiner Quelle und vereitelt dadurch die angenommene Sicherheit. Daher rührt die Fähigkeit der Musik zu überwältigen.

Die weiteren Beobachtungen von Straus über akustische Phänomene bieten eine nützliche Erklärung für die Unterscheidung, die ich zwischen einzelnen und doppelten Artikulationen vorgenommen habe, beziehungsweise zwischen der marsyanischen und der apollinischen Position. Für Straus ist Musik an sich akustischer als Lärm, da sie den bewussten Wunsch, die Referenzquelle herauszufinden, gänzlich auszulöschen vermag. Um den Ursprung und die Bedeutung eines unbekannten Geräuschs zu bestimmen, verbündet sich das Akustische mit dem Optischen. Wie in den meisten Fällen von Sinneswahrnehmung verbindet sich das »pathische« Moment des unmittelbaren Fühlens mit dem »gnostischen« Moment der Reflexion. Musikalische Erfahrung aber zeigt, dass das pathische Moment der Wahrnehmung nicht bloß ein vorbereitender Schritt oder ein vorbereitendes Stadium auf dem Weg zum Gnostischen sein muss, sondern vielmehr ein wesentliches Element für sich ist. Anders gesagt kann es zu einer Art von Bedeutung kommen, ohne Rückgriff auf eine zweite Ebene, die für Symbole unabdingbar ist. Da musikalische Erfahrung an sich pathisch ist, kann sie sich vielleicht sogar ganz vom Gnostischen fernhalten und dadurch zu einer neuen Wertschätzung des materiellen Aspekts führen.

Für Schriftsteller des späten achtzehnten Jahrhunderts kommt diese pathische Erfahrung Formulierungen über das Erhabene äußerst nahe. Wie nicht anders zu erwarten war, konnte ein Denker wie Kant es nicht hinnehmen, die Autonomie des Subjekts zugunsten dieser materiellen Sphäre einzubüßen. Seine durchgängige Definition der Subjektivität als Freiheit forderte Transzendenz, welche, um es mit Straus' Worten zu sagen, die Re-Affirmation des Gnostischen bedeutete. Musikalische Erfahrung jedoch stellt sich als ein außergewöhnlich schwieriger Testfall heraus.

17 Straus, *Phenomenological Pscyhology*, S. 7.

Kants Niederlegung

Ich habe bereits ausgeführt, wie Hegel in der Einleitung zur *Phänomenologie des Geistes* Bewusstsein als *Begriff* selbst beschreibt. Das bedeutet, dass Bewusstsein in der Lage sein sollte, über die Grenzen »ein[es] natürlich[en] Leben[s]« hinauszugehen und so seine eigenen Beschränkungen zu überschreiten, einschließlich der äußersten Beschränkung durch den Tod. In dieser Selbstüberwindung zeigt sich die Gewalt, die das Bewusstsein gegen sich selbst ausübt – »Das Bewußtsein leidet also diese Gewalt, sich die beschränkte Befriedigung zu verderben, von ihm selbst« (PG 74). In seiner bedeutenden *Introduction à la lecture de Hegel* arbeitet Alexandre Kojève diese Vorstellung tödlicher Gewalt aus, indem er sie mit dem Hervorbringen sinnvoller Sprache in Verbindung bringt. In Anlehnung an Hegel betont Kojève die »Endlichkeit« (*finitude*), die einem Wesen erlaubt, sich aus bloßem (flüchtigem) Dasein herauszulösen: »Hegel sagt, wenn Hunde nicht *sterblich* wären – das heißt, nicht an sich *finit* oder zeitlich beschränkt – könnte man ihren Begriff nicht von ihnen *trennen* – das heißt die Bedeutung (das Wesen), die im wirklichen Hund vorhanden ist, dazu bringen, in das *nicht* lebende Wort überzugehen«.[18] In dieser idealistischen Sicht funktioniert Sprache dadurch, dass sie ontologischen Mord begeht. Mit der apollinischen Umkehrung könnte man sagen, dass Sprache solche Wesen gewaltsam zunichte macht und in Entitäten verwandelt, deren idealer (nicht zufälliger, andauernder) Status von nun an durch das Wort geschützt oder in ihm begraben wird.

Hegel schreibt dem Bewusstsein Gewalt zu und verwendet damit im Wesentlichen ein Argument, das aus Kants Analyse der Erfahrung des Erhabenen in der *Kritik der Urteilskraft* (1790) stammen könnte. Für Kant kann man den Naturmächten, die unser physisches Wohlbefinden (»das Dynamisch-Erhabene«) bedrohen oder unsere Fähigkeiten zu verstehen (»das Mathematisch-Erhabene«) vereiteln, mit einer Gegengewalt begegnen, nämlich mit der Macht der Vernunft. Da wir rationale und nicht bloß sinnbegabte Wesen sind, sind wir in der Lage, über unsere körperliche Verletzbarkeit

---

18 Alexandre Kojève, *Introduction à la lecture de Hegel. Leçons sur La phénoménologie de l'esprit*, hg. v. Raymond Queneau (Paris 1947), S. 373 (Hervorhebung im Original).

und die kognitiven Unzulänglichkeiten unserer Einbildungskraft hinauszugehen. Der in der Erfahrung des Erhabenen erfahrene Verlust bringt die Vernunft zu einer Gegenreaktion, durch die der Geist auf eine höhere Stufe gehoben wird, die Gewalt gegen Gewalt ausübt, eine Gegengewalt.[19] Während das Erhabene die Fähigkeit der Sinne für Maß übersteigt, erlaubt es aber auch der Macht der Vernunft, die Beschränkungen sinnlichen Verstehens zu überwinden und damit im Subjekt ein »Gefühl [seiner] übersinnlichen Bestimmung« (KU § 27, 257) hervorzurufen. In Kants Analyse liegt die Gewalt des Erhabenen letztendlich nicht im wahrgenommenen Gegenstand, sondern vielmehr im vernunftbegabten Subjekt, das sich selbst über das bloß Sinnliche *erhebt*, über das, was Hegel »ein natürliches Leben« nennt: »die wahre Erhabenheit [muß] nur im Gemüthe des Urtheilenden, nicht in dem Naturobjecte, [gesucht werden]« (KU § 26, 256). Hegels »Begriff« vergleichbar führt das Erhabene gerade als rationale Gegengewalt die Allgemeinbegriffe von Recht und Moral ein, indem es konkrete Besonderheit negiert. Somit können wir, Kant zufolge, »die Überlegenheit der Vernunftbestimmung unserer Erkenntnißvermögen über das größte Vermögen der Sinnlichkeit« erkennen (KU § 27, 257).

Alles in allem haben Hegel und Kant, zumindest in diesem Fall, einen transzendentalen Idealismus gemein, dessen Ziel es ist, die empirische Tradition des Erhabenen zu korrigieren oder zurückzunehmen, indem Gewalt vom Objekt auf das Subjekt übertragen wird. Hegels Idealismus beschreibt diesen Prozess ausschließlich unter sprachlichen und subjektiven Gesichtspunkten, indem er zeigt, wie die Eventualitäten des Daseins in eine höhere Ordnung integriert werden können. Die von Kant hergestellte Verbindung zwischen gescheiterter Einbildungskraft und siegreicher Vernunft entspricht genau dieser Macht der Sprache eines Subjekts, das Besondere im Allgemeinen wettzumachen. Die Sinneserfahrung, der Bereich reinen Lebens und unmittelbarer Wahrnehmung ist gezeichnet durch eine Flüchtigkeit, die uns an den Naturzustand bindet. Wie im Mythos von Marsyas gewinnen wir Freiheit auf unserem Weg zum All-

---

19 Immanuel Kant, *Kritik der Urtheilskraft* § 28 (Akademie-Ausgabe), 5:259-260. Die in Klammern gesetzten Seitenangaben beziehen sich auf diese Ausgabe (= KU). Siehe hierzu die Diskussion in Caduff, *Die Literarisierung von Musik*, S. 122-123.

gemeinen, allerdings nur, indem wir die Unfreiheit reinen Lebens zeigen. Somit nimmt der Idealismus das Erhabene für das persönliche Subjekt in den Dienst. Wie Kant erklärt: »Mithin ist die Geistesstimmung durch eine gewisse die reflectirende Urtheilskraft beschäftigende Vorstellung, nicht aber das Object erhaben zu nennen. [...] Erhaben ist, was auch nur denken zu können ein Vermögen des Gemüths beweiset, das jeden Maßstab der Sinne übertrifft« (KU § 25, 250).

Obwohl Kants Analyse des Erhabenen einer sehr viel breiteren Darstellung bedarf, genügt es für unsere Zwecke, diese grundlegende Machtübertragung zur Kenntnis zu nehmen. Kants idealistische Interpretation hat wichtige Folgen für Musiktheorie und -darstellung und die potentiell wahnsinnig machende Wirkung von Musik. Dies mag überraschen, da Kant seine Betrachtung der Musik nicht ausdrücklich mit seiner Analyse des Erhabenen verknüpft. Bei genauer Lektüre jedoch zeigen sich entscheidende Parallelen, die das Thema Musik und Wahnsinn direkt betreffen.

Kants Einschätzung der Musik ist bestenfalls ambivalent und schlimmstenfalls vollkommen abschätzig. Ein entscheidender Hinweis auf diese Ambivalenz ist Kants Unfähigkeit zu entscheiden, ob Musik nun »schön« (allgemeingültig) ist oder »angenehm« (nur dem einzelnen Geschmack zufolge gültig).[20] Im der Einteilung der schönen Künste gewidmeten Paragraphen 51 der *Kritik der Urteilskraft* beschreibt Kant Musik vielsagend als das »schöne[ ] Spiel[ ] der Empfindungen« einerseits und als eine Kunst »angenehme[r] Empfindungen« andererseits (KU § 51, 325). Das Schwanken zwischen diesen beiden Polen setzt sich in den folgenden Paragraphen fort. Nachdem er die »Tonkunst« als das definiert, was »durch lauter Empfindungen ohne Begriffe spricht«, bedauert er, dass sie zu keinem »Nachdenken« führe, während er auch erkennt, dass sie »doch das Gemüth mannigfaltiger und, obgleich bloß vorübergehend, doch inniglicher [bewegt]« (KU § 53, 328). Der »Reiz« der Musik wird

---

20 In einem früheren Abschnitt vergleicht Kant das Schöne mit dem Angenehmen und veranschaulicht dies mit einem musikalischen Beispiel, das interessanterweise den Kampf zwischen Apollo und Marsyas unter dem Stichwort »Thorheit« ansiedelt: »Einer liebt den Ton der Blasinstrumente, der andre den von der Saiteninstrumenten. Darüber in der Absicht zu streiten, um das Urtheil anderer, welches von dem unsrigen verschieden ist, gleich als ob es diesem logisch entgegen gesetzt wäre, für unrichtig zu schelten, wäre Thorheit; in Ansehung des Angenehmen gilt also der Grundsatz: ein jeder hat seinen eigenen Geschmack (der Sinne)« (KU § 7, 212).

geschätzt, aber nur im Bereich von »Genuß« und nicht der »Cultur«. Die Zuhörer fordern häufige Wechsel, um »Überdruß« zu vermeiden und finden vielleicht nur die musikalische Vermittlung von Affekten reizvoll, was die Musik ganz allgemein durch das Ansprechen gemeinsamer menschlicher Gefühle und mathematischer Proportionen vollbringt (KU § 53, 328-329). Kants Ambivalenz ist klar: »Wenn man [...] den Werth der schönen Künste nach der Cultur schätzt, die sie dem Gemüth verschaffen, und die Erweiterung der Vermögen, welche in der Urtheilskraft zum Erkenntnisse zusammen kommen müssen, zum Maßstabe nimmt: so hat Musik unter den schönen Künsten sofern den untersten (so wie unter denen, die zugleich nach ihrer Annehmlichkeit geschätzt werden, vielleicht den obersten) Platz, weil sie bloß mit Empfindungen spielt.« (KU § 53, 329).

Musik hat durchweg eine ähnliche Position wie die bildenden Künste, die auch als ein »schönes Spiel von Empfindungen« durch Farbe und nicht durch Ton definiert werden. Aber die Tatsache, dass Musik nur einen »transitorischen« Eindruck vermittelt, im Gegensatz zur Dauerhaftigkeit eines Bildes, bedeutet für Kant, dass jene nicht »die Urbanität der obern Erkenntnißkräfte [...] befördern« kann (KU § 53, 329). Anders gesagt: Während ein Gemälde vom Sensuellen gleichsam aufwärts zum Intellektuellen führt, bewegt Musik »bestimmte[ ] Ideen« nach unten zu »Empfindungen« (KU § 53, 330). Daher Kants berühmte Schlussfolgerung:

> Außerdem hängt der Musik ein gewisser Mangel der Urbanität an, daß sie vornehmlich nach Beschaffenheit ihrer Instrumente ihren Einfluß weiter, als man ihn verlangt, (auf die Nachbarschaft) ausbreitet und so sich gleichsam aufdringt, mithin der Freiheit andrer außer der musikalischen Gesellschaft Abbruch thut; welches die Künste, die zu den Augen reden, nicht thun, indem man seine Augen nur wegwenden darf, wenn man ihren Eindruck nicht einlassen will. Es ist hiemit fast so, wie mit der Ergötzung durch einen sich weit ausbreitenden Geruch bewandt. Der, welcher sein parfümirtes Schnupftuch aus der Tasche zieht, tractirt alle um und neben sich wider ihren Willen und nöthigt sie, wenn sie athmen wollen, zugleich zu genießen; daher es auch aus der Mode gekommen ist. (KU § 53, 330)

Wie ein unvermeidbarer Geruch – sei er auch noch so angenehm, noch so erfreulich – findet die Musik jeden in ihrer Reichweite, frech und rücksichtslos.²¹ Anders als die Augen haben die Ohren keine Lider. Sie müssen alles aufnehmen, was zu ihnen dringt. Und obwohl von Ergötzung die Rede ist, hört man doch gleichzeitig auch ganz klar Beschmutzung mitklingen. Der anstößige Außenseiter stürmt die Stadttore, überschreitet die Grenzen der Höflichkeit wie ein unwillkommener Besucher, ungehobelt und aus der Mode gekommen. Schlimmer noch, für einen nichtsahnenden Philosophen, der ohne Circes Warnung durch den Tag geht, stört die von diesen Sirenen verursachte Lärmverschmutzung die eigene Freiheit zum Denken. In einer gereizten Fußnote bemerkt Kant:

> Diejenigen, welche zu den häuslichen Andachtsübungen auch das Singen geistlicher Lieder empfohlen haben, bedachten nicht, daß sie dem Publicum durch eine solche *lärmende* (eben dadurch gemeiniglich pharisäische) Andacht eine große Beschwerde auflegen, indem sie die Nachbarschaft entweder mit zu singen oder ihr Gedankengeschäft niederzulegen nöthigen.
>
> (KU § 53, Anm. 2, 330; Hervorhebung im Original)

Diese Bemerkungen über die eindringlichen Wirkungen der Musik werfen bestimmte Fragen auf, wenn sie auf Kants frühere Abhandlung über das Erhabene bezogen werden, besonders die entscheidende Frage der *Gewalt*. Zu Beginn von Paragraph 28 unterscheidet Kant zwischen »Macht« und »Gewalt«, um klarzustellen, dass erhabene Gegenstände in der Natur uns nicht in unserer Vernunft beherrschen können: »*Macht* ist ein Vermögen, welches großen Hindernissen überlegen ist. Eben dieselbe heißt eine *Gewalt*, wenn sie auch dem Widerstande dessen, was selbst Macht besitzt, überlegen ist. Die Natur, im ästhetischen Urtheile als Macht, die über

---

21 Es wäre unfair, Kant eine zutiefst anti-musikalische Haltung zuzuschreiben. Während er an seiner Meinung festhält, dass Musik in der Lage ist, ihren Einfluss über Entfernung hinweg geltend zu machen, bekräftigt er anderswo die angenehmen Aspekte musikalischer Erfahrung, beispielsweise in den Vorlesungen über *Anthropologie*: »Was aber den Vitalsinn betrifft, so wird dieser durch Musik, als ein regelmäßiges Spiel von Empfindungen des Gehörs, unbeschreiblich lebhaft und mannigfaltig nicht bloss bewegt, sondern auch gestärkt, welche also gleichsam eine Sprache bloßer Empfindungen (ohne alle Begriffe) ist. Die Laute sind hier Töne und dasjenige fürs Gehör, was die Farben fürs Gesicht sind; eine Mittheilung der Gefühle in die Ferne in einem Raume umher an alle, die sich darin befinden, und ein gesellschaftlicher Genuß, der dadurch nicht vermindert wird, daß viele an ihm theilnehmen.« *Anthropologie* (Akademie-Ausgabe), 7:155.

uns keine Gewalt hat, betrachtet, ist *dynamisch-erhaben*« (KU § 28, 260). Musik dagegen scheint Gewalt über die »Gedankengeschäfte« des Philosophen zu haben, da sie ihn zwingt, seine Gedankengänge »niederzulegen«. Die Gegengewalt der Vernunft, die die Einbildungskraft davor schützt, beim Verstehen des Erhabenen zu scheitern, misslingt offenbar im Falle der Musik. Das Subjekt erliegt »gegen seinen Willen«. Seine »Freiheit« wird gestört. Die Frage ist dann, ob Kants ambivalente Haltung der Musik gegenüber in ihrer unbestreitbaren, unwiderstehlichen und vielleicht unbezwingbaren Gewalt begründet liegt. Ist seine Unentschiedenheit symptomatisch für eine grundlegende Verständnislosigkeit? Sicher spielt Kant auf *die Gewalt der Musik* an, während er sie ebenso unterdrückt. Sogar Hegel räumt, wie wir gesehen haben, die »Allgewalt« der Musik ein. Könnte diese Gewalt die souveräne Arbeit der Vernunft bedrohen? Ist der »Mangel an Urbanität« der Musik nur ein Euphemismus für seine unbezähmbare Erhabenheit?

୫୬

Wie Kant selbst zugibt, wurden seine Gedanken über das Erhabene in der dritten *Kritik* (wie auch in den früheren *Beobachtungen über das Gefühl des Schönen und Erhabenen* [1764]) durch Edmund Burkes Werk angeregt, wo das Erhabene eine mächtige, überwältigende Kraft ist, die nur dem angetroffenen Gegenstand zugestanden werden kann, sei er natürlich oder künstlich. Die Tatsache, dass Kant diese Macht dem Subjekt überträgt, ist seine größte Neuerung. Dieser Zug entspricht einer neu formulierten Ästhetik, die ihre Untersuchungen von den Eigenschaften der Gegenstände auf das Funktionieren des Subjekts verlegt. Dadurch verändert Kant eine seit langem bestehende Tradition, der zufolge die Wirkung des Erhabenen mit einer dominierenden Macht verbunden war, die das Subjekt passiv machte und die vernünftige Kontrolle betäubte. Wo Longin und Burke die überwältigende Schärfe der Rhetorik sahen, beschwört Kant den Widerstand der Vernunft und ihr Bestehen auf Wahrheit.[22]

Kant hatte kein Verständnis für die Beredsamkeit, die er als betrügerische Kunst verdammt und die es ihm zufolge darauf anlegt, »die

---

22 Siehe Winfried Menninghaus, »Zwischen Überwältigung und Widerstand. Macht und Gewalt in Longins und Kants Theorien des Erhabenen«, *Poetica* 23 (1991), S. 1-19.

Gemüther vor der Beurtheilung für den Redner zu dessen Vortheil zu gewinnen und dieser die Freiheit zu benehmen« (KU § 53, 327). Seine Abneigung gegen den »Mangel an Urbanität« der Musik, die »der Freiheit andrer [...] Abbruch thut«, entspricht genau diesem Misstrauen. Aus demselben Grund entzieht er die Erfahrung des Erhabenen Longins Auditorium und lässt sie stattdessen im Arbeitszimmer des Philosophen einziehen. Allerdings verheimlicht Kants Ermächtigung des Subjekts kaum seine dunkle Seite. Obwohl er das Scheitern der Einbildungskraft als eine Gelegenheit für den Erfolg der Vernunft interpretiert, erhöht er die psychologischen Anteile erheblich. Die Einführung einer vernünftigen Gegengewalt provoziert eine kämpferische Begegnung zwischen dem menschlichen Subjekt und dem überwältigenden Objekt, wobei tatsächlich Letzteres gegen Ersteres verlieren kann. Kant gefährdet so gerade den Status des Subjekts.[23] Er verleiht dem Subjekt die Fähigkeit, der Gewalt des Erhabenen die Stirn zu bieten, aber lässt gleichzeitig die Möglichkeit einer Niederlage zu.

Die Angreifbarkeit von Kants Schachzug wird erkennbar, wenn er die Unendlichkeit diskutiert. Wie in allen Beispielen für das Erhabene wird der Verlust auf dem Niveau der Einbildungskraft wettgemacht durch einen Gewinn auf der Vernunftebene. Unendlichkeit kann nicht durch unseren Sinnesapparat gefasst werden, aber sie ist vernünftig vorstellbar; anders formuliert erhält der longinische Zuhörer von Kant das Privileg, »die Stimme der Vernunft« zu hören: »Nun aber hört das Gemüth in sich auf die Stimme der Vernunft, welche zu allen gegebenen Größen, selbst denen, die zwar niemals ganz aufgefasst werden können, gleichwohl aber (in der sinnlichen Vorstellung) als ganz gegeben beurtheilt werden« (KU § 26, 254). Kant hätte schwerlich eine unbeständigere Metapher wählen können. Was ist denn tatsächlich diese »Stimme«, und wie entkommt das Vorsprechen der Vernunft der Gefahr aus den anderen Szenen des Hörens?

Die »Stimme der Vernunft« erscheint auch an anderer Stelle in Kants Werk, vor allem in der *Kritik der reinen Vernunft*, wo sie als allgemeiner Zwang zur Vernunft in ethischen Fragen fungiert. Wie in der dritten *Kritik* ist die Stimme der Vernunft stumm. Sie entbehrt

---

23 Nicola Gess schreibt: »Existenziell bedrohlich wird die Überwältigung erst bei Kant. Denn hier steht die Autonomie des Subjekts auf dem Spiel, für die die Konfrontation mit dem Erhabenen zum Prüfstein wird«. *Gewalt der Musik*, S. 245.

tatsächlich jeglicher subjektiven Grundlage, denn das moralische Gesetz muss rein formal, allgemein anwendbar und ohne Rückgriff auf moralische Gefühle oder persönlichen Willen sein: »wäre nicht die Stimme der Vernunft in Beziehung auf den Willen so deutlich, so unüberschreibar, selbst für den gemeinsten Menschen so vernehmlich, die Sittlichkeit gänzlich zu Grunde richten«.[24] Anders als Sokrates' ausschließlich persönlicher *daimonion* und anders als Rousseaus deistische »Stimme der Natur« ist Kants »Stimme der Vernunft« ganz und gar formal und gerade deswegen kann niemand über sie hinwegschreien; sie ist *unüberschreibar*.[25] Es handelt sich sicherlich nicht um eine physische Stimme, flüchtig, *überschreibar*, und dennoch ist sie immer noch eine »Stimme«. Statt einfach zu akzeptieren, dass Kant nur auf eine konventionelle Metapher zurückgreift, wäre es ergiebig, den Gebrauch voranzutreiben, wodurch der moralische Mensch in erster Linie ein unterwürfiger Zuhörer ist.[26]

Wahrscheinlich gibt es keinen Denker, der so schlau wie Johann Gottfried Herder war, die versteckten Schwachstellen in Kants System freizulegen. In *Kalligone* (1800), einer erweiterten Kritik von Kants Ästhetik, greift Herder im Wesentlichen auf empirische Voraussetzungen zurück, um den in seinen Augen fehlgeleiteten Idealismus des Philosophen in Frage zu stellen. Obwohl Herder mit Kant übereinstimmt, wenn es um die Interpretation der Erfahrung des Erhabenen als einer Erhebung geht, ist er indes nicht bereit, den Bereich des Pathischen auf der Grundlage einer A-priori-Spekulation aufzugeben. Vereinfacht gesagt übersieht Kants Methode für Herder letztlich das sinnlich wahrnehmbare, physische Dasein des Menschen in der Welt. Um einer bestimmten Vorstellung von Freiheit willen, lässt Kant das menschliche Subjekt ohne Körper – ein in gespenstischer Wirklichkeit verlorener Geist. Das Schweigen der »Stimme der Vernunft« dieses Letzteren ist daher besonders vielsagend. Für Herder lässt sich vieles lernen, wenn man all dem zuhört, was nicht stumm ist. Wenn Musik für Kant eine Bedrohung für das Denken darstellt, so dient sie Herder gerade als Denkparadigma – nicht trotz, sondern vielmehr wegen der paradigmatischen Erhabenheit der Musik.

24 Kant, *Kritik der praktischen Vernunft* (Akademie-Ausgabe), 5:35.
25 Siehe Dolar, *A Voice and Nothing More*, S. 83-103.
26 Siehe Herman Parret, »Kant on Music and the Hierarchy of the Arts«, *The Journal of Aesthetics and Art Criticism* 56 (1998), S. 251-264.

Gemeinschaft und Herders Musikkonzeption

Herders zwischen 1769 und 1770 verfasstes, aber erst posthum erschienenes *Viertes Wäldchen* war ursprünglich als eine kritische Antwort auf das Werk des Erfurter Philosophieprofessors Friedrich Just Riedel gedacht, dessen knappe *Theorie der schönen Künste und Wissenschaften* 1767 erschien. Was aber herauskam, ist Herders früheste und bis heute ausführlichste ästhetische Theorie, einschließlich einer nachhaltigen Reflexion über den Sinn des Hörens und die Musikkunst.

An Lessings berühmte Analyse der Unterschiede zwischen Wort und Bild im *Laokoon* (1766) erinnernd, nimmt Herder eine sensualistische Unterscheidung zwischen der ästhetischen Erfahrung des Sehens und der des Hörens vor. Da das Gesicht durch Vergleich, Maß und Schlussfolgerung vorgeht, ist es »der Künstlichste, der Philosophischste Sinn«.[27] Die nur durch das Auge wahrgenommenen Gegenstände, die Herder für zweidimensional hält, außer wenn die Sicht mit dem Fühlen zusammenarbeitet, liegen kalt und distanziert vor uns. Im Gegensatz dazu geschieht die Wahrnehmung von Klängen »tiefer in unsrer Seele« (292); ihre Wirkung ist einer »Berauschung« verwandt (336). Während das Optische sich räumlich vollzieht, entfaltet sich das Akustische nacheinander in der Zeit, was am tiefsten und unmittelbarsten auf unsere Seele wirkt. Daher erklärt sich die intensive Wirkung der Musik auf das menschliche Gefühl. Deswegen setzt Herder Musiktheorien herab, die Harmonie auf der Grundlage von Intervallbeziehungen zu erklären versuchen oder Schall aus der Einteilung des Monochord oder aus der Obertonserie ableiten. Laut Herder sind diese Erklärungsweisen als Verräumlichungen oder als intellektuelle Abstraktionen von Musik zu verstehen. Die Reduktion von Musik auf Raum übersieht das Nacheinander dieser Kunst und ist daher nicht in der Lage, ihre mächtige Wirkung auf die Zuhörer zu erhellen.

Um zu einem wahreren Verständnis dessen zu gelangen, was während musikalischer Erfahrung passiert, wendet sich Herder physiologischen, materialistischen Argumenten zu. Er verweist auf die Ohrschnecke, das Trommelfell und die Gehörnerven, die er als »ein Saitenspiel von Gehörfibern« (347) bezeichnet. Genauer gesagt ist

---

27 Herder, *Viertes Wäldchen*, in *Werke*, hg. v. Bollacher, 2:290.

unser Hörapparat in der Lage, Töne entweder auf »widrige« oder auf »glatte« Weise zu empfangen (348). Letzteres wird dank der Gleichmäßigkeit des Klangs als »angenehm« empfunden. Dieses Gefühl des Angenehmen kann weiter in zwei Haupttypen eingeteilt werden:

> Die Nerve wird homogen *angestrengt*, und die Fibern auf einmal mehr gespannet; oder sie wird *erschlaffet*, und die Fibern fließen allmählich, wie in eine sanfte Auflösung über. Jenes ist dem Gefühl gleichartig, was wir in der Seele *Gefühl des Erhabnen* nennen; das letzte ist *Gefühl des Schönen*, Wohllust. Sehet daraus entspringt die Haupteinteilung der Musik in *harte* und *weiche* Schälle, Töne und Tonarten – und dies zeigt die Analogie des ganzen allgemeinen Gefühls in Körper und Seele, so wie sich in ihm alle Neigungen und Leidenschaften offenbaren.
>
> (348-349; Hervorhebung im Original)

Hier ist Herders Übereinstimmung mit Burke offensichtlich, und tatsächlich erkennt er die »würklichen Entdeckungen« (349) dem britischen Autor zu. Obwohl er bedauert, dass Burke seine Untersuchungen nicht in den Bereich des Hörens ausgeweitet hat, schätzt er den der *Enquiry* zugrunde liegenden Empirismus sehr. Doch während Herder zur Zeit der *Kalligone* (1800) sich weiterhin auf die Erfahrung konzentriert, kann er Burkes (oder Kants) strenge Unterscheidung zwischen dem Schönen und dem Erhabenen nicht billigen.

Anstatt zwischen beiden eine klare Linie zu ziehen, versucht Herders *Kalligone*, den fließenden Übergang von einem zum anderen zu offenbaren. Er schlägt vor, den antiken Autoren zu folgen: »Wie vielartig übten die edelsten Griechen ihre Kräfte, am Schönen sowohl als dem Erhabnen«.[28] *Kalligone* listet eine Reihe von Beispielen auf, einschließlich dem Himmel und dem Meer, die wir natürlich sowohl als schön als auch als erhaben erfahren können – »nur ein verwöhnter Sinn sie trennen mag«:

> Ein schönes Gewölbe, so sanft gebogen, die hohe Zeltdecke so gleichmäßig gespannt und gerundet, daß er nicht anders, als mit heiterm Blick zu ihr hinauf sieht. Sie trägt sich selbst, die erhabne Hemisphäre, am Ende des Horizonts gespannt auf die ewigen

---

28 Herder, *Kalligone*, in *Werke*, hg. v. Bollacher, 8: 862.

Pfeiler der Berge. Beide Gestalten, der Festigkeit und Schönheit, heben und stützen einander; unter diesem Dach wohnen wir, mit einer Abwechselung der Nacht und des Tages, über allen Ausdruck erhaben und freundlich. (686)

Das Beispiel des sanften und erfurchtgebietenden Himmels, die Wahrnehmung des zwischen stürmischen Wellen und ruhiger Oberfläche wechselnden Ozeans – diese offenkundig polyvalenten Fälle – sind kaum die Ausnahme, sondern eher die Regel für Herders Ästhetik im Allgemeinen und seine Musiktheorie im Besonderen. Für Herder ist Musik eine Kunst der Bewegung, eine Kunst der Abwechslung, nämlich zwischen »Harmonie und Disharmonie«.[29] Musik ist beispielhaft für Herders Ästhetik, da sie aus einem Nacheinander von Spannung und Entspannung, von Missklang und Wohlklang besteht. Daher ist Musik ideal für den Ausdruck entgegen gesetzter Gefühle wie Liebe und Verzweiflung. Sie erfasst künstlerisch die Zyklothymie, die über die Reichweite verbaler Sprache hinausgeht. Wie er im *Vierten Wäldchen* ausführt, sind Worte »zu deutlich«:

> Musik als solche hat Nachahmung Menschlicher Leidenschaften: sie erregt eine Folge inniger Empfindungen; wahr, aber nicht deutlich, nicht anschauend, nur äußerst dunkel. Du warest, Jüngling! in ihrem dunkeln Hörsaale: sie klagte: sie seufzete: sie stürmte: sie jauchzete; du fühltest Alles, du fühltest mit jeder Saite mit – aber worüber wars, daß sie, und du mit ihr klagtest, seufzetest, jauchzetest, stürmtest? Kein Schatte von Anschauung; Alles regte sich nur im dunkelsten Abgrunde deiner Seele, wie ein lebender Wind die Tiefe des Ozeans erreget. Wie? wenn ein deutlicherer Menschlicher Ausdruck *der* Leidenschaft dazu käme, die die Tonkunst nur so undeutlich sagte? Menschlicher Ausdruck durch die Sprache? ist zwar deutlicher; aber nur gar zu deutlich.
> (2: 406-407)[30]

---

29 »Da jede Empfindung vom leisesten Anfange zum Maximum hinauf, und bis zum unmerklichen Ausklange hinunter ihre Bahn durchläuft, und die Gesetze jeder Bewegung ihr hierin gleichförmig oder widrig sein müssen; so gibt das Verhältnis Einer zur andern Bewegung *Harmonien und Disharmonien*, die jedem feinem Gefühl empfindlich werden« (*Kalligone*, 689-690; Hervorhebung im Original).

30 Siehe Rafael Köhler, »Johann Gottfried Herder und die Überwindung der musikalischen Nachahmungsästhetik«, *Archiv für Musikwissenschaft* 52 (1995), 205-219; 211.

Somit interpretiert Herder die Erfahrung des Erhabenen neu: er benutzt Burkes Empirismus zur Korrektur von Kants Abstraktion in körperlose Vernunft, während er auf der anderen Seite Kants Vorstellung der Erhebung einsetzt, um Burkes Behauptung zu widerlegen, dass die Erfahrung des Erhabenen vor allem in Schrecken besteht (egal wie weit entfernt oder in Burkes Worten »wunderbar«).[31] Herders Zuhörer durchlaufen nacheinander Phasen der Ehrfurcht und des Verstehens, allerdings ohne dass sie den körperlichen Standpunkt aufgeben müssen, wie Kant es fordert.

Außerdem muss, ohne Burke zu nahe treten zu wollen, das Ehrfurchtsgefühl keineswegs ein schmerzhaftes sein. Für Herder ist die uns in Ekstase versetzende Macht des Erhabenen ein göttliches Geschenk: »eine Himmelsluft, die uns hebt und stärket«.[32] Diese Verzückung als furchtbar zu betrachten, bedeutet, die Rolle des Göttlichen in unserem Leben zu leugnen. Rachel Zuckert fasst diesen Punkt ausgezeichnet zusammen: »Laut Herder wird man solche Erfahrungen nur dann als schmerzhaft empfinden, wenn man einer ›arroganten‹ Vorstellung seiner selbst oder des menschlichen Selbst im Allgemeinen anhängt, als der einzigen Quelle für Werte in der Welt, oder wenn man ›tyrannisch‹ genug ist, sich so einzurichten zu wünschen«.[33]

Dieser letzte Punkt bezieht sich auf Herders physiologisches Argument, demzufolge das Ohr ein Instrument ist, fein gestimmt auf den Empfang von Klangeindrücken, die auf das Trommelfell treffen: »Durch und durch sind wir elastische Wesen; unser Ohr, die Gehörkammer unsrer Seele ist ein Akroaterion, eine Echokammer der feinsten Art«.[34] Solch eine Beschreibung rückt Herder in deutliche Entfernung zu mimetischen Vorstellungen von Musikkunst. Musik ist weder die Darstellung emotionalen Inhaltes noch der Ausdruck individueller Leidenschaft. Im Gegenteil: Sollte Musik überhaupt Ausdruckskraft besitzen, so handelt es sich um den Ausdruck von etwas Überindividuellem, etwas Gemeinsamem, Pluralischem: »Die Musik spielt in uns ein Clavichord, das unsre eigene innigste Natur

---

31 Siehe Herders ausführliche Diskussion in *Kalligone* (Dritter Teil), in *Werke* hg. v. Bollacher, 8: 861-874.
32 Herder, *Kalligone* (Dritter Teil), S. 890.
33 Rachel Zukert, »Awe or Envy. Herder contra Kant on the Sublime«, *Journal of Aesthetics and Art Criticism* 61 (2003), 217-232; 225.
34 Herder, *Kalligone* (Erster Teil), 8: 702-703.

ist«.³⁵ Das heißt, dass die Gewalt der Musik uns über unseren individuellen Identitätssinn, über unsere kalte Vernunft hinaushebt. Als Klangkörper sind wir einer Erfahrung unterworfen, die offenbart, was über Gefühle individueller Subjektivität hinausgeht. Das würde nur dann als Verlust betrachtet, wenn sich unsere Selbstdefinition einzig auf Subjektivität gründen würde.

ଛ

Der Verlust von Subjektivität, der für Kant ein unerträgliches Scheitern von Autonomie bedeutet, stellt für Herder die Gelegenheit dar, Selbst und Gemeinschaft neu zu interpretieren. Am klarsten wird diese Neuinterpretation vielleicht in einer kurzen Abhandlung über Kirchenmusik aus dem Jahre 1793 ausgedrückt, die den einfachen Titel *Cäcilia* trägt. Zu Anfang benutzt Herder wieder die Auge/Ohr-Unterscheidung, um eine Art des musikalischen Erhabenen zu definieren, die sakraler Musik innewohnt. Die Unterscheidung führt zu einer Opposition zwischen unpersönlichen Kirchenliedern und dem, was er »dramatische« oder »charakteristische« Musik nennt, das heißt Musikstücke, die persönliche Züge oder Gefühl darstellen. Der Unterschied zwischen diesen beiden Musikarten beschwört wiederum den Gegensatz zwischen dem Hörbaren und dem Sichtbaren: »jede Sylbe, in welcher der Dichter oder Künstler spricht, um sich zu zeigen, schadet der Wirkung des Ganzen und wird dem reinen Gefühl unausstehlich. Dramatische und Kirchenmusik sind von einander beinahe so unterschieden, wie Ohr und Auge«.³⁶ Kirchenmusik ist insofern erhaben, als sie das individuelle, vernünftige Subjekt aus dem Zentrum ästhetischer Erfahrung verschiebt und es durch das Göttliche ersetzt. Wieder stellt Herder hier in Frage, ob erhabene Erfahrungen notwendig schmerzhaft oder frustrierend beurteilt werden müssen. Aus Herders theistischer Sicht sollte die in ihr empfundene Ehrfurcht dazu führen, dass die niedrigere Stellung des Subjektes gegenüber dem Höheren oder Größeren erkannt wird. Diese Erkenntnis prägt die »Demuth«, die die physische und moralische Bedingung dafür ist, das Erhabene als eine Erfahrung von Höhe zu betrachten. Als solche kann das Erhabene keine Schmerzquelle sein (die die Souveränität der Menschen in Frage stellt), son-

---

35 Herder, *Kalligone* (Erster Teil), 8: 703.
36 Herder, *Cäcilia*, in *Sämmtliche Werke*, 33 Bde., hg. v. Bernhard Suphan (Berlin 1877-1913), 16: 265.

dern vielmehr ist es eine Quelle der Bewunderung (die das menschliche Subjekt an seine relative Stellung in der Welt erinnert). In *Cäcilia* ruft Kirchenmusik Bewunderung hervor, gerade weil sie das ganzheitliche Weltbild bestärkt, nach dem das individuelle Subjekt seinen Platz vor dem Göttlichen wieder entdeckt. Jegliche Geltendmachung von Individualität würde daher »der Wirkung des Ganzen [schaden]«. Herders Definition zufolge kommen in dramatischer Musik individuelle Stimmen vor, etwa in Arien oder Duetten, wo die Sänger nach vorne treten, um sich Gehör zu verschaffen und »sich« in einem höchst visuellen Raum »zu zeigen«. Das führt zu einer Verräumlichung von Musik, der Herder im *Vierten Wäldchen* misstraute. Kirchenmusik ist dagegen nichtdarstellend: »hier zeigen sich […] keine Personen, hier wird nichts repräsentiret. Es sind reine, unsichtbare Stimmen, die unmittelbar mit unserm Geist und Herzen reden« (265).

Nichtdarstellbarkeit, Kennzeichen des Erhabenen, ist eine Folge dieser *Verinnerlichung*, die im Wesentlichen den von der Sicht dominierten äußerlichen Raum auflöst. Diese innerliche Erfahrung führt jedoch nicht zum Ausdruck persönlicher Identität, sondern vielmehr zu einer Andachtshaltung. In Kirchenmusik ist Gefühl noch anwesend: nicht als Pathos eines individuellen Lebens, sondern als Ekstase, die eine Person aus sich selbst und über die Subjektivität hinaus treibt. Das nichtdarstellende Wesen der Hymne oder des Chorals legt überdies die Nichtdarstellbarkeit des Selbst nahe: »Vor der Gemeine verliert die einzelne Person […] nicht nur alles Ansehn mit ihrer Gebehrde, sondern das Wort ihrer Stimme verliert auch alle Wirkung. Dies Wort muß ihrem Munde schon entnommen, und *allgemeiner* Gesang, ein Wort an alle menschliche Herzen geworden seyn: alsdann wirds eine Stimme der heiligen Tonkunst« (265; Hervorhebung im Original). Choralgesang bringt »die tiefste Demuth« mit sich, eine »Vernichtung und Zerschmelzung vor Gott« (262).

Die Auslöschung des Subjekts gegenüber dem Universellen charakterisiert die Erhabenheit sakraler Musik als ein spezifisch katholisches Phänomen. Interessanterweise entwarf Herder seine Abhandlung *Cäcilia*, nachdem er von einer längeren Italienreise zurückgekehrt war. Wie noch aus Kleists Texten deutlich hervorgehen wird, wird die protestantische Haltung als genau die Art von Selbstbejahung angesehen, die die ekstatische Auflösung von Subjektivität verhindert, die Herder für das bedeutendste Element in der Erfahrung sakraler Musik hielt. Die ausgesprochen rationale Position des konventionellen Protestantismus, allerdings nicht des Pietismus, wurde als Widerstand oder als Gegengewicht gegen das Erhabene bezeichnet, dem mit Vorsicht zu begegnen war. In diesen Zusammenhang gehört ganz eindeutig Kants Theorie der Gegengewalt der Vernunft.[37] Aus musikgeschichtlicher Sicht könnte man die protestantische Einführung der Arie, des Duetts und des Rezitativs in die Kirchenmusik diesem Misstrauen zuschreiben. Das protestantische Paradigma gründete auf einem mit der Kultur der Empfindsamkeit verbundenen Ideal, demzufolge Stimmen sich miteinander verbinden, ohne ein Selbstgefühl aufzugeben. Dieses Ideal hing von einer gemeinsamen Erfahrung von Individualität ab, das heißt von einem subjektiv ausdrucksvollen Dasein, das die Subjektivität des anderen bestätigt.

Das in Herders Abhandlung umrissene katholische Ideal beruht auf einem ganz bestimmten Gemeinschaftsideal, das nicht-subjektiv und nicht-individualistisch ist. Hier gibt es keine menschliche Stimme, die kognitiv mit dem Bewusstsein anderer Menschen geteilt werden kann. Es gibt nur die Stimme Gottes oder die Macht der Musik. »Die heilige Stimme spricht vom Himmel herab; sie ist Gottes Stimme und nicht der Menschen« (265). Diese Universalität oder Katholizität reflektiert die Einheit Gottes und wird erreicht, indem Identität unsichtbar gemacht wird. »Diese Unsichtbarkeit« definiert das Wesen geistlicher Musik, die die Einheit des Göttlichen bestätigt. Daher folgert Herder: »Aus unsern protestantischen Kirchen ist diese Einheit ziemlich verschwunden, auf welche es doch in der ersten Kirche so fühlbar und groß angelegt war« (261).

Es bleibt allerdings unklar, wie man diese Vorstellung von Gemeinschaft zu denken habe. Wenn die von Herder angesprochene Einheit als eine Art Identität vorgestellt wird, würde sie per definitionem dem grundlegenden Gemeinschaftsbegriff als der Auflösung von Identität und der dieser korrespondierenden Darstellung widersprechen. Die Tatsache, dass diese Identität aus einer göttlichen und

---

[37] Man kann Kants Analyse des mathematischen Erhabenen in der *Kritik der Urteilskraft* als ein an sich protestantisches Modell verstehen, um die Bedrohung der Einbildungskraft zu überwinden (KU § 26). Seine Darstellung des Prozesses, wodurch Vernunft genau dort eine Gegengewalt ausübt, wo die Einbildungskraft versagt, spielte eine wichtige Rolle sowohl für die Entwicklung des musikalisch Erhabenen als auch für die gleichzeitigen Fortschritte bei der Formulierung von Kompositions- und Rezeptionsregeln. Siehe zum Beispiel Michaelis, »Ueber das Erhabene in der Musik« (1801), in *Ueber den Geist der Tonkunst*, S. 168-174. Siehe hierzu die ausführliche Diskussion in Gess, *Gewalt der Musik*, S. 243-312.

nicht aus einer menschlichen Sicht zu verstehen wäre, löst das Problem nicht: »hier wird nichts repräsentiret«. Von welcher Gemeinschaftsvorstellung sprechen wir dann, wenn das System der Darstellung aufgegeben wird? Und was für eine Kunstform ist Kirchenmusik, wenn sie nicht in der Lage ist, ein Medium hervorzubringen, in der eine Gemeinschaft sich selbst reflektiert findet? Jean-Luc Nancys *La communauté désœuvrée* mag in diesem Zusammenhang nützlich sein, vor allem, wenn wir Herders »Einheit« als »Singularität« lesen. Für Nancy widersprechen sich Singularität und die Vorstellung von Gemeinschaft nicht. Singularität ist im Gegenteil ein wichtiger Bestandteil von Gemeinschaft, besonders in ihrer ekstatischen Form. In seiner Abhandlung über Rousseau und Hegel (in der Perspektive George Batailles) schreibt Nancy: »Aber die Einzigartigkeit [*singularité*] besitzt niemals weder das Wesen, noch die Struktur der Individualität«; um zu den Implikationen dieser Vorstellung von Singularität zu gelangen, macht er großzügige Anleihen beim Wortschatz des Erhabenen: »Sie [die Einzigartigkeit] ist zum Teil mit der Ekstase verbunden: man kann nicht wirklich sagen, dass das einzigartige Wesen das Subjekt der Ekstase ist, da diese kein ›Subjekt‹ besitzt, aber man muss sagen, dass die Ekstase (die Gemeinschaft) *dem* einzelnen Wesen geschieht«.[38] Singularität könnte dann mit der einzelnen Artikulation der Stimme – wie die aulische Stimme des Marsyas – zusammengedacht werden, die im semantischen Sinne nichts anderes als ganz einfach sich selbst ausdrückt: ihre physische Präsenz, ihr Platz im Augenblick, ihre Endlichkeit. An anderer Stelle nimmt Nancy die Stimme in den Blick, die vor-rational, vor dem *Logos* ist, und bezieht sie auf sein Gemeinschaftsverständnis: »[Die Stimme] ist immer gespalten [oder geteilt, *partagée*], sie ist in gewissem Sinne die Spaltung selbst. Eine Stimme beginnt dort, wo die Verschanzung [*retrenchement*] eines einzigen Wesens beginnt«.[39] Die Gemeinschaft, die Ekstase ist, erlaubt der einzelnen Stimme, sich selbst darzustellen, ohne irgendeine Subjektivität zu verkörpern. Die Stimme besteht dann rein in der Beziehung und widersteht der Unterordnung unter eine identifizierbare Bedeutung, während sie jedoch weiterhin an einer Gemeinschaft

---

38 Jean-Luc Nancy, *La communauté désœuvrée* (Paris 1986), S. 23-24 (Hervorhebung im Original).
39 Jean-Luc Nancy, »Vox Clamans in Deserto«, in *Le poids d'une pensée* (Sainte-Foy, Québec 1991), S. 21.

teilhat, die nichts anderes ist als »eine Vielzahl aus Einzelwesen« (»la pluralità delle voci singolari«).[40] Im Gegensatz zu der Vorstellung von Gesellschaft – zusammengesetzt aus subjektiven, individuellen Stimmen, die in eine Vorstellung irgendeiner gemeinsamen Identität eingearbeitet werden – ist die Vorstellung von Gemeinschaft für Nancy immer das, was sich der darstellenden Bedeutungsarbeit widersetzt. Kurz gesagt ist die Gemeinschaft »außer Betrieb« *(désœuvreé)* – »Die Gemeinschaft findet zwangsläufig darin statt, was Blanchot *désœuvrement* genannt hat. Unterhalb oder jenseits des Werkes, darin, was sich dem Werk entzieht, darin, was nichts mehr mit Produktion oder Vollendung zu tun hat, sondern was auf Unterbrechung, Fragmentierung, Aufhebung [*suspens*] trifft.«[41] Bereits Herder weist auf diese Außerkraftsetzung (*unworking*) hin, wenn er die Wirkung von Kirchenmusik als »eine Vernichtung und Zerschmelzung vor Gott« bezeichnet. Am besten allerdings beschwören die Schriften Wilhelm Heinrich Wackenroders dieses Gespür für über-individuelle, beinahe mystische Gemeinschaft in der Erfahrung sakraler Musik. Als etwas Erhabenes überwältigt sie jede Vorstellung von Persönlichkeit, sie überflutet den Weg zur Subjektivität. Das ist nicht nur für die Zuhörer der Fall, sondern auch für die Person, die die Liturgie singt. Mit einer vorsprachlichen Stimme kann man das Singuläre vor der Signifikation hören, vor der Artikulation von Bedeutung, und dennoch kann man sie innerhalb der Gemeinschaft hören.

Am interessantesten ist die Tatsache, dass Wackenroder die Mittel des Erhabenen und des Sakralen einsetzt, um seinem Text Erscheinungsformen des Lebens einzuschreiben, denen nachgesagt werden könnte, dass sie sich einer Darstellung entziehen. Seine Novelle *Das merkwürdige musikalische Leben des Tonkünstlers Joseph Berglinger* (1797), eine äußerst autobiographische Geschichte über einen emotional instabilen Komponisten, erlaubt es der Musik und dem Wahnsinn, als Metaphern für Nichtdarstellbarkeit, die Sprache der Repräsentation außer Kraft zu setzen. Daher hat Wackenroder sich selbst eine unmögliche Aufgabe gestellt: eine Autobiographie zu schreiben, die das Selbst vor autobiographischen Fallen, vor Reduktion und Falschheit bewahrt. Sind Metaphern für Nichtdarstellbarkeit ein ausreichendes Mittel, um Aspekte des Selbst zu offenbaren,

---

40 Cavarero, *A piu voci*, S. 195.
41 Nancy, *La communauté désœuvrée*, S. 78-79.

die für undarstellbar gehalten werden, »vor dem und über das Werk hinaus«? Oder sind sie von dem Augenblick an, wenn sie in ein Werk eingearbeitet werden, zum Scheitern verurteilt? Allerdings mögen diese Fragen zu naiv sein. Dem Erhabenen Longins entsprechend ist selbst das Scheitern ein Erfolg, solange es ein glanzvoll ist.

Wackenroders Berglinger-Novelle

Wackenroder arbeitete in der *Berglinger*-Novelle viele Vorstellungen und Beschreibungen des Erhabenen ein, die er von Longin, Burke und Herder übernommen hatte. Seine Behandlung der bisher diskutierten Themen (des nichtmimetischen Charakters der Musik, des Verlustes rationaler Kontrolle beim Hören, der ekstatischen Gemeinschaft) bringt eine wichtige Beurteilung musikalischer Erfahrung als etwas den Erfahrungen des Wahnsinns Ähnliches. Sein *Berglinger* nimmt daher in vielerlei Hinsicht Kleists *Heilige Cäcilie* vorweg, in der vier von der »Gewalt der Musik« wahnsinnig gewordene Brüder beschrieben werden. Beide Geschichten stellen eine Spannung zwischen verbaler Sprache, die zu reflexiver Erkenntnis anstiftet, und Musik dar, die in unmittelbarem Fühlen gründet. Auf diese Weise stellen sie die ambivalenten Aspekte der Erhabenheit der Musik als etwas gleichzeitig Wünschenswertes und Gefährliches heraus.

Neben Kleist spielte Wackenroders Text eine beachtliche Rolle bei der Entstehung späterer Musikphilosophien, vor allem in den Schriften Friedrich Schlegels und Arthur Schopenhauers, und zwar aufgrund seines Beharrens sowohl auf der Autonomie der Kunst als auch auf der Fähigkeit der Musik, derartige menschliche Erfahrungen auszudrücken, die nicht auf verbale Sprache zurückführbar sind. Obwohl Wackenroders Beschreibung musikalischer Prozesse und Wirkungen noch in der Kultur der Empfindsamkeit und seiner Musikästhetik als Ausdruck von Leidenschaften (»Ausdrucksästhetik«) verwurzelt war, bewegt sie sich bereits auf ein neues, nichtdarstellendes Paradigma zu. Hier ist Musik weniger eine »Sprache des Ausdrucks« als vielmehr eine Kunst der reinen Selbstreferenz, was Berglinger (in Anspielung auf Kant) als »Spiel der Töne« bezeichnet.[42]

---

42 »[Berglingers] ewig bewegliche Seele war ganz ein Spiel der Töne.« Wilhelm Heinrich Wackenroder, *Sämtliche Werke und Briefe* (Historisch-kritische

Die widersprüchliche Spannung zwischen Ausdruck und Selbstreferenz, Kommunikation und Nichtkommunikation, probt die uralte *querelle* zwischen den »Melodikern« und den »Hamonikern«.[43] Die *Berglinger*-Novelle, die sich in zwei klar abgegrenzte Teile teilt, dramatisiert die Begriffe und Konsequenzen dieser Debatte ganz konkret. Die Spannung polarisiert die soziale Welt der Produktivität und die im Wesentlichen asoziale metaphysische Sphäre der Kunst. So steht die äußere Welt dem inneren Bereich der Einbildungskraft gegenüber. Diese Spaltung erzeugt Wackenroders Figur des isolierten Künstlers, der mit den widersprüchlichen Anforderungen des Ausdrucks, die der sozialen Welt der Kommunikation angehören, und der reinen Selbstreferenz seiner Kunst kämpft. In diesem Sinne war Wackenroders Einfluss auf die Literatur besonders groß. Diese Ungleichheit zwischen einem transzendenten Bereich musikalischer Phantasie und der alltäglichen Welt des Lärms ist auch ein Kernstück in Hoffmanns Versionen der Komponistenfigur (zum Beispiel Ritter Gluck und Johannes Kreisler). Die vom exzentrischen Künstler in Beziehung zu seiner Umwelt erlittenen Konflikte tauchen in Grillparzers *Der arme Spielmann* wieder auf und dann später in der geheimnisvollen Verknüpfung von Musik und Tod, die das frühe Werk Thomas Manns charakterisiert – von Hanno Buddenbrooks krankhafter Faszination bis hin zu Gabriele Klöterjahns tödlichem Wagnerismus (*Tristan*).

Die Gewalt der Töne

Die *Berglinger*-Novelle erzählt das Leben des jungen Mannes als einer Art Sonderling: ein Außenseiter, der den Erwartungen seines Vaters und gesellschaftlichen Pflichten nicht zu entsprechen vermag. Anstatt den Wünschen seines Vaters nachzukommen und Medizin zu studieren, fühlt er sich zu »Höherem« berufen, das heißt zur religiös erhabenen Kunst der Musik. »In diese Familie konnte niemand weniger passen als Joseph, der immer in schöner Einbildung und himmlischen Träumen lebte« (1:131). Die Geschichte ist der letzte Teil Wackenroders einziger veröffentlichter Sammlung

---

Ausgabe), 2 Bde., hg. v. Silvio Vietta/Richard Littlejohns (Heidelberg 1991), 1:134. Im Weiteren zitiert mit Band- und Seitenangabe.

43 Siehe Carl Dahlhaus, *Die Idee der absoluten Musik* (München 1976), S. 24-28.

Herzensergießungen eines kunstliebenden Klosterbruders, die weniger als ein Jahr vor seinem frühen Tod im Alter von vierundzwanzig Jahren erschien. Der Pseudonymcharakter der Geschichten, hier einem der Kunst verschriebenen Mönch zugeschrieben, sollte auch Wackenroders zweite Sammlung *Phantasien über die Kunst* bestimmen, deren Abhandlungen über verschiedene Musikthemen als Berglingers eigenes Werk vorgelegt wird. Die autobiographischen Parallelen sind höchst ausgeprägt. Wie Berglingers Vater, der »alle Künste als Dienerinnen ausgelassener Begierden und Leidenschaften [verachtete und verabscheute]« (1:134), hatte Wackenroders Vater wenig Respekt für Musiker, die in seinen Augen niedere Unterhalter waren.[44] Wackenroder lehnte die Pläne seines Vaters ab, Jura zu studieren und eine Regierungslaufbahn zu beginnen. Stattdessen studierte er Komposition und verkehrte in den musikalischen Kreisen Berlins mit Carl Friedrich Fasch, Carl Friedrich Zelter und Johann Friedrich Reichardt. Wackenroders Briefe an seinen engen Freund Ludwig Tieck, der die *Phantasien* posthum veröffentlichte, sprechen von einer leidenschaftlichen Liebe zur Musik, die den Äußerungen seines fiktionalen Komponisten stark entsprechen. Daher legitimiert Wackenroder Berglingers »Fantasien«, indem er eine »Vorerinnerung« schreibt: »[Berglingers] Gesinnungen von der Kunst stimmten mit den meinigen gar wunderbar zusammen, und durch öftere gegenseitige Ergießungen unsers Herzens befreundeten unsre Gefühle sich immer inniger mit einander« (1:199). Die wie zwei Instrumente im Einklang gestimmten Herzen teilen ihre Gefühlsäußerungen. Die autobiographische Haltung ist unzweideutig und sogar zwingend. Der anonyme Schriftsteller Wackenroder sollte in Berglinger zu hören sein: ein textualisiertes, unter einem Pseudonym verborgenes Selbst, das ebenfalls schreibt. Die daraus resultierende Semiotik der Reflexion erlaubt es Berglinger nicht nur, sich auf Wackenroder zu beziehen, sondern sie billigt auch die Auslöschung der Linie, die normalerweise Leben und Arbeit trennt. Nebenbei bemerkt verstärkt sich das Unheimliche dieser Verdopplung für uns noch, wenn wir am Ende der *Berglinger*-Novelle lesen, wie Wackenroder sein eigenes Schicksal voraussagt, indem er seinen Komponisten »in der Blüthe seiner

---

44 Tieck soll die Reaktion von Wackenroders Vater auf die Entscheidung seines Sohnes, Musiker zu werden, als ausgesprochen negativ beschrieben haben. Siehe Eduard von Bülows Aussage in Wackenroder, *Sämtliche Werke*, 2:19.

Jahre« sterben lässt, ebenfalls an einer »Nervenschwäche« (1:144). Wie noch zu zeigen sein wird, wird die Semiotik der Reflexion, einschließlich der Metapher des Stimmens und persönlicher Stimmen, stark von romantischen Vorstellungen davon unterstützt, was Musik bedeutet und impliziert.

Indem er die Geschichte des »merkwürdigen Lebens« des Komponisten erzählt, hat sich der erzählende Klosterbruder von bildenden Künstlern der fernen Vergangenheit ab (Raphael, Leonardo, Dürer etc.) und einem zeitgenössischen Musiker zugewandt. Die deutliche Verlagerung von »vergangenen Jahrhunderte« zu den »gegenwärtigen Zeiten« (1:130) betont die wichtige Rolle der Musik für die Konzeption einer neuen, modernen Ästhetik, die im Gegensatz zu nun veralteten visuellen Paradigmen notwendig geworden ist. Wie in Burkes Antwort auf Dubos sollte sich ästhetische Erfahrung, sowohl vom Schaffen als auch von der Rezeption aus gesehen, so erweitern, dass eine Definition der Bedeutsamkeit der Kunst einbezogen wäre, die nicht nur auf der beim Sehen gewonnenen Klarheit beruht, sondern auch auf der Basis des Unverständlichen. Das Auge sollte dem Ohr seinen Platz einräumen. Als Gegenstück zur Schönheit, die in dem Raum entspringt, der zwischen Werk und Betrachter liegt, gibt es die erhabene Macht akustischer Phänomene, deren unbeständige, unsichtbare Beschaffenheit in der Einbildungskraft der Zuhörer ruht.

Anders als die Abhandlungen des Klosterbruders über die Meister der Renaissance bezieht die *Berglinger*-Novelle persönliche Aussagen mit ein. Dem Erzähler zufolge war der Komponist sein »innigster Freund« (1:130). Obwohl der Schwerpunkt auf der Gegenwart und lebendigen Personen liegt, gibt es etwas, das die Geschichte dem Hier und Jetzt entzieht. Dementsprechend beginnt Berglingers Leben im Tode: »Seine Mutter mußte die Welt verlassen, indem sie ihn darein setzte« (1:130). Dieses Detail mag Rousseaus Autobiographie entlehnt sein: »[Ich] kostete meiner Mutter das Leben, und meine Geburt war mein erstes Unglück«.[45] Jean-Jacques' lebenslanges Gefühl, schuld am Tod der Mutter zu sein, ein Urteil, das er wahrscheinlich von seinem verwitweten Vater hat hören müssen, färbt die Sehnsucht des Schriftstellers nach der mütterlichen Natur und damit seine zwanghafte Vorstellung einer ursprünglichen Einheit

---

45 Rousseau, *Bekenntnisse* (übers. von Hardt), S. 3 (ROC 1:7).

von Melodie und Sprache. Entsprechend wird Berglingers unbezwingbare Leidenschaft für Musik zu heiligen Frauenfiguren hingezogen: zu Cäcilia, der Schutzheiligen der Musik, und zu der Jungfrau Maria. Musik wird zu einer Sache der Wiedergutmachung, der Rückkehr zu einem transzendenten und erlösenden Ort in Anwesenheit der Mutter: transzendent, da es ein vorgeburtlicher Ort ist, und erlösend, da er einen Punkt vor diesem Leben markiert, das heißt vor dem Leben, das das Leben seiner Mutter gekostet hatte. Deswegen ist die Alltagswelt des Vaters der Ort der mütterlichen Abwesenheit. Nur Musik scheint diesen Abgrund überbrücken zu können.

Während er mit den von seinem Vater aufgezwungenen medizinischen Lehrbüchern kämpft, träumt Berglinger von dem Oratorium, das einen besonders starken Eindruck auf ihn gemacht hatte. Es handelt sich um das erste Musikstück, das er überhaupt aufgeführt gehört hat, und dessen Musik ihn nicht loslässt. Es handelt ausgerechnet von dem Schmerz einer Mutter und dem Leiden eines Sohnes: »Stabat Mater dolorosa/Iuxta crucem lacrymosa,/Dum pendebat filius« (1:135). Der Erzähler beschreibt Berglingers erste Musikerfahrung im Dom als einen Übergang von der »unmelodischen« Gewöhnlichkeit einer Zusammenkunft von Menschen zu den schönen Höhen eines anderen Reiches:

> Ehe die Musik anbrach, war es ihm, wenn er so in dem gedrängten, leise murmelnden Gewimmel der Volksmenge stand, als wenn er das gewöhnliche und gemeine Leben der Menschen, als einen großen Jahrmarkt, unmelodisch durcheinander und um sich herum summen hörte; sein Kopf ward von leeren, irdischen Kleinigkeiten betäubt. Erwartungsvoll harrte er auf den ersten Ton der Instrumente; – und indem er nun aus der dumpfen Stille, mächtig und langgezogen, gleich dem Wehen eines Windes vom Himmel hervorbrach, und die ganze Gewalt der Töne über seinem Haupte daherzog, – da war es ihm, als wenn auf einmal seiner Seele große Flügel ausgespannt, als wenn er von einer dürren Haide aufgehoben würde, der trübe Wolkenvorhang vor den sterblichen Augen verschwände, und er zum lichten Himmel emporschwebte.
> (1:132)

Musik erhebt den Auserwählten aus dem volkstümlichen Morast. In typischer Weise sorgen Metaphern der Dunkelheit, Verzweiflung und Düsternis für einen negativen Hintergrund für das Licht der

Erlösung. Es ist eine Beschreibung spiritueller Entzückung, die direkt in einer Linie mit Longins steht, allerdings nun in einer ausgesprochen katholischen Art und Weise neu formuliert.[46] Nicht zufällig hat Wackenroder seine Geschichte »in einem kleinen Städtchen im südlichen Deutschlande« (1:130) verlegt und nicht in das reformierte, verweltlichte Milieu seiner Geburtsstadt Berlin. Während seines Jurastudiums in Erlangen bereiste Wackenroder das katholische Franken und Bayern und war beeindruckt von seinem Besuch in Bamberg im Juli 1793. In einem Bericht an seine Eltern gibt Wackenroder zu, dass es eine Reise war, »durch die *ich* besonders eine für mich ganz neue Welt, die katholische Welt, kennen gelernt habe« (2:194; Hervorhebung im Original). Die Reise fand aufgrund eines Irrtums statt: Wackenroder plante, am Fest des heiligen Heinrich zu Ehren des Kaisers des Heiligen Römischen Reiches teilzunehmen, dessen Festtag, der 13. Juli, auch Wackenroders Geburtstag war (daher sein zweiter Vorname Heinrich). Bei seiner Ankunft erfuhr er aber, dass die Prozession wie gewöhnlich um acht Tage verschoben worden war, um dem Domklerus, der dem Fest auch in Würzburg beiwohnte, die Teilnahme zu ermöglichen. Nach anfänglicher Enttäuschung genoss Wackenroder schließlich seinen Aufenthalt, dank einer Zufallsbegegnung mit einem Priester namens Sauer, der den jungen Studenten großzügig zu allen Sehenswürdigkeiten der Stadt begleitete, die wie die ewige Stadt auf sieben Hügeln erbaut wurde. Wackenroders Bericht über dieses »deutsche Rom« enthält eine ausführliche Beschreibung des Doms, in dem sich die Gräber von Kaiser Heinrich und seiner Frau Kunegunde befinden. Hier »fiel« Wackenroder während der Messe am Tag des heiligen Heinrich »auf die Knie«, als er die katholische Feier miterlebte, die Gebete, die Kirchenlieder und die Musik, »da eine ganze Welt um mich herum niedersank, und mich alles zur höchsten Andacht stimmte [...] mir würde hier gewesen seyn, als gehörte ich nicht zu den Menschen« (2:204). Laut dieser Selbstbeschreibung kam also der junge Jurastudent, um seinen Namenstag zu feiern und tauchte stattdessen in eine erhabene Erfahrung ein, die alles Irdische und seine Verbindung zu ihm zunichte machte.

46 Goethe sprach abschätzig von Wackenroders *Herzensergießungen*, da sie eine »neukatholische Sentimentalität« an den Tag legten, die, wie er fürchtete, gefährliche Auswirkungen auf die Gesellschaft als Ganzes haben könnte. *Werke* (Weimarer Ausgabe), 1/48:122.

Diese von Grund auf katholische Erfahrung wurde in der *Berglinger* Novelle neu bearbeitet, wo der Protagonist die »Gewalt der Töne« erleidet, die ihm dem himmlischen Licht zuführt. Die später vom Autor verkündete Identität zwischen Berglinger und Wackenroder führt zu einer leicht intertextuellen Szene, die durch den von Michel Riffaterre verfeinerten Unterschied zwischen Mimesis und Semiosis erhellt werden kann.[47] Die mimetische Erzählung in *Berglinger* (junger Student aus Süddeutschland reist zum Bischofssitz) kann unterbrochen werden, weil sie sich semiotisch auf den Brief des Schriftstellers bezieht (Wackenroder, ein junger Mann aus Berlin reist nach Bamberg). Anders gesagt verliert der Name Berglinger im mimetischen Verlauf der Geschichte seine Klarheit und wird stattdessen zu einem Zeichen, das die narrative Linie unterbricht und die Leser auf die Biographie des Autors der Geschichte stößt. Der mimetische Fluss wird angehalten, seine Richtung außer Kraft gesetzt, was dem Leser erlaubt, nicht die Bedeutung zu sehen (die klar auf der gedruckten Seite steht), sondern vielmehr die Herstellung von Bedeutung. Berglingers Verzückung erhält eine weitere Bedeutung, wenn sie auf den Protestantismus von Wackenroders Geburt bezogen wird. Die religiöse Ekstase bekommt so die Bedeutung einer Umwandlung.

Kleist entwickelt seine eigene Geschichte über die »Gewalt der Musik« im Hinblick auf den hyperrationalen, ikonoklastischen Eifer des Nordens im Gegensatz zu der unmittelbaren, musikalischen Macht des Katholizismus. Aber er tut dies, indem er das Thema der Wandlung in die mimetische Ordnung der Erzählung selbst einbezieht. Meines Erachtens ist Wackenroders *Berglinger* besonders erstaunlich, da die Erzählung der literarischen Form selbst neue Energie verleiht, um konventionelle Beschreibungsmodi außer Kraft zu setzen. Dieser Prozess kommt auf mindestens zwei verschiedene Arten zustande: zuerst, indem Schriftsteller und Protagonist zwangsweise miteinander gleichgesetzt werden, und zweitens, wie ich gleich zeigen werde, indem Erfahrungen dargestellt werden, die man gewöhnlich für undarstellbar hält – nonverbale Musik und wahnsinnige, unausdrückbare Ekstase. In beiden Fällen wird die Klarheit des geschriebenen Zeichens blockiert. In beiden Fällen gibt Mimesis der Semiosis nach und gewährt dem Leser Einsicht im Hinblick darauf, was Worte bedeuten und wie diese Bedeutung beschaffen ist.

---

47 Michael Riffaterre, *La production du texte* (Paris 1979).

Ein weiterer Blick in die Entwicklung der Novelle veranschaulicht diesen Punkt. Die Gewalt des Oratoriums erhebt Berglinger über die Erde hinweg; sie löst ihn aus den dumpfen Umständen seines Daseins, auch aus dem Dasein als menschliches Subjekt in der Welt. Die unio mystica löscht die persönliche Identität aus, die der Vater seinem Sohn zu geben gehofft hatte, damit dieser ein produktives Leben führen könne und der Gemeinschaft nützlich sein möge. Allerdings kann die unwiderstehliche Macht von Kirchenmusik eine Person ihres Verstandes und ihres Auftrages berauben, wie Kleists brüderliche, bilderstürmende Horde entdecken wird. So betrachtet Wackenroders Enthusiast die Macht der heiligen Cäcilia als eine, die geistige Störungen hervorrufen kann, *Verrücktheit*:

> Siehe wie ich trostlos weine
> In dem Kämmerlein alleine,
> Heilige Cäcilia!
> Sieh mich aller Welt entfliehen,
> Um hier still vor dir zu knien:
> Ach ich bete, sein mir nah!
> Deine wunderbaren Töne,
> Denen ich verzaubert fröne.
> Haben mein Gemüt verrückt.
>
> (1:136)

Wie wir im zweiten Teil der Novelle erfahren, wird Berglingers Verstand gerettet, aber nur um den Preis, dass er den Kontakt mit der erhabenen Macht der Musik verliert. Mehrere Jahre sind vergangen. Dank der Großzügigkeit eines nahen Verwandten erhielt Joseph eine offizielle musikalische Ausbildung und wurde daraufhin auf den Dirigentenposten im städtischen Orchester berufen. In seinem Brief an den Erzähler beklagt sich Berglinger über seine aktuelle, entzauberte Situation. Die mathematischen Regeln, die er zu lernen hatte, die gesamte »Kunstgrammatik«, die er zu meistern wünschte, formten eine Art »Käfig«, die seinen Geist am Flug hinderten.[48] Mit Herders Worten gesprochen wurde der Komponist gezwungen, seine Kunst zu verräumlichen. Musik macht nicht länger wahnsinnig, sondern ist vielmehr ein von den Launen der höfischen Schirm-

---

48 »Daß ich, statt frey zu fliegen, erst lernen mußte, in dem unbehülflichen Gerüst und Käfig der Kunstgrammatik herum zu klettern!«

herren abhängiges, unterwürfiges Unterhaltungsmittel. Als Musiker ist er nicht mehr in der Lage, Gefühle hervorzurufen, weder in seinem Publikum, noch in sich selbst. Es scheint, als habe die Alltagswelt der Produktivität und Nützlichkeit – eine Welt, die immer von seinem Vater repräsentiert worden war – nun den Bereich der Musik verdorben, der einst als einzige Fluchtmöglichkeit diente. Erst als Joseph vom nahen Tod seines Vaters erfährt, kann er sein Herz in eine Passionsmesse ergießen, die endlich tief greifende Auswirkungen hat. Die herbeigesehnte Rückkehr des Erhabenen bleibt aber nicht ohne tödliche Folgen. Die Messe verlangt ihm so viel ab, belastet seine Nerven so sehr, dass der junge Mann bald einem Fieber erliegt, das sein Leben kostet.

Daher ist Musik, zusammen mit dem sie begleitenden Wahnsinn, ambivalent. Sie befreit Joseph aus seiner künstlerischen Ohnmacht und übergibt ihn gleichzeitig der Zerstörung. Optimistisch betrachtet rettet ihn die kreative Ekstase vor einer Alltagsexistenz, die für ihn gar kein Leben ist. Seine Abscheu vor der »unmelodischen« Menge ist deutlich genug. Aus einer pessimistischeren Perspektive gesehen wird seine Vernichtung aber mehr als realistisch dargestellt. Dementsprechend ist Joseph der sterbende Vater alles andere als egal. Im Gegenteil, er ist tieftraurig. Die beiden Männer versöhnen sich am Sterbebett – »sie verstanden sich ohne viele Worte sehr inniglich« (1:143). Die beinahe Wortlosigkeit, der innerliche Austausch oder die Unnötigkeit äußerlicher Kommunikationsformen bestätigt tatsächlich den nahen Tod, da sie der Bedingung für Kunst nahe kommt, die für Joseph und ebenso für den Klosterbruder immer unsagbar ist.

Wie die frühere Haltung des Vaters nahe legte, negiert die Kunst das Leben. Durch die Übertragung seines Namens auf den Sohn eröffnete er ihm die Möglichkeit eines sozial angesehenen Lebens. Aber Berglinger erkennt, dass diese Möglichkeit durch die Abwesenheit von Kunst bedingt wird. So hat Joseph nur dann Erfolg, wenn Kunst aufhört, Kunst zu sein, das heißt, wenn sie eine »Grammatik« wird, eine formalisierbare, der Sprache verwandte, regelgebundene Technik. Aber was für eine Sprache? Es gibt viele Arten, sich die Tätigkeit der Sprache vorzustellen. In einem früheren Aufsatz aus den *Herzensergießungen* mit dem Titel »Von zwey wunderbaren Sprachen und deren geheimnißvoller Kraft« schreibt der Klosterbruder über die »Sprachen der Kunst und der Natur«, deren »geheimnisvolle Kraft« sie von der »Sprache der Worte« unterscheidet: »Durch Worte herrschen wir über den ganzen Erdkreis; durch Worte erhandeln wir uns mit leichter Mühe alle Schätze der Erde. Nur *das Unsichtbare, das über uns schwebt*, ziehen Worte nicht in unser Gemüth herab« (1:97; Hervorhebung im Original). Die Sprache der Worte ermöglicht uns, die Welt zu regieren und zu manipulieren. Diese Macht verdankt sich der Tatsache, dass sich die Worte selbst von der Wirklichkeit, die sie beschreiben, unterscheiden und transzendent sind. Als Abstraktionen existieren Worte getrennt von der Welt, auf die sie sich beziehen. Statt diese rationale Kontrolle über die Welt als Vorteil anzusehen, betrachtet der Klosterbruder die Trennung von Wörtern und Dingen als ein Problem. Der sich hier ausdrückende Antiverbalismus beklagt die implizite Trennung dessen, was seinen Verstand von seinem Herzen trennt. Im Gegensatz dazu verspricht Musik eine utopische, nonverbale Sprache: eine Sprache der Unmittelbarkeit, frei von den Mechanismen, die unsere Erfahrung blockieren, frei von Syntax, Semantik und Grammatik.

Als ein Stück Literatur scheint die *Berglinger*-Novelle diesen Überschwang jedoch einschränken zu wollen. Der Wunsch nach dem »Unsichtbaren« droht dem Enthusiasten damit, selbst unsichtbar zu werden. Tatsächlich führt am Ende der Geschichte die Kunst, die ihn anfangs von seinem lebenden Vater entfernte, auf die Mutter zu, die von Anfang an tot ist.[49] Die brennende Frage, die Wackenroder an spätere Formen deutscher Romantik weitergibt, lautet: Ist es möglich, sich der Kunst zu widmen, ohne sich aus der menschlichen Gesellschaft zurückzuziehen, entweder wie der Ordensbruder in die Askese oder in den Tod? Literatur scheint in ihrer Fähigkeit, das Nichtdarstellbare (Musik und Wahnsinn) darstellen zu können, eine Lösung anzubieten.

Das Manifeste, das Latente und das Hypogramm

Auf dem Niveau simpler Erzählung stellt die tödliche Gefahr der Musik und der Kunst in Frage, wie begehrenswert Berglingers

---

49 Im Allgemeinen hat sich die Wissenschaft vor allem damit beschäftigt, die *Berglinger*-Novelle innerhalb zeitgenössischer Strömungen der Musikästhetik und -geschichte anzusiedeln, und übersah daher mehr oder weniger die dunkleren Anklänge der Geschichte. Für einen kritischen Überblick siehe Martin Bollacher, *Wackenroder und die Kunstauffassung der frühen Romantik* (Darmstadt 1983).

Sehnsucht eigentlich ist. Aber sie bezweifelt auch die Vorteile einer kognitiv kontrollierten Wortsprache. Besonders im Falle der Selbstdarstellung besteht das Problem, dass das Zeichen niemals mit seinem Referenten übereinstimmt. Musik zieht Berglinger an, weil sie die Kluft, die dem Gebrauch verbaler Signifikate innewohnt, zu überwinden scheint. Aber letzten Endes kann sie ebenso gut die Quelle für Rückzug und Wahnsinn sein. Das Dilemma ist deutlich. Entweder beschränkt sich der Schriftsteller auf einen manipulativen, die Welt unterwerfenden Prozess – womit er sich selbst ebenfalls implizit unterwirft –, oder er löscht sich selbst in einer musikalischen Ekstase aus, die seine Beziehung zu der Welt, in der er lebt, vernichtet. Berglingers Lebenslauf geht dieses Dilemma direkt an, allerdings nicht einfach auf der Ebene des Plots. Musik und Wahnsinn stören vielmehr das klare und saubere Funktionieren einer von der Handlung getriebenen Sprache und bringen stattdessen eine Sprache hervor, die die Früchte der Kunst erntet, ohne die Folgen tragen zu müssen. Erreicht der Text dieses Ideal, dann deshalb, wie oben schon angedeutet, weil er den mimetischen Fluss darstellender Sprache stört, indem er semiotische Kräfte einsetzt. In diesem letzten Teil möchte ich mich daher auf die besondere Art der Semiosis konzentrieren, die auf der Spannung zwischen einem manifesten und einem latenten Diskurs beruht.

In einem späteren Aufsatz aus den posthumen *Phantasien,* »Das eigenthümliche innere Wesen der Tonkunst«, schilt Berglinger zunächst diejenigen, die »wissenschaftlich« an die Musik herangehen: »Anstatt das Schöne auf allen Wegen, wo es sich freundlich entgegenbietet, wie einen Freund willkommen zu heißen, betrachten sie ihre Kunst vielmehr als einen schlimmen Feind, suchen ihn im gefährlichsten Hinterhalt zu bekämpfen, und triumphiren dann über ihre eigne Kraft« (1:217). Wie in Kants Szenario antworten solche Theoretiker dem Erhabenen mit »ihrer eigenen Kraft«; sie versuchen, verbale Sprache zu benutzen, um zu beherrschen, was sie als eine feindselige Begegnung wahrnehmen. Angesichts einer so gefährlichen Macht ist der wissenschaftliche Forscher eifrig darauf aus, die Überlegenheit seines Verstandes zu beweisen: Je größer die Bedrohung, desto triumphaler der Sieg. Das Subjekt sollte in der Lage sein, durch Wissen seine souveräne Position zu bestätigen. Allerdings, wie Berglinger fortfährt, lässt sich die Macht der Musik nicht so leicht unterkriegen:

> Wenn alle die inneren Schwingungen unsrer Herzensfiebern, – die zitternden der Freude, die stürmenden des Entzückens, die hochklopfenden Pulse verzehrender Anbetung, – wenn alle die Sprache der Worte, als das *Grab* der innern Herzenswuth, mit *einem* Ausruf zersprengen: – dann gehen sie unter fremdem Himmel, in den Schwingungen holdseliger Harfensaiten, wie in einem jenseitigen Leben in verklärter Schönheit hervor, und feyern als Engelgestalten ihre Auferstehung. (1:219; Hervorhebung im Original)

Die Erhabenheit der Musik überwältigt die subjektive Integrität. Der Gebrauch von Sprache, der vernünftige, persönliche Identität begründet, wird als *ein Grab* neu definiert, das kaum in der Lage ist, die innere *Wuth* zurückzuhalten. Anstatt vor der gewaltsamen Macht die Integrität zu bewahren, wird das Subjekt getilgt. Das Autodafé trägt die Zuhörer in ein Leben jenseits von diesem. Die hymnische Feier göttlicher Entzückung und himmlischer Wiederauferstehung verbirgt keineswegs die Tatsache, dass wir es mit einem wenn auch metaphorischen Tod zu tun haben. Später im Aufsatz wird die von der Musik hervorgerufene Ekstase deshalb wiederholt als wahnsinnig chiffriert – als »tollkühne Kraft«, als »fast wahnsinnige[r] pantomimische[r] Tanz«, als »wahnsinnige Willkühr« (1:222). Berglingers Enthusiasmus zum Trotz tötet die Erhabenheit der Musik entweder, oder sie treibt einen in den Wahnsinn.

Wackenroders Version des musikalischen Wahnsinns setzt Sprache in einer Art außer Kraft, die der Diderots strukturell ähnlich ist. Beide unterstellen eine Macht, die dem persönlichen Subjekt Gewalt antut. Während die grotesken Aufführungen des Neffen Identitäten zerstörte, um radikale Differenz freizulegen, wirft Berglingers Erfahrung des Erhabenen dagegen gefestigte Identitäten in die Flammen des überindividuellen Göttlichen. In *Le neveu* wird reines, flüchtiges Leben zu einem vernünftigen Subjekt abstrahiert, das in der Zeit fortbesteht, während Subjektsein in *Berglinger* in einem undefinierbaren Absoluten verschwindet. Die damit einhergehende Entwicklung ist tatsächlich nicht sehr weit von Hegels Dialektik entfernt, die sich gegen die Darstellbarkeit wendet. In der *Phänomenologie* wird die gegenstandslose Unmittelbarkeit der sinnlichen Gewissheit in verschiedenen Bewusstseinsformen gestaltet, nur um schließlich beim nicht darstellbaren Absoluten anzukommen. Warum beschreibt Berglinger dann nachdrücklich diesen letzten Schritt als eine wahnsinnig machende Erfahrung?

Die Pathologisierung göttlicher Entzückung – geschrieben von einem jungen, vom katholischen Franken faszinierten Berliner – zeigt einen gewissen Grad an Widerstand. Sie räumt ein, dass die Auflösung im Göttlichen ebenso sehr den Tod bedeutet wie der Übergang vom Abstrakten hin zur gegenständlichen Form. Der Protest lässt sich nur im Schreiben ausdrücken, in »Ergießungen«, die schließlich Literatur sind. Als Kunst der Worte scheint die Literatur es zuzulassen, dass das Unsichtbare die Alltagssprache erstrahlen lässt. Die Sprache der Literatur als eine Kunstsprache verwandelt das »Grab des Herzens« in das Heim des Herzens. Wichtig ist, dass die Aufsätze der *Herzensergießungen* sich zunächst den bildenden Künsten und dann der Musik widmen, ohne die literarische Kunst zu nennen, der sie selbst zugehören. Als Literaturstücke scheinen die Aufsätze nicht in der Lage zu sein, Literatur selbst zu einem ausdrücklichen Thema zu machen. Und dennoch wird die von der *Berglinger*-Novelle thematisierte Opposition zwischen nützlicher Produktivität und unnützer Kreativität durch Schreiben überwunden, das Sprachmechanismen zum Erreichen höherer Kunstziele einsetzt (Grammatik, Lexikon usw.).[50] Auf diese Weise löst Literatur die schicksalsschwere Aporie: Sie stellt sich dem zum Scheitern verurteilten Komponisten gegen, der sich zwischen einer praxisorientierten Existenz befindet, die gar kein Leben ist, und einer kreativen, die tötet. Indem er sein Herz in die Musik ergießt, stirbt Berglinger, während der Klosterbruder, der seine »Herzensergießungen« aufschreibt, überlebt.

Man kann sagen, dass Literatur als Thema in Wackenroders Aufsätzen unter dem offenkundigen Diskurs zur bildenden Kunst und Musik liegt. Wichtig ist dabei, dass die Beziehung zwischen dem Manifesten und dem Latenten keine Synthese ist, sondern vielmehr eine Negation. Das eine unterdrückt das andere. Im Großen und Ganzen können wir die *Herzensergießungen* und *Phantasien* entweder als Aufsätze lesen, die offenkundig von Gemälden und Musik handeln, oder als Texte, die sich unterschwellig auf Literatur beziehen. Der bereits oben zitierte Aufsatz »Das Wesen der Tonkunst« bestimmte die Beziehung bereits als Negation: die »Sprache der

---

50 Für eine breitere Auseinandersetzung mit Wackenroders Beitrag zu frühromantischen Sprach- und Literaturtheorien siehe Barbara Naumann, »*Musikalisches Ideen-Instrument*«: *Das Musikalische in Poetik und Sprachtheorie der Frühromantik* (Stuttgart 1990), S. 8-58.

Worte« negiert die »Sprache des Herzens« und wahrscheinlich auch umgekehrt.

Dieses Spiel der Negation findet sich auf ausgeklügelte Weise auch im Namen Berglinger selbst. Ich habe bereits auf die erzwungene Identität zwischen Berglinger und Wackenroder hingewiesen, die dem Fluss der mimetischen Erzählung zuvorkommt und dem Text dadurch eine weitere Bedeutung zumisst, wie in meinem Beispiel, wo eine ekstatische Erfahrung als eine Wandlung verstanden werden kann. Diese Identität scheint noch auf andere Weise produziert zu werden, nämlich in der von Ferdinand de Saussure ausgearbeiteten Semiotik des Hypogramms. Neben seinen Vorlesungen über Sprachtheorie (*Cours de linguistique générale*) schrieb Saussure auch Notizbücher, in denen er untersuchte, was er für ein Organisationsprinzip in vedischen Hymnen, lateinischen Versen und selbst frühen germanischen Epen hielt. Diese teilweise 1964 postum veröffentlichten Untersuchungen motivierten ähnliche Arbeiten zur Dichtungstheorie von Jean Starobinski, Roman Jakobson, Julia Kristeva und anderen. Ungeachtet der Komplexitäten und Unterscheidungen von Saussures Terminologie ist mir die Hauptidee wichtig, nämlich dass man in diesen alten Texten ein Leitwort (»hypogramme« oder »mot-thème«) finden kann, das gewöhnlich ungesagt bleibt und in erster Linie ein Eigenname ist, zum Beispiel einer Gottheit, eines Autors oder eines Mäzens.[51] Es ist klar, dass diese Art semiotischer Bestimmung auf einer Spannung zwischen manifestem und latentem Diskurs beruht. Wie Saussures Beobachtungen aufzeigen, ist das Hypogramm – buchstäblich eine *Unterschrift* – eine Einfügung in den Text von etwas, das außerhalb des Textes ist, und daher der Unterschrift des Autors vergleichbar.[52] Ich möchte daher behaupten, dass Wackenroders Text genau solch einen entscheidenden Hinweis enthält, und zwar nicht im Namen des Autors, sondern vielmehr in dem magischen Namen, den er sich selbst gegeben hat.

So lässt der schriftliche Ausdruck einer wahnsinnig machenden (schwächenden, tödlichen) Musikerfahrung Wackenroder (den protestantischen *Berliner*) sich in der katholischen Figur *Berglingers* retten und verstecken – *bergen* und *verbergen*. Die Semiosis führt

---

51 Jean Starobinski, *Les mots sous les mots. Les anagrammes de Ferdinand de Saussure* (Paris 1971), S. 46. Siehe auch Samuel Kinser, »Saussure's Anagrams. Ideological Work«, *Modern Language Notes* 94 (1979), S. 1105-1138.
52 Starobinski, *Les mots sous les mots*, S. 28-31.

außerdem den Ort der erneuerten Taufe und Konversion ein – Bamberg. Wieder muss die von der Handlung getriebene Macht der verbalen Sprache langsamer werden und schließlich völlig zum Stillstand kommen. Ihre Transparenz als Signifikant im Text – bezogen auf den Protagonisten der Geschichte – wird blockiert und bezieht sich stattdessen auf eine außerhalb des Textes liegende Figur. Der Name Berglinger wird zu einer semiotischen Quelle, in der sich Bedeutungen anhäufen. Dadurch wird er zu einem Zeichen, das die Funktion des Namens in der greifbaren Handlung der Geschichte negiert. »Die Sprache der Worte, als das *Grab* der innern Herzenswuth«, wird buchstäblich umgekehrt. Wackenroders Hervorhebung *Grab* buchstabiert umgekehrt die Wurzel des Namens des Helden *(GRB/BRG)* wie auch die semiotische Häufung von Konversion, Verbergung und katholischem Bamberg.

Der materiell aus Buchstaben bestehende Name bedient sich eines Verweises, der noch über den Verweischarakter der Sprache hinausgeht. Die mit Enteignung drohende Darstellung wird dadurch entschärft, dass an den Buchstaben als Buchstaben festgehalten wird. Es scheint als wolle der Text auf der materiellen Basis der Darstellung bestehen und dadurch verhindern, dass sich diese Substanz auf eine zweite Ebene immaterieller Bedeutung bewegt. Es ist eine durch und durch marsyanische Strategie, die versucht, Unmittelbarkeit mitten in die Vermittlung einzuführen. Die Wörter sollen als Töne gehört werden, deren sinnliche Präsenz unwiderstehlich und möglicherweise erhaben ist. Denn die semiotische Verschiebung außerhalb des Textes ist nicht das Gleiche wie das doppelte Verständnis von Symbolen. Das materielle Zeichen führt nicht erkennbar in die Bedeutung hinein, sondern vielmehr wird eine sinnliche Präsenz durch eine andere ersetzt. Aber wie, so mag man fragen, kann diese neue Sprache verhindern, dass sie in ein weiteres entfremdendes Schema eingebunden wird? Lässt Schreiben sich zurückgewinnen? Oder ist das bloß eine törichte Illusion?

Das Herz will gehört werden, aber ein ausgegossenes Herz lebt nicht mehr. Am Ende von »Das Wesen der Tonkunst« beklagt Berglinger die Unzulänglichkeit von Wörtern als Referenzmitteln. Er betet für eine erhabene Erfahrung, die ihn aus dieser Welt forttrüge, in der hohe Kunst allzu schnell austauschbar wird. Er betet also für ein Ende aller Darstellung, die immer eine Kluft mit sich bringt und außerdem immer Darstellung für andere ist. »Aber was streb' ich Thörichter, die Worte zu Tönen zu zerschmelzen? Es ist immer nicht, wie ich's fühle. Kommt ihr Töne, ziehet daher und errettet mich aus diesem schmerzlichen irdischen Streben nach Worten, wickelt mich ein mit Euren tausendfachen Strahlen in Eure glänzenden Wolken, und hebt mich hinauf in die alte Umarmung des alliebenden Himmels« (1:223). Wackenroders *Berglinger*-Texte wenden sich der Erhabenheit der Musik zu, die zum Wahnsinn führt, um sich verbaler Sprache zu bemächtigen. Die Aufsätze streben danach, Worte zu einem einzelnen Ton einzuschmelzen, der viele Bedeutungen haben kann, wie das Wort »Berglinger« selbst. Auf diese Weise sollte der Autor in der Lage sein, sich selbst, sein Herz, im Text zu verorten, ohne dass der Text sein nichtdarstellbares Leben verrät oder beschämt. Das Alter Ego, das textualisierte Selbst, wird wahnsinnig und stirbt anstelle des Autors. Wackenroder scheint das Problem der Darstellung umgehen zu wollen (»Es ist immer nicht, wie ich's fühle«). Aber ist dieses Unterfangen möglich? Es wünscht sich gleichzeitig eine erhabene, nichtdarstellbare Musik und eine Literatur, die das Nichtdarstellbare darstellen kann. Letzten Endes scheint Schreiben sich selbst aufzuzehren. Man kann die semiotische Energie der Texte so betrachten, dass sie irgendein nichtvermitteltes, reines Leben befreien – das, was unmöglich in das Schreiben Eingang finden kann –, aber auf der anderen Seite kann man sie auch als einen anderen Namen für das Grab des Herzens sehen.

Kapitel 5
Mit zuvor unbekannten Künsten

Kleist und die Gewalt der Musik

Die bedrückende Geschichte Heinrich von Kleists über Musik und Wahnsinn *Die heilige Cäcilie oder die Gewalt der Musik* (1810-1811) spielt geschickt die wichtigsten Motive des Erhabenen durch. Auf dem Höhepunkt der Reformation kommen vier Brüder in eine Kirche in der Absicht eines ikonoklastischen Aufruhrs und fallen bei der Liturgie, die von einem Nonnenorchester aufgeführt wird, auf die Knie. Während die Brüder ursprünglich mit der Kantischen *Gewalt* der Vernunft bewaffnet in das Kloster kamen, verlassen sie es völlig entgeistert und in ihrem ursprünglichen Willen gebrochen angesichts der göttlichen Gewalt der Musik. Den Rest ihrer Tage verbringen sie schweigend in einer Anstalt für Geistesgestörte, wo sie Kruzifixe aus Birkenholz schnitzen. Jede Nacht um Mitternacht stehen sie Jahr für Jahr plötzlich von ihrem Tisch auf, um genau das *Gloria in excelsis* zu singen, das ihren Abstieg in den Wahnsinn verursacht hatte. Ihr individuelles, subjektives Dasein ist zu der unheimlichen *communauté désœuvrée* der Irrenanstalt zusammengeschmolzen. Trotz der vielen Protagonisten ist der autobiographische Impuls (wie bei Wackenroder gegen Autobiographie gerichtet) leicht zu erkennen. Kleists Geschichte illustriert also, wie das Außerkraftsetzen der Sprache die Grenze zwischen Leben und Kunst beseitigt. Wie im Folgenden gezeigt wird, waren Musik und Wahnsinn für Kleist immer schon gleichbedeutend mit diesem Außerkraftsetzen – dem *désœuvrement*, dem *unworking*.

Musik, Reflexion und Unmittelbarkeit in Kleists Briefen

Ein Brief aus Würzburg an seine Verlobte zeigt den Schriftsteller in einem Zustand der Verzweiflung:

> Und immer noch keine Nachrichten von Dir, meine *liebe* Freundinn? Giebt es denn keinen Boten, der eine Zeile von Dir zu mir

herübertragen könnte? Giebt es denn keine Verbindung mehr zwischen uns, keine Wege, keine Brücken? Ist denn ein Abgrund zwischen uns eingesunken, daß sich die Länder nicht mehr ihre Arme, die Landstraßen, zureichen? Bist Du denn fortgeführt von dieser Erde, daß kein Gedanke mehr herüberkommt von Dir zu mir, wie aus einer andern Welt?[1]

Kleists Thema unerträglicher Trennung, das von der Vorsilbe *herüber-* noch unterstrichen wird, wird im selben Ton fortgesetzt. Klagen über Hoffnungslosigkeit und Misstrauen, über den Abgrund zwischen ihm und seiner Geliebten kommen in einer Reihe heftiger, unsicherer Fragen zum Ausdruck, die sich an die abwesende Person richten oder dem Papier anvertraut werden, das sein Ziel vielleicht erreichen wird oder auch nicht. Der Angstzustand lässt nur dann nach, als Kleist sich an eine drei Jahre zurückliegende nächtliche Erfahrung auf einer Reise durch den Harz erinnert: »ich irrte nur, so lange die Finsternis über mich waltete«. Das Verb *walten* beschwört leicht die Anwesenheit von *Gewalt* herauf, die über ihm hängt. Als die Sonne begann, hinter den Bergen aufzugehen, als Licht »über die freundlichen Fluren [ausgoß] [...] sah [er] u[nd] hörte, u[nd] fühlte, und empfand nun mit allen [s]einen Sinnen, daß [er] ein Paradies vor [sich] hatte« (KSW 2: 568). Dieses morgendliche Paradies sinnlicher Fülle verspricht Kleist seiner Wilhelmine – »das *verspreche* ich Dir« (Hervorhebung Kleist). So dient das nächtliche Wandern nicht nur als Allegorie für den Kummer des Schriftstellers, sondern auch für Wilhelmines Besorgnis wegen der Abwesenheit ihres Verlobten. Der Brief kündigt eine dunkle Nacht der Seele an, die das Paar einer strahlenden Erlösung entgegenführen soll.

Dieser Brief vom September 1800 liefert somit, zumindest anfänglich, die kurze Erzählung einer Nacht des Irrens, des Verlusts und angsterfüllter Gedanken hin zu einer Dämmerung der Erlösung und Klarheit. Ihre Geschlossenheit bildet den Aufbau eines jüdisch-christlichen Mythos nach. Entweder spielt sie auf die Schöpfungsgeschichte an, auf den Beginn von Geschichte, wo das Licht Edens die allumfassende Dunkelheit verdrängt; oder auf die Apokalypse, auf das Ende von Geschichte, wenn das himmlische Jerusalem die Gläu-

---

[1] Kleist an Wilhelmine von Zenge (19.-23. Sept. 1800), in Heinrich von Kleist, *Sämtliche Werke und Briefe*, 2 Bde., hg. v. Helmut Sembdner (München 2001), 2: 567 (Hervorhebung im Original). Im Weiteren zitiert als KSW.

bigen empfangen wird. Somit gibt die Angst der Ruhe nach. Reflexion führt zur Auflösung von Verwirrung. Das dunkle Umherirren wird durch Selbstbehauptung überwunden, durch die Begründung eines autonomen Subjekts, das rational verarbeitet, was es sieht, hört und fühlt.

In der Fortführung erweitert der Brief allerdings diese Erzählformen, diese Anfänge und Enden, indem er sich der Erfahrung dessen zuwendet, was der Dunkelheit vorausgeht, was vor dem Anfang liegt und somit möglicherweise nach dem Ende.

> Zuweilen – Ich weiß nicht, ob Dir je etwas Ähnliches glückte, und ob Du es folglich für wahr halten kannst. Aber ich höre zuweilen, wenn ich in der Dämmerung, einsam, dem wehenden Athem des Westwinds entgegen gehe, u[nd] besonders wenn ich dann die Augen schließe, ganze Concerte, vollständig, mit allen Instrumenten von der zärtlichen Flöte bis zum rauschenden Contra-Violon. So entsinne ich mich besonders einmal als Knabe vor 9 Jahren, als ich gegen den Rhein u[nd] gegen den Abendwind zugleich hinaufgieng, u[nd] so die Wellen der Luft u des Wassers zugleich mich umtönten, ein schmelzendes Adagio gehört [zu] habe[n], mit allem Zauber der Musik, mit allen melodischen Wendungen u[nd] der ganzen begleitenden Harmonie. Es war wie die Wirkung eines Orchesters, wie ein vollständiges Vauxhall; ja, ich glaube sogar, daß Alles was die Weisen Griechenlands von der Harmonie der Sphären dichteten, nichts Weicheres, Schöneres, Himmlischeres gewesen sei, als diese seltsame Träumerei. (KSW 2: 568-569)

Die Erfahrung im Dämmerlicht repräsentiert zusammen mit der Kindheitserinnerung eine Vorgeschichte zum nächtlichen Chaos aus Furcht und Bangen. Daher markiert also der »Zauber der Musik« eine Nachgeschichte zur Erlösung, die durch Reflexion erreicht wird. Die Dämmerung ist eine Zeit vor dem Denken, vor der Reflexion, die stets den himmlischen, in seinem inneren Ohr gehörten Klang vertreibt: »Und dieses Concert kann ich mir, ohne Capelle, wiederholen so oft ich will – aber so bald ein *Gedanke* daran sich regt, gleich ist alles fort, wie weggezaubert durch das magische: disparois!, Melodie, Harmonie, Klang, kurz die ganze Sphärenmusik« (KSW 2: 569; Hervorhebung Kleist). Denken ist das Zauberwort, das den Zauber der Musik verdrängt. Seine Rückkehr kann nicht willentlich herbeigeführt werden. Subjektive, im Denkvermögen des Geistes begründete Absicht würde per definitionem die

Wiederverzauberung nur blockieren. Damit Musik zurückkehren kann, scheint es notwendig, dass sie in ein vorreflexives Stadium eintritt, das noch vor einer weiteren Ausformung liegt: der Form von Subjektivität überhaupt. Daher steht Kleist, wie er fortfährt, bei Sonnenuntergang bloß mit geschlossenen Augen am Fenster, entblößt seine »Brust dem einströmenden Abendhauche«. Sein Horchen schließt Denken ausdrücklich aus (»denke nichts, und horche«). Nur dann wird vielleicht »ein *Laut* von *ihr*« zu hören sein (KSW 2: 569; Hervorhebung Kleist).

Jedoch unterbricht eine Reihe emphatischer Fragen die stille Aufmerksamkeit und behindert damit die Bereitschaft zu horchen: »*Lebt sie? Liebt sie? (mich)*« (KSW 2: 569; Hervorhebung und Klammern im Original). Die Fragen führen sowohl Reflexion als auch Selbst-Reflexion ein – ironischerweise allerdings durch die leiseste, doch bedeutungsvolle Einführung des Pronomen in der ersten Person in Klammern. »*Lebt sie? Liebt sie? (mich)?* ein leises *ja* zuflüstern könntest! – Das *denke* ich« – Gerade das Subjekt des Denkens autorisiert die Paronomasie (Lebt *sie*? Liebt *sie*?), die die Veränderung von vorbewusster Musik zu reflexiver Überlegung signalisiert. Im Warten darauf, mit seinem inneren Ohr einen Laut von seiner Liebsten zu vernehmen, bleibt ihm nur ein allzu hörbares Läuten. Denken (»Das *denke* ich«) setzt der ungehörten Hoffnungsmusik ein Ende und führt damit zur Nacht der Verzweiflung. Kleist kreist dann zurück zum nächtlichen Umherirren, zum quälenden Gefühl des Getrenntseins und der Einsamkeit. Aber nun ist es nicht mehr gewiss, ob die Dunkelheit dem Paradies Platz machen wird.

Kleist sieht sich selbst als einen zur Reflexion Verdammten, verdammt zu einem geistigen Akt, der zwangsläufig beunruhigende Zweideutigkeiten herbeiführt. Die Beschreibung der vorherrschenden Nacht als Ort des verzweifelten Fragens und von Gefühlen des Verlorenseins ist zweideutig: schicksalhaft oder unglücklich, verdammen oder erlösend. Folglich hat auch die Musik, die bei Sonnenuntergang zu hören ist, nun eine doppelte Macht. Die Fülle musikalischer Erfahrung steht für eine Glückseligkeit, die aber dennoch den Gedanken hervorruft, der dann die Freude vertreibt. Das Paradies ist ein *Versprechen* (»das *verspreche* ich Dir«), das immer weiter auf einen Morgen verschoben wird, der kommen mag oder auch nicht. Wenn die innere Musik aufhört, wenn nur das Geläute der Domglocken den leeren Raum erfüllt, der die Abwesenheit der Geliebten umschreibt, tritt der Gedanke auf den Plan und verweist den

Schriftsteller in die Nacht, die von Nachsinnen und Ungewissheit und darauf folgender Enttäuschung geprägt ist: »Morgen, denke ich dann, *morgen* wird ein treuer Bote kommen, als du bist! Hat er gleich keine Flügel, um *schnell* zu sein, wie Du, so trägt er doch auf dem gelben Rocke den doppelten Adler des Kaisers, der ihn treu und pünctlich u[nd] sicher macht. Aber der Morgen kommt zwar, doch mit ihm niemand, weder der Bote der Liebe, noch der Postknecht des Kaisers« (KSW 2:569). Nur in Gedanken (»Morgen, denke ich dann, *morgen*«) kann der Tagesanbruch die Entzauberung aufrechterhalten. Musik ist bestenfalls nur eine Erinnerung an das Unerreichbare und schlimmstenfalls ein leeres Versprechen.

∽

Die im Brief vom September angesprochenen Themen werden an anderer Stelle in Kleists Werk wieder aufgenommen und weiterentwickelt. Beinahe wortwörtlich taucht im folgenden Jahr die Passage über die *harmonia mundi* in einem Brief an Adolfine von Werdeck wieder auf, die Kleist sechs Jahre zuvor während seiner Militärzeit in Potsdam kennen gelernt hatte. Die Passage gleicht der früheren Beschreibung so sehr, dass einige Wissenschaftler die Ansicht vertreten, Kleist zitiere aus einem Text, einem niemals veröffentlichten und später verloren gegangenen »Ideenmagazin«.[2] Wieder beginnt der Briefwechsel mit einer Reihe verzweifelter Fragen: der Schriftsteller fürchtet, dass die Angesprochene ihn vergessen habe, dass zu viel Zeit vergangen sein könnte. Eine Seite widmet sich ganz dem Thema der Vergänglichkeit, dem Verblassen süßer Erinnerungen und deren Unwiederbringlichkeit. Wieder motiviert aktuelle Verzweiflung eine Rückkehr zu einer musikalisch kodierten Vergangenheit. Kleist erinnert sich an die Tage, die er als sechzehnjähriger Stationär in Mainz verbrachte, voll von »Frühling«, »Rheinhöhen« und Wielands eigener jugendlicher Sammlung *Sympathien*: »Mein Herz schmolz unter so vielen begeisternden Eindrücken, mein Geist flatterte wollüstig, wie ein Schmetterling über honigduftende Blumen, mein ganzes Wesen ward fortgeführt von einer unsichtbaren

---

2 In einem Brief an Wilhelmine schreibt Kleist: »Ich selbst habe mir schon ein kleines Ideenmagazin angelegt, das ich Dir wohl einmal mittheilen u[nd] Deiner Beurtheilung unterwerfen mögte« (18. November 1800; KSW 2:597). Siehe hierzu Helmut Sembdner, *Heinrich von Kleist. Geschichte meiner Seele, Ideenmagazin: Das Lebenszeugnis der Briefe* (Bremen 1959).

Gewalt, wie eine Fürsichblüthe von der Morgenluft – Mir war's, als ob ich vorher ein todtes Instrument gewesen wäre, und nun, plötzlich mit dem Sinn des Gehörs beschenkt, entzückt würde über die eignen Harmonieen« (28.–29. Juli 1801; KSW 2:673). Sinnliche Fülle koppelt sich hier sowohl mit Musik als auch mit unsichtbarer Gewalt. Der Brief spielt die gegenwärtige von Herder betonte Idee durch, der menschliche Körper selbst sei ein klingendes Musikinstrument. Die Äußerungen spiegeln auch eine Neueinschätzung wortloser Musik wider, die das vorherige Jahrhundert so oft als sinnlos verunglimpft hatte. Kleists Schmetterling ist vielleicht sogar eine Anspielung auf eine ähnliche Bemerkung aus Goethes *Wilhelm Meisters Lehrjahre* (1795-1796), die, wenn auch nicht unzweideutig, auf der neoklassischen Forderung besteht, dass Musik eine der Sprache untergeordnete Rolle zu spielen habe. Goethe schreibt: »Das Instrument sollte nur die Stimme begleiten; denn Melodien, Gänge und Läufe ohne Worte und Sinn, scheinen mir Schmetterlingen oder schönen bunten Vögeln ähnlich zu sein, die in der Luft vor unsern Augen herum schweben, die wir allenfalls haschen und uns zueignen möchten; da sich der Gesang dagegen wie ein Genius gen Himmel hebt, und das bessere Ich in uns ihn zu begleiten anreizt«.[3] Für Kleist ist es gerade die Wort- und Sinnlosigkeit, die das Rheintal in einen »Lustgarten« verwandeln: Der Fluss fließt hindurch, und so entstehen zwei Ufer – »zwei Paradiese aus einem zu machen« (KSW 2:674). Die Beschreibung kommt der aus dem Brief an Wilhelmine von wenigen Monaten zuvor sehr nahe:

> Ach, ich entsinne mich, daß ich in meiner Entzückung zuweilen, wenn ich die Augen schloß, besonders einmal, als ich an dem Rhein spatzieren gieng, u[nd] so zugleich die Wellen der Luft u[nd] des Stromes mich umtönten, eine ganze vollständige Sinfonie gehört habe, die Melodie und alle begleitenden Accorde, von der zärtlichen Flöte bis zu dem rauschenden Contra-Violon. Das klang mir wie eine Kirchenmusik, u[nd] ich glaube, daß Alles, was uns die Dichter von der Sphärenmusik erzählen, nichts Reizenderes gewesen ist, als diese seltsame Träumerei. (KSW 2:674)

Auch hier verschmelzen natürliche Geräusche mit innerer Musik. Wie in Herders *Cäcilia*-Aufsatz und Wackenroders *Berglinger*-No-

---

3 Johann Wolfgang Goethe, *Wilhelm Meisters Lehrjahre*, II. 11, in *Werke* (Weimarer Ausgabe), 1/21:204.

velle wird die Erfahrung des Erhabenen mit dem Heiligen verknüpft im Gegensatz zum Profanen. Die Erinnerung an eine unwiederbringliche Vergangenheit färbt somit die gegenwärtige Zeit der Reflexion als eine des Schmerzes, der Trennung und der Furcht – einen Fall aus dem Paradies. Hier kommt die Folge dessen zum Ausdruck, was Herder als Rezeption oder Partizipation in Bezug auf Kirchenmusik als eine »Vernichtung und Verschmelzung« des menschlichen Subjekts beschreibt: die weltliche Zeit der Gegenwart gründet sich auf ein individuelles Bewusstsein – von Herder »Charakter« genannt –, welches Trennung und Schmerzen herbeiführt. Die »Träumerei«, in der Kleists Herz einst »schmolz«, wurde ersetzt von einem konturierten und konturierenden Ego. In einer von Kleist wohl zur Notiz genommenen Zeile aus dem *Cäcilia*-Aufsatz prangert Herder Tendenzen in moderner Kirchenmusik als »verbotene Frucht« an.[4]

Die Opposition zwischen paradiesischer Anmut und Reflexion nach dem Sündenfall ist natürlich auch das zentrale Thema in Kleists gefeierter Abhandlung *Über das Marionettentheater*, erstmals veröffentlicht in seinen *Berliner Abendblätter[n]* im Dezember 1810. Der Text ist als Dialog zwischen einem Ich-Erzähler und einem gewissen Herrn C. im Winter 1801 in der Stadt M. gestaltet, vielleicht eine Anspielung auf Mainz, den Ort seiner jugendlichen Träumerei.[5] Herr C. aus dem Gespräch ist Berufstänzer, von Marionetten begeistert, die in seinen Augen sehr viel anmutiger sind als die besten menschlichen Tänzer. Während sie sich unter der Kontrolle des Puppenspielers bewegen, entgehen sie »dem bloßen Gesetz der Schwere«, das menschlichen Tanz nur behindert (KSW 2:342). Die Puppen können diese höhere Gewalt nicht kennen – sie können sich dessen nicht bewusst werden –, aber gerade dieser Mangel an Bewusstsein erlaubt ihnen, unvergleichliche Anmut zu zeigen. Daher die überraschende Schlussfolgerung der Abhandlung: »Wir sehen, daß in dem Maße, als, in der organischen Welt, die Reflexion dunkler und schwächer wird, die Grazie darin immer strahlender und herrschender hervortritt« (345). Genau wie im Brief an Wilhelmine löscht Denken die paradiesische Musik aus, und ebenso wird Anmut durch den Akt bewusster Reflexion zerstört.

---

4 Herder, *Cäcilia*, in *Sämmtliche Werke*, hg. v. Suphan, 16:266.
5 Die Herausgeber weisen darauf hin, dass Kleist nicht vor 1803 nach Mainz zurückkehrte; allerdings spricht diese Tatsache nicht dagegen, dass er den Namen der Stadt zur Beschwörung einer besonders intimen Erfahrung verwendet hat.

Die *Blöße* der Schwerkraft, die den Mangel an Anmut im menschlichen Tänzer offenbart, ist eine Bedingung für den Fall der Menschheit. Im gesamten Dialog bezieht sich Herr C. zweimal ausdrücklich auf das dritte Kapitel im Buch Genesis. Nachdem er einen Tänzer beschreibt, dessen Seele seinen Gesten zufolge ihm schrecklicherweise im Ellenbogen sitzt, kommentiert er: »Solche Mißgriffe [...] sind unvermeidlich, seitdem wir von dem Baum der Erkenntnis gegessen haben. Doch das Paradies ist verriegelt und der Cherub hinter uns« (342). Als sein Gesprächspartner den Faden der Argumentation zu verlieren scheint, wirft ihm Herr C. vor, dass er »das dritte Kapitel vom ersten Buch Moses nicht mit Aufmerksamkeit gelesen [hat]« (343). Die Konsequenz ist deutlich: Statt zu erhalten, was die Schlange versprochen hatte – ihre Augen zu öffnen, sie Göttern gleich zu machen, ihnen das Wissen von Gut und Böse zu geben –, erhalten Adam und Eva nur ihre Sterblichkeit, und ihre Augen sind einzig für ihre Nacktheit geöffnet. Dass sie den Apfel *gegriffen* haben, ist ein schicksalshafter, buchstäblicher *Miss-griff* und setzt sie der Scham aus, die sowohl von ihrer neuen Fähigkeit zur Selbstreflexion zeugt als auch davon, wie weit entfernt sie von der Anmut Gottes sind.[6] Anstatt zu einem Wissen spiritueller Wirklichkeit (unmittelbarem Wissen eines höheren Reiches) zu gelangen, stürzt die Menschheit in Selbstbewusstsein (das vermittelte Wissen der Scham). Ihre Augen wurden einfach nur für ihre Endlichkeit, ihre Begrenztheit, ihre dem Tod geweihte Subjektivität geöffnet. Gott verdammt die Menschen zur Arbeit ohne spirituelle Vision und begrenzt auf die Buchstäblichkeit bloßer physischer Existenz. Daher kriecht die Schlange von da an auf dem Boden, ganz im Gegensatz zu den geflügelten Cherubinen, die die Tore zum Paradies bewachen.

Kleist bezieht sich häufig auf den Zustand des Gefallenseins des Menschen, beispielsweise in einem Brief an seine Stiefschwester Ulrike:

Ach, es gibt eine traurige Klarheit, mit welcher die Natur viele Menschen, die an dem Dinge nur die Oberfläche sehen, zu ihrem Glücke verschont hat. Sie nennt mir zu jeder Miene den Gedanken, zu jedem Worte den Sinn, zu jeder Handlung den Grund – sie zeigt mir Alles, was mich umgiebt u[nd] mich selbst in seiner ganzen armseeligen Blöße u[nd] dem Herzen ekelt zuletzt vor dieser

---

6 Siehe Ilse Graham, *Heinrich von Kleist: Word into Flesh. A Poet's Quest for the Symbol* (Berlin 1977), S. 25-26.

Nacktheit – – Dazu kommt bei mir eine unerklärliche Verlegenheit, die unüberwindlich ist, weil sie wahrscheinlich eine ganz physische Ursache hat. (5. Februar 1801, KSW 2:628)

Und dann in einem Brief zu seinem Manuskript von *Der zerbrochne Krug* an Rühle von Lilienstern: »Jede erste Bewegung, alles Unwillkührliche, ist schön; und schief und verschroben Alles, so bald es sich selbst begreift. O der Verstand! Der unglückseelige Verstand!« (31. August 1806; KSW 2:769). Wie das deutsche Wort anzudeuten mag, lässt jedes Verstehen – Verstand – eine Art von *Ver*drehung, *Ver*stellung, *Ver*drängung, oder sogar wahnsinniger *Ver*rückung anklingen. Verstand ist die Fähigkeit des Geistes, das Gegebene in seine eigenen Begriffe umzuwandeln oder umzuleiten. Die Abhandlung über das *Marionettentheater* und der entsprechende Briefwechsel stimmen darin überein, dass sie die kognitiven Fähigkeiten der Menschen als Ende der Spontaneität der Anmut erkennen. Das ist der Ruin des Selbstbewusstseins, die Scham, sich selbst in seiner Endlichkeit zu sehen, in seiner *Blöße*. Genau das passiert dem jungen Mann in *Über das Marionettentheater*. Dem Erzähler der Abhandlung zufolge verlor er seine Unschuld »durch eine bloße *Bemerkung*« vor dem Spiegel (KSW 2:344). Wie Adam muss der junge Mann mit der Reflexion leben, die zwangsläufig das Stadium der Anmut zerstört.

Wie schon gezeigt beschreibt Kleist dieses Stadium der Anmut in musikalischen Begriffen, wenn auch nur vorsichtig. Seine Erinnerungen an musikalische Erfahrungen vor dem Sündenfall (und nach der Apokalypse) kommen gewöhnlich aus dem jungen Mannesalter. Unter den von Helmut Sembdner aufgezeichneten Aussagen von Kleists Bekannten finden sich wiederholte Hinweise auf Kleists frühe musikalische Neigungen. Zum Beispiel schreibt Eduard von Bülow: »[Kleist] zeichnete sich besonders durch ein nicht unbedeutendes, wiewohl ganz unausgebildetes Talent zur Musik aus. Ohne Noten zu kennen, komponierte er Tänze, sang augenblicklich alles nach was er hörte, spielte in einer von Offiziers zusammengesetzten Musikbande die Klarinette und zog sich, der Musik zuliebe, sogar einmal Arrest wegen einer Vernachlässigung im Dienste zu«.[7] Nach

---

7 Eduard von Bülow, *Heinrich von Kleists Leben und Briefe* (Berlin 1848), S. 6. Siehe auch Helmut Sembdner, *Heinrich von Kleists Lebensspuren. Dokumente und Berichte der Zeitgenossen* (Bremen 1957), S. 8-11; und Helga Kraft, *Erhörtes und Unerhörtes. Die Welt des Klages bei Heinrich von Kleist* (München 1976), S. 34-47.

seinem Tod beschrieb Clemens Brentano ihn, wenn auch vermutlich übertreibend, als einen der größten Virtuosen auf der Flöte und der Klarinette.[8] Kleist teilte Herders Glauben, die katholische Sicht der Einheit komme der wahren Vorstellung sakraler Musik näher. Mitten in der Beschreibung seiner Bedenken über den epistemologischen Abgrund, den seine Kant-Lektüre angeblich geöffnet hat, wendet sich Kleist in seinem Brief an Wilhelmine vom 21. Mai 1801 einer musikalisch-religiösen Erfahrung zu, deren Sinnesfülle im deutlichen Gegensatz zu bloßer Erkenntnis steht:

> Nirgends fand ich mich aber tiefer in meinem Innersten gerührt, als in der Katholischen Kirche, wo die größte, erhabenste Musik noch zu den andern Künsten tritt, das Herz gewaltsam zu bewegen. Ach, Wilhelmine, unser Gottesdienst ist keiner. Er spricht nur zu dem kalten Verstande, aber zu allen Sinnen ein katholisches Fest. Mitten vor dem Altar, an seinen untersten Stufen, kniete jedesmal, ganz isolirt von den Andern, ein gemeiner Mensch, das Haupt auf die höheren Stufen gebückt, betend mit Innbrunst. Ihn quälte kein Zweifel, er *glaubt* – Ich hatte eine unbeschreibliche Sehnsucht mich neben ihn niederzuwerfen, u[nd] zu weinen – Ach, nur einen Tropfen Vergessenheit, und mit Wollust würde ich katholisch werden. (21. Mai 1801; KSW 2:651)

Die Gewalt der Musik allein genügt nicht, um die Bedingung des Falls aufzuheben, weil »vergessen« ein unmöglicher Befehl ist; er würde erfordern, dass man sich daran erinnern muss zu vergessen – es zu *denken* – »gleich ist alles fort, wie weggezaubert durch das magische: disparois!, Melodie, Harmonie, Klang, kurz die ganze Sphärenmusik«.

Diesem Dilemma kann man nur dadurch beggnen, indem man es in ein Paradox wendet. In der *Marionettentheater*-Abhandlung schließt der Erzähler mit einer provokanten Frage: »Mithin, sagte ich ein wenig zerstreut, müßten wir wieder von dem Baum der Erkenntnis essen, um in den Stand der Unschuld *zurückzufallen?* Allerdings, antwortete er; das ist das letzte Kapitel von der Geschichte der Welt« (KSW 2:345; Hervorhebung JH). Geschichte ist die Geschichte des Falls, es ist die Geschichte des Wissens und des Selbstbewusstseins. Kleists eigene Abhandlung kann dem gefallenen Zu-

---

8 Helga Kraft, *Erhörtes und Unerhörtes*, S. 34.

stand der Menschheit nicht entgehen, was die vielen Zweideutigkeiten und inneren Widersprüche des Textes erklärt. Paul de Man bezeichnet dieses Problem ganz klar als eines der darstellenden Sprache: »Von dem Augenblick an, als der Erzähler in Gestalt eines Zeugen erscheint und die Ereignisse als eine treue Wiedergabe erzählt, ist ein weiterer Zeuge vonnöten, der die Glaubwürdigkeit des ersten Zeugen beglaubigt, und so sind wir sofort in einer unendlichen Rückwärtsbewegung gefangen«.[9] De Man muss die Schlussfolgerung ziehen, dass der Fall – einschließlich dem »Zurückfall«, der, wie der Erzähler andeutet, den Menschen in einen Zustand der Unschuld zurückversetzen könnte – letztlich nur eine textuelle »Falle« ist, die nur auf uns wartet, die wir zu einer Sprache nach dem Fall, zu einem rationalen System aus grammatischen »Fällen« verdammt sind.[10]

Daher werden Unschuld und Anmut nur dann als existent aufgefasst, wenn sich die Formen der Geschichte, der Sprache und der Selbst-Identität auflösen, vor dem Anfang und nach dem Ende, eine zeitlose Zeit, die vollkommen musikalisch und durch und durch verrückt wäre. »Meine heitersten Augenblicke sind solche, wo ich mich selbst vergesse« (4. Mai 1801; KSW 2:648). Allerdings deutet musikalische Selbstvergessenheit nicht unbedingt auf einen Verlust dessen hin, was eigentlich zu einem gehört. Erinnern wir uns, wie der katholische Choral den Schriftsteller »in [s]einem Innersten« berührte. Ähnlich spricht Kleist in dem Brief an Adolfine von Werdeck von seinen »eigenen Harmonien« als einem Mittel, das zu Entzückung führt. Oftmals verlieh er seinem Glauben Ausdruck, dass jedes Individuum seinen eigenen »Ton« besitze (KSW 2:673); und so erklärt er Wilhelmine: »Du *allein* singst nur einen *Ton*, ich *allein* singe auch nur einen *Ton*« (18. November 1800; KSW 2:594; Hervorhebung im Original). An anderer Stelle legt er ihr nahe, sie möge sich jede Person, die sie trifft, als ein Klavier vorstellen: »Da müßtest Du dann Saiten, Stimmung, den Stimmer, Resonanzboden, Tasten, den Spieler die Noten etc. etc. in Erwägung ziehen« (29.-30. November 1800; KSW 2:606). Dieses »musikalische« Selbst kann sich nur dann zeigen, wenn die Oberflächenerscheinung persönlicher Identität – *das Ich* – aufgebrochen wird, wenn man hinter den Spiegel gelangen kann, der bloß unsere reizlose Nacktheit reflektiert:

---

9 Paul de Man, »Aesthetic Formalization. Kleist's *Über das Marionettentheater*«, in *The Rhetoric of Romanticism*, S. 275.
10 Paul de Man, »Aesthetic Fomalization«, S. 290.

Gesetzt Du fändest darin den Satz, daß die *äußere* (vordere) Seite des Spiegels nicht eigentlich bei dem Spiegel die Hauptsache sei, ja, daß diese eigentlich weiter nichts ist, als ein nothwendiges Übel, indem sie das eigentliche Bild nur verwirrt, daß es aber hingegen vorzüglich auf die Glätte u[nd] Politur der *inneren* (hinteren) Seite ankomme, wenn das Bild recht rein u[nd] treu sein soll – – welchen Wink giebt uns das für unsere eigne Politur, oder wohin deutet das?
(18. November 1800; KSW 2: 596; Hervorhebung im Original).

Kleist verwandelt die gewöhnliche moralische Lehre, derzufolge es einen Abgrund zwischen äußerer Erscheinung und innerer Wahrheit gibt, indem er einen grundlegenden Unterschied zwischen der Identität einer Person annimmt – geformt und geschützt durch das eigene subjektive Verständnis – und dem, was eigentlich zu einem gehört. Die Formen verwirren sich. An Musik teilzuhaben mag jedoch eine Erfahrung herbeiführen, die alle hartnäckigen Formen durchbricht und jegliche physische Distanz überbrückt. Die Abwesenheit der Geliebten – in Würzburg vom Autor so betrauert (»Giebt es denn keine Verbindung mehr zwischen uns, keine Wege, keine Brücken? Ist denn ein Abgrund zwischen uns eingesunken [...]?«) – ist nichts als ein weiteres Symptom des gefallenen Zustands, der nur durch eine Musik korrigiert werden kann, die allen geformten Identitäten erlauben würde, dahinzuschmelzen: »Du *allein* singst nur einen *Ton*, ich *allein* singe auch nur einen *Ton*; wenn wir einen *Accord* hören wollen, so müssen wir beide *zusammen* singen. – Worauf deutet das hin?« (KSW 2: 594; Hervorhebung Kleist). Aber wie kann das Selbst selbstlos singen? Wie kann der Teilnehmer die Tatsache umgehen, dass er es ist, der die Saite erklingen lässt? Wie kann man willentlich seine subjektive Position vergessen? Gibt es Musik vor dem Anfang oder markiert sie bloß den Anfang vom Ende?

ଛଠ

Wenige Monate vor seinem Selbstmord bekennt Kleist, dass er »von zu viel Formen verwirrt« – »Ich kann [...] zu keiner Klarheit der innerlichen Anschauung kommen«.[11] In einem Brief aus derselben Zeit gibt er bekannt, er wolle die Kunst aufgeben und sich stattdessen dem Musikstudium zuwenden:

---

11 An Marie von Kleist (August 1811; KSW 2: 873).

Ich fühle, d[a]ß mancherlei Verstimmungen in meinem Gemüth sein mögen, die sich in dem Drang der widerwärtigen Verhältniße, in denen ich lebe, immer noch mehr verstimmen, und die ein recht heitrer Genuß des Lebens, wenn er mir ein mal zu Theil würde, vielleicht ganz leicht harmonisch auflösen würde. In diesem Fall würde ich die Kunst vielleicht auf ein Jahr oder länger ganz ruhen laßen, und mich außer einigen Wißenschaften, in denen ich noch etwas nachzuholen habe, mit nichts als der Musik beschäftigen. Denn ich betrachte di[e]se Kunst als die Wurzel, oder vielmehr um mich schulgerecht auszudrükken, als die algebraische Formel aller übrigen, und so wie wir schon einen Dichter haben – mit dem ich mich übrigens auf keine Weise zu vergleichen wage – der alle seine Gedanken über die Kunst die er übt, auf Farben bezogen hat, so habe ich von einer frühesten Jugend an, alles Allg[em]eine was ich über die Dichtkunst gedacht habe, auf Töne bezogen. Ich glaube, d[a]ß im Generalbaß die wichtigsten Aufschlüße über die Dichtkunst enthalten sind (KSW 2; S. 874-875)

Obwohl zehn Jahre seit seinen Briefen an Wilhelmine vergangen sind – zehn Jahre voll von persönlichen Erschütterungen und beruflichem Scheitern, hervorgerufen nicht zuletzt durch den Kreis um den Schriftsteller, mit dem er sich nicht zu vergleichen wagt –, spielt der utopische Charakter der Musik noch immer dieselbe Rolle. Wie zuvor nimmt Kleist an, dass die Verzweiflung über soziale Wechselwirkungen und ihren Bezug zu dem Problem literarischer Kunst durch die Kunst der Musik gelöst werden kann. Wieder ist die paradiesische Vorstellung von Musik durch Anspielungen auf Jugend gefärbt (»schulgerecht«, »von meiner frühesten Jugend an«). Nimmt man diese Aussagen vollkommen ernst, so deuten sie darauf hin, dass Musik stets die Grundlage für Kleists gesamte Ästhetik gewesen ist.

Die Charakterisierung von Musik als »algebraische Formel« ist jedoch ein Hinweis auf eine neue Vorstellung. Während Musik zuvor ein Ideal individuellen Ausdrucks (»ich *allein* singe […] nur einen *Ton*«) benannte, scheint der gesamte Bereich des Ausdrucks – nennen wir ihn Kunst – hier verworfen: »ich [würde] die Kunst […] ganz ruhen laßen, und mich […] mit nichts als der Musik beschäftigen«. Kunst, die τέχνη persönlichen Ausdrucks (von Gefühlen, Absichten, Schmerz oder Vergnügen), lässt das »Gemüth« des Schriftstellers in einem nicht wiedergutzumachenden Zustand der Zwietracht. Dieser späte Brief deutet tatsächlich darauf hin, dass Kunst, insbesondere die Kunst der Fiktion, nicht von dem getrennt werden kann, was Kleist früher als Denken beschrieben hat, das heißt von der Reflexion, die unverzüglich die lang ersehnte Harmonie verbannt: »so bald ein *Gedanke* daran sich regt, gleich ist alles fort«. Die Uneinigkeit, die zwangsläufig jede Darstellung plagt, die Teilung, die jeden geformten Ausdruck von seinem Inhalt trennt, ist der Kern von Kleists Qualen. Es stimmt, dass Kunst zu einem musikalischen Erlebnis führt, allerdings zu einem fürchterlich disharmonischen, cacophonischen und misstönenden Erlebnis. An dem Punkt, der sich als das Ende von Kleists Leben herausstellen wird, versucht Kleist, Harmonie zu erreichen, einen Zusammenklang, der den Konflikt auflösen würde, der jeder künstlichen Anstrengung innewohnt. Die einzige Wahl scheint darin zu bestehen, sich gegen die Darstellung zu entscheiden.

Die Musik, auf die sich Kleist als »algebraische Formel« bezieht, scheint sakrale Musik zu sein oder besser katholische Musik: die Art von Musik, durch die, Herder zufolge, das Individuum »vernichtet« wird, in der das Ego dahinschmilzt. Um die Darstellung, also Repräsentation aufzugeben – das heißt, die repräsentative Logik abzulehnen, die stets zu Misstönen und Uneinigkeit führt –, muss das Subjekt vernichtet werden, auf dessen Grundlage Repräsentation geschieht. Carl Dahlhaus' Erklärung zufolge bezieht sich Kleists Gebrauch des Begriffs »Generalbass« weder auf den barocken und seit langem veralteten basso continuo noch auf das Abkürzungssystem für Beziehungen zwischen den Saiten, sondern er bezieht sich auf Jean-Philippe Rameaus Harmonielehre.[12] Rameaus Ansatz wurde gewöhnlich als Mathematisierung des Gesangs verstanden und deswegen von Rousseau als Theorie verachtet, die dem seiner Meinung nach wahren Ziel der Musik abträglich ist: dem melodischen Ausdruck individuellen Gefühls. Mit seiner Bezeichnung der Musik als »algebraisch« wendet sich Kleist von diesem melodischen Musikverständnis ab und nimmt stattdessen die Position der so genannten Harmonisten ein, denen Musik »nichts repräsentiert«, um noch einmal Herders Worte zu benutzen. Tatsächlich kann man Kleist leicht auf der Seite der Harmonisten einordnen, denkt man an seine lebenslange Kritik an der spaltenden Reflexion, sein Hingezogensein zu

---

12 Carl Dahlhaus, »Kleists Wort über den Generalbass«, *Kleist Jahrbuch* 5 (1984), S. 13-24.

einer katholischen Einheit, die sich über den »kalten Verstand« seiner eigenen reformierten Kirche hinwegsetzte, sein Verlangen danach, mit einer kindlichen Anmut zu verschmelzen, die den Fall ins Bewusstsein wettmachen könnte. Als Ausdruck von Individualität, als das Zeichen persönlichen Charakters, setzt Melodie nur Uneinigkeit, Qual und Schmerz fort: die Trennung also zwischen ihm und der Geliebten. Musikhistorisch betrachtet richtet Kleist sich gegen die moderne *seconda prattica* der Monodie und an der *prima prattica* der Polyphonie aus, wo Worte der Musik untergeordnet sind und wo die individuelle Stimme mit der Stimme Gottes verschmilzt.

Die Heilige Cäcilie oder die Gewalt der Musik

> Wenn die Sinne einmal in irgendeiner Art stark affiziert worden sind, können sie nicht gleich wieder ihre Bewegung ändern […]. Dies ist der Grund einer bei Wahnsinnigen sehr häufigen Erscheinung: daß sie nämlich ganze Tage und Nächte, zuweilen ganze Jahre mit der beständigen Wiederholung derselben Behauptung, derselben Klage oder desselben Liedes zubringen. Zu Beginn des Wahnsinns hatten diese Äußerungen die zerrüttete Einbildungskraft der Kranken gewaltsam beeinflußt; jede Wiederholung verstärkt diesen Einfluß von neuem, und der Ungestüm ihrer Lebensgeister, der nicht durch die Zügel der Vernunft gebändigt wird, läßt ihn fortwirken bis ans Ende ihres Lebens.
> Burke, *Philosophische Untersuchung*, II. 8 (111)[13]

Die ausführlichste Auseinandersetzung mit dem Thema der Musik und ihrer Art der Darstellung findet sich in Kleists unheimlicher Geschichte über die zweideutige Macht der Musik und die musikalische Macht der Zweideutigkeit: *Die heilige Cäcilie oder die Gewalt der Musik*. Zum ersten Mal erschien die Geschichte in Kleists

---

13 Im Original: »The senses strongly affected in some one manner cannot quickly change their tenor. […] This is the reason of an appearance very frequent in madmen; that they remain whole days and nights, sometimes whole years, in the constant repetition of some remark, some complaint, or song; which having struck powerfully on their disordered imagination, in the beginning of their phrensy, every repetition reinforces it with new strength, and the hurry of their spirits, unrestrained by the curb of reason, continues it to the end of their lives«.

Berliner Abendblätter[n] (15.–17. November 1810) anlässlich der Taufe der Tochter seines Freundes Adam Müller namens Cäcilie. Angemerkt sei hier, dass Müller 1805 zum katholischen Glauben übergetreten war. Damit hat Kleists Geschichte eine doppelte, widersprüchliche Ausrichtung: Eine gründet in der Namensgebung, das heißt im Prozess, eine persönliche, historische Identität zu gewinnen, und die andere wird bestimmt vom Katholizismus, dessen Rituale zumindest in den Augen der Protestanten dazu führten, dass sie das Gefühl individuellen Selbstseins auflösten.

Im darauf folgenden Jahr erweiterte und veränderte Kleist die Geschichte für die Ausgabe seiner gesammelten *Erzählungen* 1811. Die Erzählung mit dem Untertitel »Eine Legende« findet am Ende des 16. Jahrhunderts statt, auf dem Höhepunkt des ikonoklastischen Wütens der Reformation und der katholischen Verteidigung. Es geht um vier Brüder: Einer ist Priester in Antwerpen, die anderen drei studieren in Wittenberg, und alle sind in Aachen zusammengekommen, um über eine Erbschaft eines unbekannten Onkels zu sprechen. Über vier Tage hinweg wiegelt der Priester seine Brüder dermaßen auf, dass sie eine Horde junger Männer davon überzeugen, das nahe gelegene Kloster der heiligen Cäcilie zu überfallen und damit »der Stadt Aachen das Schauspiel einer Bilderstürmerei zu geben« (KSW 2:216). Die von dem Plan in Kenntnis gesetzte Äbtissin ist in zweifacher Not: nicht nur verweigern die örtlichen Behörden den Schutz des Klosters, sondern dazu kommt, dass Schwester Antonia, die gewöhnlich das Kirchenorchester leitet, schwer erkrankt ist und daher nicht in der Lage, dem Fronleichnamsfest zu einer würdigen musikalischen Aufführung zu verhelfen. Mit Beilen und Brechstangen bewaffnet wartet die Horde unerschütterlich auf das Signal, als plötzlich Schwester Antonia völlig unerwartet erscheint, in ihren Händen die Partitur der uralten italienischen Messe, die die Äbtissin ursprünglich zur Aufführung vorgeschlagen hatte. Sie nimmt ihren Platz an der Orgel ein und dirigiert die Schwestern durch das *Salve regina* und das *Gloria in excelsis*. Augenblicklich lässt die Musik die ungebärdige Menge verstummen. Nicht ein Stein wird geworfen, kein Fenster zertrümmert.

Sechs Jahre später macht sich die Mutter der vier Brüder von Haag aus auf die Suche nach ihren verlorenen Söhnen. Zuletzt hatte sie Nachricht von ihnen am Vorabend des geplanten Überfalls durch einen Brief, der eine vage Beschreibung der Pläne gegen das Kloster in der Nähe Aachens enthielt. Schließlich erinnert sich jemand an die vier jungen Männer, die vor geraumer Zeit in das »Irrenhause der Stadt« eingewiesen worden seien, da sie unter einer merkwürdigen »religiösen Idee« litten (KSW 2:219). Obwohl sich die Beschreibung der Männer ganz klar auf einen katholischen Gemütsstand bezieht – der so ganz und gar nicht dem Temperament ihrer Kinder entspricht –, besucht sie die Anstalt dennoch und entdeckt dort, dass es sich bei den leidenden Anstaltsinsassen tatsächlich um ihre Söhne handelt. Nachdem sie den ersten Schock überwunden hat, teilt der Vorsteher ihr mit, dass die Männer kaum schlafen, beinahe nichts zu sich nehmen und niemals ein Wort sprechen. Wenn es aber Mitternacht schlägt, erheben sie sich von ihren Sitzen, um das *Gloria in excelsis* zu singen »mit einer Stimme, welche die Fenster des Hauses bersten machte« (220). Auf der Suche nach weiteren Auskünften besucht sie den örtlichen Tuchhändler, Veit Gotthelf, den ihr Sohn, der Priester, namentlich in seinem Brief vor sechs Jahren genannt hatte. Er war an diesem schicksalsträchtigen Abend dabei gewesen und kann der Mutter einen vollständigen Bericht geben:

bei Anhebung der Musik, nehmen eure Söhne plötzlich, in gleichzeitiger Bewegung, und auf eine uns auffallende Weise, die Hüte ab; sie legen, nach und nach, wie in tiefer unaussprechlicher Rührung, die Hände vor ihr herabgebeugtes Gesicht, und der Prädikant, indem er sich, nach einer erschütternden Pause, plötzlich umwendet, ruft uns Allen mit lauter fürchterlicher Stimme zu: gleichfalls unsere Häupter zu entblößen! Vergebens fordern ihn einige Genossen flüsternd, indem sie ihn mit ihren Armen leichtfertig anstoßen, auf, das zur Bilderstürmerei verabredete Zeichen zu geben: der Prädikant, statt zu antworten, läßt sich, mit kreuzweis auf die Brust gelegten Händen, auf Knien nieder und murmelt, samt den Brüdern, die Stirn inbrünstig in den Staub herab gedrückt, die ganze Reihe noch kurz vorher von ihm verspotteter Gebete ab. (221)

Stunden später kehrte Gotthelf zu der nun leeren Kirche zurück und fand die Brüder immer noch vor dem Altar auf dem Bauch liegend vor, »als ob sie zu Stein erstarrt wären«. Die folgenden Tage verbrachten sie in ihrer Wohnung, banden Birkenzweige in Form des Kreuzes zusammen, aßen nichts und sprachen nichts bis Mitternacht, wenn sie das *Gloria* sangen »mit einer entsetzlichen und gräßlichen Stimme«. (223)

Nachdem sie den schrecklichen Bericht gehört hat, macht sich die Mutter auf den Weg zum Kloster und spricht mit der Äbtissin. Neben ihrem Stuhl liegt die geöffnete Partitur des *Gloria*, das am Abend des Fronleichnamfestes gesungen worden war. Der bloße Anblick der Noten bringt die Mutter beinahe dazu, »ihre Sinne zu verlieren« (227). Die Äbtissin ist unschlüssig, was die Sinne der vier jungen Männer verwirrt haben könnte. Man mag glauben, dass es »wohl die Gewalt der Töne« gewesen sein mag, die die Bilderstürmer in einen solchen Zustand versetzte. Der Bericht der Äbtissin fügt dem Ganzen noch ein weiteres Rätsel hinzu. Diejenige Schwester, die der kranken Antonia beizuwohnen hatte, bezeugte, dass diese nicht mehr erwachte, dass sie den gesamten Abend im Bett lag und noch in der Nacht der Messe verstarb. Unter diesen Umständen ließ der Erzbischof von Trier später verlauten, dass es die heilige Cäcilie selbst gewesen sein musste, die die Musik dirigierte, was der Papst kurze Zeit darauf bestätigte. Unter Tränen küsst die Mutter den Saum der Robe der Äbtissin, hinterlegt eine Summe Geldes für die Betreuung ihrer Söhne und kehrt nach Haag zurück, wo sie zum Katholizismus übertritt. So endet die Legende.

෨

Wie viele Forscher bemerkt haben, begründet der Titel der Legende *Die heilige Cäcilie oder die Gewalt der Musik* das zweideutige Rätsel des Ereignisses.[14] Obwohl die meisten Interpretationen die beiden Teile des Titels so lesen, dass sie sich auf die Ursache des Schicksals der Brüder beziehen, kann man das »oder« genauso gut als Gleichung betrachten.[15] Die interpretatorische Entscheidung hängt also von der Konjunktion ab, die man entweder im Sinne einer Alternative oder einer Erklärung auffassen kann. Im ersten Falle können wir eine Trennung feststellen und fragen: Handelte es sich nur um die natürliche »Gewalt der Musik«, die zur Demenz der Männer führte (wie Veit Gotthelf annahm)? Oder, folgt man der Geschichte der Äbtissin, war es die heilige Cäcilie selbst, die den Platz der sterbenden Schwester an der Orgel einnahm und damit die Feinde der katholischen Kir-

---

14 Siehe die ausführliche Diskussion von Wolfgang Wittkowski, »*Die heilige Cäcilie* und *Der Zweikampf*. Kleists Legenden und die romantische Ironie«, *Colloquia Germanica* 6 (1972), S. 17-59. Siehe auch Rosemarie Puschmann, *Heinrich von Kleists Cäcilien-Erzählung* (Bielefeld 1988); und Dorothea von Mücke, »Der Fluch der Heiligen Cäcilie«, *Poetica* 26 (1994), S. 105-120.
15 So Robert Mühlner, »Heinrich von Kleist und seine Legende *Die heilige Cäcilie oder die Gewalt der Musik*«, *Jahrbuch des Wiener Goethes-Vereins* 66 (1962), S. 149-156.

che niederstreckte? Im letzten Falle würde der zweite Teil des Titels einfach die Bedeutung oder die Stärke der Heiligen ausdrücklich nennen, die im ersten Teil beim Namen genannt wird. Der eine Teil könnte als Neuformulierung des anderen aufgefasst werden. Der Unterschied zwischen der Funktion als Alternative oder als Erklärung läge damit in der strukturellen Unterscheidung zwischen einer Beziehung der Kontinuität oder Diskontinuität begründet. Das akustische Phänomen der Musik erhält seine Gewalt entweder aus einer transzendenten Quelle – als Hypostase des Göttlichen – oder aus seinen eigenen immanenten Qualitäten. In beiden Fällen jedoch bleibt die Spannung zwischen dem Physischen und dem Übernatürlichen bestehen. Sie müssen zusammengelesen werden und sind nur durch ihre Art und Weise verschieden (scholastisch gesprochen zwischen einer causa transiens und einer causa immanens). Anders gesagt ist die von den Schwestern aufgeführte Messe entweder aus sich selbst heraus mächtig oder durch ihre ständige Teilhabe am Göttlichen. Ebenso übt die heilige Cäcilie ihren Einfluss von oben aus, unabhängig von der Welt, oder sie ist nur insofern wirkungsvoll, als ihre Macht im empirischen Bereich greifbar wird.

Die Notwendigkeit, die physische »Gewalt der Musik« mit der wundertätigen »Heiligen Cäcilie« zusammenzulesen, ergibt sich aus dem hinzugefügten Untertitel »Eine Legende«, der in spannungsreichem Widerspruch zu dem nun als Paar verstandenen Haupttitel steht. Allerdings ist auch der Untertitel nicht unzweideutig. Einerseits verleiht der Begriff *Legende* als Gattungsmarkierung den folgenden Berichten eine bestimmte Fiktionalisierung. In Bezug auf den Wahrheitsgehalt der Geschichte wird also um Glaubwürdigkeit geworben. Andererseits kann der Untertitel unter Berücksichtigung der lateinischen Umschreibung als Imperativ verstanden werden, denn er präsentiert eine Geschichte, die »gelesen werden muss« (*legenda est*). Dementsprechend befolgen die Wahrheitssucher der Novelle dem Lesebefehl und tragen somit durch die Entfaltung der verschiedenen Erzählstränge zur Erschaffung der Erzählung selbst bei. Die Fragen der Mutter zeigen diese zeitliche Bewegung am besten, die damit endet, dass sie die wunderbare Erklärung der Äbtissin akzeptiert und konvertiert. Auf diese Weise kreuzt sich die Zeitachse des Untertitels mit der Raumachse des Haupttitels zwischen einer immanenten und einer transzendenten Ursache, was zu einem Schema führt, das an das unermüdliche Formen und die Anbetung des Kruzifixes denken lässt – die buchstäbliche Krux der Geschichte.

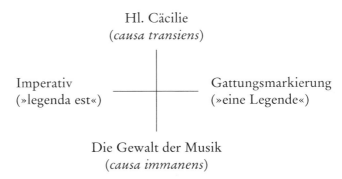

Die Kreuzform zeigt die durch die Erzählung laufenden Zweideutigkeiten und Ambivalenzen und führt sie fort. Genauer gesagt führt sie zu unterschiedlichen Vorstellungen von Darstellung, Musik und Wahnsinn. Zunächst spiegelt die vertikale Achse die klassische Unterscheidung zwischen physiologischem und von den Göttern gesandtem Wahnsinn, zwischen humoraler Melancholie und göttlicher Manie. Während dem Leidenden im ersten Falle eine Krankheit innewohnt, handelt es sich im zweiten Fall um ein nützliches oder strafendes Leiden aus transzendenter Quelle. Zu Kleists Zeiten prägte diese Opposition immer noch den psychologischen Diskurs: zwischen der somatischen Psychiatrie des Wiener Arztes Franz Joseph Gall, dessen sechsbändige Untersuchung *Sur les fonctions du cerveau* (1809) Wahnsinn auf Gehirnanatomie und Phrenologie zurückführte, und dem »Psychismus« Karl Idelers, des Direktors der psychiatrischen Abteilung der Berliner Charité, der darauf bestand, dass es sich beim Wahnsinn um eine strikt seelische Krankheit handelte.[16] Was die Musik angeht, so markiert die vertikale Linie den Unterschied zwischen der immanent an den Chor und die Instrumentalisten gebundene Aufführung und der Komposition mit einer transzendenten, von den einzelnen Ausführungen unabhängigen Ausgangspunkt. Auf der einen Seite gibt es die physischen Mittel zur Klangproduktion – »Geigen, Hoboen und Bässe geprüft und gestimmt« (218) –, auf der anderen Seite befindet sich die Partitur der italienischen Messe, vermutlich von Schwester Antonia gebracht und von da an wohlbehütet im Zimmer der Äbtissin (226).

Vor allem aber berührt die Unterscheidung zwischen Immanenz und Transzendenz die Trennung zwischen der protestantischen und der katholischen Ideologie des späten 16. Jahrhunderts. Diese Tren-

---

16 Siehe Klaus Dörner, *Bürger und Irre*, S. 266-272.

nung beruht tatsächlich auf der Frage der Repräsentation, die sich im Fronleichnamsfest zuspitzt, in einer von der Gegenreformation eingesetzten Messe zur Feier des Geheimnisses der Transsubstantiation während der Eucharistie. Der gängigen katholischen Sicht zufolge kommt es während der Eucharistie zu keinerlei Repräsentation. Durch die priesterliche Gewalt des Wortes wird das Sakrament des Brotes zum Fleisch Christi, das heißt die Göttlichkeit wohnt der physischen Substanz inne. Den Bilderstürmern ist diese Vorstellung »realer Anwesenheit« natürlich ein Grauen. Für sie gibt es ausschließlich Repräsentation. Die Hostie ist kein wundersam verwandeltes Material, sondern vielmehr ein *Zeichen*, das auf eine transzendente Quelle verweist. In dieser Hinsicht geht die Reformation über das jüdische Bilderverbot hinaus, wie es gewöhnlich verstanden wird: das Problem mit göttlichen Bildern ist nicht einfach, dass sie versuchen zu definieren (das heißt endlich zu machen), was an sich unendlich ist; das Problem besteht darin, dass sie die klare Unterscheidung zwischen zwei Modalitäten verwirren, nämlich zwischen Wahrnehmung und Denken. Zumindest seit Augustinus hat sich die doppelte Artikulation des Zeichen durchgesetzt: »Signum est quod se ipsum sensui et praeter se aliquid animo ostendit« – »Ein Zeichen ist das, was sich selbst den Sinnen und etwas anderes dem Geist zeigt«.[17] Zurück zu Kleists Titel: Die Protestanten lesen das »oder« als einen Wechsel (zwischen diesem Bereich und dem nächsten), während die Katholiken es für eine Erklärung halten, die eine ganz einfache Einheit enthüllt. Wir sollten uns an Herders Schlussfolgerung aus seiner Abhandlung über sakrale Musik erinnern: »Aus unsern protestantischen Kirchen ist diese Einheit ziemlich verschwunden, auf welche es doch in der ersten Kirche so fühlbar und groß angelegt war«.[18] Bemerkenswert ist, dass die bilderstürmenden Verschwörer in Kleists Legende ausdrücklich auf ein »Zeichen« warten, das niemals kommt – »Sie verabredeten frohlockend ein *Zeichen*, auf welches sie damit anfangen wollten, die Fensterscheiben, mit biblischen Geschichten bemalt, einzuwerfen« (216; Hervorhebung JH). Die jeder semiotischen Handlung innewohnende doppelte Artikulation zerbricht angesichts der katholischen Kommunion.

17 Augustinus, *De dialectica* 5.S. 9-10; in Jacques-Paul Migne, *Patrologiae cursus completus. Series Latina*, 221 Bde. (Paris 1844-1864) XXII, col. 1409-1420.
18 Johann Gottfried Herder, *Cäcilia*, in *Sämmtliche Werke*, hg. v. Suphan, 16:261.

Der Gebrauch von Zeichen gründet in der Fähigkeit, das zusammenzuhalten, was verschieden ist – etwa das materielle Zeichen und seine immaterielle Bedeutung – und gehört daher zur Kraft der Reflexion. In seinen Briefen beschreibt Kleist, gerade sein reflexives Denken und das Festhalten am Wort verbannt ihn aus dem Paradies sakraler Musik. So schrieb er an seine Verlobte: »Ach, Wilhelmine, unser Gottesdienst ist keiner. Er spricht nur zu dem kalten Verstande, aber zu allen Sinnen ein katholisches Fest. [...] Ach, nur einen Tropfen Vergessenheit, und mit Wollust würde ich katholisch werden« (KSW 2:651). Herders »Fühlbarkeit« bringt das genau auf den Punkt. Kleist versteht, dass er als reflektierendes Wesen immer auf dieser Seite des Falles sein wird, niedergeschlagen und allein: »Jede erste Bewegung, alles Unwillkührliche, ist schön; und schief und verschroben Alles, so bald es sich selbst begreift. O der Verstand! Der unglückseelige Verstand!« (KSW 2:769).

Ach, nur einen Tropfen Vergessenheit, und mit Wollust würde ich katholisch werden ... In der Geschichte von der heiligen Cäcilie jedoch scheinen die Brüder zu erreichen, was ihrer ursprünglichen protestantischen Veranlagung zunächst versagt war. Während sie in Aachen ankommen, um eine später nie erhaltene Erbschaft anzutreten, ohne die Hilfe von Freunden oder Verwandten, beenden sie ihre Tage bequem mit Hilfe der mütterlichen Zahlung, nach einem langen Leben »heiter und vergnügt« sterbend (228); der Anstaltsvorsteher beteuert der Mutter, dass die jungen Männer »körperlich vollkommen gesund« wären und dass man »ihnen sogar eine gewisse, obschon sehr ernste und feierliche, Heiterkeit nicht absprechen könnte« (220). Anders als die Brüder muss dann Kleist, der Briefeschreiber, einen Mangel an Glück, Frieden und Ruhe als sein Los akzeptieren. Doch Kleist führt zwei Hauptprobleme vor, die gegen eine eindeutig positive Lektüre der Wandlung sprechen. Zunächst drückt er in dem Brief an Wilhelmine seinen Wunsch nach »Vergessenheit« aus, danach, seine Position eines denkenden Subjekts aufzugeben und dadurch in katholischer Sinnlichkeit dahinzuschmelzen, obwohl seiner eigenen Logik zufolge der Wunsch selbst Ausdruck eines subjektiven Willens ist, der ihn für immer davon abhält, in ein vorreflexives Stadium einzutreten. Der aus derselben Zeit stammende *Marionettentheater*-Aufsatz führt genau dieses Dilemma vor. Zweitens stellt der jämmerliche Zustand der Brüder in *Die heilige Cäcilie* ganz klar die Attraktivität eines solchen Wunsches in Frage. Ihre traurige Existenz, ihr Hinsiechen in der Irrenanstalt schränkt den Reiz einer solchen »Wollust« ernsthaft ein.

Die Frage wird in Gotthelfs Bericht besonders deutlich, der den wahnsinnigen Gesang der Brüder als ansteckend beschreibt und als das, was die Gesellschaft aufzulösen droht.

> So mögen sich Leoparden und Wölfe anhören lassen, wenn sie zur eisigen Winterzeit, das Firmament anbrüllen: die Pfeiler des Hauses, versichere ich euch, erschütterten, und die Fenster, von ihrer Lungen sichtbarem Atem getroffen, drohten klirrend, als ob man Hände voll schweren Sandes gegen ihre Flächen würfe, zusammen zu brechen. Bei diesem grausenhaften Auftritt stürzen wir besinnungslos, mit sträubenden Haaren aus einander; wir zerstreuen uns, Mäntel und Hüte zurücklassend, durch die umliegenden Straßen, welche in kurzer Zeit, statt unsrer, von mehr denn hundert, aus dem Schlaf geschreckter Menschen, angefüllt waren; das Volk drängt sich, die Haustüre sprengend, über die Stiege dem Saale zu, um die Quelle dieses schauderhaften und empörenden Gebrülls, das, wie von den Lippen ewig verdammter Sünder, aus dem tiefsten Grund der flammenvollen Hölle, jammervoll um Erbarmung zu Gottes Ohren heraufdrang, aufzusuchen. (223)

Die durch und durch von der Gegenreformation gefärbte Rhetorik dieser Textpassage ist vielsagend.[19] Wir sollen erkennen, wie sich die Kontamination nicht nur über den Raum hinweg auf alle die erstreckt, die in Hörweite sind, sondern auch über die Zeit. Gotthilfs Gebrauch des historischen Präsens (»stürzen«, »zertreuen«, »drängt«) verleiht der Erzählung eine direkte Wirkung, was die Geschichte nicht länger eine Geschichte sein lässt, sondern sie zu einem hier und jetzt sich entfaltenden Ereignis macht. Mit Hilfe dieses rhetorischen Mittels verortet Gotthelf die Mutter, die eigentlich gekommen war, um einen Bericht über die Vergangenheit zu hören, in der Position einer Zeugin oder sogar einer Mitspielerin innerhalb eines Ereignisses, das in phantasiertem Präsens dargestellt wird. Der ansteckende Wahnsinn der jungen Männer führte nicht nur zu bacchantischem Wüten unter den Nachbarn, sondern zieht sich über sechs Jahre hinweg und vermischt somit Vergangenheit und Gegenwart, indem er eigentlich Unbeteiligte zum Mitmachen verlockt. So ist die Szene ganz und gar von Verwirrung geprägt.

Aufschlussreich ist, dass Kleists Erzählung ursprünglich als Taufgeschenk gedacht war – als ob die Frage der Namensgebung und der

---

19 Siehe Dorothea von Mücke, »Der Fluch der Heiligen Cäcilie«, S. 112-113.

Identitätsstiftung selbst auf dem Spiel stünde. Eng verbunden ist dieses Thema mit dem anderen übergreifenden Erzählstrang der »Legende«, die dem konventionellen Begriffsgebrauch zufolge ein Wunder bestätigt, nämlich in diesem Fall die Identität der Heiligen.[20] Daher spielt Kleist in der gesamten Novelle mit der Verwirrung, entweder durch das Aufbrechen von Identität oder durch das Verschmelzen von Unterschieden. So bringt der widersprüchliche Beiklang von Gotthelfs Vornamen, der auf Sankt Veit anspielt, eine starke Zweideutigkeit hervor. Besonders wichtig ist hier Veits Märtyrergeschichte. Als Kind soll Veit nach Rom gereist sein, wo er den Sohn des heidnischen Kaisers Diokletian von Dämonen befreite. Weil er sich aber weigerte, Christus abzuschwören, wurde er gefoltert und schließlich getötet. Spätestens ab dem 8. Jahrhundert wurde er vor allem in den deutschen Ländern flehentlich angerufen, um das ungezügelte Verhalten derjenigen zu heilen, die unter dem so genannten Veits-Tanz litten. Der Name Gotthelf verstärkt noch die Vorstellung der Heilung unter dem Schutz Gottes. Da der Name Veit aber mit den besessenen Tänzern verbunden wurde, wurde er während des Mittelalters mehr und mehr als Spitzname für den Teufel selbst verwendet.[21] Aus einer möglichen Heilung wurde Veit zu einer möglichen Ursache des Wahnsinns. Die Anspielung scheint bedeutsam, fällt doch der Tag des heiligen Veit am 15. Juni in die Nähe des Fronleichnamsfestes, wenn nicht sogar auf denselben Tag.[22]

Wie dem auch sei, die Zweideutigkeit von Gotthelfs Namen ist bloß eine von vielen Zweideutigkeiten und Verwirrungen, die sich durch Kleists Legende ziehen. Beispielsweise legt die Bestialität der Brüder (wie »Leoparden und Wölfe«) nahe, wie erschreckend durchlässig die Trennungslinie zwischen Mensch und wildem Tier ist. Als irgendwie unmenschlich teilen ihre Stimmen nichts mehr mit; ihre Worte lösen sich nicht mehr in einen immateriellen Sinn auf. Ganz im Gegenteil, der ihren Kehlen entweichende Ton ist allzu mate-

---

20 Siehe Gerhard Neumann, »Eselgeschrei und Sphärenklang: Zeichensystem der Musik und Legitimation der Legende in Kleists Novelle *Die heilige Cäcilie oder die Gewalt der Musik*«, in *Heinrich von Kleist. Kriegsfall – Rechtsfall – Sündenfall*, hg. v. Gerhard Neumann (Freiburg/B. 1994), S. 365-389; 370-374.
21 Siehe Johann Kessel, »St. Veit, seine Geschichte, Verehrung und bildlichen Darstellungen«, *Jahrbücher des Vereins für Altertumsfreunde im Rheinlande* 43 (1867), S. 152-183.
22 Im Jahre 1810, als Kleist an *Die heilige Cäcilie* zu arbeiten begann, fiel das Fronleichnamsfest auf den 14. Juni, den Tag vor dem Tag des heiligen Veit. Im Jahre 1809 fielen beide Feste auf denselben Tag.

riell – ein »sichtbare[r] Atem«, der trifft, verletzt und zerstört. Als etwas Menschliches sind ihre Stimmen aber ebenso äußerst bedeutsam. Der Vorsteher berichtet, dass »sie, nach ihrem Vorgeben, besser als andre, einzusehen glaubten, daß er der wahrhaftige Sohn des alleinigen Gottes sei« (220). Besessene Bestien *oder* gesegnete Seher, Ursache von Furcht *oder* Erlösung, zeigt die Charakterisierung der Brüder, wie das »oder« des Titels die gesamte Erzählung prägt. Wie im Titel kann die Macht der Konjunktion entweder diskontinuierlich oder kontinuierlich sein; entweder spaltet sie, was zusammengehören sollte, oder sie bringt zusammen, was getrennt bleiben müsste. So ist die Konversion der Brüder sowohl wirksam als auch unwirksam. Ihr bilderstürmerischer Wille wurde gebrochen, trotzdem bleiben sie weiterhin Bilderstürmer: Sie kamen nach Aachen, um ein »Schauspiel« gegen den Katholizismus aufzuführen, am Ende haben sie einen Theater-»Auftritt«, der die Einheimischen schockiert; ursprünglich wollten sie Fenster einschlagen, und nun droht die Macht ihres Gesangs diese zu zerbrechen. Ebenso wurde das Kloster dank des »Wunders« gerettet, allerdings, so berichtet der Erzähler, würde es bald nach dem Westfälischen Frieden säkularisiert. Die Gewalt der Musik überwindet die Ordnung des Zeichens, und dennoch wird die Musik während der Episode im Zimmer der Äbtissin so beschrieben, dass sie selbst ausdrücklich aus »Zeichen« besteht.

Tatsächlich gibt es aber mehr Stimmigkeiten, wo wir eigentlich Unstimmigkeiten erwarten würden.[23] Umgekehrt sind die Unstimmigkeiten zwischen den verschiedenen Zeugenaussagen haarsträubend.[24] Gotthelf ist beispielsweise kaum ein glaubwürdiger Zeuge wie die Zweideutigkeit seines Namens bereits andeutet. Anders als die vaterlosen, namenlosen und erbschaftslosen Brüder ist Gotthelf verheiratet und hat Kinder und »[hatte] die beträchtliche Handlung seines Vaters übernommen« (221). Nachdem er zugegeben hat, selbst zu den Verschwörern an dem schicksalhaften Abend gehört zu haben, fleht er die Mutter an, ihn nicht zu verraten und dadurch seine bequeme Lebenssituation in Gefahr zu bringen. Vergleicht man sei-

---

23 Zu diesem Punkt siehe Rosemarie Puschmann, *Kleists Cäcilien-Erzählung*, S. 33-40.
24 Siehe Donald Haase/Rachel Freudenburg, »Power, Truth, and Interpretation. The Hermeneutic Act and Kleist's *Die heilige Cäcilie*«, *Deutsche Vierteljahrsschrift* 60 (1986), S. 88-103; und Michael Boehringer, »Of Meaning and Truth: Narrative Ambiguity in Kleist's ›Die heilige Cäcilie oder die Gewalt der Musik: Eine Legende‹«, *Revue Frontenac* 11 (1994), S. 103-128.

nen Bericht mit den Anfangsbemerkungen des Erzählers, trifft man auf zahlreiche Widersprüche, wie zum Beispiel folgenden: Während der Erzähler versichert, dass der »kaiserliche Offizier« (217) der Kirche trotz des offensichtlich bevorstehenden bilderstürmdenden Aufstandes den Schutz versagte, erklärt Gotthelf ausdrücklich, dass die »kaiserliche Wache« (222) anwesend war und einige Festnahmen vornahm. Alles in allem ist die Glaubwürdigkeit seines Berichts schwer angeschlagen. Indem er die bestialische, ansteckende Aufführung der Brüder beschreibt, indem er sie der Hölle überantwortet, will er sich ganz klar so weit wie möglich von seinem jugendlichen Eifer distanzieren. Sollen wir dem Vorsteher glauben, der die leidenden Brüder als gottesfürchtig und friedlich darstellt? Oder dem Tuchhändler Gotthelf, der darauf besteht, dass die Brüder unter den Einheimischen eine an den Veits-Tanz erinnernde Panik auslösen?

Persönliche Identität lässt sich schwer fassen. Wie der Komponist der alten italienischen Messe und wie der Onkel, dessen Erbschaft die Brüder zunächst zusammengebracht hatte, bleibt die wahre Identität der meisten Charaktere »unbekannt«. Kleists angeblichem Realismus oder seiner Objektivität zum Trotz erfahren wir nie die Namen der Hauptfiguren, der Brüder und der Mutter. Die Frau, die die Messe dirigiert, kann Schwester Antonia oder die heilige Cäcilie sein. All das kommt einer Kritik an verbaler Repräsentation gleich, die immer eine Kluft der Unsicherheit zwischen Beschreibung und dem Beschriebenen lässt. Bestenfalls können sich Worte ihrem Gegenstand durch Umschreibung oder durch figurative Sprache nähern. Das gilt vor allem dann, wenn es um die Beschreibung von Tönen oder Musik geht. In Gotthelfs Bericht kann der wahnsinnige Gesang der Brüder beispielsweise nur mit Hilfe von Gleichnissen beschrieben werden – wie »Leoparden und Wölfe«, »als ob man Hände voll schweren Sandes gegen [die] Flächen würfe «, »wie von den Lippen ewig verdammter Sünder«. Die Wendung zu diesen Umschreibungen verrät die Erhabenheit des Ereignisses, denn laut Kants Argument ist das Erhabene gerade das Scheitern der Einbildungskraft, einen Begriff für das vorliegende Phänomen zu finden.[25] In *Die heilige Cäcilie* ist es ganz klar die musikalische Erfahrung, die diese erhabene Wirkung der Unverständlichkeit und der frustrierten Rationalität hervorbringt.

25 Siehe Corina Caduff, *Die Literarisierung von Musik und bildender Kunst um 1800*, S. 142.

Auch Kleists Briefe behandeln Musik auf diese Weise, allerdings mit einer zusätzlichen Abwandlung. Hier berührt das allgemeine Problem der Repräsentation (das heißt das Scheitern, Musik direkt zu repräsentieren) das Problem der Selbstrepräsentation. Das Selbst ist erhaben – eine intime, unmittelbare Erfahrung des Selbstgefühls, welches dem Zugriff der Worte entgeht, aber noch in Tönen gehört werden kann.[26] »Ich *allein* singe [...] nur einen *Ton*«. Wenn, wie es Kleists Korrespondenz nahe legt, Musik das »Innerste« besetzt, wenn seine Identität als seine »eigene Harmonien« betrachtet werden kann, selbst wenn Musik einfach »die algebraische Formel« ist, von der alle anderen Künste sich ableiten, dann ist es Worten ganz entschieden unmöglich, Zugang zu ihr zu finden. Um mit den Worten aus dem Brief vom 18. November 1800 zu sprechen, ist repräsentative Sprache wie die Außenseite des Spiegels, der »das eigentliche Bild« nur verwirrt.

Kleist kämpft sowohl als Briefschreiber als auch als Autor der Legende mit dem Problem der Vermittlung in schriftlichem Ausdruck. In *Die Heilige Cäcilie* kommen drei besondere Schriftstücke vor – das Testament des Onkels, der Brief der Brüder und die Partitur für das Oratorium –, deren Autoren ausdrücklich als »unbekannt« beschrieben werden. Die Schlussfolgerung hier ist, dass der Autor prinzipiell nicht gekannt werden kann. Zu einem Wissen kann es nur dann kommen, wenn es möglich wäre, eine Ursprungsquelle sicherzustellen. Kleists Novelle aber, die sich tatsächlich um die Suche nach Wissen dreht (zum Beispiel darum, was der Ursprung des Wahnsinns der Brüder ist: die heilige Cäcilie oder die Gewalt der Musik?), verhindert jede Suche. Die unzuverlässige Reihe von Zeugenaussagen und Berichten enthüllt bloß die Unmöglichkeit eines solchen Unterfangens. Ein viertes Schriftstück, ein päpstlicher Auftrag aus Rom, hat allerdings einen Vater (*il papa*!) und ist aus diesem Grunde legitim. Das *Breve*, das das Wunder von Cäcilies Eingreifen bestätigt, kann einerseits als Kontrast für den *Brief* der Brüder dienen, der die Rätsel nur weiter weiterführt, während es andererseits genauso gut als gegenaufklärerisch betrachtet werden kann.

---

26 Bernhard Greiner liest die *Cäcilie*-Erzählung im Hinblick auf Herder und den Diskurs über das musikalisch Erhabene. »›Das ganze Schrecken der Tonkunst‹. ›Die heilige Cäcilie oder die Gewalt der Musik‹: Kleists erzählender Entwurf des Erhabenen«, *Zeitschrift für deutsche Philologie* 115 (1996), S. 501-520.

Wie einst Sokrates Phaidros warnte, ist ein verwaistes Schreiben nicht in der Lage, eine Aussage mit einer Absicht zu verbinden. Wie die Handlung von Kleists Novelle zeigt, kann auch das Handeln unabsichtlich verlaufen. Die Brüder kommen nach Aachen, um über die Erbschaft zu sprechen, aber letzten Endes planen sie einen Aufstand. Sie gehen zu dem Kloster in der Absicht, diesen Plan auszuführen, doch stattdessen erfahren sie eine Wandlung. Ebenso sehen wir, wenn wir uns die drei „vaterlosen Texte" in *Die heilige Cäcilie* betrachten (das Testament, den Brief und das Oratorium), wie jeder von ihnen in einen Wahrnehmungsabgrund führt. Die verzerrte väterliche Linie, markiert durch den Onkel, verschiebt den Namen des Vaters und lässt die jungen Männer ohne jeden Beistand durch Aachen irren. Wie Jean-François Rameau sind die Brüder in erster Linie Neffen und teilen offensichtlich dasselbe Schicksal. Einer der Brüder, nämlich der Priester, adressierte seinen Brief an einen Freund – einen ungenannten Kollegen in Antwerpen –, aber das Dokument landet irgendwie in den Händen der Mutter. Die Nachsendeanschrift sollte dem Leser eigentlich helfen, die Identität des Mannes zu ermitteln: welcher Ursprung ist glaubwürdiger als die Mutter? Nicht nur wird jedoch der Nachname niemals genannt, auch die Mutter selbst wird so gezeichnet, dass sie letztendlich nur als ausgesprochen unmütterlich verstanden werden kann. Erst nach sechs Jahren (!) macht sie sich auf die Suche nach ihren eigenen Kindern. Darüber hinaus schreibt Kleist – ein Meister ironischer Details –, dass sie bereits drei Tage, nachdem sie Gotthelfs erschreckenden Bericht angehört hat, das Kloster besucht, und das nur, »weil eben das Wetter schön war« (225). Kann sich die Sorge einer Mutter es leisten, so freizügig mit ihrer Zeit umzugehen? Am Ende der Novelle verlässt sie Aachen, wo ihre Anwesenheit als »gänzlich nutzlos« beschrieben wird, und besucht ihre Kinder niemals wieder.

Dieses Bild möglicher Vernachlässigung wirft zumindest ein zweifelhaftes Licht auf den Bereich des Mütterlichen und daher auch auf die Gewalt der Musik, die ausdrücklich mit dem Weiblichen assoziiert wird. Persönliche Identität mag immer unbekannt bleiben, aber die »weibliche« Natur der Musik ist angeblich »bekannt«: »In den Nonnenklöstern führen, auf das Spiel jeder Art der Instrumente geübt, die Nonnen, *wie bekannt*, ihre Musiken selber auf; oft mit einer Präzision, einem Verstand und einer Empfindung, die man in männlichen Orchestern (vielleicht wegen der weiblichen Geschlechtsart dieser geheimnisvollen Kunst) vermißt« (217; Hervorhebung JH).

Musik ist utopisch, aber gleichzeitig rational und sinnlich. Wie Kleist am 21. Mai 1801 an Wilhelmine schrieb, bewegt die »erhabeneste Musik« der katholischen Kirche das Herz »gewaltsam«, indem sie nicht nur »dem kalten Verstande« zuspricht, sondern vielmehr »allen Sinnen« (KSW 2:651). Diese erhabene Musik ist jedoch ebenso tödlich, zumindest in gewissem Sinne – was die einzige Art ist, über das Erhabene zu sprechen: Während der Aufführung des *Gloria in excelsis* »war es, *als ob* die ganze Bevölkerung der Kirche tot sei« (218; Hervorhebung JH). Ganz ähnlich denkt die Mutter, während sie »die unbekannten zauberischen Zeichen« betrachtet, dass sie »in die Erde sink[t]« (225). Der doppelte Titel (»oder«) verdirbt alle Sicherheit: Entweder führt Musik zu authentischem Selbstsein, oder sie offenbart, wie ein solcher Zugang für immer versperrt bleibt. Wie das Kloster der heiligen Cäcilie werden die Seelen der Brüder entweder gerettet oder für immer abgetrennt – säkularisiert. Durch die wundersame Gewalt der Musik wurde der Kirche der bilderstürmerische Angriff erspart – »und das Kloster noch bis an den Schluß des dreißigjährigen Krieges bestanden hat, wo man es, vermöge eines Artikels im westfälischen Frieden, gleichwohl säkularisierte« (219). Wäre die Musik nicht selbst ein semiotisches System, eine Kunst der »Zeichen« – wenngleich unbekannt oder magisch – so könnte sie das Scheitern des Schreibens wettmachen, Authentizität auszudrücken. So entpuppt sich Musik schließlich als darstellende Kunst, was bedeutet, dass sie ausschließlich Verfälschungen hervorbringt. Wie Worte treiben ihre Noten einen Keil zwischen den sinnlichen Ausdruck und das *repraesentandum*.

Selbst-Darstellung

Kleists lebenslange Sorge um das Schreiben wird begleitet von einer Leidenschaft für die Musik und von einem großen Interesse an der Figur der heiligen Cäcilie. Obwohl die Heilige in keinem der vorhandenen Briefe namentlich vorkommt, gibt es zahlreiche Hinweise dafür, dass Kleist Herders *Cäcilia* und Wackenroders *Berglinger* recht gut gekannt hat. Eine wenn auch indirekte Anspielung auf die Heilige findet sich in einem Brief an Wilhelmine vom 19. September 1800, der oben bereits zitiert wurde. Kleist vergleicht darin seine musikalischen Halluzinationen am Ufer des Rheins mit einem

»vollständige[n] Vauxhall« und bezieht sich damit auf die Welt Georg Friedrich Händels, dessen Kompositionen regelmäßig in den Vauxhall Gardens in London aufgeführt wurden. Natürlich befand sich unter Händels Werken sein hoch gelobtes Oratorium *Alexander's Feast; or, The Power of Musick*, erstmals 1736 aufgeführt. Bei diesem Stück handelt es sich um die Vertonung eines Gedichts von Dryden, selbst ein Konvertit zum Katholizismus, die das jährliche Fest zu Ehren der heiligen Cäcilie, aufgeführt von der Londoner Musical Society am 22. November 1683, feierte. Carl Wilhelm Ramlers Übersetzung von Drydens Ode aus dem Jahr 1736 (*Alexanders Fest oder die Gewalt der Musik*) ist nicht nur eine Huldigung an die Londoner Premiere von Händels Oratorium, sondern es verankert das Wesen der Musik (»power«) in der deutschen Tradition als *Gewalt* (und nicht etwa als *Macht*). *Alexander's Feast*, das der Legende des Timotheus gewidmet ist, dessen Musik die Wut des Herrschers sowohl hervorbringen als auch beruhigen konnte, endet mit der Ankunft der heiligen Cäcilie, die »with nature's mother-wit, and arts unknown before« der Menschheit die Orgel schenkt.

Auch der Name Vauxhall berührt die Vorstellung der Darstellung oder genauer die Darstellung des Künstlers. 1737 gab der Verwalter des Gartens, Jonathan Tyers, dem französischen Bildhauer Louis-François Roubiliac den Auftrag für eine lebensgroße Händelstatue, die im folgenden Jahr neben dem Musikpavillon aufgestellt wurde.[27] Diese Statue ist der erste überlieferte Fall eines öffentlichen Denkmals zu Ehren einer lebenden Person. Es stellt den in Deutschland geborenen Komponisten in entspannter und gesammelter Haltung dar, die Lyra zupfend – eine klare Anspielung auf Orpheus und *Alexander's Feast*. Das Sonnenmotiv am Kopf der Lyra erinnert ebenfalls an Apollo, der einen Satyr so grausam für seine arrogante Selbst-Darstellung bestrafte. Hier befindet sich der Komponist in liebevoller Umarmung mit seinem Gott, beide Gesichter sehen den Betrachter aus der Ferne ruhig an. Eine Putte zu Händels Füßen setzt die inspirierten Töne nieder auf ein Blatt, was das Bild der Überlieferung der Musik vom Himmel zur Welt vervollkommnet. Von hinten kann man sehen, dass der Komponist auf einem kleinen Stapel gebundener Partituren sitzt, *Alexander's Feast* zuoberst. So

---

27 Siehe David Bindman, »Roubiliac's Statue of Handel and the Keeping of Order in the Vauxhall Gardens in the Early Eighteenth Century«, *Sculpture Journal* 1 (1997), S. 22-31.

unterstützt das Kompositionsmodell die Verewigung des lebenden Künstlers. Das Händeldenkmal stellt die Frage nach der Darstellbarkeit des Lebens, und Kleists Werk befragt genau die epistemologischen Prämissen, die eine solche Verewigung unterstützen würden. Gerüchte über Händels Sorge darüber, dass die Londoner, die ihm persönlich begegnen, ihn implizit oder explizit mit seinem Bildnis vergleichen würden, drücken die grundlegende Angst vor jeglicher mimetischer Verdopplung aus. In *Die heilige Cäcilie* wird die Zweideutigkeit der Identität Schwester Antonias – Ist sie es? Ist es ihr Geist? Ist es die heilige Cäcilie selbst? – aus derselben ängstlichen Energie gespeist.

Bedeutsamerweise beruht die Legendenfigur der Cäcilie als die Heilige der Musik auf einer falschen Darstellung. Herder beginnt seinen *Cäcilia*-Aufsatz mit der hagiographischen Überlieferung, die zeigt, dass der gemarterten Frau ihr heiliges Amt fälschlicherweise zugewiesen wurde. Die *passio* stellt Cäcilie als eine junge Adlige dar, die Christus ergeben ist und nur »auf die Stimme Gottes hört« (»Dei vocem audiens«).[28] Ein junger Mann namens Valerianus hatte sich in sie verliebt, sie aber betete zu Gott, er möge ihre Jungfräulichkeit beschützen, da sie Christus allein liebe. Dennoch wurde eine Hochzeit ausgerichtet, und hier liegt der Grund für das Missverständnis der Legende. Die betreffende Zeile beschreibt den Hochzeitstag: »Und während die Instrumente erklangen, sang sie in ihrem Herzen zu dem Herrn allein« (»Et cantandibus organis, illa in corde suo solis Domino decantabat«). Herders Zitat demonstriert, wie Cäcilia sich tatsächlich von der Hochzeitsmusik abwandte, wie die spätere Überlieferung »Instrumente« (*organa*) als »Orgel« missverstand und wie ihr später – »man weiß nicht wann und wo« – deren Erfindung zugesprochen wurde, was der Heiligenerzählung deutlich widerspricht.

Hans Maier erklärt in einem Aufsatz wie die Frau, die die *organa* ausdrücklich ablehnte, später als deren Erfinderin ernannt wurde. Seit dem 9. Jahrhundert, so Maier, die lateinische Liturgie für die Messe der heiligen Cäcilie eine verkürzte Version der Passion: »cantandibus organis, Caecilia Domino decantabat«. Der Ablativus absolutus ist hier besonders zweideutig, vor allem wenn man das gewöhnliche lateinische Wort für »Instrument« mit dem mittelalterlichen »Orgel« falsch übersetzt – »Während des Orgelspiels, sang

28 Johann Gottfried Herder, *Cäcilia*, in *Werke*, hg. v. Suphan, 16:253.

Cäcilie zu dem Herrn«.[29] Offensichtlich verwendet Kleist die kirchliche *Acta Caeciliana*, wenn er die Heilige als Asketin versteht, die den weltlichen Instrumenten abschwört, und nicht als Schutzheilige der Musik oder Erfinderin der Orgel. Er erreicht dies nicht durch ein direktes Porträt der legendären Cäcilie, sondern vielmehr durch seine Darstellung der Brüder, die von einer übernatürlichen Macht – einer göttlichen oder dämonischen – besessen sind. In diesem Sinne sind die Brüder Vermittler (oder Mittel) der *Gewalt der Musik*. Sie sind das plastische Zeichen irgendeiner transzendenten Bedeutung – unzugänglich, nicht fassbar. Drei Faktoren demonstrieren diese Funktion:

1. Cäcilias Verehrung wird begleitet »von Weinen« (»fletibus«; Herder: »mit Tränen«), und in Gotthelfs Bericht »wischen sich« die Brüder »die Tränen aus den Augen« (222).

2. Cäcilias Gebete sind stumm (»in corde suo«) und werden begleitet von Tagen des Fastens (»biduanis ac triduanis ieiuniis orans«); ebenso lesen die Brüder dem Anstaltsvorsteher zufolge kaum und sprechen niemals ein Wort (»daß sie [...] wenig genössen; daß kein Laut über ihre Lippen käme« [220]).

3. Die bedeutende, von Herder hervorgehobene Zeile aus der Liturgie »cantandibus organis, Caecilia Domino decantabat« verrät eine Opposition zwischen zwei Arten des Gesangs: *cantare* (»singen«, »klingen«) und *decantare* (»absingen«, »einen Singsang anstimmen«, oft im Sinne einer unsinnigen Wiederholung und assoziiert mit Zauberei oder Verhextsein). Auf diese Weise führen die Brüder das *Gloria* auf – das Wort »absingen« entspricht hier getreu dem lateinischen *decantare,* wie es in den letzten Zeilen der Novelle heißt: »die Söhne aber starben, im späten Alter, eines heitern und vergnügten Todes, nachdem sie noch einmal, ihrer Gewohnheit gemäß, das gloria in excelsis abgesungen hatten« (228).

Die Idee des Absingens kann man sowohl als geistlos als auch als besonders gedankenvoll verstehen. Der Akt reiner Wiederholung legt die Abwesenheit der kognitiven Prozesse nahe, die man normalerweise mit der Abfolge semantisch verbundener Worte assoziiert. Was zu passieren scheint, wenn Sprache dem Gesang übergeben wird, ist in der Tat die Ablehnung der doppelten Artikulation, die verbaler Kommunikation zugrunde liegt. Und dennoch sind die

---

29 Hans Maier, »Cäcilia unter den Deutschen. Herder, Goethe, Wackenroder, Kleist«, *Kleist-Jahrbuch* 15 (1994), S. 67-82; S. 68-70.

Worte immer noch Worte. Die Bedeutung ist da, aber das Vehikel
dieser Bedeutung wird aufsässig. Es ist, als helfe die Musikalisierung eines Textes die Qualität der
Worte als Worte zu erhalten, also nicht als Zeichen, die von ihrem
Vernunftcharakter weg weisen. Während seiner gesamten Schaffenszeit misstraute Kleist der doppelten Bewegung von stofflicher Form
hin zu geistigem Inhalt. Seine Konkretheit verlangte nach Unmittelbarkeit. Wo andere Kontinuität zwischen dem Zeichen und dem Bezeichneten sahen, neigte Kleist dazu, eine Kluft zu entdecken. Aus
der Erkenntnis dieser Trennung heraus schrieb er Texte, die die Deckungsungleichheit von Signifikant und Signifikat zeigten. Letztendlich konnte Schreiben nur dann wahr sein, wenn seine Wahrheit
unmöglich wurde. Da sich Musik »algebraisch« verstehen ließ, also
in dem Sinne, dass sie die Lücken umgeht, die in allen Versuchen der
Signifikation vorhanden sind, konnte sie diesem verdammungswürdigen Problem eine mögliche Lösung bieten. Weil das *Absingen* an
den Worten als Worten und nicht als Zeichen festhält, ermöglicht es
vielleicht eine Art von Erlösung. Aber konnte Kleist, der sich dem
Fall auf diese Weise schreibend näherte, vollkommenen Glauben an
die Musik besitzen? Ist nicht jedes *Absingen* eine Art *Abgesang*?[30]

ಐ

Sowohl Herder als auch Wackenroder stellten Cäcilia als eine Allegorie einer heiligen, erhabenen, überindividuellen Kunst dar. Wie
Herder berichtet, ist ihr Namenstag der 22. November, wenn »die
Meister und Zunftgenossen derselben versammelten, ihre Schutzgöttin musikalisch zu preisen«.[31] Im Laufe seiner italienischen Reise
wurde Goethe Zeuge des Festes in Rom in Cäcilias Kirche in Trastevere und beschrieb die bemerkenswerte Menge und die »gute Wirkung« der musikalischen Aufführung.[32] Der 22. November war ein
Tag des Feierns und der Harmonie, ein Tag, an dem die Klänge der
Stimmen aus vielen Mündern sich in einen einzigen Akkord vereinten. Für Kleist hingegen werden die Domglocken immer fern bleiben. Seine Stimme fand keine Harmonie. Stattdessen blieb er stets
abseits und getrennt, nicht nur von anderen, sondern von sich selbst

---

30 Siehe Christine Lubkoll, *Mythos Musik*, S. 208.
31 Johann Gottfried Herder, *Cäcilia*, Werke, hg. v. Suphan, 16:254.
32 Johann Wolfgang Goethe, *Italienische Reise* (»Rom, den 22. November 1786,
   am Cäcilien-Feste«), in *Werke* (Weimarer Ausgabe), 1/30: S. 220-223.

und seinen buchstäblich profanen Worten. Musik, die Wurzel aller anderen Künste, blieb weiterhin unzugänglich, da sie immer vor dem Beginn lag und nun tragischerweise auch nach dem Ende. Am 21. November 1811, einen Tag vor dem Tag der heiligen Cäcilia, begleitete er der Übereinkunft gemäß Henriette Vogel zu einem ruhigen Platz am Wannsee und schoss die unheilbar kranke junge Frau in die Brust, bevor er sein eigenes Leben mit einem Schuss in den Mund beendete.

Kapitel 6
Vor und nach Sprache: Hoffmann

Die bezeichnende und offenbarende Funktion der Sprache: Kreisleriana

Die Spannung zwischen Reflexion und Unmittelbarkeit, die Kleists Schriften über die Musik motivierte, und ihre potentiell verrückt machende Wirkung wird noch komplizierter, wenn man die widersprüchlichen Ansichten über das Wesen und die Funktion verbaler Sprache einbezieht. Fragen über Musik und Wahnsinn in der Literatur führen zwangsläufig zu einem Nachdenken darüber, wie Sprache funktioniert. Selbst wenn es unmöglich ist, ein so weitreichendes und kompliziertes Thema nur grob zu umreißen, ist es dennoch sinnvoll, die verschiedenen historischen Stränge der Sprachtheorie auf zwei grundlegende Kategorien zu beschränken. In der abendländischen philosophischen Tradition gibt es zwei allgemeine Ansätze. Einerseits betrachtet man Wörter als Repräsentation einer bereits vorher existenten, vorgegebenen Welt von an sich nonverbalen Dingen und Ideen. Davon ausgehend operiert Sprache durch das Benennen, wobei jedes Wort eine Wirklichkeit bezeichnet, die auch unabhängig dieser Benennung existiert. Andererseits versteht man Sprache als apriorisch, als etwas, das diese Welt konstituiert und Wirklichkeit schafft. In diesem Sinne bezeichnet Sprache nicht, sondern sie offenbart. Dadurch werden Bezugssysteme zwischen Sprache und Welt insofern eingeschränkt, als der gesamte Bereich des Außersprachlichen in Frage gestellt wird. Charles Taylor ist einer unter vielen Historikern der Ideengeschichte, der eine wichtige Verschiebung um das Ende des 18. Jahrhunderts sieht. Zu dieser Zeit, so das Argument, wird die rein darstellende Funktion der Sprache zum ersten Mal in Frage gestellt. Ihre bezeichnende, aposteriorische Beziehung zur Erfahrungswelt gibt mehr und mehr einem Paradigma nach, das verbalen Diskurs als ontologisch bestimmend versteht. Wo jemand wie Condillac ein Wort als offensichtliches Zeichen für eine verborgene Idee ansah, bestanden Denker wie Hamann, Herder oder Wilhelm von Humboldt darauf, dass es ohne das Wort keine Idee gibt.[1] Ohne die Gültigkeit dieser so klaren Behauptungen zu diskutieren, genügt es, grundsätzlich zu konstatieren, dass diese beiden sich widersprechenden Auffassungen von Sprachlichkeit, die bezeichnende und die offenbarende, bestimmen, wie Dichtkunst zu interpretieren ist. In der Tat kommen dabei zwei unterschiedliche Auffassungen des mimetischen Unterfangens heraus: entweder repräsentiert Mimesis die Welt, oder sie erschafft sie; entweder liefert sie eine angemessene Kopie des Wirklichen, oder sie offenbart die innere, ideale Wahrheit der Wirklichkeit. Versteht man Sprache in ihrer offenbarenden Funktion, so sieht man eher die produktive und weniger die rein imitative Rolle der Wörter und verwischt dadurch die besonders in Kleists Werk wirksame Opposition zwischen verbaler Reflexion und nonverbaler Unmittelbarkeit.

Andrew Bowie, der Taylors Darstellung dieser linguistischen Verschiebung zitiert, hat ihre Bedeutung für die Formulierung einer neuen Musikästhetik dargelegt und die Relevanz dieser Tradition für das zeitgenössische pragmatische Denken überzeugend dargestellt, das sich mit den »›welt-erschaffenden‹ Aspekten der Sprache« beschäftigt.[2] Auf dem Spiel steht durchweg die Betonung der Konstituierung menschlicher Subjektivität. In Bezug auf das persönliche Selbst wird eine rein bezeichnende Sprache letztendlich als beschränkend oder erstickend betrachtet. Im Gegensatz dazu öffnen sich Theorien der nicht-darstellenden Eigenschaft der Musik aus dem späten 18. Jahrhundert neuen Dimensionen des Bewusstseins und des Selbst-Bewusstseins, die über linguistische Beschränkung hinausgehen. Wie Bowie erklärt, wird Musik, und insbesondere so genannte absolute Musik, »zur symptomatischsten Kunstform dieser Zeit, da Musik veranschaulicht, wie unser Selbst-Verständnis nie vollkommen durch diskursive Artikulation erreicht werden kann«.[3] Seine Lektüre deutscher Denker der Romantik und des Idealismus zeigt dann, wie Musik »Aspekte des In-der-Welt-Seins offenbart, die verbale Sprache zu offenbaren nicht in der Lage ist« und weiter, wie »das verallgemeinernde Wesen verbaler Sprache als unzulänglich empfunden wird, wenn es um individuelle Erfahrung des mo-

---

1 Charles Taylor, »Language and Human Nature«, in *Human Agency and Language. Philosophical Papers* (Cambridge 1985), S. 215-247.
2 Andrew Bowie, *Aesthetics and Subjectivity*, S. 1; siehe auch S. 160-163.
3 Andrew Bowie, *Aesthetics and Subjectivity*, S. 3.

dernen Subjekts geht«.⁴ Dieses Urteil hat entscheidende Auswirkungen auf die Art, wie Musik in Bezug auf Sprache verstanden wird. Wenn Musik als Ausdruck dessen gesehen wird, was sonst unaussprechlich ist, wird sie im Allgemeinen einem Urteil entgegengesetzt, das Wörter als *aposteriorisch* oder rein bezeichnend betrachtet. Wenn man verbale Sprache allerdings als etwas einschätzt, was einem produktiven oder offenbarenden Prinzip gemäß operiert – als *apriorisch* – dann beginnt die strikte Unterscheidung zwischen Wörtern und Tönen zu bröckeln. Sowohl Musik als auch verbale Sprache erscheinen, wenn sie nicht mehr als imitative Produkte oder Werke (*erga*) begriffen werden, als dynamische Prozesse.

Ich stimme zwar völlig mit der Interpretation des Außerkraftsetzens der Sprache überein, bin aber der Ansicht, dass Bowies nahezu ausschließliche Betrachtung philosophischer Texte durch zeitgenössische literarische Texte ergänzt und näher bestimmt werden sollte, vor allem weil darin die Figur des wahnsinnigen Musikers zentral ist. Zum Beispiel übersieht Bowies im übrigen ausgezeichnete Lektüre von Hegels Musikanalyse die Bedeutung von Diderots *Neveu*, der ganz klar eine wichtige Rolle für die Auffassung des Philosophen nicht nur von Musikalität spielt, sondern auch und mehr noch von Vorstellungen über Subjektivität und Bewusstsein. Welche »Aspekte des In-der-Welt-Seins«, so unsere Frage, offenbart der Wahnsinn? Und wie verändert eine ausdrücklich als wahnsinnig kodierte Musik das Wesen einer solchen Offenbarung? Kurzum: Kann der Optimismus, den Bowie den romantischen Projekten zuerkennt, mit Recht aufrechterhalten werden? Dynamische Kunst mag wohl die bezeichnenden Formen auflösen, die ein authentisches Selbstsein beschränken, aber ist diese Auflösung – oder gar Befreiung – stets vorteilhaft? Diese Fragen führen uns ins Zentrum ästhetischer Theorie um 1800, vor allem in der deutschen Literatur, wo Befreiungsprojekte stets verdächtig waren und Auflehnung immer in eine neue Form der Tyrannei überzugehen drohte.

Anhand von Bowies Hinweisen kann man leicht erkennen, wie die Unterscheidung zwischen bezeichnenden und offenbarenden Sprachparadigmen die unterschiedlichen Vorstellungen bestimmt, die die Musikgeschichte geformt haben. In der Affektenlehre des Barock konnte man musikalisches Material (Melodien, Harmonien, Rhythmen usw.) so verstehen, dass sie einen Kanon allgemeiner Ge-

---

4 Andrew Bowie, *Aesthetics and Subjectivity*, S. 220.

fühle und Emotionen darstellen, während die spätere Ausdrucksästhetik Musik als ein Mittel zur Artikulation neuer Emotionen verstand, Emotionen, die für jeden einzelnen Komponisten, Musiker und Zuhörer spezifisch sind (das heißt nicht zu verallgemeinern). Auf der Grundlage dieser Veränderung bezüglich der Interpretation wird deutlich, dass die bezeichnende Sicht Musik zwangsläufig den Worten unterordnet, und zwar insofern, als Worte allgemeine Emotionen auf eine sehr viel weniger vage und zweideutige Weise bezeichnen können als eine Melodie. (Die Tatsache, dass Johann Sebastian Bach dasselbe musikalische Material für vollkommen verschiedene liturgische Texte wieder verwenden konnte, verweist auf diese grundsätzliche Vagheit.) Bowie zeigt die Trennung zwischen bezeichnender Sprache und nicht-bezeichnender Musik, die der historischen Praxis zugrunde liegt. Außerdem spricht er die Möglichkeit an, Worte und Töne unter einer gemeinsamen Funktion zusammenzubringen, nämlich durch die Betonung einer offenbarenden Sicht der Sprache. Wie schon angedeutet, kann man Musik – wenn man zugibt, dass Sprache die Welt als etwas Sinnvolles konstituiert – tatsächlich als Sprache verstehen, die neue, weder vorgegebene noch vorkonstituierte Aspekte oder Dimensionen der Welt offenbart.[5] Auf besonders anschauliche und tiefgründige Weise denken die Schriften E. T. A. Hoffmanns über die Auswirkungen dieser bedeutsamen Verschiebung nach. Allerdings tun sie dies nicht allein dadurch, dass sie die vorteilhaften Ergebnisse feiern, die die offenbarende Kunst für menschliche Subjektivität haben mag, sondern auch dadurch, dass sie eine Warnung über die möglicherweise schädlichen Konsequenzen aussprechen, die hinter der Auslöschung von Identitätsformen lauern.

Hoffmann wandte sich immer wieder gegen die direkte, bezeichnende Funktion menschlicher Kommunikation und befürwortete eine wahrere, musikalischere Vorstellung der Kunst als Offenbarung. Als Opposition zu gängigen und vertrauten Auffassungen gestaltet er die offenbarende Macht der Musik immer als wahnsinnig. In einer Schlüsselaussage aus seinem Aufsatz *Beethovens Instrumental-Musik* (1814) schreibt Hoffmann: »Die Musik schließt dem Menschen ein unbekanntes Reich auf, eine Welt, die nichts gemein hat mit der äußern Sinnenwelt, die ihn umgibt, und in der er alle *bestimmten* Gefühle zurückläßt, um sich einer unaussprechlichen

---

5 Andrew Bowie, *Aesthetics and Subjectivity*, S. 160.

Sehnsucht hinzugeben« (HW 2/1: 52; Hervorhebung im Original). Die hier beschriebene musikalische – »unbekannte« – Transzendenz wird vom Alltäglichen in drei Gesichtspunkten unterschieden: dem Kognitiven, dem äußerlich Sinnlichen und dem, was verbal ausgedrückt werden kann. Der Hoffmanns fiktionalem Doppelgänger Johannes Kreisler – dem wahnsinnigen Musiker *par excellence* – zugeschriebene Aufsatz kann insofern als Text über die Nähe der Musik zum Wahnsinn verstanden werden, als er diese Kunstform mit einer Distanznahme von der Welt verknüpft, die alle Menschen teilen. Stattdessen bietet er dem Zuhörer die Möglichkeit, etwas Nichtverständliches zu erfahren, etwas, das jeder Form von Begriff entbehrt. Diese Formulierung war bereits in einer früheren Besprechung von Beethovens *Fünfter Symphonie* erschienen, die Hoffmann unter eigenem Namen in der *Allgemeine[n] Musikalische[n] Zeitung* (April/Mai 1810) veröffentlichte. Hier ist das nichtbegriffliche Wesen dieser offenbarenden Erfahrung sogar noch ausdrücklicher: der Zuhörer nähert sich einer Welt, »in der er alle durch Begriffe bestimmbaren Gefühle zurückläßt« (HW 1: 532). Ohne den Schutz eines begrifflichen Panzers ist der Zuhörer einer ausgesprochen intimen Erfahrung zugeneigt, »die nichts gemein hat mit der äußern Sinnenwelt«. Diese »selbstständige« Musik, »jede Hülfe, jede Beimischung einer andern Kunst verschmähend« (532), ist daher unwiderstehlich – mit einem Wort: ist sie etwas Erhabenes.

Hoffmann nimmt die frühromantische Vorstellung von reiner Instrumentalmusik als einer freien und autonomen Kunst auf, wie sie Tieck in seinem Aufsatz *Symphonien* aus dem Sammelband *Phantasien über die Kunst* entwickelt hat. Hoffmann trägt zu dieser blühenden Tradition eine tiefergehende, ausgeprägtere Beschreibung dieser Autonomie bei, indem er sie in eine Linie mit der offenbarenden Funktion der Kunst bringt. Außerdem radikalisiert Hoffmann die Idee der Unabhängigkeit, indem er Musik als kreativen Ursprung bestimmt, der vom Bereich des Geschaffenen getrennt ist. Als dasjenige, das die Welt entstehen lässt, gehört transzendente Musik nicht zur Welt. Der Ursprung gehört nicht zu dem, was entsteht. Er ist von Grund auf fehl am Platz. Mit Kreisler hat Hoffmann ein Alter Ego geschaffen, das den unvermeidlichen Schmerz zeigen konnte, den ein Künstler in der Welt spüren muss. Wie bei Wackenroder befördert wahre Musik die Eingeweihten in einen an sich asozialen Raum. Kreisler wird daher von seinen Zeitgenossen als verrückt angesehen, weil er einen geistigen Raum besetzt, der in jeder Hinsicht unvertraut ist. Wie Sokrates' mythischer Philosoph wird er von denjenigen des Wahnsinns verdächtigt, die die dunkle Höhle alltäglicher, gewöhnlicher Wirklichkeit bewohnen. Seinem Talent zum Trotz wird er aus dem einfachen Grunde aus seinem Amt als Kapellmeister entlassen, weil er sich weigert, den gesellschaftlichen Normen entsprechend zu arbeiten. Er weigert sich, seine Vision um des Hofes willen aufs Spiel zu setzen. Dadurch führt Hoffmann ihn als jemanden ein, dem die persönliche Geschichte fehlt, die eine vermittelbare, funktionierende Identität begründen würde. Wie Kleists Brüder wird Kreisler als grundsätzlich *unbekannt* gezeichnet, so wie es in Diderots *Jacques le Fataliste* heißt – »Wo ist er her? – Niemand weiß es! Wer waren seine Eltern? – es ist unbekannt!« (HW 2/1: 32).[6]

In Übereinstimmung mit der aus dem 18. Jahrhundert ererbten Geniepoetik ist das Auslöschen von Vorbildern eine notwendige Geste. Allgemeinplätze – das heißt identifizierbare Objekte – werden getilgt, um dem Nichtidentifizierbaren Platz zu machen. Genauer gesagt geht diese Idee der Kreativität für Hoffmann zusammen mit der Demontage einer bestimmten Vorstellung von Form, vor allem den konkreten Formen linearer Erzählung und persönlicher Identität. An dieser Stelle wird besonders deutlich, wie viel Hoffmann Herder, Wackenroder und Kleist zu verdanken hat, da sie alle erhabene (in diesem Fall sakrale) Musik so charakterisiert haben, dass sie eine selbst-zerstörerische Wirkung hat, wie in Herders »vernichten« und »zerschmelzen«.

In seinem Aufsatz über Kirchenmusik (*Alte und neue Kirchenmusik*, 1814) schreibt Hoffmann den Rückgang des erhabenen Stils dem Aufkommen des aufgeklärten Individuums zu. Bezeichnenderweise ist das einzige Stück, das die Bezeichnung »heilig« verdient – »das Höchste, was die neueste Zeit für den kirchlichen Kultus aufzuweisen hat« –, Mozarts *Requiem* (HW 2/1: 523). Der Tod und die Geburt als sein Gegenstück sind die Grenzen, die die Form eines individuellen Lebens definieren, das als Handlung vorgestellt wird. Hoffmanns tief ironisches Verständnis der Komplexität des Lebens, seiner Exzesse und Ungereimtheiten, seiner vagen Absichten und

---

6 Vgl. Diderots Anfang: »Wie waren sie zueinander gekommen? ›Von ungefähr, wie das gewöhnlich der Fall ist.‹ Wie heißen sie? ›Was kann euch daran liegen?‹ Wo kamen sie her? ›Aus dem nächstgelegenen Orte.‹ Wohin gingen sie? ›Weiß man je, wohin man geht?‹« *Jakob und sein Herr* (übers. v. Florke). Siehe oben, Kap. 1, Anm. 7.

ungewollten Impulse, erlaubte eine solche lineare Ausrichtung keinesfalls unhinterfragt. Dementsprechend spiegelt seine Hinwendung zur Musik – die für ihn immer ein Element des Wahnsinns implizierte – das Verlangen eines Schriftstellers nach einem größeren Kompass, nach einem romantischen Absoluten wider, das eventuell das Unendliche offenbaren kann, aus dem endliche Formen hervorgehen.

Für Hoffmann widersteht erhabene und nichtdarstellbare Unendlichkeit der Rationalisierung und durchkreuzt daher Formen der Subjektivität. Und dennoch kann das gewöhnlich mit einer Stimme assoziierte Selbst nur aus dieser Grenzenlosigkeit auftauchen. In seiner Kurzgeschichte *Das Sanctus* (1816), einer liebevollen Hommage an Kleists *Heilige Cäcilie*, beschreibt Hoffmann, wie eine junge Frau namens Bettina auf mysteriöse Weise ihre Stimme verliert, nachdem sie die Kirche während der Chorauführung einer Messe von Haydn verlassen hat. Ihr Singen, das in der Lage war, »von jedem irdischen Schmutz miserabler Gedanken [rein zu bürsten]« (HW 3:142) wird nicht mehr zu hören sein. Dadurch, dass sie den Gottesdienst an keinem geringeren Tag als am Karfreitag verlässt, verliert sie ihr Selbstgefühl, nicht aber in der vernichtenden Ekstase der katholischen Feier, sondern vielmehr dadurch, dass sie ihren eigenen Willen durchsetzt. Erst am Ende der Geschichte versteht Bettina, dass ihre Stimme nur Sicherheit gewinnt durch die Fähigkeit, angesichts der überindividuellen Klangwelt dahinzuschmelzen.

Im Beethoven-Aufsatz wird Musik als »Orpheus' Lyra« allegorisiert, die »die Tore des Orkus [öffnete]« (HW 2/1:52): Allein die Musik kann die Schranken zerbrechen, die das Leben jedes einzelnen Sterblichen begrenzt. Wie Schopenhauer ist Hoffmann der Ansicht, dass »nur das Unendliche [...] ihr Vorwurf [ist]« (52), während die anderen Künste das Endliche darstellen, das, was Anfang und Ende besitzt, was geboren ist und sterben wird. Wie Orpheus ist Musik damit im Stande, die Linie zu überschreiten, die definiert, wer wir angeblich sind. Die unerschöpflichen stimmlichen Formen ergeben sich nicht durch die Wahrung der Form persönlicher Identität, sondern dadurch, dass individuelle Begrenzung zugunsten einer formlosen Quelle aufgegeben wird.

Konsequenterweise weigert sich dann Kreisler, seiner musikalischen Erfahrung eine bestimmte Form zu verleihen, um das Erhabene zu deutlich zu machen:

> So kam es denn auch, daß die Freunde es nicht dahin bringen
> konnten, daß er eine Komposition aufschrieb, oder wirklich auf-
> geschrieben unvernichtet ließ. Zuweilen komponierte er zur
> Nachtzeit in der exaltiertesten Stimmung; – er weckte den Freund,
> der neben ihm wohnte, um ihm alles in der höchsten Begeisterung
> vorzuspielen, was er in unglaublicher Schnelle aufgeschrieben – er
> vergoß Tränen der Freude über das gelungene Werk – er pries sich
> selbst als den glücklichsten Menschen, aber den andern Tag – lag
> die herrliche Komposition im Feuer.   (HW 2/1: 33)

Kreislers Zögern zu schreiben sollte von dem Rousseaus unterschieden werden, da dieser im Schreiben die Kluft zwischen einem einzelnen Subjekt und seinen Worten erkennt, während jener deshalb
Ängste aussteht, weil er dem exaltierten, inspirierten Augenblick
eine feste Form verleihen muss. Für Rousseau ist musikalischer
Ausdruck höchst individuell, während er für Kreisler etwas Über-
individuelles darstellt. Daher rührt Kreislers Treue der prima prattica der Polyphonie gegenüber, die den Genfer Philosophen so är-
gerte. Im einleitenden Abschnitt zu der ersten Serie der *Kreisleriana*
informiert uns der Erzähler, dass der Kapellmeister sein Amt hätte
weiterführen können, hätte er nur »gewisse Eigenheiten« aufgegeben, besonders sein beleidigendes Bestehen darauf, dass »die wahre
italiänische Musik verschwunden sei« (HW 2/1: 32). Außerdem verlangte Kreislers Kunst die *Vernichtung des Werkes* und implizit
desjenigen, von dem das Werk stammte: »Auf einmal war er, man
wußte nicht wie und warum verschwunden. Viele behaupteten,
Spuren des Wahnsinns an ihm bemerkt zu haben« (HW 2/1: 33).
Kreislers Arbeitsmethoden sind der Inbegriff von *désœuvrement*.
Ein *unvernichtetes* Werk würde seine unermüdliche Kreativität
nicht dulden.

   Aus diesem Grund wäre es falsch, Hoffmanns Version musikalischen Wahnsinns nur als Deformations- und Selbstvernichtungspro-
zess zu sehen. Auch wenn Hoffmanns Darstellung von Kreislers
Charakter und Gedanken viel mit Kleists Beschreibung der Brüder
in *Die heilige Cäcilie* gemein hat, muss man dennoch in Betracht
ziehen, dass der psychologische Zerfall in Hoffmanns Fiktion nicht
als Resultat, sondern als Produkt zu verstehen ist. Kreisler schreckt
vor identifizierbaren Formen zurück, er überantwortet seine Kompositionen dem Feuer – er hat quasi einen Hang zum »Verschwinden«, oftmals in eine Anstalt – um so Platz für das Hervorbringen

neuer Formen zu schaffen. Während Kleists Brüder eine ereignisreiche Wandlung durchmachen – von rationaler Subjektivität zu religiösem Wahn – erlebt Kreisler nichts Vergleichbares. Ohne Unterlass entäußert sich sein Leben in Formen und Identitäten, die daraufhin aufgelöst werden. Die Unendlichkeit, von der er spricht, ist eine unendliche Reihe endlicher Werke. Daher tragen die von Hoffmann aufgelisteten Komponisten von Kirchenmusik die geweihten Namen von Palestrina, Scarlatti und Leo, ganz anders als Kleists anonymer Meister der »uralten italienischen Messe«. Statt die Vorstellung geformter Identität gänzlich zu verwerfen, bietet Hoffmann eine dynamische Auffassung, in der Formlosigkeit Form hervorruft und Kreativität das Geschaffene entfacht.

Dementsprechend offenbart Beethoven einen unendlichen, unbekannten Raum, gerade weil er der Meister der Formgebung ist. Der »musikalische Pöbel« (HW 2/1:54) beklagt sich über die unkontrollierbare Einbildungskraft des Komponisten: Die Leute bezweifeln seine Fähigkeit, seine Ideen auswählen und organisieren zu können. Mit Worten, die an die Einführung zu Kreislers Schriften erinnern, wird Beethoven nachgesagt, »er werfe nach der sogenannten genialen Methode alles so hin, wie es ihm augenblicklich die im Feuer arbeitende Fantasie eingebe« (55). Kreisler kontert mit der Verlautbarung, dass dieses Urteil der Kulturbanausen völlig an der Sache vorbeigehe: »In Wahrheit, der Meister, an Besonnenheit Haydn und Mozart ganz an die Seite zu stellen, trennt sein Ich von dem innern Reich der Töne und gebietet darüber als unumschränkter Herr« (55). Die Spannung besteht zwischen einem selbstlosen, aber inneren Bereich und einem souveränen Selbstsinn, der auf jeden Fall außerhalb der Tonquelle liegt. Zur Bezeichnung für diesen leitenden äußerlichen Sinn benutzt Hoffmann den Begriff *Besonnenheit*, der sich direkt auf Herders theoretische Schriften bezieht, vor allem auf seinen Aufsatz über den Ursprung der Sprache. Hier verwendet Herder »Besonnenheit«, um die grundlegende Fähigkeit menschlicher Reflexion näher zu bestimmen, die es verbaler Sprache ermöglicht, aus den unmittelbaren Gefühlen der Töne hervorzugehen, die die Menschen mit den Tieren gemeinsam haben.[7] In diesem Zusammenhang beschreibt Kreisler Beethoven als einen selbstaufopferungsvollen Helden oder eine Art Orpheus, der sich selbst im nichtreflexi-

---

7 Johann Gottfried Herder, *Abhandlung über den Ursprung der Sprache*, in *Werke*, hg. v. Martin Bollacher, 1:718-724.

ven, unmittelbaren Bereich der Töne verliert, nur um als vollkommen menschlich und rational wieder aufzutauchen und diese Erfahrung dann in eine kommunizierbare Form zu übersetzen. Darum stoßen Hoffmanns Schriften eine Neu-Interpretation von Form an, statt einfach für deren Auslöschung zu plädieren.

Der Gebrauch von Form

Friedrich Schelling nennt die Musik diejenige Form, die zu endlichen Formen führt und diese transzendiert. In seiner *Philosophie der Kunst* besteht »musikalische Form« aus der nichtbegrifflichen, nichtbestimmenden Fähigkeit, aus einer Vielfalt isolierter und anscheinend unverbundener Ereignisse eine ästhetische Einheit herzustellen. Sie bringt eine außerzeitliche Struktur mit sich, die gleichzeitig bedingt und zerstört, was in der Zeit gebildet wird. Mit Schellings Worten handelt es sich hierbei um »die allgemeine Form der Einbildung des Unendlichen ins Endliche«.[8] Diese »Einbildung« beschwört die Einbildungskraft, Ausgangspunkt aller künstlerischen Kreativität, die erlaubt, dass Differenz aus Nichtdifferenz, das heißt aus dem Absoluten, als reine Identität hervorgeht.

In seiner Diskussion von Beethovens *Fünfter Symphonie* benennt Kreisler, in Anlehnung an Schelling, einen wichtigen Widerspruch:

> Alle Sätze sind kurz, beinahe alle nur aus zwei, drei Takten bestehend und noch dazu verteilt in beständigem Wechsel der Blas- und der Saiteninstrumente; man sollte glauben, daß aus solchen Elementen nur etwas zerstückeltes unfaßbares entstehen könne, aber statt dessen ist es eben jene Einrichtung des Ganzen, so wie die beständige aufeinander folgende Wiederholung der Sätze und einzelner Akkorde, die das Gefühl einer unnennbaren Sehnsucht bis zum höchsten Grade steigert. (HW 2/1: 56)

Die Spannung entsteht aus Beethovens Fähigkeit zur »Einrichtung«, die eine künstlerische, irgendwie der Vorstellung »unnennbare[r] Sehnsucht« zuwiderlaufende Kontrolle nahe legt. Auch Schelling betrachtete künstlerisches Schaffen als das Ergebnis *zweier* verschiedener Aspekte: bewusstes Planen, das frei ist, und unbewusster

---

8 Friedrich Schelling, *Die Philosophie der Kunst*, in *Sämtliche Werke*, 5: 491.

Zufall, der vom Schicksal abhängt. Diese Dichotomie ist der Antrieb der romantischen Sehnsucht. Sehnsucht wird gewöhnlich als das verstanden, was nicht auf begriffliche Bestimmung reduzierbar ist – daher Hoffmanns Rückgriff auf den Topos des Unnennbaren –, aber dennoch bewusst gefühlt werden kann. Der Kern von Hoffmanns Beschreibung ist das allen romantischen Geniebestimmungen zugrunde liegende Hauptparadox, das von Novalis, Wackenroder, Tieck und selbst Jean Paul formuliert wurde und demzufolge der genialische Komponist von widersprüchlichen Impulsen angetrieben wird, hin und her gerissen zwischen unmittelbarer Erfahrung und vermittelter Artikulation, zwischen freier Reflexion und schicksalsgelenkter Wahrnehmung. Kreislers Musikologie steht damit auf einer wackligen Grundlage, ist passiv und aktiv zugleich. Einerseits schwelgt er in seiner Ablehnung jeglicher Vermittlung, was einem tiefsitzenden Anti-Verbalismus gleichkommt, und er beschreibt Beethoven als einen beseelten Musiker: »Hat die Fantasie des Meisters ein ganzes Tongemälde mit reichen Gruppen, hellen Lichtern und tiefen Schattierungen ergriffen, so kann er es am Flügel ins Leben rufen, daß es aus der innern Welt farbigt und glänzend hervortritt«. (HW 2/1:58). Andererseits »trennt sein Ich von dem innern Reich der Töne und gebietet darüber als unumschränkter Herr« (55). Kognitive Kontrolle wird gleichzeitig gestärkt als auch geschwächt.

Mit dieser Disparität beschäftigt sich der Musikologe Vladmir Jankélévitch, wobei er musikalische Erfahrung von anderen rationalen Vorgängen unterscheidet, indem er verschiedene Vorstellungen von Ausdruck in den Blick nimmt. Für ihn sind alle Ausdruckstheorien instrumentale oder »utilitaristische« Ansätze im Hinblick auf den Rohstoff der Kunst, Ansätze, die die »Priorität und die Hegemonie des führenden Verstandes voraussetzen« oder was er »den logischen und denkenden Aspekt unserer Seele« nennt.[9] Die rationale Erzeugung von Bedeutung erfordert eine klare Unterscheidung zwischen dem Subjekt, das sich ausdrückt, und dem dafür notwendigen Ausdrucksmittel. Der Verstand benötigt objektives Material, um eine Botschaft zu vermitteln, die aufnehmbar und kommunizierbar ist. Das heißt der Gedankeninhalt der Darstellung geht dem materiellen Darstellungsmittel voraus oder ist im Vergleich zu diesem transzendent. Wir haben es daher mit einer Auffassung vom Aus-

---

9 Vladimir Jankélévitch, *La musique et l'ineffable* ([1961]; Paris 1983), S. 36.

druck im Sinne von »bezeichnen von etwas« zu tun. Musikkomposition und das Verfassen von Gedichten gehen dagegen ganz anders an die Sache heran: »Das Klangmaterial kommt nicht einfach hinter dem menschlichen Verstand her und steht nicht einfach unseren Launen zur Verfügung«.[10] Musikkomposition ist somit weniger eine verstandesmäßige Handlung – intellektuelle Absicht oder künstlerischer Ausdruck – als vielmehr ein Akt, der die Widerspenstigkeit des Materials offenbart. Obwohl dieser materielle Widerstand die Vorherrschaft des Verstandes verschiebt, wäre es dennoch falsch, ihn einfach als Hindernis zu betrachten. Musikalisches Material mag zwar subjektive Kontrolle blockieren, aber gerade diese Blockierung liefert den Grund für musikalisches Schaffen. Kreativität gibt es genau deswegen, weil subjektive Absicht Vorrangstellung aufgegeben hat. Für Jankélévitch ist dann musikalisches Material »weder ein gefügiges Instrument noch ein reines Hindernis«,[11] was an Kreislers Beethoven-Aufsatz erinnert.

Das Phänomen der Improvisation verstärkt dieses Argument besonders gut. Wie die Dichtung, die für Jankélévitch eher musikalisch als verbal ist, duldet Improvisation »keine Kluft zwischen Spekulation und Tat, keine Distanz, *keinen zeitlichen Abstand*. Um zu erschaffen, muss man erschaffen«.[12] Musikalisches Schaffen ist diese reine, von Kleist so schmerzlich ersehnte Spontaneität. Indem das bewusste Verlangen nach Kommunikation oder nach Bedeutungsvermittlung aufgegeben wird, wird Musik mit großer Bedeutung aufgeladen: »Musik bedeutet nichts und doch bedeutet sie alles«.[13]

Wie schon erwähnt, spricht Hegel von einer ähnlichen Situation, allerdings nicht bezüglich musikalischen Schaffens, sondern in Bezug auf Wahnsinn. Durch die gesamte *Phänomenologie* wird Verbalisierung – die vermittelte Kommunikation von Gedankeninhalt – immer wieder als der Höhepunkt der Selbst-Erfüllung genannt. Das heißt, die Ausformulierung in Sprache ist das notwendige Mittel, um das reine Gefühlsleben in einen bewussten Zustand zu versetzen. Für Hegel gründet rationale Subjektivität im Gebrauch der Sprache. Nur sie erlaubt es dem Bewusstsein, seinen inneren Selbstsinn mit dem äußeren Bereich des Nicht-Selbst auszutarieren. Wahnsinn ist

10 Vladimir Jankélévitch, *La musique et l'ineffable*, S. 39.
11 Vladimir Jankélévitch, *La musique et l'ineffable*, S. 39.
12 Vladimir Jankélévitch, *La musique et l'ineffable*, S. 40; Hervorhebung im Original.
13 Vladimir Jankélévitch, *La musique et l'ineffable*, S. 19.

damit insofern als regressiv zu bezeichnen, als er nicht in der Lage ist, eine Beziehung zur Außenwelt herzustellen. Die Rückkehr zu einem Urzustand von Stimmung, ein Rückzug aus der Wirklichkeit, ist im Wesentlichen zur Schmerzquelle geworden und erlaubt der Psyche keinerlei Versöhnung. Der Wahnsinnige kehrt zu einem unbewussten Instinkt- und Gefühlszustand zurück und widersteht der Sprache der gesellschaftlichen Konvention. Für Hegel ist diese Spontaneität fehlerhaft und muss, um Bedeutung zu erlangen, einem Publikum vermittelt werden, darauf harren, in einen Dialog einzutreten. Hier bedeutet der Rückzug auf Innerlichkeit den Fall in den Wahnsinn und den Verlust des Bewusstseins. Jankélévitchs Argument wiederholt im Wesentlichen diese Szene, allerdings mit einer wichtigen Neu-Interpretation: Dieser Bewusstseinsverlust, die Störung subjektiv-unterjochender Kontrolle, ist bei ihm der Beginn von musikalischem Schaffen, wo die Kluft zwischen »Spekulation und Tat« zu nichtkognitiver Sponaneität zusammenfällt.

In dieser Vorstellung des Spontanen haben Musikologen ein Schlüsselelement dafür erkannt, musikalische Form als Inhalt zu deuten. Diese Sicht wurde zum ersten Mal in Hoffmanns Musikkritiken relevant und blühte während des 19. Jahrhunderts weiter. Frits Noske definiert Musik grammatisch als »Partizip Präsens« und bezieht sich damit auf eine historische Verschiebung um 1800: »Was wir hören, was wir singen oder was wir spielen ist nicht die geformte Form oder *forma formata*, sondern die Form, die sich selbst formt oder *forma formans*«.[14] Dadurch dass Noske die Andeutung auf Spinozas *natura naturans* ein wenig verändert, wird die Frage des Inhalts völlig umgangen. Musikalische Bedeutung findet man nicht außerhalb der einzelnen Artikulation seiner materiellen, klanglichen Manifestation. Eine Semantik, die Gedankeninhalte als äußerlich oder als von ihrer formalen Darstellung getrennt bezeichnen würde, ist damit falsch. So gesehen hat Musik eine große Anziehungskraft für die Dichtung, zumindest für eine besonders relevante, gesamteuropäische, ästhetische Tradition. Musik, nach deren Beschaffenheit »alle Künste streben« (so Walter Pater, der aber großen Nachklang fand bei Mallarmé, Verlaine, Stefan George und anderen), wird beispielhaft für die Dichtung, die »nicht bedeuten sollte/Sondern sein« (so MacLeish, der ebenfalls viele ähnliche Aussagen von zahlreichen

---

14 Frits Noske, »Forma formans«, *International Review of Aesthetics and Sociology of Music* 7 (1976), S. 43-62; S. 45.

Autoren nach sich zog, von Valéry bis Rilke). Diese Dichter sind darauf erpicht, die vorreflexive, spontane Macht der Musik zu entlehnen, die alle rationalen Prozesse umgeht und darauf bedacht ist, Bedeutung zu verhindern. Hoffmanns Kreisler ist ein in die geheime Kunst der Improvisation Eingeweihter, eine glänzende Mischung aus freier Phantasie und meisterhafter Beherrschung: »er [gefiel] sich oft darin, Stundenlang auf dem Flügel die seltsamsten Themas in zierlichen kontrapunktischen Wendungen und Nachahmungen, in den kunstreichsten Passagen auszuarbeiten« (HW 2/1: 33). Seine »bis zur zerstörenden Flamme aufglühende[ ]Fantasie« (32) arbeitet aktiv und passiv mit dem (nicht über das) von innen und außen kommenden Material: »Johannes wurde von seinen innern Erscheinungen und Träumen, wie auf einem ewig wogenden Meer dahin – dorthin getrieben und er schien vergebens den Port zu suchen, der ihm endlich *die* Ruhe und Heiterkeit geben sollte, ohne welche der Künstler nichts zu schaffen vermag. So kam es denn auch, daß die Freunde es nicht dahin bringen konnten, daß er eine Komposition aufschrieb, oder wirklich aufgeschrieben unvernichtet ließ« (33). Den der Improvisation innewohnenden Kämpfen Form zu verleihen, würde wohl Schutz vor stürmischen Gefühlen bieten, allerdings nur um den Preis, dass Musik als lebendige Kreation verwandelt würde in ein fest gefügtes Ausdrucksobjekt. Somit käme Formgebung einer Abtötung gleich.

Deshalb steht der Künstler im Konflikt mit der Beeinflussung durch den Verstand, die nach festen, identifizierbaren Werken verlangt: »Ew. Wohlgeboren befinden sich, wie ich vernehme, seit geraumer Zeit mit mir in einem und demselben Falle. Man hat nehmlich Dieselben lange schon im Verdachte der Tollheit gehabt, einer Kunstliebe wegen, die etwas allzumerklich über den Leisten hinausgeht, welchen die sogenannte verständige Welt für dergleichen Messungen aufbewahrt« (*Brief des Baron Wallborn an den Kapellmeister Kreisler*, HW 2/1: 362). Für Hoffmann ist die Produktion eines Autors bloß einseitig, da sie keinerlei Wertschätzung für die Widerspenstigkeit besitzt, die auf wahnsinnige Weise das musikalische Schaffen ermöglicht. Baron Wallborn ist ein Pseudonym für Baron de la Motte Fouqué, dessen hier zitierter Brief erstmals in *Die Musen* (1814) veröffentlicht wurde. In der redaktionellen Vorbemerkung zum zweiten Teil seiner *Kreisleriana*, wo dieser Brief ebenfalls abgedruckt ist, schreibt Hoffmann: »[Baron Wallborn war] ein[ ] junge[r] Dichter[ ], der in verfehlter Liebe den Wahnsinn fand und auch den lindernden Tod und dessen Geschichte de la Motte Fouqué in einer Novelle, Ixion geheißen, früher beschrieb« (HW 2/1: 360). Wie Hoffmanns Kreisler wird Fouqués Wallborn anstelle des Autors verrückt. Der Wahnsinn geht also der Arbeit voraus, die der Autor in narrativer Form vollbringt, und bringt das Werk somit erst hervor. Um den Fortbestand eines solchen Werkes zu sichern, muss der Komponist sich rückläufig entwickeln, das Geschaffene zerstören und das Geformte neu beleben. Diese Vorstellung der Neubelebung hat weit reichende, philosophische Konsequenzen. Als Reaktion auf die kartesianische Reduktion der Musik auf den Status der leblosen *res extensa* teilte Hoffmann mit seiner Zeit den Wunsch, Kunst dadurch zu erhöhen, dass man ihr ihre Seele zurückgab. Diese im späten 18. Jahrhundert spürbare Veränderung bewegte sich von mechanistischen zu biologischen Darstellungen des Körpers. Dementsprechend interpretieren Hoffmanns Schriften musikalische Erfahrung neu als eine lebende Stimme der Natur, die mit der inneren Stimme des Selbst mitschwingt. Die *harmonia mundi* ist nicht länger Ausdruck einer platonischen Welt transzendenter Formen, sondern in der Nachfolge Schellings und Johann Christian Reils vielmehr eine immanente, lebhafte Offenbarung einer *Lebenskraft*.[15] Der Begriff der Lebenskraft, in dem organische Konnotationen mitschwingen, spielt auf die aktive Produktivität der Natur an (*natura naturans*), die der Trägheit als Anhäufung von Produkten (*natura naturata*) entgegengesetzt ist. Subjektives Verstehen mag die endlichen Naturerscheinungen mit Hilfe von Begriffen erfassen, scheitert aber, wenn es auf das unendliche kreative Potential der Natur trifft. Unendlichkeit, wie die unendliche Sehnsucht, bleibt kognitiven, auf Aneignung ausgerichteten Strategien unzugänglich. Für Schelling stellt musikalische Erfahrung einen privilegierten Raum dar, in dem eine nicht genau bestimmbare Beziehung zum Natürlichen stattfinden kann. Als eine zeitliche Kunst, die in ihrer Entfaltung nichts von ihrer Unmittelbarkeit verliert, liefert die Musik die »Form der Sukzession«, durch die das Unendliche hervortritt.[16] So betrachtet steht Musik in direktem Widerspruch zu wissenschaftlichem Wissen, das sich mit begrenzten Verstandesobjekten befasst, Begriffe auf Erfahrung anwendet und dadurch die Natur ihrer ungebundenen Möglichkeiten beraubt.

15 Siehe Daniel Chua, *Absolute Music*, S. 98-113.
16 Friedrich Schelling, *Philosophie der Kunst*, S. 491.

»Geistige Ausleerungen«: Julia Mark und der Berganza Dialog

Hoffmann verwendet Metaphern nicht-darstellender Musik und nicht-darstellenden Wahnsinns, um das, worauf verwiesen wird, nämlich das Leben, wiederherzustellen, das über eine Darstellung immer wieder hinausgeht oder sich ihr entzieht. In diesem Sinne entwickelt er die in *Le Neveu de Rameau* vorgegebenen Linien weiter, ein Buch, das er ständig sowohl in seinen fiktionalen Texten als auch in seinen Briefen erwähnt. In Diderots Dialog gerät der Verweisstelle – der musikalische Wahnsinn des Neffen – immer wieder in Konflikt mit den Darstellungsstrategien des Erzählers. Die merkwürdigen Aufführungen besitzen eine solche Präsenz und Unmittelbarkeit, dass sie von der Gesellschaft, die auf der Vermittlung von Konventionen gründet, als bedrohliche Störungen registriert werden. Bezeichnenderweise finden alle Szenen des Neffen im Café de la Régence vor einer Gruppe Schachspieler statt, die für die konventionellen Stadtbewohner stehen. Musik, wie sie von *Lui* präsentiert wird, ist entmenscht, weil sie einem zivilisierten Ordnungssinn zuwiderläuft und das »Spiel« unterbricht. Die Ausrufe und Einwürfe sind wie wilde Angriffe auf hergebrachte Kommunikationsformen. Intellektuelle Beherrschung, getragen von den Höflichkeiten sprachlicher Vermittlung, wird von seinem wilden, durchdringenden, tierischen Schrei der Leidenschaft zerstört. Wie schon bemerkt bringt die gewaltige Stimmkraft des Neffen Hegel auf den philosophischen Begriff der *Zerrissenheit*, die im modernen, zivilisierten Bewusstsein lauert. Hoffmanns Werke, die so oft von dem Gegensatz zwischen dem Konventionellen und dem Exzentrischen bestimmt sind, verfolgen genau diese Linie Hegels. Wiederholt verleiht Hoffmann diesem Riss Ausdruck, der das subjektive Bewusstsein von sich selbst trennt. Die von außen und innen kommenden Brüche kennzeichnen seine Geschichten, sowohl inhaltlich als auch stilistisch, mittels einer starken Ironie, die Baudelaire später völlig richtig erkennen und als *dédoublement* bezeichnen wird – als Verdopplung.[17]

---

[17] Charles Baudelaire, *De l'essence du rire* (1855), in *Œuvres complètes*, hg. v. Y. G. Le Dantec/C. Pichois (Bibliothèque de la Pléiade, Paris 1961), S. 981.

Die Spannungen, die die Verdopplungen in Kleists *Cäcilie* erzeugen, wurden bereits erläutert. Dort führen Alternativen, Spiegelungen und Unstimmigkeiten wie auch das tierische Wesen der brüderlichen Stimmen dazu, dass Darstellung im Allgemeinen in Frage gestellt wird. Auch für Hoffmann wird die Vorstellung der Verdopplung, einschließlich seines berühmten Doppelgängers, zum Problem. Allerdings beschäftigt sich Hoffmanns Vorgehensweise ausdrücklicher mit einem Formgedanken. Das Verständnis von Verdopplung basiert auf einer Idee von Form, die klare Gestalt besitzt und eine Verdopplung als solche zu erkennen gibt. Für Hoffmann hat jede Form einen Anfang und ein Ende, zum Beispiel nimmt die Form persönlicher Identität zwischen Geburt und Tod Form an. Diese Formauffassung macht deutlich, dass die mit Selbstentzweiung einhergehende Verdopplung zwei klare Formen schafft, die Anfang und Ende besitzen und somit auf die Möglichkeit verweisen, dass es etwas vor dem Anfang und nach dem Ende gibt: einen Ort außerhalb der Form, der Formgebung ermöglicht.

Hoffmann zufolge kommt Musik vor dem Anfang und nach dem Ende der Form, die durch die Sprache abgegrenzt wird. Darin besteht der Wahnsinn. Obwohl das Thema in Hoffmanns Fiktionen die Rückgewinnung des Bezugspunkts ist (nämlich des Lebens), unterscheidet sich Musik beharrlich von verweisender, diskursiver Sprache, die nun als Werkzeug des Intellekts betrachtet wird, um Erfahrung in die Form verständlicher und bezeichnender Begriffe zu bringen, in eine Form, die *gegriffen* werden kann. Paradoxerweise wird der Bezug dadurch erreicht, dass die Bezugsmittel aufgegeben werden. Die Nichtdarstellbarkeit von Musik – ihr Wahnsinn – erlaubt es dem Leben, zum Beispiel Hoffmanns Leben, sich einer Logik der Darstellung zu entziehen, die zu einer kalten, leblosen Form erstarren würde. In vielerlei Hinsicht hat Hoffmanns Ästhetik viel mit Adornos Charakterisierung von »autonomer« Musik des 19. Jahrhundert gemein, die die Möglichkeit einer nichttotalisierenden »begriffslose[n] Erkenntnis« aufzeigt.[18] Auch für Adorno steht Beethoven auf dem Höhepunkt bürgerlicher Kultur, in der Konvention mit dem Individuum zusammenfiel. Hoffmann hat Teil an demselben von Kant begonnenen, von Hegel aufgespürten und von Adorno

---

18 Theodor W. Adorno, *Philosophie der neuen Musik*, in *Gesammelte Schriften*, 20 Bde. hg. v. R. Tiedemann (Frankfurt/M. 1997), 12:11-33. Siehe hierzu Max Paddison, *Adorno's Aesthetics of Music* (Cambridge 1993), S. 15-16.

gelobten philosophischen Erbe, wo objektive Form in eine dialektische Spannung mit individueller Freiheit gerät. In diesem Sinne wenden sich Hoffmanns Fiktionen musikalischen Metaphern zu, um eine Erfahrung jenseits des Begrifflichen vorzuschlagen und um Oberflächliches in das Schreiben einzuführen. Musik erlaubt uns, dass wir uns »einer unaussprechlichen Sehnsucht hin[ ]geben« (HW 2/1: 52), gerade weil man sie nicht festmachen kann, weil sie sich zur Sprache verhält wie die Formlosigkeit zur Form.[19]

Ein kurzer Tagebucheintrag kann helfen, Fragen von Formlosigkeit und Form, von Leben und Arbeit in direktem Bezug nicht auf Musik, sondern auf Wahnsinn zu klären. Die ersten Einträge aus dem Jahr 1811 zeigen, dass Hoffmanns Interesse an seiner ehemaligen Gesangsschülerin Julia Mark zu einer fieberhaften Obsession geworden ist. Er traf sie zum ersten Mal 1809 in Bamberg, als sie erst zwölf Jahre alt war. Jetzt nach zwei Jahren hat seine Leidenschaft seinem intensiven Arbeitspensum zum Trotz vollständig von ihm Besitz ergriffen, dass er sie wiederholt als eine Art *Wahnsinn* beschreibt. Am 6. Januar 1811 schreibt er: »Warum denke ich schlafend und wachend so oft an den Wahnsinn? – ich meine, geistige Ausleerungen könnten wie ein Aderlaß wirken« (HW 1: 377). Die »geistige[n] Ausleerungen« beziehen sich auf Hoffmanns unermüdliche Schreib- und Kompositionsgewohnheiten, Arbeit, die ihn womöglich von seinen Gedanken an Julia ablenken und daher seine ständige Angst, verrückt zu werden, lindern könnte. Offensichtlich bleibt der Wahnsinn auch bestehen, nachdem Hoffmann seine Phantasien den symbolischen Ordnungen von Sprache und Schreiben überantwortet hat, als Quelle und als Nachwirkung, »schlafend und wachend«, vor dem Schreiben und danach.

Biographisch betrachtet spielen Hoffmanns »geistige Ausleerungen« auf seine Arbeit an Musik oder musikalischen Themen an. Im Mittelpunkt seiner wundervoll ekstatischen und nur wenige Tage vor diesem Tagebucheintrag entworfenen Oper *Aurora* steht die

---

19 Das heißt aber nicht, dass Hoffmann die Rolle unterschätzte, die ein lyrischer Text für die Musikproduktion spielt. Ganz im Gegenteil muss man darauf hinweisen, dass Hoffmann anerkennt, wie wichtig Wörter in einem Musikstück sind, wenn auch nur deswegen, weil ihre lyrische Form einer Musik untergeordnet ist, die sich außerhalb ihrer befindet. So werden seine Theorien über Musik nur dann klar, wenn sie im Gegensatz zu einem bestimmten Verständnis rationaler Sprache formuliert werden, die versucht, Musik ihrer formalen Strenge unterzuordnen.

Gewalt der Musik in Gestalt der Göttin der Morgendämmerung selbst, die sich überraschend und unsterblich in den Hirten Cephalus verliebte. Zur selben Zeit schrieb er an einem kurzen für seine erste Sammlung der *Fantsiestücke* gedachten Prosatext, der dem Pseudonym Johannes Kreisler zugeschrieben wurde, dem großartigen Stegreifkünstler und »verrückte[n] Musikus par excellence« (HW 2/1: 370). Die ständige Angst vor dem Wahnsinn wird überdies mit der Sorge darüber verknüpft, Musik oder musikalische Erfahrung in irgendeine Art Form zu bringen. Seine aussichtslose Vernarrtheit in Julia Mark, ein Mädchen mit einer beispiellosen Stimme, stand im Zentrum seines beinahe neurotischen Formwillens. Anders als Rameaus Neffe, dessen Gestaltung Foucault als »das Fehlen einer Arbeit – l'absence d'un œuvre« betrachtete, definiert der produktive Schriftsteller, Komponist und Künstler Hoffmann – nicht zu vergessen sein späteres Wirken als einer der besten Juristen Berlins – Wahnsinn neu als das Nichterscheinenlassen eines bereits geschaffenen Werkes.

Um seinen »geistige[n] Ehebruch«[20] vor seiner Ehefrau zu verheimlichen, die oft im Tagebuch des Schriftstellers herumschnüffelte, schrieb Hoffmann Julias Namen in einem privaten Code. Genauer gesagt führte er Julia in Anlehnung an Kleists fünfzehnjährige Protagonistin Käthchen von Heilbronn ein. Hoffmann, der eine der ersten Aufführungen des Kleist Stücks in Bamberg auf die Bühne brachte, bekannte seinem Freund Julius Hitzig gegenüber, dass das *Käthchen* zusammen mit Calderóns *La devoción de la cruz* und Shakespeares *Romeo and Juliet* zu den drei wichtigsten Stücken seines Lebens gehörte: »nur drei Stücke haben auf mich einen gleichen tiefen Eindruck gemacht – das Kätchen – die Andacht z[um]K[reuze] und Romeo und Julie – sie versetzten mich in eine Art poetischen Somnambulismus in dem ich das Wesen der Romantik in mancherlei herrlichen leuchtenden Gestaltungen deutlich wahrzunehmen und zu erkennen glaubte! [...] Noch einmal komme ich auf den herrlichen Kleist zurück um Sie zu bitten mir einiges über seinen heroischen Untergang zu sagen«.[21] Wieder sehen wir wie Hoffmann mit absoluter Konsequenz das Entstehen von Formen (»Gestaltungen«) aus einem Stadium der Geistlosigkeit beschreibt. Kleists Käthchen, ein junges Mädchen voll anmutiger Unschuld und selbst eine Schlaf-

20 Hoffmanns Tagebucheintrag, 18. März 1811 (HW 1: 386).
21 Hoffmanns Brief an Julius Hitzig, 28. April 1812 (HW 1: 244).

wandlerin, diente als die Idealfigur für Hoffmanns Julia, die auf diese Weise als «KvH», Kthch», «Kth», und «Ktchn» Eingang in das Tagebuch findet, bevor sie letztendlich als «Ktch.» geführt wird.[22] Die Geliebte als Monogramm zu führen hat mehrere Bedeutungen. Es verbirgt nicht nur den wirklichen Namen, sondern befördert die Affäre auch in den Bereich der Fiktion. Auch wenn Hoffmann sich Kleists *Käthchen* zuwendet, um mit seiner Verliebtheit umzugehen, bricht dieses Vertrauen auf theatralische Darstellung gleichzeitig auch mit der Wirkung von Darstellung. Monogramme beenden die eindimensionale Ausrichtung eines Textes. Sie lassen die Zeit der Erzählung in einzelne, kurze Augenblicke zerfallen, die aus der dargestellten Szene herausfallen. Anders gesagt entkommen die verdichteten Buchstaben der Darstellung und kehren zum Leben außerhalb des Textes zurück. Hoffmanns Fragmentarisierung des fiktiven Namens trägt daher die Spuren der Gewalt, die bezweckt wird, wenn Leben mit dem Schreiben verknüpft wird. Ich werde später noch zeigen, wie die Monogrammpraxis des Schriftstellers dasselbe in den fiktiven Werken versucht.

Während das Leben in Bamberg seinen Lauf nahm, begann Julias Mutter, die Konsulin, schließlich Hoffmanns Gefühle zu wittern. Dann kam Johann Gerhard Graepel aus Hamburg, um Julia, wie vereinbart, zu heiraten. Später im Jahr machte man eine Landpartie, wo Hoffmann nach viel Wein seinen zu Boden gefallenen Rivalen lautstark beschimpfte. Damit war seine skandalöse Leidenschaft für ein zwanzig Jahre jüngeres Mädchen, die viele schon still gemutmaßt hatten, nun für die Bamberger Gesellschaft offenkundig. Bei seiner Abreise zu einem neuen Posten in Dresden löste Hoffmann seinem Verleger und Freund Carl Friedrich Kunz gegenüber sein Versprechen ein, seine Bamberger Erfahrung in einem »vortreffliche[n] Buch« niederzuschreiben – »die Welt wird erstaunen und damit zufrieden sein« (HW 2/1:690).

Hoffmanns *Nachricht von den neuesten Schicksalen des Hundes Berganza* erschien 1814 im ersten Band der *Fantasiestücke*. In diesem Stück »geistiger Ausleerung«, gestaltet als Dialog zwischen einem Ich-Erzähler und einem sprechenden Hund, geht der Name, der die Tochter des Konsuls bezeichnet, deren Stimme eine »geheimnis-

---

22 Siehe Hartmut Steinecke, *Die Kunst der Fantasie. E.T.A. Hoffmanns Leben und Werk* (Frankfurt/M. 2004), S. 116-117.

volle[ ] zauberische[ ] Wirkung« (HW 2/1: 129) hat, wohl auf Kleist zurück: nicht »Käthchen«, sondern eindrucksvoller: »Cäzilia«.[23] *Berganza* beginnt in einem äußerst romantischen Ton, als der Erzähler aus dem Tabakrauch einer Taverne auftaucht, »[w]ie die Geister Ossians aus dem dicken Nebel« (HW 2/1: 101). Musik durchdringt die Geschichte von Anfang an wie gewöhnlich mit Hoffmanns Unterscheidungen zwischen hoch und niedrig, außen und innen, exzentrisch und konventionell usw. So erklärt der Erzähler, wie er von seinen »Gedanken, Ideen, Entwürfen« aufgehalten wurde, die »gleich einer innern Melodie an der harmonischen Begleitung des lauten Gesprächs der Gäste hinliefen« (HW 2/1: 101). Außerdem kommt der Erzähler im stillen Mondschein an einer Statue des heiligen Nepomuk vorbei, dem Schutzheiligen Böhmens. Sein Name ist voller zeitgenössischer musikalischer Anspielungen, einschließlich des Komponisten Johann Nepomuk Hummel (geb. 1778) und Johann Nepomuk Maezel, dessen neu entwickeltes Metronom von Beethoven gefeiert wurde. Ein angsterfülltes Seufzen ist von der Rückseite der Statue zu hören. Der Erzähler versucht, die Quelle der »Töne« auszumachen, und entdeckt Berganza, einen schwarzen Hund, der sprechen kann. Wie Hoffmann uns in einer Fußnote mitteilt, ist Berganza einer der beiden Hunde, die in Cervantes' *Coloquio de los perros* aus den *Novelas ejemplares* (1613) ein gelehrtes Gespräch miteinander führen. In Hoffmanns Parodie wird Cervantes' Text mit Diderots *Neveu* belebt, wodurch sich ein abschweifender Dialog über Dichtung, Theater, Musik und Wahnsinn ergibt. Wir erfahren schließlich, dass Berganza in einer Reihe von Haushalten gelebt hat, so auch bei dem Komponisten Johannes Kreisler und der jungen Frau Cäzilia.

Wie in den Tagebüchern wendet Hoffmann ein literarisches Täuschungsmanöver an, um Leben in sein Werk zu bringen. *Berganza* ist voller Bezüge auf die Julia-Affäre, und häufig kommen die Zeilen direkt aus Hoffmanns Tagebuch. Hoffmann erlaubt allen bis dahin unterdrückten Gefühlen, seiner Frustration und seiner Wut, sich Luft zu machen. Wie zu erwarten wird Julias Verlobtem Graepel eine besonders harte Behandlung in der Figur des Monsieur George zuteil, einem ausgesprochen unmusikalischen Kulturbanausen, der

---

23 Für eine ausführliche Diskussion der Funktion autobiographischer Elemente in Hoffmanns literarischem Werk siehe Wulf Segebrecht, *Autobiographie und Dichtung. Eine Studie zum Werk E. T. A. Hoffmanns* (Stuttgart 1967).

»unter den höher Gesinnten des Zirkels einigen Abscheu und Ekel erregen mußte« (HW 2/1: 153). Hoffmann greift daher auf ein traditionelles Mittel zurück – auf das sprechende Tier –, um sowohl die unkünstlerischen Massen zu kritisieren als auch um sich selbst einen Platz für seine Isolation als kreative Person zu sichern. Mit Schaum vor dem Mund benutzt Hoffmann die Hundeperspektive, um gegen den Dilettantismus anzubellen.[24]

Berganza ist allerdings nicht einfach bloß ein Mittel, um gelebter Erfahrung in novellistischer Form Ausdruck zu verleihen; dem Text liegt vielmehr auch die Unterscheidung zwischen Leben und Werk als zentrales Thema zugrunde. Dieses spielte, wir erinnern uns, eine herausragende Rolle in Diderots Text, wo der Ich-Erzähler versuchte, seine Position von *Luis* tierischen Äußerungen abzugrenzen. Als das Thema von Leben und Werk bei Diderot in Bezug auf Racine zur Sprache kam, stellte sich *Moi* auf die Seite der Kultur, wodurch die Moral des Künstlers vom Standpunkt der Ewigkeit aus zu beurteilen wäre. Im Gegensatz dazu sprach *Lui* für das Hier und Jetzt: Racines großartige künstlerische Leistungen können und sollen die Tatsache nicht vergessen machen, dass er ein furchtbarer Ehemann, ein armseliger Freund und ein erbärmlicher Bürger war. Mit anderen Worten stimmt *Luis* Position mit einem performativen Paradigma überein: Was zählt, ist die Einzigartigkeit dieses Lebens, und jeglicher Versuch, es im Lichte einer universalen Rechtfertigung zu sehen, ist ganz einfach eine Verfälschung.

> Ich. – Seht Ihr denn aber nicht, daß mit solchen Forderungen Ihr die Ordnung des Ganzen umwerft: denn wäre hierunten alles vortrefflich, so gäb' es nichts Vortreffliches.
> Er. – Ihr habt Recht: denn darauf kommt es doch hauptsächlich an, daß wir beide da seien, Ihr und ich, und daß wir eben Ihr und ich seien: das andere mag gehen, wie es kann. Die beste Ordnung der Dinge, scheint mir, ist immer die, worein ich auch gehöre, und hole der Henker die beste Welt, wenn ich nicht dabei sein sollte. Lieber will ich sein, und selbst ein impertinenter Schwätzer sein, als nicht sein. (RN 19-20)[25]

---

24 Für weitere Kommentare siehe meinen Aufsatz, »Die Erziehung des Teufels. Hoffmanns *Berganza*-Novelle«, *Hölderlin Jahrbuch* 36 (2009), S. 75-84.
25 Im Original: »MOI. – Mais ne voyez vous pas qu'avec un pareil raisonnement vous renversez l'ordre général, et que si tout ici bas étoit excellent, il n'y auroit rien d'excellent. LUI. – Vous avez raison. Le point important est que vous et

Das Ego oder das Selbst – *le Moi* – besteht aus gutem Grund auf dem Universellen, da persönliche Identität, wie Hegel in der *Phänomenologie* zeigt, selbst ein Universelles ist. So viel scheint bereits durch Diderots Textualisierung der ersten Person erreicht zu sein, indem bloße biologische Existenz in eine Identität gebracht wird, die sowohl Zeitgenossen als auch kommenden Lesern übermittelt werden kann. Der Neffe, der weder produktiv ist noch sein will, widersteht diesem Drang, weil er auf einem Dasein außerhalb des Werkes besteht. Der wahnsinnige Musiker lehnt das universelle Urteil des Philosophen ab und verwendet stattdessen ein durch und durch existentialistisches Argument. Nichts könnte klarer sein. Es ist daher merkwürdig, dass die Positionen in Hoffmanns Parodie ausdrücklich umgekehrt werden:

> Ich. – Was tut aber das Privatleben, wenn der Dichter nur Dichter ist und bleibt. – Aufrichtig gesprochen, ich halte es mit Rameaus Neffen, der den Dichter der Athalia dem guten Hausvater vorzieht. (HW 2/1: 175)

Man kann Hoffmann, der eigenen Angaben zufolge Diderots Dialog dutzende Male gelesen hatte, kaum des Falschlesens bezichtigen. Ganz im Gegenteil gibt es einen guten Grund für seine Verschmelzung der beiden Positionen. Noch spricht das Ego auf der Seite des Universellen (»ist und bleibt«), doch nun wird die Frage der Textualisierung erweitert, sodass das Beharren des Neffen auf dem bloßen Dasein mit einbezogen werden kann – »darauf kommt es doch hauptsächlich an, daß wir beide da seien, Ihr und ich, und daß wir eben Ihr und ich seien« (»Le point important est que vous et moi nous soyons, et que nous soyons vous et moi«). Indem er das Argument umdreht und dem Neffen die Meinung des *Moi* überträgt, stellt Hoffmann eine Synthese zwischen dem Konkreten und dem Abstrakten her. Berganza stimmt dem zu und misstraut jeglichem Versuch, den Künstler von den existentiellen Bedingungen seines Lebens trennen zu wollen:

> Mir ist es schon fatal, daß man bei dem Dichter, als sei er eine diplomatische Person oder nur überhaupt ein Geschäftsmann, im-

---

moi nous soyons, et que nous soyons vous et moi. Que tout aille d'ailleurs comme il pourra. Le meilleur ordre des choses, à mon avis, est celui où j'en devois être; et foin du plus parfait des mondes, si je n'en suis pas. J'aime mieux être, et même être impertinent raisonneur que de n'être pas« (NR 14-15).

mer das Privatleben – und nun von welchem Leben denn? – absondert. – Niemals werde ich mich davon überzeugen, daß der, dessen ganzes Leben die Poesie nicht über das Gemeine, über die kleinlichen Erbärmlichkeiten der konventionellen Welt erhebt, der nicht zu gleicher Zeit gutmütig und grandios ist, ein wahrhafter aus innerem Beruf, aus der tiefsten Anregung des Gemüts hervorgegangener Dichter sei. Ich möchte immer etwas aufsuchen, wodurch erklärt würde, wie das, was er verkündet, von außen hineingegangen sei und den Samen gestreut habe, den nun der lebhafte Geist, das regbare Gemüt zur Blüte und Frucht reifen läßt. Mehrenteils verrät auch irgend eine Sünde, sei es auch nur eine Geschmacklosigkeit, von dem Zwange des fremdartigen Schmuckes erzeugt, den Mangel an innerer Wahrheit. (HW 2/1: 175)

Der wütende und bloßgestellte Hoffmann wollte seinen textualisierten Formen Leben einhauchen – sein Leben –, aber der Wahnsinn kehrt immer zurück (»Warum denke ich schlafend und wachend so oft an den Wahnsinn? – ich meine, geistige Ausleerungen könnten wie ein Aderlaß wirken«). Der Hund Berganza erkennt den Dichter in seinem Gesprächspartner und fühlt sich zu einer Warnung bemüßigt: »Dein Blut fließt zu heiß durch die Adern, deine Fantasie zerbricht im Mutwillen oft magische Kreise und wirft dich unbereitet und ohne Waffe und Wehr in ein Reich, dessen feindliche Geister dich einmal vernichten können« (HW 2/1: 105). Die magischen *Kreise* aus der Phantasie des Erzählers sind die aus einem anderen Bereich eingeführten Gestalten, wie die autobiographische Gestalt *Kreislers*, dessen Macht als unheimlicher Doppelgänger mit Vernichtung droht.

Kreisler, selbst ein Künstler, dessen »Fantasien« am Klavier »das innerste Heiligtum der geheimnisvollen Kunst [aufschließt]« (HW 2/1: 124), ist ebenso verwundbar. Mit einer umwerfenden Geste der Ironie wird Kreisler in eine Art von Autobiographen verwandelt und erzählt eine Geschichte über einen wahnsinnigen Künstler und dessen schreckliches Schicksal.

Johannes Kreisler erzählte einmal in meiner Gegenwart einem Freunde, wie einst der Wahnsinn der Mutter den Sohn zum Dichter in der frömmsten Manier gebildet habe. – Die Frau bildete sich ein, sie sei die Jungfrau Maria und ihr Sohn der verkannte Christus, der auf Erden wandle, Kaffee trinke und Billard spiele, aber bald werde die Zeit kommen, wo er seine Gemeinde sammeln, und sie geradesweges in den Himmel führen würde. Des Sohnes rege Fantasie fand in der Mutter Wahnsinn die Andeutung seines höheren Berufs. – Er hielt sich für einen Auserwählten Gottes, der die Geheimnisse einer neuen geläuterten Religion verkünden solle; mit innerer Kraft, die ihn das Leben an den erkannten Beruf setzen ließ, hätte er ein neuer Prophet oder was weiß ich werden können; aber bei der angebornen Schwächlichkeit, bei dem Kleben an den Alltäglichkeiten des gemeinen Lebens, fand er es bequemer, jenen Beruf nur in Versen anzudeuten, ihn auch nachgerade zu verleugnen, wenn er seine bürgerliche Existenz gefährdet glaubte. (HW 2.1.176)

Die Anekdote verbirgt kaum Kreislers eigene Angst vor dem Wahnsinn. Die aus dem Bereich der Phantasie auftauchenden Formen haben in der Tat feindseligen Charakter, besonders wenn man darauf aus ist, seine Position in dieser Welt aufrechtzuerhalten. In der von Hoffmann entworfenen Gesamtkonstellation vagabundiert diese Drohung frei – von gelebter Erfahrung zu fiktionaler Form, die ihrerseits unvermeidlich zurück ins Leben führt.

Aus Berganzas Berichten erfahren wir, dass Cäzilia selbst die Quelle für Kreislers wahnsinnige Flucht ist, eine Geschichte, die Hoffmanns Vernarrtsein in den Teenager Julia spiegelt. Als Berganza einmal Cäzilias Stimme hört, wird ihm klar, dass »der Kapellmeister Johannes Kreisler nur sie gemeint hatte, wenn er von der geheimnisvollen zauberischen Wirkung des Tons der Sängerin sprach« (HW 2/1:129). Wie in Kleists Erzählung wird der Wahnsinn vom Heiligen durchdrungen. Während einer Bühnenaufführung sieht Cäzilia genauso aus wie Carlo Dolces Porträt der Schutzheiligen der Musik an ihrer Orgel, das sowohl Kleist als auch Hoffmann in Dresden bewundert hatten. Das Spiel des Mädchens beschwört für Berganza eine Vision der harmonia mundi:

> Nun hörte man wie aus höchster Ferne einen Choral weiblicher Stimmen, ein Werk des Musikers. Die einfachen und doch in wunderbarer Folge fremd und wie aus einer andern Welt herabgekommenen klingenden Akkorde dieses Chors von Cherubim und Seraphim, erinnerten mich lebhaft an manche Kirchenmusik, die ich vor zweihundert Jahren in Spanien und in Italien gehört, und ich fühlte denselben heiligen Schauer mich durchbeben wie damals«
> (HW 2.1.150).

Die Passage lässt die Martyrologie der Heiligen (Cäzilia ist für die weltliche Ehe nicht geeignet) zusammenfallen mit Kleists *Gewalt der Musik*, die Schauer hervorzurufen vermag. Was Hoffmann vor dem Schicksal der kleistschen Brüder bewahrt, ist möglicherweise der Wille zur Form, die Fähigkeit, den feindseligen, tonalen Bereich der Selbstlosigkeit zu überleben und wie Beethoven den Kreis zurückzuschlagen und das Werk auf dem Wege der Besonnenheit hervorzubringen.

Wohlklang und Missklang: Ritter Gluck

Hoffmanns literarische Laufbahn begann 1809 mit der Veröffentlichung seiner Geschichte *Ritter Gluck* in der *Allgemeinen Musikalischen Zeitung*. In dem begleitenden Brief an den Herausgeber der Zeitung Friedrich Rochlitz gibt Hoffmann zu, dass seine »Komposition« tatsächlich von einer Geschichte inspiriert wurde, die Rochlitz selbst geschrieben und einige Jahre zuvor veröffentlicht hatte: *Der Besuch im Irrenhause* (1804). Hoffmann drückte aufs Herzlichste seine Bewunderung für Rochlitz' Stück über »eine[n] Wahnsinnigen, der auf eine wunderbare Art auf dem Klavier zu fantasieren pflegte« aus und betrachtete es ganz klar als geeigneten Vorgänger seines *Ritter Gluck* (HW 1: 204).

Rochlitz' *Besuch im Irrenhause* stellt sich selbst als eine anthropologisch-psychologische Studie des Wahnsinns als musikalischer Obsession dar. In der Absicht, eine Art Anatomie der Lebenden durchzuführen, erklärt der Autor seinen wissenschaftlichen Wunsch, »eine recht bedeutende Seele mit der Zange fassen und unter das Mikroskop bringen zu können«.[26] Der Analysand ist ein junger Mann namens Karl, den der Erzähler eines Tages bei einem Besuch in einer örtlichen Irrenanstalt am Klavier antrifft. Karls Bericht über sein früheres Lebens außerhalb der Anstalt offenbart ein finsteres Dasein mit einem tyrannischen Vater, welches nur durch eine ekstatische Liebe für Kirchenmusik kurz gemildert wurde. Diese wenigen Einzelheiten allein zeigen schon, was Rochlitz Wackenroders Berglinger zu verdanken hat. Nach seiner Kunst und seinem Leben befragt erklärt Karl ganz offen seine Neigung für »Herzensergießungen«

---

26 Friedrich Rochlitz, *Der Besuch im Irrenhause*, 6: 5.

(13). Er berichtet, wie seine Mutter Julie ihm nach einem Nervenzusammenbruch ein Klavier beiseite stellte, auf dem er seinem ausgeprägten Musiksinn nachgehen konnte. Ohne offizielle Ausbildung gab sich der Autodidakt ausschließlich Improvisationen hin, die er bis zu diesem Tage im Irrenhaus fortsetzt, wo er Akkorde spielt – »ohne Zusammenhang, ohne Zeitmaaß, ohne alle regelmäßige Folge« (9). Karl erinnert sich an seine erste Kommunion an einem Karfreitag. Er erinnert sich traurig daran, wie er ohne Begleitung die Kirche betrat. Als er den Chor über die Leidensgeschichte Christi singen hörte (»Er war der Verachtetste und Unwertheste« [19]), erkannte er auf der Stelle seine eigene Niedergeschlagenheit, aber auch die Möglichkeit ruhmreicher Rechtfertigung. Aufgrund seines munteren, doch beinahe schlafwandlerischen Zustands betrachtete der Priester ihn als einen Verrückten und als »nicht werth«, die Hostie zu empfangen (20). Dennoch genügten die Harmonien und der Text des Kirchenliedes am Ende – »sein Gott rief ihm von seinem heiligen Himmel« –, um seinen Geist zu stärken und zu erfrischen (21).

Musikalische Erfahrung leitete Karls Dasein auch weiterhin. In einem kleinen Zimmer von seiner Familie getrennt lebend hörte er eines Tages das Nachbarmädchen zur Gitarre singen. »Von dieser Stunde an entwickelte sich nicht sowol eine brennende Liebe zur Musik in seinem Innern: sondern sie war da, mit Eins« (35). Allerdings führte dieses *innamoramento* weder zu ideeller noch zu physischer Liebe, sondern beschleunigte nur seinen Untergang. Er war nicht in der Lage, die menschliche Stimme zu hören. Für ihn klang Lottchens Lied wie »fortgehaltene Accorde, wie von einen Orgel« (36). Während sein geistiger Zustand sich verschlimmerte, wandte er sich mehr und mehr Klavierfantasien zu und entwickelte schließlich einen Hass nicht nur gegen Worte, sondern gegen jeglichen stimmlichen Ausdruck überhaupt. Dreiklang bedeutete ihm alles, da die Triade für Karl ein Symbol für die heilige Dreieinigkeit darstellte. Im Gegensatz dazu war eine Melodie für ihn Anlass zu Kummer und Lottchen eine der Verzweiflung geworden. Schließlich ging er in die Anstalt, wo Besucher ihn meistens unzusammenhängende Sätze murmeln hörten, die jedoch manchmal von augenblicklichem und überraschendem Scharfsinn unterbrochen wurden. Der Erzähler gibt schließlich seine analytische Herangehensweise auf und gesteht ein, dass er nicht in der Lage ist, zu verstehen:

Ob es also nur ganz unwillkürliche Bewegung war, wie etwa das öftere schnelle Blinken mit den Augen bey manchen andern heftigen Menschen im Affect; oder ob seiner, dann erhitzten Phantasie Gestalten vorschwebten, zu denen er wirklich in einer eigenen Sprache zu reden und verständlich zu reden glaubte; oder auch, ob er durch das öftere Zusammendenken von »Sprache« und »Musik« – (z. B. Musik, Sprache des Herzens, ohne Worte, u. dergl.) beydes, wenn er entzündet wurde, erst im Begriff, hernach in der Ausführung vermischte, oder wie es sonst damit war: das weiß ich nicht. (54)

In *Ritter Gluck* spielt Hoffmann mit derselben Unverständlichkeit, allerdings diesmal nicht in Gestalt eines unbekannten, schwer gestörten jungen Mannes, sondern vielmehr durch die wenn auch nur angedeutete Einführung einer bekannten historischen Figur, des Komponisten Christoph Willibald Gluck. Wie bei Rochlitz erzählt diese Geschichte eine Zufallsbegegnung, bei der es um Musikästhetik und damit verbunden um das Wesen des Wahnsinns geht. Rochlitz' Unterscheidung zwischen der Welt des geistig gesunden Ermittlers und dem Bereich neurotischer Phantasie kehrt bei Hoffmann in der Unterscheidung zwischen den alltäglichen Normen der Gesellschaft und den exotischen Abweichungen einer höheren, romantischeren Sphäre wieder. Aber Hoffmann verstärkt die groteske Wirkung durch den Untertitel (den er der Geschichte zur Veröffentlichung des ersten Bandes der *Fantasiestücke* hinzufügte) »Eine Erinnerung aus dem Jahre 1809«: die Tatsache, dass Gluck bereits 1797 gestorben war, verweist auf die tiefe Zweideutigkeit der Geschichte, auf genau das Hin-und-her-Pendeln, das Tzvetan Todorov als Kennzeichen des Fantastischen betrachtet.[27] Tatsächlich wird dieses Urteil – obwohl der Erzähler als ziemlich rational gezeichnet wird, oberflächlich betrachtet ganz ähnlich wie Rochlitz' zangenschwingender Wissenschafter – stark durch die Möglichkeit eingeschränkt, dass er es sehr wohl mit einem Geist zu tun haben könnte.

Hoffmann beschwört zunächst das urbane Berlin als einem Ort der Kakophonie herauf, was von der grellen Dissonanz eines schlecht gestimmten Caféorchesters bis zum seelenlosen Lärmen alltäglicher Gewohnheiten reicht. Die stark ironische Beschreibung der spät-

---

27 Tzvetan Todorov, *Einführung in die fantastische Literatur*, übers. v. K. Kersten / S. Metz / C. Neubaur (München 1972).

herbstlichen Hauptstadt führt uns schließlich zum Ich-Erzähler, der in einer ruhigen Ecke eines Cafés Unterschlupf sucht. Genau wie Diderots *Moi* im Café de la Régence zieht er sich von der Menge zurück und zeigt sich als Paradebeispiel für Beständigkeit und Selbstgenügsamkeit, der das alltägliche Treiben draußen nicht wahrnimmt: »hier atmet man freie Luft, beobachtet die Kommenden und Gehenden, ist entfernt von dem kakophonischen Getöse jenes vermaledeiten Orchesters: da setze ich mich hin, und überlasse mich dem leichten Spiel meiner Phantasie, die mir befreundete Gestalten zuführt, mit denen ich über Wissenschaft, über Kunst, über alles, was dem Menschen am teuersten sein soll, spreche« (HW 1: 500). Mit dieser Behauptung bringt Hoffmann wirkungsvoll Diderots freizügigen Denker und Rochlitz' wahnsinnigen Klavierspieler zusammen, der ja auch mit Phantasiegestalten sprach. Mit Hilfe dieser schnellen intertextuellen Verknüpfung zeigt Hoffmann, dass die Grenze zwischen Wahnsinn und geistiger Gesundheit nicht aufrechtzuerhalten ist.

Genauso wenig kann die Grenze zwischen dem Selbst und der Außenwelt bewahrt werden. Wie in *Le neveu* bringt das Umherschweifen in seinen Gedanken eine Form von Verwundbarkeit mit sich. Während Hoffmanns Erzähler sich seines inneren, phantastischen Selbstgesprächs erfreut, wird er jäh durch die plötzliche Erscheinung eines Mannes an seinem Tisch gestört. »Nie sah' ich einen Kopf, nie eine Gestalt, die so schnell einen so tiefen Eindruck auf mich gemacht hätten« (HW 1: 501). Hoffmanns Sprache setzt die Zweideutigkeiten fort, die sich durch den Text hindurchziehen: Ist dies ein wirklicher Mann? Oder einfach eine andere, von der Phantasie des Erzählers geschaffene »Gestalt«? Ist dieser seltsame Mann derjenige, der wahnsinnig ist? Oder ist der Erzähler selbst der Verrückte, besessen von einer lähmenden fixen Idee (»mein Auge [kann] nicht wieder los kommen« [501])? Die Fragen des Lesers führen zurück zu dem sphinxähnlichen Rätsel der Geschichte: Wer ist (dieser) Mann? Jemand, der sich bloß einbildet Gluck zu sein oder der Geist des Komponisten, der seit zweiundzwanzig Jahren tot ist? Oder ist er ganz einfach das Hirngespinst einer überaktiven Phantasie? Die persönliche Identifikation in der letzten Zeile der Geschichte – »Ich bin der Ritter Gluck« (512) – schließt diese Fragen nicht ab.

Tatsächlich ist das Problem persönlicher Identität eines der Hauptthemen der Geschichte. Die beiden Gesprächspartner entscheiden sich ganz ausdrücklich dafür, ihre Namen nicht zu nennen. Im Verlauf des Gesprächs schlägt der Fremde vor: »Wir wollen uns unsere

Namen nicht abfragen: Namen sind zuweilen lästig« (503). Folglich stünden festgelegte Namen einer tieferen, enthüllenden Kommunikation nur im Weg. Während man behaupten kann, dass Identität zwischenmenschlichem Austausch gerade zugrunde liegen sollte, vereitelt sie hier wahrere Kommunikation. Die Zweideutigkeiten in *Ritter Gluck*, die alle im Wesentlichen Zweideutigkeiten der Identität sind, bilden einen idealen Raum, in dem es möglich sein könnte, die Grenzen der Subjektivität zu überwinden. In Anbetracht der hoffmannschen Trennung zwischen dem Alltäglichen und dem Romantischen könnte man annehmen, dass die »lästige« Eigenschaft von Namen auf gerade der *Last* beruht, die die beiden Gesprächspartner zum Banalen hinunterzuziehen droht.

Dadurch, dass sie ihre Anonymität bewahren, vergrößern die beiden Männer ihre Fähigkeit zur mystischen Transzendenz. Der Fremde erkennt einen Geistesverwandten und teilt seine Exstaseerfahrungen mit, dass er nämlich einer der wenigen Ausgewählten ist, die das »elfenbeinerne Tor« durchschritten haben, um das »Reich der Träume« zu betreten (505). Hier wird ein Bericht über Inspiration geliefert: wie kommt man dazu, Musik zu komponieren. Hier trifft man dem Fremden zufolge auf »tolle Gestalten« (505) und furchterregende Monster, die den Weg versperren. Selbst unter den Wenigen, die zu diesem magischen Königreich Zugang erhalten, verträumen [viele] den Traum im Reich der Träume – sie zerfließen im Traum, sie werden körperlos (505). Diese Geschöpfe, die »keinen Schatten mehr [werfen]«, sind vermutlich unheilbar dem Wahnsinn verfallen: diejenigen, denen es unmöglich ist, das Traumreich zu verlassen. Diejenigen hingegen, die aus dem Traum aufwachen, entdecken den »höchste[n] Moment«, eine *visio intellectualis,* die eine »Berührung mit dem Ewigen, Unaussprechlichen« herstellt (505). Die Schwierigkeit des Weges und die Plötzlichkeit der kulminierenden Vision spielen auf Platons Höhlengleichnis an.[28] So ruft der Fremde aus: »Schaut die Sonne an; sie ist der Dreiklang, aus dem die Akkorde, Sternen gleich, herabschießen und Euch mit Feuerfaden umspinnen« (505). So spielt der heliotrope Weg von dem Lärm Unter den Linden zu der prächtigen Harmonie des Himmels die uralte philosophische Reise von δόξα zu ἐπιστήμη durch.

---

28 Siehe Wolfgang Rüdiger, *Musik und Wirklichkeit bei E. T. A. Hoffmann. Zur Entstehung einer Musikanschauung der Romantik* (Pfaffenweiler 1989), S. 24-26.

Wie Kreisler ist der Fremde anfällig für dieses traumähnliche Stadium, in dem er sich selbst oder seine persönliche Identität in erhabener Verzückung verliert. Die Anonymität des Helden entspricht dem nichtbenennbaren Wesen seines Abenteuers. Wie Berganza gewarnt und der Fremde bestätigt hatte, kann dies ein furchtbarer Ort sein, wo das Individuum den Schmerz der Auflösung erleidet: »Als ich im Reich der Träume war, folterten mich tausend Schmerzen und Ängste! Nacht war's und mich schreckten die grinsenden Larven der Ungeheuer, welche auf mich einstürmten und mich bald in den Abgrund des Meeres versenkten, bald hoch in die Lüfte emporhoben« (505-506). Die Angst kommt aus der grundlegenden Zweideutigkeit, die Hoffmann stets als Quelle großer Kunst betrachtet hat. Wie bei Hegel wird diese Quelle als eine Erfahrung der Unmittelbarkeit, als ein Rückzug aus der alltäglichen Welt, die vom Voranschreiten der Zeit gekennzeichnet ist, und als ein Eintauchen in reine Gleichzeitigkeit verstanden. Dementsprechend geht Glucks Phantasie dahin, über die zeitgebundene Kunst der Musik in zeitloses Sehen zu verwandeln. Das Ohr wird vom Auge ersetzt, allerdings nur, um schließlich wieder zum Ohr zurückzukehren.

Ich erwachte von meinen Schmerzen und sah ein großes, helles Auge, das blickte in eine Orgel, und wie es blickte, gingen Töne hervor, und schimmerten und umschlangen sich in herrlichen Akkorden, wie ich sie nie gedacht hatte. Melodieen strömten auf und nieder, und ich schwamm in diesem Strom und wollte untergehen: da blickte das Auge mich an und hielt mich empor über den brausenden Wellen – Nacht wurde es wieder, da traten zwei Kolossen in glänzenden Harnischen auf mich zu: Grundton und Quinte! sie rissen mich empor, aber das Auge lächelte: Ich weiß, was deine Brust mit Sehnsucht erfüllt; der sanfte, weiche Jüngling, Terz, wird unter die Kolossen treten; du wirst seine süße Stimme hören, mich wieder sehen, und meine Melodieen werden dein sein.

(506)

Zunächst verliert sich das Subjekt in der Heteronomie auditiver Ergriffenheit. Der Höhepunkt der Inspiration und die darauf folgende Selbstlosigkeit werden von den Kolossen, den Allegorien für die perfekte Übereinstimmung zwischen dem Grundton und der Quinte dargestellt. Die *unio mystica* verspricht die eindeutige Terz, deren Bewegung den Dreiklang als Dur oder Moll definieren wird.

Dieser Satz symbolisiert überdies das eigene persönliche Sehnen des Komponisten, seinen Wunsch, zu sich selbst und der vernünftigen Welt zurückzukehren, wo er der Autor seines eigenen Werkes sein kann. Diese auf der *Besonnenheit* des Komponisten angewiesene Aufgabe besteht darin, die Unmittelbarkeit dieses Höhepunktes zu erhalten, während sie in die lineare Form eines Musikstücks gebracht wird. Der Fremde beschließt seine anschauliche Interpretation musikalischer Inspiration mit einem Bild von sich selbst im Kelch einer großen Sonnenblume. Zu diesem Zeitpunkt stürmt der merkwürdige Mann plötzlich aus dem Zimmer und kehrt nicht mehr zurück. Später begegnet der Erzähler ihm zufällig auf der Straße in Berlin und erhält eine, wenn auch schwer verständliche, Entschuldigung: »Es wurde zu heiß, und der Euphon fing an zu klingen« (507).

Ohne in die komplizierte, kritische Diskussion darüber einzusteigen, was dieser »Euphon« tatsächlich ist, möchte ich noch einmal auf die beiden Kolosse zurückkommen, auf den Grundton und die Quinte der ersten Vision. Es ist möglich, wenn auch spekulativ, dass Hoffmann diese Monumente als magische Allegorien für die Person des historischen Komponisten errichtet hat. C und G, zugleich beispielhafte Tonika und Quinte, bietet überraschenderweise ein (unvollständiges) Monogramm des Protagonisten der Geschichte Christoph Gluck. Die Tonarten können sich ebenso auf Glucks berühmte »Reform«-Oper *Orfeo ed Euridice* von 1762 beziehen. In hohem Maße beruht die Geschlossenheit der Oper darauf, dass die eröffnende Trauersinfonie in c-moll und das herrliche Finale »Der Triumph der Liebe« in C-Dur gesetzt sind. In der von Hoffmann in *Ritter Gluck* überlieferten Sicht bleibt unentschieden, ob die sehnsüchtig erwartete Terz das E des C-Dur oder das Es des c-Moll sein wird und ob die Vision den Eingeweihten also wie versprochen zurück in das Licht des Selbstseins führen wird (»meine Melodieen werden dein sein«) oder ob der Wahnsinnige in der Dunkelheit des Selbstverlustes ertrinken wird.

Das Bilden eines Eigennamens mit Hilfe des musikalischen Alphabets war natürlich eine übliche Praxis des Barock, die von der abendländischen Tradition fortgeführt wurde. Das vielleicht berühmteste Beispiel ist Schumanns *Carnaval, scènes mignonnes ... sur quatre notes* (Op. 9). Hier verschlüsseln die vier Noten A-(E)s-C-H den Namen der Heimatstadt der Verlobten, Asch, und spielen leicht an sowohl auf den Komponisten selbst, *Sch*umann, als auch auf das

Wort Fa*sch*ing und eine Reihe anderer Möglichkeiten.[29] Thomas Mann gestaltet in seinem *Doktor Faustus* in vergleichbarer Weise das Kryptogramm h-e-a-e-es, das Leverkühn dazu benutzt, um an seine »Hetaera Esmeralda« zu erinnern, ein Name, der durch den gesamten Roman hindurch als ein bestimmendes Leitmotiv dient. Manns Erzähler Serenus Zeitblom bemerkt: »Leverkühn war nicht der erste Komponist und wird nicht der letzte gewesen sein, der es liebte, Heimlichkeiten formel- und sigelhafter Art in seinem Werk zu verschließen, die den eingeborenen Hang der Musik zu abergläubischen Begehungen und Befolgungen, zahlenmystischen und buchstabensymbolischen, bekunden«.[30]

Eine von Kreislers Lieblingsbeschäftigungen ist es, Tonintervalle und -muster in Erzählungen zu verwandeln. Das ist auch eine obsessive Leidenschaft des Wahnsinnigen Karl in Rochlitz' *Besuch im Irrenhause* und wird ausführlich in den neo-pythagoräischen Ausführungen von Hoffmanns geliebtem Johann Wilhelm Ritter behandelt, dessen *Fragmente aus dem Nachlasse eines jungen Physikers* (1810) eine ganze Reihe komplexer metaphysischer Erklärungen für alle Dur- und Moll-Tonarten enthält.[31] Monogramme sind jedoch nicht bloß ein esoterisches Mittel, um einer offenkundigen Erzählung eine verborgene Bedeutung einzuschreiben. Wie oben bereits angedeutet lassen sie die Zeit der verbalen Übermittlung in einen einzigen Augenblick zusammenfallen. In der Terminologie von Lessings *Laokoon* verwandelt sich das »Nacheinander« der Dichtung in das »Nebeneinander« des Sehens. Man könnte sagen, dass zeitliche Reflexion, die sprachliche Elemente zusammenstellt und so vermittelt, wie sie in ihrer Entfaltung erscheinen und verschwinden, einer räumlichen Unmittelbarkeit und Klarheit nachgibt. Dieser Prozess betrifft besonders die romantische Musikvorstellung, und zwar insofern, als sie Musik als unmittelbar (oder plötzlich) betrachtete, aber dennoch wurde sie als eine linear voranschreitende Kunst geschätzt.

Das Monogramm bestärkt damit Hoffmanns allgemeine Musiktheorie als einer Mischung aus Unmittelbarkeit und Reflexion, wie etwa in der Spannung zwischen sofortigem Sehen und der »Beson-

---

29 Zu Schumanns musikalischer Kryptographie siehe John Daverio, *Crossing Paths. Schubert, Schumann, and Brahms* (Oxford 2002), S. 65-102.
30 Thomas Mann, *Doktor Faustus. Das Leben des deutschen Tonsetzers Adrian Leverkühn, erzählt von einem Freunde* [1947] (Frankfurt/M. 1998), S. 208.
31 Siehe Walter Salmen, »Die Musik im Weltbild J. W. Ritters«, *Schlesien* 2 (1957), S. 178-180.

nenheit«, die der Forderung nach Inspiration in *Ritter Gluck* und in der berühmten Besprechung zu Beethovens *Fünfter Symphonie* zugrunde liegt, die im folgenden Jahr veröffentlicht wurde. Darin wird ausdrücklich über die Macht von Orpheus' Lyra gesprochen, die »Tore des Orkus« öffnen zu können. Ein Grund dafür, warum Beethovens *Fünfte* eine so außergewöhnliche Bedeutung für Hoffmann hatte, könnte in der Tat in derselben Modulation bestehen, die sich durch Glucks *Orfeo* zieht, vom ausgesprochen dunklen, ersten Satz in c-Moll bis zum großartigen letzten Satz, dessen Finale aus neunundzwanzig Fortissimo-Takten in C-Dur besteht.

Besonders starke Anhaltspunkte dafür, die Kolosse in *Ritter Gluck* als eine monogrammatische Figur für den Kampf des Helden zwischen Enteignung (c-Moll) und Wiederaneignung (C-Dur), zwischen Selbstvernichtung und »Besonnenheit« zu lesen, finden sich in einem kurzen Text, den Hoffmann mit *Kreislers Musikalisch-poetischer Clubb* betitelte. Hier trägt der Ton »Es« ausdrücklich Züge eines drohenden Wahnsinns. In diesem Text aus dem zweiten Teil der *Kreisleriana* (1814) bietet der Komponist eine Doppelerzählung am Klavier in Worten und Tönen. Er begleitet seine sprachlichen Beschreibungen mit einer harmonischen Folge, die in as-Moll beginnt und in c-Moll endet. Der erste Dreiklang (As-Ces-Es) gibt den Ton an für die endlose Sehnsucht, Verzückung und den schmerzlichen Kampf des Selbst, sich in eine beinahe religiösen Askese loszureißen: »*As-Moll Akkord (mezzo forte.)*: Ach! – sie tragen mich ins Land der ewigen Sehnsucht, aber wie sie mich erfassen, erwacht der Schmerz und will aus der Brust entfliehen, indem er sie gewaltsam zerreißt« (HW 2/1: 372). Die *Gewalt der Musik* mit der sie begleitenden *Zerrissenheit* wird gefolgt von einer Modulation zu E-Dur-Sextakkord (Gis-H-E, das heißt As und Ces werden enharmonisch jeweils als Gis und H interpretiert, während Es zum E erhöht wird). Diese Einführung des E (hier der Grundton, aber die ersehnte große Terz in *Ritter Gluck*) bringt neue Kraft: »*E-Dur Sexten Akkord (ancora piu forte.)*: Halt dich standhaft mein Herz! – brich nicht berührt von dem sengenden Strahl, der die Brust durchdrang. – Frisch auf mein wackrer Geist! – rege und hebe dich empor in dem Element, das dich gebar, das deine Heimat ist!« (372). Wie weit ist Hoffmann von dieser Passage entfernt? Genau wie die äußeren Elemente des C-Dur-Dreiklangs das Monogramm Christoph Glucks ergibt, so enthüllt der E-Dur-Dreiklang (E-Gis-H) die Initialen von Ernst Hoffmann, eine weitere perfekte Quinte. Kreislers begleitende Erzählung wird in einer ›Erzählung‹ reflektiert, die aus den Noten des Dreiklangs besteht. Wenn wir noch einmal zu dem Akkord am Anfang zurückgehen (as-Moll = As-Ces-Es), können wir die *As-ke-se* entdecken, die dem Körper den Geist entreißt. Als H (für Hoffmann) neu interpretiert, deutet das Ces die selbstbehauptende Macht an, die vom Es der Enteignung unterdrückt wird. Die Bewegung von as-Moll zu E-Dur verändert das Es zum E und formt dadurch das *Herz* von E. H. Der Autor selbst scheint sich in den von ihm selbst unterschriebenen Text hineinzustehlen. Die von der Kolossenszene in *Ritter Gluck* gestellte Frage ist dann die folgende: Ist die »ersehnte Terz« das E von Ernst Hoffmann, oder ist sie das neutrale, entpersonalisierte Pronomen «es»?

Im *Musikalisch-poetischen Clubb* ist ganz Ähnliches zu beobachten, wenn dasselbe Drama durch eine verschlüsselte Sequenz aufgeführt wird, die auf dem Verschwinden und dem Wiederauftauchen des bedrohlichen Es beruht. Es kann mit anderen Worten als Changieren zwischen der Selbstbehauptung des E und dem Selbstverlust des Es gelesen werden. Auf unheimliche Weise endet die Passage in c-Moll (C-Es-G), was Kreisler in eine heftige Halluzination treibt:

C-Moll Akkorde (fortissimo hintereinander fort.): Kennt ihr ihn nicht? – Kennt ihr ihn nicht? – Seht er greift mit glühender Kralle nach meinem Herzen! – er maskiert sich in allerlei tolle Fratzen – als Freijäger – Konzertmeister – Wurmdoktor – ricco mercante – er schmeißt mir Lichtscheren in die Saiten, damit ich nur nicht spielen soll! – Kreisler – Kreisler! raffe dich auf! – Siehst du es lauern, das bleiche Gespenst mit den rot funkelnden Augen – die kralligten Knochenfäuste aus dem zerrissenen Mantel nach dir ausstreckend? – die Strohkrone auf dem kahlen glatten Schädel schüttelnd! – Es ist der Wahnsinn. (374)

Dieselbe Panik – und möglicherweise dieselbe Tonart – überkommt den merkwürdigen Musiker in *Ritter Gluck*. Nach seinem Bericht dieses enthusiastischen Augenblicks verlässt der Mann plötzlich seinen neuen Freund. Der Erzähler sieht ihn später am Brandenburger Tor wieder – einem negativen, der ordinären Stadt zugeordneten Koloss – und fragt ihn nach seinem plötzlichen Aufbruch. Die Entschuldigung des Fremden: » Es wurde zu heiß, und der Euphon fing an zu klingen« (HW 1: 507). Wie bei Rochlitz' Karl und Wackenroders Berglinger macht der erhitzte Zustand des musikalisch Erhabenen das Individuum unpersönlich und ungesellig. Weltliche Kommunikation wird entweder zur Quelle von Gleichgültigkeit oder von Hass. Die ausufernde Formlosigkeit, die für Hoffmann immer das Vorspiel eines gelungenen Werkes ist, kann die Anwesenheit äußerlicher Identitäten nicht ertragen. Subjektivität muss aufgegeben werden. Sowohl in *Ritter Gluck* als auch in *Kreislers Musikalisch-poetischer Clubb* muss das individuelle Subjekt – vielleicht das E in C-Dur (wie in *Orfeos* »Triumph der Liebe«) oder vielleicht das E in Ego und Ernst – dem »Es« oder dem Ton Es des Wahnsinns nachgeben muss: »*Es* ist der Wahnsinn.«

Postscriptum: Rat Krespel

Wiederholt hat Hoffmann die dialektische Beziehung zwischen Wahnsinn und Kreativität zum Thema gemacht. Außerhalb der Grenzen dieses Inspirationsmodells – ein Modell des Verlusts und der Wiederkehr, der Enteignung und Wiederaneignung – liegen zwei stumme Alternativen: alltägliche Banalität (wo man niemals das Banale verlässt, wo man sich niemals zu verlieren droht) und vollkommener geistiger Gesundheit (wo man niemals aus dem Reich der Träume zurückkehrt).

Illustriert wird dies in der Geschichte mit dem Titel *Rat Krespel* zusammen mit dem langen Begleitschreiben für diesen Beitrag. Der Brief ist auf den Herbst 1816 datiert, das Jahr, in dem Hoffmann in den Obersten Gerichtshof berufen wurde. Gerichtet war der Brief an seinen Freund und früheren Mitarbeiter Baron de la Motte Fouqué. Zu Beginn entschuldigt sich Hoffmann dafür, dass er nicht in der Lage ist, eine Geschichte für das nächste *Frauentaschenbuch* zu liefern – einer Sammlung von Texten, die Fouqué jedes Jahr zur Unterhaltung der preußischen Gesellschaft herausgab. Zur Entschuldigung bezieht sich Hoffmann wieder einmal auf Diderots wahnsinnigen Musiker und beschreibt sich selbst verzweifelt und frustriert: »Eben habe ich, wie Rameau's famoser Neffe, an die Stirne geklopft, und zwar in heller Verzweiflung, jedoch ganz leise bittend und sehr artig gefragt: Ist denn niemand, niemand zu Hause? – Aber keine Antwort! – Sie sind sämmtlich ausgegangen Herrn und Diener, ob jemahls einer von ihnen zurückkehrt oder ob sonst gute Leute einziehen, das weiß der Himmel!« (HW 4: 1271). Wie zuvor in Bamberg ist Hoffmanns Kopf »ausgeleert«. Sein Schädel ist seiner Bewohner beraubt – eine Entkörperlichung ohne Vergeistigung, ein erschreckender Zustand. Diese Vorstellung von »Ausleerung« ist eine von Hoffmanns Lieblingstropen für literarische Machtlosigkeit: Er hat etwas geschrieben und schreibt nun über seine Unfähigkeit, weiter zu schreiben. Der leere Geist vergleicht sich damit mit Diderots müßigem Wahnsinnigen, der nicht in der Lage war, irgendetwas zu vollenden.

Die Anspielung bezieht sich vielleicht auf die Episode, als *Moi Lui* fragt, warum er so unproduktiv gewesen sei und warum er niemals ein schönes Werk geschaffen habe. Als Antwort beklagt der Neffe sein Schicksal und erklärt, dass »die Natur« ihm die Art von fester Identität versagt habe, derer sich sein Onkel erfreut, wie sie ihn wiederholt dadurch »falsch angezogen« (*fagota*) habe, dass sie ihm nicht ein einziges »Gesicht« verliehen habe, sondern vielmehr eine Reihe widersprüchlicher »Gesichter« (RN 138 / NR 96). Die über Zeit und Raum hinweg stabile Identität des Komponisten mag die Natur in künstlerischen Form nachahmen und dabei Werke hervorbringen, aber die unter dem Einfluss von radikaler Ungleichheit entstandene Figur kann nur faul sein, *désœuvré*, außer Kraft gesetzt. Nachahmung, die unter der Prämisse von Äquivalenz oder *vraisemblance* funktioniert, kann bei der merkwürdigen, andersartigen Veranlagung des Neffen nicht gelingen. In einer offensichtlich unlogischen Schlussfolgerung erzählt der Neffe eine seltsame Anekdote über einen gewissen Abbé Le Blanc, der einmal zur Académie Française begleitet wurde. Auf der Schwelle zu diesem Ort erfolgreicher Dichter, Künstler und Wissenschaftler fiel der Abbé hin und brach sich beide Beine. Ein »Weltmann« machte den Vorschlag, er solle doch mit seinem Kopf gegen die Tür klopfen und somit zu Boden schlagen. Der verletzte Abbé entgegnet, dass er dies schon versucht habe, allerdings nur um den Preis einer Beule. An diesem Punkt bricht der Neffe unerwartet ab. Er belässt es bei dem an die Tür der Académie klopfenden Abbé und beginnt stattdessen gnadenlos gegen seine eigene Stirn zu schlagen. »(Er seufzte, weinte, jammerte, erhub Hände und Augen, schlug den Kopf mit der Faust, daß ich dachte, er würde Stirn oder Finger beschädigen. Dann setzt' er hinzu:) Mir scheint, es ist doch was da drinnen. Aber ich mag schlagen und schütteln wie ich will, nichts kommt heraus. (Dann begann er wieder den Kopf zu schütteln, die Stirn gewaltig zu schlagen und sagte:) Entweder ist niemand drinnen, oder man will mir nicht antworten« (RN 139 / NR 97-98). Heftige Gefühle (Seufzen, Weinen, Jammern) haben jegliche Vernunft aus seinem Kopf vertrieben. Die Verschiebung von einem metaphorischen Objekt (»es ist doch *was* drinnen«) zu Personifikation (»niemand«, »man«) ist aufschlussreich. Das Schaffen des Möchtegern-Genies scheitert. Seine Beine sind gebrochen. Er geht nirgendwohin. Kurz, das Genie setzt sich selbst außer Kraft und erkennt sich selbst als »verrückt« (»fou«) – » Ich glaubte Genie zu haben, am Ende der Zeile lese ich, daß ich dumm bin, dumm, dumm« (RN 140 / NR 98). Der Neffe ist daher eine komische Illustration für Hegels Vorstellung von Zerrissenheit: Mit den Schlägen auf seinen Kopf spaltet er sich selbst in aktive und passive Subjekte. Die Gewalt der Geste geht in zwei Richtungen: Entweder befindet sich die handelnde Faust oder der passive Schädel am Rande des Zerbrechens.

Hoffmann hat allerdings vielleicht an eine andere Episode gedacht, da dies nicht das einzige Mal ist, dass der Neffe sich selbst eine Verletzung zufügt. An anderer Stelle schlägt er gegen seinen Kopf, während er sich darüber beklagt, dass er so arm sei und die Gunst derjenigen verliere, die ihn einst unterstützt haben. Bedenkt man die anstößige Anziehungskraft, die Julia Mark auf Hoffmann ausübte, so ist es bemerkenswert, dass der Neffe, ein Musiklehrer, zu diesem Zeitpunkt in Diderots Text einen Zuhälter nachahmt und verzweifelt versucht, eine minderjährige Musikschülerin zu verführen. Während er seine Stirn einschlägt, bemerkt er, dass er sich zumindest eines regelmäßigen Stuhlgangs erfreut: »Der Hauptpunct im Leben ist doch nur frei, leicht, angenehm, häufig alle Abende auf den Nachtstuhl zu gehen. *O stercus pretiosum!*« (RN 34/NR 25). Hoffmann verinnerlicht seine literarische Machtlosigkeit, indem er sie in eine psychologische Allegorie verwandelt: das leere Heim seines eigenen Verstandes. Hoffmanns eher intellektuelle als fäkale »Ausleerung« hat kaum Vorteile und lässt den Künstler in einem Zustand buchstäblicher De-menz.

Diese Szene aus Diderots *Neveu* liefert noch weitere Einzelheiten für Hoffmanns Selbstbeschreibung in dem Brief an Fouqué. Gleich nachdem er seinen Schädel einschlägt und daraufhin einen Kommentar über seinen Metabolismus macht, wendet sich der Neffe der Musik zu: Er ahmt Pietro Antonio Locatelli, den Geigenvirtuosen nach, dessen Ruhm, nebenbei bemerkt, in Berlin seinen Anfang nahm. Auch in Hoffmanns Brief klingt in der Geste der Enttäuschung etwas Musikalisches mit, denn das Aufschlagen des Kopfes ruft eine Art Muster, einen Rhythmus hervor. Diese wenn auch nur ansatzweise rhythmische Aufführung spaltet das Subjekt jedoch in ein Ich, das klopft, und in einen unheimlichen inneren Raum. Sie spaltet die Integrität des Subjekts, das schreiben würde. Das merkwürdige, perkussive Muster und die selbsternannte Demenz grenzen einen Raum der Subjektivität ab, nur um die Aufmerksamkeit auf seine Leere und Spaltung zu lenken. Daher schließt Hoffmann den Brief in düsterer Resignation. Es wird keine Geschichte als Beitrag geben: »Entschuldigen Sie mich diesmahl, verehrtester Baron! mit meiner eignen Imbezillität, deren ich mich selbst anklage [...] Ganz und gar Ihr ergebenster E. T. A. Hoffmann« (HW 4: 1271). Die abschließende »Klage« verstärkt noch die subjektive Spaltung in »ich« und »mich selbst«. Während Hegel die Zerrissenheit des Neffen als Quelle für Redseligkeit betrachtete, ist das Ergebnis von Hoffmanns Hin-und-her-gerissen-Sein die Wortlosigkeit.

Dann aber gibt es ein Postskriptum:

Postscriptum. Geschah es Ihnen, Baron! nicht auch schon recht oft, daß aus grauen düstern Wolkenschatten, die tief in Ihr Leben hineinhingen, plötzlich in farbigem Feuer allerlei freundliche Himmelsgestalten hervorblitzten, und daß nach solchem Leuchten nur schwärzere Nacht Sie umfing? – Aber dann ging in weiter weiter Ferne ein blasser Schimmer auf, und in Ihrer Brust sprach es, ach das ist ja das geliebte Bild, aber seine hochherrlichen himmlischen Züge erkennt nur der Schmerz! Als nun der Schimmer feuriger und feuriger strahlend sich zu gestalten begann, da gewahrten Sie wohl, daß das, was Ihnen als schimmerndes, strahlendes Bild erschien, nur der Reflex der heißen unaussprechlichen Sehnsucht war, die in Ihrem eigenen Innern aufgegangen!

(HW 4: 1272)

Hoffmann berichtet dann, wie verschiedene Gestalten in schneller Folge erschienen und wieder verschwanden, bis – und jetzt wechselt er zum lebhaften Präsens – »ein klarer Ton, wie aus weiblicher Brust hervorgehaucht, [...] lang und leise verhallend durch das Zimmer« ging (1272). Die göttliche Stimme kommt von einer »[ihm] wohlbekannten«, ihn vielleicht an seine Julia erinnernden Sängerin, die nun so schmerzlich weit entfernt in der Vergangenheit ist. Dann taucht ein »neckendes, hohnlächelndes Teufelchen« auf, ein feindlicher Geist, der sich mit einem bösen Lachen über den Dichter lustig macht. Doch die himmlische Stimme bringt ihn zu seiner Verzückung zurück: »[ich] seufzte [...] aus tiefer Brust: Antonie!« (1273). Der isoliert ausgesprochene Name wird zum unerreichbaren Mittelpunkt der Geschichte, die hier Form annimmt. Er ist buchstäblich der »Reflex« oder die Reflexion der eigenen Sehnsucht des Schriftstellers. Der Name des Schriftstellers erscheint umgekehrt, wie in Spiegelschrift: *AnToniE*. Der Teufel entfernt sich, und an seiner Stelle erscheint ein älterer Mann, hager und grau gekleidet. Seine Frisur ist ebenso altmodisch wie seine Kleidung. Hoffmann erkennt ihn sofort. Es ist der Rat Krespel.

An diesem Punkt, immer noch im Postskriptum des Briefes, beginnt Hoffmann die Erzählung, die man gewöhnlich als *Rat Krespel* bezeichnet. Krespel, ein leidenschaftlicher, auf einem Bein humpelnder Geiger hat große Ähnlichkeit sowohl mit dem Ritter Gluck als auch mit dem Kapellmeister Kreisler und ist damit ein weiterer von Hoffmanns wahnsinnigen Musikern. An das Ende der Geschichte setzt Hoffmann ein zweites Postskriptum – ein *postscripti postscriptum* –, in dem er nachfragt, ob die vorherige Erzählung ein geeigneter Beitrag zu der Sammlung seines Freundes sein könnte. Natürlich veröffentlichte Fouqué die Geschichte zusammen mit der Rahmenerzählung des Briefes in der Ausgabe des *Frauentaschenbuchs* von 1812.

Da Hoffmann die Krespel-Geschichte später in den ersten Band seiner *Serapionsbrüder* aufnahm, wurde der ursprüngliche Briefrahmen von der Kritik eher vernachlässigt. Ich denke allerdings, dass gerade die Analyse der Geschichte als Postskriptum wesentliche Elemente offenbart, die sonst nicht wahrgenommen werden. Die wahnsinnige Musikerfigur des Rat Krespel führt die von Hoffmann vor dem Beginn der Erzählung im Begleitschreiben angedeutete Demenz weiter, wo – wenn auch ganz simple – Rhythmen auf einem leeren Schädel ausgeführt wurden. Die literarische Anspielung auf den *Neveu de Rameau*, wo die Leere im Kopf des Außenseiters neu gefüllt wird mit der Figur des Virtuosen Pietro Antonio Locatelli, nimmt beinahe perfekt die Neubeschäftigung von Hoffmanns Geist mit einem exzentrischen Geiger und seiner Antonie vorweg, der zudem Locatellis Namen trägt. Musikalischer Wahnsinn ist *prä-skriptiv* (allerdings nicht im kategorischen, regulativen Sinne) und *postskriptiv* zugleich. Die Form von Hoffmanns Erzählung, die von ihrem Anfang und ihrem Ende her definiert wird, erhält ihre Form durch wahnsinnige Musik, die sich über »schlafend und wachend« hinaus erstreckt. Dadurch, dass sie sowohl vorher als auch nachher erklingt, zieht sich wahnsinnige Musik durch die Erzählung und zerstört somit die diskursive Ordnung, die sie definiert. Als etwas

Geschriebenes eröffnet Hoffmanns musikalischer Wahnsinn im Schreiben eine neue Dimension, eine neue Beziehung zu dem, was außerhalb der Erzählform liegt. Während die Leere in Rameaus Geist innerhalb eines performativen Paradigmas funktioniert und sowohl Autorenidentität als auch intellektuelle Kontrolle kritisiert, spiegelt Hoffmanns Selbst-»Ausleerung« einen Kompositionsprozess wider. Die geistige Leere stellt eine Phase vor und nach dem Gebrauch von Sprache dar. Doch zu behaupten, Hoffmann nehme nur einfach einen Modus naiver Autorschaft an, hieße, die Bedeutung dieser Leere zu übersehen. Die in dem Brief beschriebene Passivität, wo der Möchtegernautor von blinkenden Formen angesprochen wird, sagt etwas über die Offenheit des Schriftstellers für die Einflussnahme durch die Komposition aus. Die Demenz, die dem literarischen Schaffen vorausgeht, lässt auf eine andere Begegnung mit dem Erzählmaterial schließen, das sich aufgrund seiner Reflexivität paradoxerweise sowohl im Schriftsteller selbst also auch außerhalb von ihm findet.

Die Geschichte vom *Rat Krespel* dreht sich um die Figur von Krespels Tochter Antonie, die eine »ganz wunderherrliche Stimme« besitzt (HW 4: 46). Traurigerweise rührt die beispiellose Schönheit ihres Tons von einem tödlichen Defekt in ihrer Brust. Singt sie weiter, so die ärztliche Warnung, wird sie in nur wenigen Monaten den sicheren Tod finden. Für sie wäre die schlimmste und bestimmteste »Ausleerung« überhaupt, wenn ihr Ausdruck im Gesang Gestalt annehmen würde. Antonies Talent für Gesang muss der Formgebung widerstehen. Damit Kunst weiterhin möglich ist, muss künstlerisches Schaffen verboten werden. Deshalb gehört Antonie in die Reihe von Hoffmanns anderen Sängerinnen, deren reine Stimmen die Öffentlichkeit meiden müssen. Für Amalie (*Musikalische Leiden*), Donna Anna (*Don Juan*), als auch für die körperlose Stimme der *Ombra adorata* wird die göttliche Gabe des Gesangs tödlich, sobald sie in Berührung kommt mit dem profanen Alltäglichen.[32]

Somit treibt Hoffmann die Opposition zwischen eindeutigem Wissen und vielleicht Möglichem voran, allerdings nur um sie noch dadurch zu verkomplizieren, dass beide Pole in eine dynamische Beziehung gebracht werden. Die Episode zu Anfang führt den exzentrischen Rat Krespel ein, während er eine neues Haus baut – »Mit

---

[32] Siehe George Schoolfield, *The Figure of the Musician in German Literature* (New York 1966), S. 21-22.

irgend einem Baumeister hatte er nicht gesprochen, an irgend einen Riß nicht gedacht« (HW 4: 40). Als der Baumeister am Ort erscheint und nach den Plänen fragt, ist er völlig schockiert, da Krespel der Meinung ist, ein Plan sei nicht notwendig und dass »es [...] sich schon alles, wie es sein solle, fügen [werde]« (40). Krespels Haus soll also im Akt des Entstehens seine Form erhalten – eine *forma formans*. In Hoffmanns Logik ist das Haus deshalb im tatsächlich musikalisch. Wie der zusammenhanglose Satz von Beethovens c-Moll-Sinfonie bietet das Gebäude in seiner völligen Asymmetrie »den tollsten Anblick«, wenn es von außen betrachtet wird, aber wenn man die »innere Einrichtung« betritt, hat man einen tiefen Eindruck von »Wohlbehaglichkeit« (42).

Während Hegels *Ästhetik* die rein zeitliche, immaterielle Kunst der Musik so weit wie möglich von der rein räumlichen, materiellen Kunst der Architektur entfernt ansetzt, lässt Hoffmann die beiden ganz einfach zusammenfallen, indem er Musik sowohl als unmittelbar als auch als linear betrachtet. Um diese Verschmelzung zu unterstreichen, betont Hoffmann die Materialität des Bauprozesses: Wir sehen wie Krespel alle nötigen Materialien kauft, Kalk löscht, Sand siebt, Backsteine aufeinanderlegt, während die Bürger der Stadt zusehen. Hier handelt es sich nicht um ein ideales Bauwerk, das in irgendeinem metaphysischen Reich schwebt, sondern diese architektonische Musik ist sinnlich und durch und durch in der Welt verankert.

Das Missverhältnis zwischen dem ordentlichen Inneren des Gebäudes und dem wahnsinnigen Äußeren ist eine Metapher für Krespel selbst – ein weiterer *homo inaequalis*, der fahrig redet und ohne sichtbare Richtung von einem Thema zum nächsten springt – »in allerlei wunderliche Irrgänge«: »Sein Ton war bald rauh und heftig schreiend, bald leise gedehnt, singend, aber immer paßte er nicht zu dem, was Krespel sprach« (43). Das Haus deutet die Unzulänglichkeit von Krespels Ton an und verweist außerdem auf den Wahnsinn des Rats. Als Krespel die Fundamentlegung und die Errichtung von vier massiven Wänden anordnet, lässt er den Baumeister abermals stutzen: »›Ohne Fenster und Türen, ohne Quermauern?‹ fiel der Meister, wie über Krespel's Wahnsinn erschrocken, ein« (40). Das »ohne« betont das Fehlen eines architektonischen Plans, doch gleichzeitig offenbart es auch das Wesen von Krespels Wahnsinn. Im Althochdeutschen bedeutet das mit dem lateinischen *vanus* verwandte Adjektiv *wan*, »leer« oder »fehlend«. Der französische *sens* bedeutet

Sinn, aber auch *Richtung* (aus dem Lateinischen *sentire, sensus*, das heißt »seinen Weg finden«). Der große Lexikograph zu Hoffmanns Zeiten Johann Christian Adelung nimmt sogar eine etymologische Verbindung zwischen *Wahn* (als Wahnvorstellung) und der Präposition *ohne* an – das althochdeutsche *wan* würde sich hier vom gothischen Adverb *an* (»ohne«) herleiten.[33] Die Antwort des Erbauers – »*Ohne* Fenster ... *ohne* Quermauern« bedeutet daher »*Wahn-sinn*«, *ohne Sinn*, ohne Richtung, ohne Plan.

Das Thema der Richtungslosigkeit oder des Unberechenbaren wird jedoch durch Vorstellungen von Improvisation verändert, die eine Vorausplanung unnötig macht, wo Erfolg mit Prozesshaftigkeit einhergeht, wo sich die Dinge entwickeln, »wie sie sollen«. Diese Vorstellung bestimmt Hoffmanns Darstellungen einer wahren und nicht kulturlosen musikalischen Erfahrung – Ritter Glucks Klavierspiel etwa basiert ausdrücklich auf unbeschriebenen Notenblättern – daher das Thema der »geistigen Ausleerungen«, die Hoffmann mit wahnsinnigen Gedanken, mit »Schlafen und Wachen« verbindet. Tatsächlich stellt die in dem Brief an Fouqué beschriebene Demenz, die den Kopf des Schriftstellers einem von Hausherrn und Dienstboten verlassenen Haus vergleicht, den Rahmen des Briefes als eine wahnsinnige Außenwelt dar, die außer Kontrolle und unproduktiv ist und dennoch eine großartige Erzählung in sich birgt: die Geschichte vom *Rat Krespel*.

Hoffmanns Vorliebe für Komplexität verwandelt auch die Erzählung daraufhin in ein Irrenhaus, das den neugierigen Erzähler (und mit ihm den Leser) einlädt, in seine innersten Geheimnisse einzudringen. Viele Kommentatoren bestehen auf der rein anekdotischen Qualität der Geschichte: eine lose Sammlung von Episoden aus verschiedenen Blickwinkeln in nichtchronologischer Ordnung, zusammengehalten nur insofern, als sie zum Porträt des merkwürdigen Anwalts beitragen. Dieses Urteil hält das traditionelle Verständnis von Hoffmanns Stil in der ersten Reihe der *Kreisleriana* aufrecht, deren Sammlung von lose verschränkten Gedanken und Motiven Schumann, George Sand und andere so sehr in Bann zogen. Im Gegensatz zu dieser konventionellen Sicht zeigt Benno von Wieses Lesart von *Rat Krespel* überzeugend, dass Hoffmanns Kontrolle

---

33 Johann Christoph Adelung, *Grammatisch-kritisches Wörterbuch der hochdeutschen Mundart*, 4 Bde. (Leipzig 1793-1801), s.v. »OHNE«.

über die Erzählung sehr viel stärker ist als allgemein angenommen.[34] Das bedeutet aber nicht, dass der anekdotische Aspekt falsch gelesen wird. Ganz im Gegenteil ist die unterbrochene, episodische Erzählung entscheidend für die Fortführung der nicht vorherbestimmten Form der Geschichte. Es wirkt so, als käme die Geschichte wie Krespels Haus – ohne Plan, ohne Konzept, ohne Vorlage – zustande: aus dem Stegreif und unerwartet perfekt, »wie es sein solle«. Die Form der Geschichte ist insofern musikalisch, als die Brüche in der linearen Entwicklung den Leser dazu zwingen, Bedeutung in einer nichtlinearen und auch nichtbegrifflichen Struktur zu suchen. Wieder bietet der Beethovenaufsatz eine entscheidende Metapher für dieses Thema. Musik unterbricht die Welt der Sinneswahrnehmung auf dieselbe Art und Weise wie musikalische Form die lineare Entwicklung der Handlung zerstört. Die orphische Lyra bietet Zugang zum Unendlichen nicht nur im Unterschied zum Endlichen, sondern auch im Gegensatz zu dem, was in Begriffen ausgedrückt werden kann. Es wird gefolgert, dass es beispielsweise affektive oder gefühlsmäßige Aspekte menschlicher Erfahrung gibt, die sich kognitiven, handlungszentrierten Ansätzen entziehen. Wie Carl Dahlhaus erläutert, gründet »die Idee der absoluten Musik« historisch in dem Wunsch, solch nichtreduzierbare Erfahrung im Sinne Kants deutlich zu machen.[35] So muss Hoffmanns Auffassung musikalischer Form von landläufigen Vorstellungen linguistischer Form unterschieden werden, da jene danach strebt, Zugang zu einer Erfahrung zu eröffnen, die sich dem verbalen Ausdruck entzieht. Die wesentliche Qualität der Musik, einst von der Moralphilosophie des 18. Jahrhunderts als defizient betrachtet (unfähig, wie die Sprache darzustellen), mündet nun in Hoffmanns 19. Jahrhundert, wo stattdessen nun Sprache als defizient angesehen wird, unfähig, Erfahrungsaspekte zu offenbaren, die nur durch Musik übertragen werden können.

Rat Krespel verfolgt die Auswirkungen dieser Theorie weiter und verkompliziert sie auf bedeutsame Weise. Hoffmanns Rahmen des Postscriptum ist hier entscheidend. In dem Brief beklagt er sich bei Fouqué, dass er trotz seiner besten Pläne und energischster Absich-

---

34 Benno von Wiese, *Die deutsche Novelle von Goethe bis Kafka*, 2 Bde. (Düsseldorf 1968), 2: 87-103.
35 Carl Dahlhaus, *Die Idee der absoluten Musik*, S. 82-84. Siehe John Neubauer, »Die Sprache des Unaussprechlichen. Hoffmanns Rezension von Beethovens 5. Symphonie« in *E. T. A. Hoffmann et la musique*, hg. v. Alain Montandon (Bern 1987), S. 25-34.

ten nicht in der Lage sei, ein einziges Wort zu Papier zu bringen. In dieser Selbstdarstellung gehören alle Pläne und Absichten zu der Art kognitiver Herangehensweise, die zur Vernichtung verurteilt ist. Sie wird als subjektive Art und Weise dargestellt, die die Kreativität behindert. Hoffmann gesteht, dass er durch Planung oder durch ein *Vor-Haben* gar nichts erreichen kann. Erst wenn er den Willen zum Schreiben aufgibt, tauchen die Formen auf. Die Geschichte selbst ist ein Postskriptum, denn sie kommt erst dann zustande, nachdem das, was geschrieben wurde, scheitert. Schreiben ist beschämend, ganz ähnlich wie für Rousseau, der darüber verzweifelte, wie vermittelte Artikulation einen ursprünglich unmittelbaren Tonfall zerstörte.

Als ein geschriebener Text gegen das Schreiben ist *Rat Krespel* letztlich eine Geschichte, die veranschaulicht, wie Wissen aus unbestimmten Einzelheiten gewonnen wird. Laut Kant ist der Prozess der »reflectirenden Urtheilskraft« näher als der »bestimmenden Urtheilskraft«: »Urtheilskraft überhaupt ist das Vermögen, das Besondere als enthalten unter dem Allgemeinen zu denken. Ist das Allgemeine (die Regel, das Princip, das Gesetz) gegeben, so ist die Urtheilskraft, welche das Besondere darunter subsumirt, (auch wenn sie als transcendentale Urtheilskraft *a priori* die Bedingungen angiebt, welchen gemäß allein unter jenem Allgemeinen subsumirt werden kann) *bestimmend*. Ist aber nur das Besondere gegeben, wozu sie das Allgemeine finden soll, so ist die Urtheilskraft bloß *reflectirend*.«[36] Zusammen mit dem Erzähler der Geschichte, der Krespels Geheimnis dadurch zu ergründen sucht, dass er verschiedene Ereignisse und Aussagen durchdenkt, und mit Krespel selbst, der Häuser und Geigen ohne vorherigen Plan baut, geht dementsprechend auch der Leser nicht von einem allgemeinen Gesetz aus.

Die Tatsache, dass all dies fein geschmiedete Fiktion ist und dass großartige Innenräume zu verrückten Außenräumen werden können, ist nicht einfach nur ein Beispiel für romantische Ironie. Weit wichtiger ist, dass sie demonstriert, wie künstlerischer Ausdruck zwangsläufig das Ende der Kunst markiert. Antonie ist die zum Untergang verurteilte Eurydike, die »moritura puella« (»das Mädchen, das bald sterben wird«) in Vergils Fassung des Orpheus Mythos (*Georgica* 4.458). Einmal festgehalten muss sie per Gesetz für immer fortgehen. Krespel ist demnach eine orphische Figur und in der Lage, die mächtige Musik der Natur zu erhören und zu harmonisie-

---

36 Immanuel Kant, *Kritik der Urtheilskraft* (Akademie-Ausgabe), 5:179.

ren, aber nachdem er das Geheimnis von Antonies jenseitiger Stimme entdeckt, nachdem er herausfindet, dass sie mit jeder weiteren Aufführung dem Tode näher kommt, entscheidet Krespel, die Situation zu meistern. Er schließt sie in seinem Haus ein und verbietet Besuchern, sie zum Singen zu animieren. Er ist erfreut, als ihr Verlobter ihren Namen zu einer kategorischen Vorschrift um-formt: »daß NIE EIN TON über ANTONIENS Lippen gehen solle« (HW 4:61; Hervorhebung JH). Mit dem gothischen *an* (»ohne«) kann die Bedeutung des Namens Antonie buchstäblich als »ohne Ton« entziffert werden – ein Name, der auf beinahe monotone Weise die Idee von Negation und »Ausleerung« dekliniert: AN – O(H)N – NIE.

Wie Hoffmanns Ego, gespalten zwischen Geschlagenwerden und willentlichem Schlagen, so ist auch Krespel gespalten zwischen einer romantischen Aufnahmefähigkeit und dem unermüdlichen Tun des Handwerkers. Er baut Häuser, genauso wie er Geigen baut:

> Hat Krespel eine Violine gemacht, so spielt er selbst eine oder zwei Stunden darauf, und zwar mit höchster Kraft, mit hinreißendem Ausdruck, dann hängt er sie aber zu den übrigen, ohne sie jemals wieder zu berühren oder von andern berühren zu lassen. Ist nur irgend eine Violine von einem alten vorzüglichen Meister aufzutreiben, so kauft sie der Rat um jeden Preis, den man ihm stellt. Eben so wie seine Geigen, spielt er sie aber nur [ein] einziges Mal, dann nimmt er sie auseinander, um ihre innere Struktur genau zu untersuchen, und wirft, findet er nach seiner Einbildung nicht das, was er gerade suchte, die Stücke unmutig in einen großen Kasten, der schon voll Trümmer zerlegter Violinen ist.
>
> (HW 4:45)

Anders als sein architektonisch-improvisatorisches Projekt ist Krespels Herangehensweise an das Geigenbauen rein wissenschaftlich. Es handelt sich um Analyse im buchstäblichsten Sinne des Wortes. Er ist ein bekannter Anwalt, der Geigen genauso auseinander nimmt wie er Angeklagte strafrechtlich verfolgt, gnadenlos an Wahrheitsfindung interessiert. Sein Wunsch, das Geheimnis zu entdecken, ist, wenngleich durch seine Liebe zur Musik motiviert, eine Suche, die das Ende der Kunst bedeutet. Schließlich bleiben ihm eine Wand voller ungespielter Geigen und eine Schublade mit gesplittertem Holz.

Krespels Wissenschaftlichkeit läuft seinem künstlerischen Temperament zuwider. Sein Wunsch nach Beherrschung führt direkt ins

Schweigen. Dass er sich von seiner Frau Angela, einer beliebten Opernsängerin, angezogen fühlt, verrät seine Liebe zu öffentlichen Gesangsaufführungen. In Hoffmanns seltsamer Allegorie zahlt auch Angela den Preis dafür, dass sie sich auf der Bühne entleert: Sie stirbt, nachdem sie sich bei einer Theateraufführung eine Erkältung zugezogen hat. Gerade seiner Begierde nach aufgeführter Musik, seinem obsessiven Bedürfnis an Musikstücken, an *formae formatae* mit ganz bestimmtem Anfang und Ende, muss Krespel abschwören, um das Leben seiner Tochter zu retten. Ebenso lässt Antonies Liebe für ihren Vater sie schwören, nie wieder zu singen. Stattdessen hilft sie dabei, kostbare Instrumente auseinander zu nehmen. Das Vater-Tochter-Gespann hat zu einem lebenserhaltenden Konzept gefunden, allerdings ist es ein Leben ohne Musik. Eines Abends hört Krespel halb in einer Wahnvorstellung oder vielleicht im Traum Antonies Stimme und sieht sie ihren Verlobten umarmend: »eine entsetzliche Angst habe sich gepaart mit nie gefühlter Wonne« (HW 4:63). Als er aus seinem Bett aufsteht, ist ihm klar, dass Antonie tot ist.

In Hoffmanns Begleitbrief an Fouqué findet sich dasselbe Dilemma. Solange er seine Kunst verstandesmäßig beherrschen will, bleibt Kunst unerreichbar. Die Erfindung von Spontaneität oder vorreflexiver Gleichzeitigkeit im Brief ist eine meisterhafte Geschichte über das Aufgeben von Meisterschaft. Den Wunsch, die Dinge begrifflich zu fassen, aufzugeben, kann aber trotzdem dazu führen, dass man selbst sich dieser begrifflichen Ordnung unterwirft. Das Subjekt der Wissenschaft, deren Ziel es ist, das Forschungsobjekt zu unterjochen, kann selbst für Unterjochung anfällig werden. Der neugierige Erzähler, der denselben wissenschaftlichen Eifer an den Tag legt, begegnet dem Rat Krespel nach der Beerdigung seiner Tochter, und der trauernde Wahnsinnige bemerkt:

> Nun trat er in die Mitte des Zimmers, riß den Violinbogen aus dem Gehenke, hielt ihn mit beiden Händen über den Kopf, und zerbrach ihn, daß er in viele Stücke zersplitterte. Laut lachend rief Krespel:»Nun ist der Stab über mich gebrochen, meinst du Söhnchen? nicht wahr? Mit nichten, mit nichten, nun bin ich frei – frei – frei – Heisa frei! – Nun bau ich keine Geigen mehr – keine Geigen mehr – heisa keine Geigen mehr.« – Das sang der Rat nach einer schauerlich lustigen Melodie, indem er wieder auf einem Fuße herumsprang.   (S. 53-54)

Der Ton ist ganz besonders parodistisch mit seiner Sing-Sang Wirkung, zwischen /ich/ und /ei/ in Stakkato Figuren hin und her schwankend: »Mit n*ich*ten, mit n*ich*ten, nun bin *ich* fr*ei* – fr*ei* – fr*ei* – H*ei*sa fr*ei*! – Nun bau *ich* k*ei*ne G*ei*gen mehr – k*ei*ne G*ei*gen mehr – h*ei*sa k*ei*ne G*ei*gen mehr«. Indem er seine geigenbauerische Obsession aufgibt, gewinnt Krespel seine Freiheit wieder, allerdings um den Preis des Wahnsinns. Er kehrt zu der Veranlagung zurück, die wir von unserer ersten Begegnung mit ihm kennen, als er planlos sein Haus baut. Er kann nur *wahnsinnig* leben, also »ohne Sinn«, aber nur so, dass der Sinn selbst ausströmt.

Krespels Tragödie bleibt Wirklichkeit, selbst wenn er mit Hilfe von Musik aus dem heraustreten kann, was er selbst als Irrenanstalt unserer Welt bezeichnet. Am Ende legt die Geschichte nahe, dass Krespel genau die Art von Romantik verkörpert, der Hoffmann stets zu widerstehen in der Lage war. Krespels Melodie mag »lustig« sein, aber sie ist ebenso »schauerlich«. Hoffmann greift hier korrigierend ein und bietet eine musikalische Erfahrung, die vorreflexiv, aber postskriptiv bleibt – eine musikalische Annäherung an die Welt, die in die Welt zurückfällt, ohne sie auszulöschen, ohne sie abzulehnen. Musikalische Form kommt durch eine Methode zustande, die gewaltlos ist und nicht einordnet, die aber dennoch einen formalen Zustand erreicht. Sie setzt genau die Formen außer Kraft, die sie hervorbringt. Als ein Postskriptum klingt oder singt sie noch ein wenig aus, nachdem alles gesagt ist.

Praescriptum: Kater Murr

Autobiographie ist pervers. Der Autobiograph verwandelt sein eigenes Leben in Text und versucht damit das Unmögliche, nämlich ein Leben in einer Form zu artikulieren, die niemals angemessen sein kann. So war Rousseau, nachdem er sich selbst in seinen *Confessions* »in aller Wahrheit der Natur«[37] dargestellt hatte, gerade dadurch dazu gezwungen, das Projekt in den *Rêveries* fortzusetzen. Wenn alles gesagt ist, gibt es immer noch etwas zu sagen. Begann der Autograph im Vertrauen darauf, dass Sprache als Darstellungsmittel funktionierte, so erkannte er bald, wie gut Sprache eine Selbstdefi-

---

37 Rousseau, *Bekenntnisse* (übers. von Hardt), S. 1.

nition aufstellen konnte und damit gleichzeitig etwas abtötete. Eine solche Beschränkung kann das Selbst, das sie hervorgebracht hat, nur verraten, denn um ein Leben zu schreiben, muss der Schriftsteller außerhalb dessen stehen. Das ist das Problem der Mimesis. Sie bietet eine Ähnlichkeit, die immer nur eine unähnliche Ähnlichkeit sein kann.

Aber das Problem der Autobiographie ist nicht allein beschränkt auf die Unmöglichkeit, dem Formlosen Form zu verleihen, oder auf die jeder Darstellung innewohnenden Differenz. Indem der Schriftsteller sich der Semiose der Sprache übergibt, indem er sich in eine textualisierte Figur verwandelt, erfährt er immer eine Entfremdung, eine Enteignung – was eine von Rousseaus großen Ängsten war. Die von der Handlung eines Lebens hervorgebrachte Mimesis ist immer anfällig für semiotische Unterbrechungen. Falsches Lesen oder Missverständnisse, ehrlich oder bösartig, plagen den Autobiographen, der sich ausgeliefert fühlt. Das so genannte Spiel des Signifikanten ist Anlass zu Besorgnis. Am Ende bestimmt der Leser, oder besser die unendliche Reihe möglicher Leser, die Richtung. Die Idee des Außerkraftsetzens darstellender, kommunikativer Sprache beschäftigt im Allgemeinen den Schriftsteller, der zwanghaft versucht, den Inhalt dessen zu kontrollieren, was er vermittelt.

Dennoch ist es ebenso möglich, das Außerkraftsetzen der Sprache als eine Art und Weise zu betrachten, durch die das dem Leben anhaftende Exzessive wieder in die sprachlichen Formen einzudringen und sie zu öffnen, die das Leben unweigerlich begrenzen. Anders gesagt kann das Problem der Semiose vielleicht das Problem der Mimesis lösen. Versteht man Leben als etwas Exzessives, denkt man inkonoklastisch, dass die Fülle des Daseins niemals in seiner ganzen Wahrheit dargestellt werden kann, dann kann alles, was darstellende Sprache in Frage stellt, dazu dienen, Leben – was immer das bedeutet – wieder in einen Text einzuführen, der es anderweitig beeinträchtigen würde. Eine wichtige Behauptung dieser Untersuchung war, dass sich Schriftsteller deshalb dem Thema von Musik und Wahnsinn zuwenden, um die der darstellenden Sprache innewohnenden Beschränkungen außer Kraft zu setzen. Als Metaphern öffnen Musik und Wahnsinn durch Bezug auf grundsätzlich nicht darstellbare ästhetische und psychische Erfahrungen einen Text für das, was kein Text so richtig umfassen kann.

Trauen wir seinen eigenen Aussagen, so wurde Hoffmann stark von seiner frühen Lektüre von Rousseaus *Confessions* geprägt, von denen er behauptete, sie hätten ihn nicht zur Literatur, sondern zur musikalischen Komposition inspiriert.[38] In Bezug auf Autobiographie scheint Hoffmann seit Beginn seiner schriftstellerischen Laufbahn ein solches Unterfangen sowohl als hochgradig anziehend als auch als fürchterlich problematisch zu betrachten. Das Erschaffen eines dauerhaften Alter Ego, Johannes Kreisler, verweist auf den Wunsch und die Angst davor, sein Leben in einem Werk auszudrücken. Trotz der wunderbar facettenreichen Ausformung dieses Charakters über mehrere veröffentlichte Texte hinweg gab Hoffmann zu, dass erst sein letzter Roman, *Die Lebensansichten des Katers Murr*, sein volles – tatsächliches und mögliches – Selbst zeigt. In einem Brief an Julius Hitzig schreibt Hoffmann: »Was ich jetzt bin und sein kann wird *pro primo* der *Kater* [...] zeigen« (8. Januar 1821; HW 6: 202). Tatsächlich gibt sich das Buch selbst als Autobiographie aus, aber weder unter dem Namen Hoffmann noch unter dem Namen Kreisler. Stattdessen wird die Aufgabe des Selbstporträts einem Kater übertragen. Dennoch ist Kreislers Biographie einbezogen, allerdings nur durch einen Fehler beim Drucken. Als Löschpapier riss der wohl gebildete, bürgerliche Kater Blätter aus einer Kreisler-Biographie, die versehentlich zusammen mit seinen Memoiren veröffentlicht wurde. *Lebensansichten des Katers Murr nebst fragmentarischer Biographie des Kapellmeisters Johannes Kreisler in zufälligen Makulaturblättern* verwischt damit zwei unterschiedliche Lebensgeschichten und setzt mit dieser Verwischung gerade die Voraussetzung eines kohärenten autobiographischen Werkes außer Kraft.

Während Murrs Geschichte trotz Unterbrechungen strikt chronologisch verläuft, bewegen sich die Abschnitte um Kreisler rückwärts. Sie beginnen mit der chronologisch letzten Szene und enden

---

38 Laut dem Tagebucheintrag vom 13. Februar 1804 hat Hoffmann Rousseaus *Bekenntnisse* dreißigmal gelesen (HW 1:347). Vgl. Kreislers Behauptung in *Kater Murr*: »[M]ir fielen Roußeaus Bekenntnisse in der deutschen Übersetzung in die Hände. Ich verschlang das Buch, das eben nicht für einen zwölfjährigen Knaben geschrieben, und das den Samen manches Unheils in mein Inneres hätte streuen können. Aber nur ein einziger Moment aus allen, zum Teil sehr verfänglichen, Begebenheiten erfüllte mein Gemüt so ganz und gar, daß ich alles Übrige darüber vergaß. Gleich elektrischen Schlägen traf mich nehmlich die Erzählung, wie der Knabe Roußeau von dem mächtigen Geist seiner innern Musik getrieben, sonst aber ohne alle Kenntnis der Harmonik, des Kontrapunkts, aller praktischen Hülfsmittel, sich entschließt, eine Oper zu komponieren, wie er die Vorhänge des Zimmers herabläßt, wie er sich aufs Bette wirft, um sich ganz der Inspiration seiner Einbildungskraft hinzugeben, wie ihm nun sein Werk aufgeht, gleich einem herrlichen Traum!« (HW 5:110-111).

mit der ersten. Am Ende des Buches erhält Kreisler eine Einladung zu dem Namenstagsfest, das zu Beginn des Romans erzählt wurde. Der Richtung von Murrs Autobiographie wird damit die Inversion von Kreislers Reise entgegengesetzt, die erwartungsgemäß in sich selbst *kreist*. Obwohl die beiden Leben verschiedene Wege verfolgen, gibt es genügend gemeinsame Erfahrungen, um beide aufeinander zu beziehen, entweder durch einfache Spiegelung oder durch ironisches Gegeneinander. Wie das auf dem Löschblatt erscheinende Spiegelbild unterstützt und unterwandert Kreislers umgekehrte Erzählung Murrs im übrigen geradlinige Narration. Ebenso destabilisieren und verstärken die Bekenntnisse des Katers die Eskapaden des wahnsinnigen Komponisten. Natürlich ist Hoffmann die ganze Zeit anwesend, sowohl durch die biographischen Details, die er stets mit seinem Doppelgänger teilt, als auch weniger offensichtlich durch die Bestrebungen und Ideale des Katers, dessen Gattungsname ganz leise die Monogramme seines Autors und dessen Alter Ego »murr-melt«: K-*ATE*-r und *Kate*R. Insgesamt bestimmt Hoffmanns Leben unterschwellig das Erzählte.

Und Hoffmann ist Teil desselben Doppelspiels, das seinen ironischen Roman kennzeichnet. Indem er auf dem Buchdeckel unterschreibt, verbannt Hoffmann sich selbst aus dem Werk als derjenige, der außerhalb des Textes sein muss. Doch indem er sich selbst als eine verborgene, semiotische Kraft einschreibt, strebt er danach, sich das Geschriebene wieder anzueignen. Selbst auf dem Niveau des Geschriebenen sprengt Hoffmann die Grenzen des Buches, wenn er die Rolle eines Herausgebers annimmt, der einen kurzen Bericht über die merkwürdige Zusammenstellung der Autobiographie liefert. In der Einleitung habe ich bereits darauf hingewiesen, wie Hoffmanns Mischung von »Skurrilität« mit dem »Ernste[n]« – abgeleitet von den Karikaturen von Jacques Callot (HW 2/1:18) – es seinem eigenen Namen erlaubt, sich katzenähnlich in den Text zu schleichen. Somit zeigt Hoffmann mit jeder Geste die Wahrheitstreue dessen, was in der Erzählung entfaltet wird. Wie er Dr. Speyer in Bamberg anvertraute, ist der Roman seinem Kater, Murr, gewidmet – »*Ein wirklicher Kater* […] gab mir nehmlich Anlaß zu dem skurrilen Scherz, der das sehr ernste Buch durchflicht« (1. Mai 1820; HW 5:913; Hervorhebung im Original). Außerdem unterschreibt und datiert Hoffmann das »Vorwort« selbst und verortet es ganz konkret: »Berlin, November 1819«. Er bezieht sich auf seine eigenen Schriften, zum Beispiel die *Nachtstücke*, und nennt seinen eigenen

Verleger, Ferdinand Dümmler, dessen Büro sich Unter den Linden befindet. Hoffmann zwingt die Leser also dazu, dieses Vorwort so zu verstehen, als gründe es in der wirklichen Welt. Und tatsächlich gibt sich das Vorwort, als präsentiere es die wahren Umstände, die dem Buch zugrunde liegen. Es ist in jedem Sinne ein *Vor-wort*, ein *prae-scriptum*, das, was vor dem Beginn der Handlung liegt. Und dennoch ist das Vorwort ein fester Bestandteil des Werkes. Der transzendente Ursprung materialisiert sich auf den Buchseiten. Daher besteht Hoffmann darauf, dass dieser Ursprung gelesen werden muss – »Daher bittet der Herausgeber den günstigen Leser, wirklich zu lesen, nämlich dies Vorwort« (HW 5:11). Zu lesen – »wirklich [...] nämlich«. Man sollte bedenken, dass in der lateinischen juristischen Terminologie, die Berlins bekanntestem Juristen sicherlich vertraut war, ein *praescriptum* ein »Einspruch« ist. Es unterbricht die Gerichtsvorgänge und bittet (technisch »bittet inständig«, »plädiert«) um einen Aufschub, der Zeit zum weiteren Überlegen gibt, um anzuhalten und wirklich zu lesen, was vor dem Wort kommt. So murrt auch der Kater Murr Einwände, indem er zwei einleitende Bemerkungen liefert. Die erste versucht ganz deutlich, einen sentimentalen, romantischen Ton anzuschlagen und ist ein Appell an eine verständnisvolle, mitfühlende Seele. Die zweite, »unterdrücktes des Autors« (HW 5:16), versucht großspurig und überzeugender, dem folgenden Bericht eine moralische Richtung zu geben, was typisch für den konventionellen Bildungsroman ist, der als Gattung die Identitätsherausbildung einer Figur zeigt. Der Herausgeber fügt dann ein Postskriptum hinzu, in dem er den Abdruck dessen bedauert, was eigentlich hätte unterdrückt werden müssen. Diese Nebentexte schützen und legitimieren nicht nur, was folgt, sie ziehen nicht nur den Text zurück in die Welt, aus der er vermutlich hervorgeht, sondern sie begründen auch das Spiel von Verborgenheit und Unterdrückung ein, das sich parallel zur Handlung durchgehend bestehen bleibt.

ങ

Angesichts der enormen Vielschichtigkeit und der vielen Einzelheiten des Romans ist hier eine angemessene Besprechung des Textes nicht möglich, und so orientieren sich die folgenden Beobachtungen an den Hauptfiguren. Die Geschichte von Murrs »beispielhafter Karriere« bewegt sich durch alle Lebensstationen – von der Kindheit

über die Ehe bis hin zur besinnlichen Amtsniederlegung – in einem
vollständig derivativen und leicht satirischen Stil. Wie in Hoffmanns
Stück über Jacques Callot führt die Verschmelzung des Tierischen
mit dem Menschlichen ein neues Mittel ein, um Konventionen auf-
zudecken und höhere Wahrheiten zu offenbaren. Murrs Ernüchterung angesichts einer Reihe gesellschaftlicher Institutionen – Ehe,
Burschenschaft und der *beau monde* – enthüllt systematisch deren
Leere.

Die von Grund auf private, bürgerliche Welt Murrs ist Kreislers
Bindung an sein Leben am Hof von Sieghartsweiler entgegengesetzt.
Dieser wird von dem dumpfen Prinzen Irenäus regiert, der in Wirklichkeit nicht mehr der Souverän seines kleinkarierten Reiches ist.
Sein Sohn Ignaz ist schwachsinnig und seine arrangierte, nicht zu-
sammenpassende Ehe mit Julia erinnert an Cäcilias Verbindung mit
dem dämlichen Monsieur George in *Berganza* (oder Julia Marks
Ehe mit Graepel in Bamberg). Julia ist die Tochter der Madame Benzon, die einst Irenäus' Geliebte war und jetzt hinterhältig das Handeln bei Hofe durch ihre intimen Gespräche mit dem Prinzen kontrolliert. Sie betrachtet Kreisler voller Misstrauen, der seine Gefühle
für Julia kaum verbirgt. Irenäus' Tochter Hedwiga fühlt sich zu
Kreisler hingezogen, obwohl sie sich auch vor ihm fürchtet. Nach
Sieghartsweiler war Kreisler von seinem früheren Lehrer, dem Or-
gelbauer Meister Abraham eingeladen worden, angeblich, um beim
Umgang mit der eigensinnigen Benzon zu helfen. So wird Kreisler
unwissentlich in die Hofintrigen verwickelt. Spannungen entstehen
mit der Ankunft Prinz Hektors, der eine Leidenschaft für Julia entwickelt. Kreisler schreitet zum Schutz der jungen Frau ein und
flüchtet zum Schluss vom Hof zum Kloster in Kanzheim.

Der ausdrückliche Bezug des Titel auf Sternes notorisch unter-
brochenes *Life and Opinions of Tristram Shandy* (1759-1767) öffnet
Tür und Tor für Anspielungen, Zitate und Parodien.[39] Sterne ist freilich ein beinahe vollkommenes Anagramm für Ernst, auf dessen
Ernst keinesfalls zu vertrauen ist. Wie Sternes Roman sind die *Lebensansichten* nicht das, was sie zu sein vorgeben. Statt des Verspre-
chens der intellektuellen Biographie Shandys liefert Sterne die
sprunghaften Ereignisse um Uncle Toby. Ebenso nimmt das Leben
des Komponisten – obwohl Kreislers Biographie nur im Untertitel

---

39 Siehe Steven P. Scher, »Hoffmann and Sterne. Unmediated Parallels in Narrative Method«, *Comparative Literature* 28 (1976), S. 309-325.

und noch dazu nur auf Makulaturpapier genannt wird – mindestens die Hälfte des Buches ein.

Kater Murr spielt die gesamte Tradition der Musik und des Wahnsinns durch. Murrs Schelte der bürgerlichen Gesellschaft erinnert stark an die demaskierenden Wirkungen von Diderots seltsamem Neffen. Tatsächlich sind zahlreiche Anspielungen in dem Roman verstreut. Kreisler, dessen zerstörerische Energie der des Neffen in nichts nachsteht, wird oft mit denselben Worten der Überraschung und Abneigung beschrieben, die auch der Philosoph verwendete. Vielsagenderweise war auch der junge Kreisler, wie Hoffmann, durch seinen Onkel in die Geheimnisse der Musik eingeweiht worden. Einmal wird der ältere Mann durch seine Frühreife zu folgendem Kommentar veranlasst: »Ja der kleine Neveu ist närrisch genug« (HW 5:113). Außer an Diderot erinnert Kreislers Frustration im Kloster Kanzheim leicht an Berglingers Unzufriedenheit mit seiner Arbeit als Domkapellmeister. In seinem Traum von der Unmittelbarkeit hallt ein Echo von Herders Sehnsucht nach katholischer Einheit nach.

Einmal kommen Julia und Hedwiga auf einem Spaziergang durch das Dorf an einer Kapelle vorbei, in der ein Chor singt. Beide sind von der Gewalt sakraler Musik tief betroffen. Als sie auf dem Betstuhl niederknien, beginnen sich die Klänge von Kreislers *Ave maris stella*, das Hoffmann selbst einmal vertont hat, durch die Abendluft zu ziehen. »[T]ief […] in brünstige Andacht [versunken]« versuchen sie nach Ende des Stückes aufzustehen, fallen aber stattdessen einander in die Arme. »Ein namenloses Weh, aus Entzücken und Schmerz gewoben, schien gewaltsam sich loswinden zu wollen aus ihrer Brust, und Blutstropfen, dem wunden Herzen entquollen, waren die heißen Tränen, die aus ihren Augen stürzten« (HW 5:216). Madame Benzon erkennt die ansteckende Bedrohung von Kreislers wahnsinnig machender Musik. Hedwigas jüngste, offensichtlich durch den Komponisten ausgelöste Neurose beunruhigt sie und sie macht sich Sorgen über seine Wirkung auf ihre Tochter. In einer hitzigen Auseinandersetzung mit Meister Abraham beklagt sie sich über die schädliche Anwesenheit des Komponisten: Kreisler ist »der Unglückliche der überall, wo er sich blicken läßt, nur verstörendes Unheil anrichtet« (HW 5:255). Madame Benzon verteidigt ihre so genannte Kälte:

> Ich weiß es, die kälteste regungsloseste Prosa des Lebens selbst, hat mich Kreisler gescholten und es ist sein Urteil, das sich in dem

deinigen ausspricht, wenn du mich todstarr nennst, aber habt ihr jemals dieses Eis zu durchblicken vermocht, das meiner Brust schon längst ein schützender Harnisch war? – Mag bei den Männern die Liebe nicht das Leben schaffen, sondern es nur auf eine Spitze stellen, von der herab noch sichre Wege führen, *unser höchster Lichtpunkt, der unser ganzes Sein erst schafft und gestaltet, ist der Augenblick der ersten Liebe*. Will es das feindliche Geschick, daß dieser Augenblick verfehlt wurde, verfehlt ist das ganze Leben für das schwache Weib, das untergeht in trostloser Unbedeutsamkeit, während das mit stärkerer Geisteskraft begabte, sich mit Gewalt emporrafft, und eben in den Verhältnissen des gewöhnlichen Lebens eine Gestaltung erringt, die ihm Ruhe und Frieden gibt. (HW 5:258; Hervorhebung im Original)

Ihr Glaube an Form und Formalitäten, ihr Vertrauen auf den geraden Weg veranlasst sie, sich vor den verwirrenden Teufelskreisen in Sicherheit zu bringen, die Kreisler auslöst. Sie deutet ihre frühere Eigenwilligkeit (die Liebschaft mit dem Prinzen Irenäus) nur leicht an und steht jetzt auf der Seite der reuigen Starken. Der semiotische Sog ihrer eigenen Worte allerdings zeigt dennoch den Einfluss durch Kreisler an:»Nur den *Kreis* des Gewöhnlichen nahm ich in Anspruch ...«

Nur den Kreis des Gewöhnlichen nahm ich in Anspruch, und wenn dann selbst in diesem Kreise sich manches begab, das mich unvermerkt irre leitete, wenn ich manches das strafbar erscheinen möchte, mit nichts anderm zu entschuldigen weiß, als mit dem Drange des augenblicklichen Verhältnisses, so mag *das* Weib mich zuerst verdammen, die so wie ich, den schweren Kampf durchkämpfte, der zu gänzlicher Verzichtung auf alles höhere Glück führt, sollte dies auch nichts anders sein, als ein süßer träumerischer Wahn. (HW 5:258)

Die Ablehnung von »Wahn« und seinem *Wahnsinn* bringt sie auf einen Weg, der geradlinig scheint, sich aber unvermeidlich ins *Kreisförmige* wendet. Diachronie, auch wenn sie streng durchgehalten wird, ist immer dem Sog der Synchronie unterworfen, der die Ausrichtung des Horizonts an der Vertikalen höchsten Glücks erkennen lässt.

Dadurch dass er das autobiographische Unterfangen einem Kater und das Leben des Komponisten dem Schmierpapier überlässt, stellt

Hoffmann die Entwicklungsfähigkeit aller Gestaltungsformen wie auch die Souveränität der Vernunft in Frage. Wenn ein Kater der Sprache mächtig ist, dann wird die klassische aristotelische Definition des Menschen – als das Tier, das den *logos* besitzt – zunichte gemacht.[40] Tiere werden als vernünftige Wesen betrachtet und Menschen als tierisch. Die ganzheitliche Sicht ist nur ein Ausdruck der romantischen Sehnsucht nach dem Absoluten, nach einer umfassenderen Sicht, die die entscheidende Kraft tierischer Impulse und Instinkte erkennt, die unter dem Verstandesmäßigen liegen. Hoffmanns Neubeurteilung des Wahnsinns versucht zu zeigen, dass persönliche Identität nicht aus der Ablehnung des Formlosen hervorgeht, sondern vielmehr aus der Anerkennung der Formlosigkeit resultiert, die dem zugrunde liegt (und das umstürzt), wer wir sind und wohin wir gehen.[41] Somit schreibt Hoffmann Rousseaus Sehnsucht nach einer ursprünglichen, musikalischen Sprache neu. In dieser Hinsicht kommt er noch einmal Diderots Zweifel sehr nahe. Musik, so Hoffmann, ist nicht als vollendete Sprache zu begreifen, die unsere Individualität unmittelbar ausdrücken könnte, sondern vielmehr eine wahnsinnige Kraft, die sich aus der Differenz speist, die uns von anderen und von uns selbst trennt. Sie ist das, was vor der verbalen Sprache und vor persönlicher Gestalt liegt. Und sie ist das, was nach dem Ende kommen wird, allerdings nicht als Traum vom Paradies verstanden: »Kreisler stand da, tief erschüttert, keines Wortes mächtig. Von jeher hatte er die fixe Idee, daß der Wahnsinn auf ihn lauere, wie ein nach Beute lechzendes Raubtier, und ihn einmal plötzlich zerfleischen werde« (HW 5: 172).

---

40 Siehe Sarah Kofman, *Autobiogriffures: Du chat Murr d'Hoffmann* (Paris 1984), S. 43-55.
41 Siehe die Diskussion in Claudia Liebrand, *Aporie des Kunstmythos. Die Texte E. T. A. Hoffmanns* (Freiburg/B. 1996), S. 222-224.

Hors d'œuvre II

Doch es kehret umsonst nicht
Unser Bogen, woher er kommt.
Friedrich Hölderlin, *Lebenslauf*

Wie lange kann man dem Wirken der Sprache widerstehen? Der Wahnsinnige mag sich krank melden, die Musiker mögen sich verweigern, doch am Ende – am *Ende* – sind doch alle zur Stelle. Um mit Deleuze und Guattari zu sprechen, mag Sprache anfangs eine Deterritorialisierung des Mundes, der Zunge, der Zähne bedeuten (die eher zum Essen als zum Sprechen bestimmt sind)[1]. Es liefe uns zwangsläufig beim Gedanken an das Essen nur das Wasser im Mund zusammen, gäbe es nicht das Gespräch nach dem Essen. Die Menschen sind als vernünftig definiert sind (als jene Tiere, die *logos* besitzen), und folglich ist das Verdauungssystem bloß eine Metapher für ein Durcharbeiten, für eine Reterritorialisierung der Bedeutung. »Der deutsche Geist ist eine Indigestion, er wird mit Nichts fertig«.[2] In dieser Anklage Nietzsches klingt (wie alle seine Anklagen) die Ambivalenz desjenigen mit, der schmerzhaft versuchte, außerhalb des Werkes zu bleiben, indem er dem Werk sein Leben einverleibte.

Nietzsches Fall ist daher äußerst sinnbildlich. Seine Philosophie (das heißt sein Leben und sein Werk) beginnt und endet mit Musik und Wahnsinn. Die ekstatischen Seiten in der *Geburt der Tragödie* (1872), auf denen es um die zertrümmernde, formzerstörende Wirkung dionysischer Musik geht, finden ein schicksalsschweres Echo in der völligen Hingabe der *Dionysos-Dithyramben* (1888), die kurz vor dem Zusammenbruch des Denkers in Turin geschrieben wurden. Die »bacchischen Chöre«, die das *principium individuationis* im frühen Aufsatz *Dionysische Weltanschauung* (1870) unterbrechen und auflösen, kehren in Nietzsches letztem Werk *Ecce Homo* (1888) wieder, nämlich in dem *Gondel-Lied*, das den vollkommenen Verlust rationaler Kontrolle begleitet. Diese Beispiele bezeichnen die

---

[1] Gilles Deleuze/Félix Guattari, *Kafka. Für eine kleine Literatur*, übers. v. Burkhart Kroeber (Frankfurt/M. 1976).
[2] Friedrich Nietzsche, *Ecce Homo* (KSA 6: 280).

Endpunkte eines Lebenswerks voller musikalischer Verweise und Metaphern mit Themen des Wahnsinns und einer Reihe wahnsinniger Figuren. Was den Beginn und das Ende von dem übrigen philosophischen Werk unterscheidet, ist jedoch die eigenartige Zusammenstellung von kognitivem Zusammenbruch und akustischer Kunst. Es ist, als ob die isolierten, über das Werk verteilten Themen von Musik und Wahnsinn an beiden Extremen zusammenkommen, als Ursprung und als *telos*, und dadurch das philosophische Gesamtwerk als eine Entfaltung dessen definieren, was diese Paarung bedeutet. Folglich könnte man die Verknüpfung von Musik und Wahnsinn am Anfang und Ende von Nietzsches Denken als Aufforderung und Rückzug verstehen, als eine Anstiftung und einen Verzicht, als einen Ausdruck der Hoffnung und einen Schrei der Verzweiflung.

Besonders aus diesem Grunde könnte man von einem biographischen Standpunkt aus sagen, dass Musik und Wahnsinn nach dem Ende der Philosophie und vor ihrem Beginn kommen. Während Nietzsche noch klassische Philosophie in Bonn studierte, schrieb er an seine Mutter und seine Schwester, dass er immer noch komponiere: »Es ist ein Lied im höchsten Zukunftsstile mit einem natürlichen Aufschrei und dergleichen Ingredienzen einer stillen Narrheit«.[3] Ungefähr vierundzwanzig Jahre später, als Franz Overbeck in Italien ankam, um seinen geistesgestörten Freund zu retten, fand er ihn am Klavier wilde Melodien improvisierend, auf erhabene Weise kraftvoll und auf erschreckende Weise beunruhigend.[4] Die kurz nach Nietzsches Tod auftauchenden Hagiographien taten das Ihrige, um das Porträt des wahnsinnigen Musikers aufrechtzuerhalten, das den Philosophen in die gewohnte romantische Tradition einschrieb und musikalische Erfahrung mit Geisteskrankheit verknüpfte. In diesem Sinne könnte der einstige Philologe und schäumende Antichrist in den Rang von Wackenroders Berglinger und Hoffmanns Kreisler aufgenommen werden; man könnte ihn so verstehen, dass er demselben Schicksal wie Kleists brüderliche Bilderstürmer erliegt. Somit betrat Nietzsche den sich nach seinem Tod öffnenden Raum der klassischen Moderne, besonders durch Thomas Mann, entweder

---

3 Friedrich Nietzsche, Brief an Franziska Nietzsche in *Sämtliche Briefe: Kritische Studienausgabe*, 8 Bde., hg. v. Giorgio Colli/Mazzino Montinari (Berlin 1975-1984), 2:74.
4 Zitiert nach Curt Paul Janz, *Friedrich Nietzsche. Biographie*, 3 Bde. (München 1993), 3:33.

als Gustav von Aschenbach, dessen Glaube an schriftstellerische Disziplin von »tief girrendem, ruchlos beharrlichem Flötenspiel« seines venezianischen Alptraums unterwandert wurde[5], oder als der Komponist Adrian Leverkühn, der Protagonist in Manns »Nietzsche Buch«, den endgültige *Umnachtung* befällt, als er auf seinem Klavierschemel sitzt.

Ernst Bertrams *Nietzsche:Versuch einer Mythologie* (1918), das Mann als Schlüsselquelle für *Doktor Faustus* bestätigte, legt nahe, dass der Absturz des Komponisten in den Wahnsinn nur eine Rückkehr war. Mit einer Anspielung auf Hölderlins Ode *Lebenslauf* schreibt Bertram: »so durchläuft [Nietzsche] des Lebens Bogen und kehrt, woher er kam«[6] – das heißt nach dem Ende der Philosophie und vor ihrem Beginn. Die Legende von Nietzsches Wahnsinn wirft daher dieselben Fragen auf, die sich durch diese Untersuchung ziehen. Ist sein Fall in die Geistesgestörtheit nur ein weiteres Beispiel einer romantischen Konvention? Oder verspricht die Legende mit allen Auswirkungen, etwas Wichtiges für die Philosophie selbst auszudrücken, für die Prozesse und Konsequenzen des Denkens? Wie sollen wir Nietzsches Beständigkeit ansehen, die musikalische und wahnsinnige Erfahrung an beiden Enden der Schriftstellerlaufbahn zusammenbringt, die tatsächlich die Anwesenheit von Musik und Wahnsinn vor und nach Philosophie enthüllt, das heißt vor dem Anfang und nach dem Ende des Denkens in philosophischer Form – eine Beständigkeit, die umso bemerkenswerter ist im Lichte von Nietzsches berüchtigter Fähigkeit und zugegebener Neigung, sich selbst zu widersprechen und dazu jegliche formalisierbare Identität für sein Denken zu zerschlagen?

Es ist wichtig, die sich in Nietzschestudien hartnäckig haltende Tendenz zur Verwechslung von Text und Autor zu hinterfragen. Sicherlich legen Nietzsches Schriften, die darauf bestehen, dass es keine Philosophien, sondern nur Philosophen gibt, das Zusammenfallen von Mensch und Werk nahe. Doch andere Kommentare scheinen eine solche Methode ausdrücklich zu verunglimpfen: »Das eine bin ich, das andere sind meine Schriften« (KSA 6: 298). Trotzdem lesen wir die abschreckenden Bewertungen von Geistesgestörtheit (etwa in Abschnitt 14 der *Morgenröthe*: »Ach, so gebt doch Wahnsinn, ihr Himmlischen! Wahnsinn, dass ich endlich an mich selber

---

5 Thomas Mann, *Der Tod in Venedig* (Frankfurt/M. 1954), S. 79.
6 Ernst Bertram, *Nietzsche. Versuch einer Mythologie* (1918, Berlin 1920), S. 62.

glaube! Gebt Delirien und Zuckungen, plötzliche Lichter und Finsternisse, schreckt mich mit Frost und Gluth, wie sie kein Sterblicher noch empfand, mit Getöse und umgehenden Gestalten, lasst mich heulen und winseln und wie ein Thier kriechen: nur dass ich bei mir selber Glauben finde!« (KSA 3:26). Angesichts dieses Spiels mit dem Irrsinn fällt es schwer, diese Aussagen von dem späteren Bild des gestörten, gottlosen Propheten zu trennen, der in der Turiner Carignano Oper nicht in der Lage ist, seine Tränen zurückzuhalten.

Die Vorstellung, dass Nietzsches Werk der Ursprung seines Wahnsinns gewesen sein könnte, wird weiter erhärtet durch seine vielen Anspielungen auf die Gefahren seines Denkens. Außerdem erklärt Nietzsche in demselben Aphorismus aus der *Morgenröthe*, dass Wahnsinn für das Denken unabdingbar sei: »fast überall ist es der Wahnsinn, welcher dem neuen Gedanken den Weg bahnt, welcher den Bann eines verehrten Brauches und Aberglaubens bricht« (KSA 3:26). Wie er in der berühmten Passage am Ende von *Ecce Homo* erklärt: »Ich kenne mein Loos. Es wird sich einmal an meinen Namen die Erinnerung an etwas Ungeheures anknüpfen, – an eine Krisis, wie es keine auf Erden gab, an die tiefste Gewissens-Collision, an eine Entscheidung heraufbeschworen *gegen* Alles, was bis dahin geglaubt, gefordert, geheiligt worden war. Ich bin kein Mensch, ich bin Dynamit« (KSA 6:365; Hervorhebung im Original).

Der akustische Schock von Nietzsches Explosionen geht zurück auf den die Autobiographie eröffnenden Imperativ »*Hört mich!*« (KSA 6:257; Hervorhebung im Original), und im Hinblick auf seinen *Zarathustra* erklärt Nietzsche: »Man muss vor Allem den Ton, der aus diesem Munde kommt, diesen halkyonischen Ton richtig *hören*, um dem Sinn seiner Weisheit nicht erbarmungswürdig Unrecht zu thun« (KSA 6:259; Hervorhebung im Original). Wir erinnern uns, dass Musik und akustische Phänomene seit der Antike von Menschen mit philosophischer Neigung mit Misstrauen betrachtet wurden. Die geordneten, von Phaidros geordneten Reden in Platons *Symposion* setzen sich ununterbrochen fort, nachdem die Flötenmädchen aus dem Raum verbannt wurden, aber sie werden danach von störenden Geräuschen durcheinander gebracht: zuerst nur leicht durch Aristophanes' lauten Schluckauf und dann, was wichtiger ist, durch Alkibiades' unangekündigtes Eindringen, wobei er die Tür für die Rückkehr der verführerischen Flötenspielerinnen offen lässt. Daher rührt Kants Abneigung gegen Musik, die wie ein starker Geruch »ihren Einfluß weiter, als man ihn verlangt […] ausbreitet«

(KU § 53, 330). In einem kurzen Aufsatz aus seinen *Parerga und Paralipomena* beschwert sich Schopenhauer ebenfalls über den Lärm: »Der Lärm [...] ist die impertinenteste aller Unterbrechungen, da er sogar unsere eigenen Gedanken unterbricht, ja zerbricht«.[7] Nietzsches Philosophie stellt sich nicht bloß den musikalischen Ablenkungen und akustischen Störungen; sie ist selbst eine Explosion – »Dynamit« –, deren ohrenbetäubender Lärm unsere Denkfähigkeit alles andere als zerstört und uns im Gegenteil zum Weiterdenken aufruft.

Musik muss allerdings nicht schrill und barsch sein wie Zarathustras »halkyonische[r] Ton«. Die Italophilie, die Nietzsches *Ecce Homo* prägt, wird auch begleitet von einer süßeren, heitereren Kunst, die durchaus eine Bedrohung subjektiver Kontrolle darstellt:

Ich sage noch ein Wort für die ausgesuchtesten Ohren: was *ich* eigentlich von der Musik will. Dass sie heiter und tief ist, wie ein Nachmittag im Oktober. Dass sie eigen, ausgelassen, zärtlich, ein kleines süsses Weib von Niedertracht und Anmuth ist ... Ich werde nie zulassen, dass ein Deutscher wissen *könne*, was Musik ist. [...] Und wenn ich jenseits der Alpen sage, sage ich eigentlich nur Venedig. Wenn ich ein andres Wort für Musik suche, so finde ich immer nur das Wort Venedig. Ich weiss keinen Unterschied zwischen Thränen und Musik zu machen, ich weiss das Glück, den *Süden* nicht ohne Schauder von Furchtsamkeit zu denken.

(KSA 6: 290-291; Hervorhebung im Original).

Wie ich gezeigt habe, stellte zumindest seit dem 18. Jahrhundert die Verführung der Musik zur Willensschwächung, Überempfindlichkeit, zur sexuellen Freizügigkeit, Unmoral und sogar zum Wahnsinn eine Bedrohung für diejenigen dar, die eine gewisse rationale Nüchternheit aufrechterhalten wollten. Am Ende des 19. Jahrhunderts war vor allem Richard Wagner exemplarisch für die Verbreitung der gefährlichen Wirkungen der Musik. In seiner Novelle *Geschichte eines Wienerkindes* (1891) drückt Nietzsches Zeitgenosse Ferdinand von Saar einige der Ängste aus, die den hämischen Antichristen erschauern ließen. Bei einer Abendgesellschaft am Ende der Geschichte bittet die Protagonistin Elsa, die in eine Reihe ehebreche-

---

7 Arthur Schopenhauer, »Über Lärm und Geräusch«, in *Parerga und Paralipomena* (§ 30): *Sämtliche Werke*, 7 Bde., hg. v. Arthur Hübscher (Wiesbaden 1972), 6/2: 680.

rischer Affären verstrickt ist, einen Musiker inständig, den *Liebestod* aus Wagners *Tristan und Isolde* zu spielen. Trotz der Einwände der einigermaßen prüden Frau von Ramberg geht der junge Mann zum Klavier:

> So trat denn neuerdings erwartungsvolles Schweigen ein, und bald darauf entwickelte sich aus grau ineinander zitternden Klangwellen heraus, in allmählichen, grausam wollüstigen, immer wieder in sich zurücksinkenden Steigerungen, der gewaltsamste Angriff auf die menschlichen Nerven, den die Tonkunst kennt. Die Wirkung war auch hier eine geradezu körperliche: Jeder fühlte sich in seiner Weise gepackt, überwältigt, gepeinigt, entzückt, aufgelöst. Selbst Frau von Ramberg konnte ihre Würde nicht behaupten; sie fing an, sich auf ihrem Sitze wie eine Schlange zu winden. Elsa lag weit zurückgelehnt in dem niederen Fauteuil, ohne zu merken, daß ihr Haar den Arm Conimors berührte, den dieser auf die Lehne gelegt hatte. Sie war bleich, und ein hastiges, gleichmäßiges Zucken erschütterte ihren Leib. Plötzlich stieß sie einen durchdringenden Schrei aus.[8]

Die unwiderstehliche, durchdringende Wirkung von Wagners Musik wirkt ansteckend und lässt Selbstbeherrschung und Anständigkeit schwinden; selbst die moralisch einwandfreie Frau von Ramberg verwandelt sich geradezu in ein Symbol des Bösen und der Sexualität. Die Tatsache, dass der Tenor Ludwig Schnorr, der in der Premiere die Rolle des Tristan gesungen hatte, kurz darauf nach einem heftigen Wahnanfall verstarb, schürte die weit verbreiteten Phantasien; seine Frau Malwina, die die Isolde spielte, litt für den Rest ihres Lebens an wilden und erschreckenden Halluzinationen.[9] Nietzsche selbst verbreitete solche Phantasien am Wagnerschen Beispiel und stellte »ächten Musikern« die Frage,

> ob sie sich einen Menschen denken können, der den dritten Act von »Tristan und Isolde« ohne alle Beihülfe von Wort und Bild rein als ungeheuren symphonischen Satz zu percipiren im Stande wäre, ohne unter einem krampfartigen Ausspannen aller Seelen-

---

[8] Ferdinand von Saar, *Geschichte eines Wienerkindes*, in *Novellen aus Österreich*, 2 Bde., hg. v. Karl Wagner (Wien 1998), 2:222. Siehe die Diskussion in Marc Weiner, *Undertones of Insurrection. Music, Politics, and the Social Sphere in the Modern German Narrative* (Lincoln 1993), S. 12-15.

[9] Siehe Georges Liébert, *Nietzsche et la musique* (Paris 1995).

flügel zu verathmen? Ein Mensch, der ie hier das Ohr gleichsam an die Herzkammer des Weltwillens gelegt hat, der das rasende Begehren zum Dasein als donnernden Strom oder als zartesten zerstäubten Bach von hier aus in alle Adern der Welt sich ergiessen fühlt, er sollte nicht jählings zerbrechen? Er sollte es ertragen, in der elenden gläsernen Hülle des menschlichen Individuums, den Wiederklang zahlloser Lust- und Weherufe aus dem »weiten Raum der Weltennacht« zu vernehmen, ohne bei diesem Hirtenreigen der Metaphysik sich seiner Urheimat unaufhaltsam zuzuflüchten? (*Geburt der Tragödie*, KSA 1: 135-136)

Ob düster oder fröhlich, ob gewaltsam oder heiter verführerisch – die wahnsinnigen und musikalischen Inhalte von Nietzsches Denken mögen den Denker tatsächlich verrückt gemacht haben und vielleicht sogar dasselbe mit denjenigen von uns versuchen, die ein offenes Ohr für dieses Denken haben. Ist einmal die Trennlinie zwischen Nietzsches Leben und Werk durchlässig geworden, so sind wir in der Tat mit der erschreckenden, oder vielleicht berauschenden, Aussicht konfrontiert, dass seine Philosophie – seine Musik und sein Wahnsinn – explodiert oder unseren eigenen gesunden Menschenverstand dahinschmelzen lässt. Wenn es sich bei Nietzsches Geisteszustand wirklich um eine Auswirkung seiner Philosophie handelt und nicht bloß um das Ergebnis einer Syphiliserkrankung, dann dürfen wir in der Tat darüber nachdenken, was dieses wahnsinnige Denken wirklich sein könnte. Können wir eine Philosophie – eine Liebe zum Wissen – ohne rationale, subjektive Grundlage ertragen? Ein Denken ohne einen Denker? Selbst wenn wir die Möglichkeit einer dunklen Klarheit oder einer klaren Dunkelheit zugestehen könnten, welche Art von Bedeutung oder Wahrheit könnten wir ihr zusprechen?

ಎ

Wie in dieser gesamten Untersuchung können alle Vermutungen über den Wahnsinn eines Schriftstellers und einer möglichen Verbindung zu musikalischer Erfahrung selbstverständlich nur auf Mutmaßungen beruhen. Dennoch kann die Trennung zwischen Leben und Werk, die eine kritische Interpretation immer zu ziehen hat, niemals strikt genug sein, zumindest nicht in Nietzsches Fall. Einerseits wird jeder Versuch, seine Schriften streng philosophisch zu lesen – und besonders seine Autobiographie *Ecce Homo* – durch den Inhalt des Textes genötigt, die Grenze zu sprengen, die die Worte des Schriftstellers von der Person trennen würde, die diese geschaffen hat. Nietzsches Textkörper lässt sich nie leicht von seinem Körper unterscheiden, wie die häufigen Verweise auf seine eigene Gesundheit und Physiologie, seine Kopfschmerzen, seine Diät und Verdauung deutlich machen. Hier gehört Nietzsche in eine lange vor-idealistische, bis zu Hamann und Herder zurückreichende Tradition, die sich weigert, Denken von Empfinden zu trennen. So schreibt Herder in seinem Aufsatz *Vom Erkennen und Empfinden der menschlichen Seele* (1775): »Das Denken ist im Empfinden verwurzelt«. In diesem Kontext würde eine strikt immanente Lektüre von Nietzsches Philosophie deren Bedingungen völlig außer Acht lassen. Diese interpretatorische Entscheidung formt Nietzsche-Studien bis heute. Christoph Türke stellt seinen Analysen der späten Werke des Philosophen beispielsweise einen bezeichnenden Vorbehalt voran, der auf Nietzsches eigener Methodologie beruht: »Darf man bei Philosophen Werk und Person fein säuberlich trennen? Darf man ihre geistige Hinterlassenschaft als ein eigenständiges Gebilde von Begriffen, Urteilen und Schlüssen betrachten – unabhängig davon, wie sie als physische Wesen lebten, liebten und arbeiten, welche Gewohnheiten und Marotten sie annahmen, wie sie aßen und tranken? Nietzsches Antwort ist: nein.«[10] Andererseits reicht auch ein strikt biographischer Ansatz, in dem das philosophische System ausschließlich aus psychologischen oder psychoanalytischen Nachforschungen abgeleitet wird, nicht aus. Die rein rhetorische Macht von Nietzsches *Ecce Homo* – die zügellosen Metaphern, die Rollenvielfalt, nicht zu sprechen von den eklatanten Widersprüchen und Verdrehungen – erinnert die Leser daran, dass es sich bei allen Bezügen auf den Menschen letztlich um einen Text handelt, und steht dem Wunsch im Wege, die Autobiographie in einer einzigen, identifizierbaren, historischen Person zu begründen und zu verdichten. Nietzsche, und dieser Name meint hier nicht nur seinen ursprünglichen Träger, ist kein »Mensch« – weder messbar noch gemessen (*mensus*) – er ist vielmehr »Dynamit«, eine Macht oder ein Potential (δύναμις), das alle Philosopheme in Stücke reißt, die lose in dem Wort *Autobiographie* zusammengehalten werden: »αὐτός, βίος, γράφειν«. Wir lesen, was Nietzsche

---

10 Christoph Türcke, *Der tolle Mensch. Nietzsche und der Wahnsinn der Vernunft* (Frankfurt/M. 1989), S. 8.

ist, nur indem wir auch die Bruchstücke untersuchen und in Frage stellen: Was ist Schreiben? Was ist Leben? Was ist ein Selbst? Wie sind sie verknüpft?

Das Vorwort zu *Ecce Homo* erklärt, dass es denjenigen, die zuhören, darüber Auskunft geben wird, »*wer ich* [Friedrich Nietzsche] *bin*« – »*Hört mich! denn ich bin der und der*« (KSA 6: 257; Hervorhebung im Original). Auch im Weiteren nehmen die Kapiteleinleitungen dieses »Ich bin« auf: »Warum ich so weise bin«, »Warum ich so klug bin«, »Warum ich ein Schicksal bin«. Die Duplizität oder Vieldeutigkeit, die bereits anklingt in dem »ich bin der und der«, findet ihren Höhepunkt in der doppelten, antagonistischen und ein wenig irren Unterschrift, die das Buch beendet: »Dionysos gegen den Gekreuzigten« (KSA 6: 374). Der gesamte Text des *Ecce Homo* ist geprägt von einer Vieldeutigkeit, die die Selbstdarstellungen noch intensiviert. Eine einfache Lesart im Sinne einer mimetisch wahren Lebensgeschichte wird von Semiose überlagert. Die von ihm selbst stilisierte doppelte Abstammung des Philosophen zerreißt das Selbst zwischen der Antithese von Leben und Tod, zwischen dem toten Vater und der überlebenden Mutter, zwischen der affirmativen Macht Bizets und der kränklichen Dekadenz Wagners. »Ich bin der und der«: Ich bin am Leben, und ich bin tot.[11] Ganz klar sind das Selbst, das Schreiben und das Leben nicht deckungsgleich, sondern verlangen stattdessen eine besondere Art von *Umwertung*, die die Leser mit der entsprechenden Offenheit für eine solche Umwertung nachvollziehen müssen. Der Leser, der es sich außerhalb des Textes bequem machen möchte, ist schon durch den Akt des Lesens – oder des Hörens – in die Handlung verwickelt. Nietzsche erlaubt sich ein Selbstzitat aus *Zarathustra*: »Nun heisse ich euch, mich verlieren und euch finden; und erst, *wenn ihr mich Alle verleugnet habt*, will ich euch wiederkehren« (KSA 6: 261).

Die von Nietzsches explosivem Text enthüllte Deckungsungleichheit eröffnet einen Außenraum, der auch für das frühere Werk konstitutiv ist. Dieser nichtbegriffliche, nichtmoralisierte, nichtindividuierte Raum ist tatsächlich ein Thema, das sich durch Nietzsches Texte – und, so möchte ich hier hinzufügen, durch sein Leben – zieht. Zudem wird es durchweg in Musikmetaphern dargestellt. Bereits in der Passage über Wagners *Tristan* aus den letzten Seiten der

---

11 Siehe Jacques Derrida, *Otobiographies. L'enseignement de Nietzsche et la politique du nom propre* (Paris 1984), S. 47.

Geburt der Tragödie wird der Raum als »Urheimat« der Seele bezeichnet, als das, was vor und hinter jeder (apollinischen) Form liegt, einschließlich nicht nur der Form des Denkens, sondern auch der Form von Individualität, die den Text legitimiert. Früher im Buch rechtfertigt Nietzsche seine beinahe vollständig von Schopenhauer übernommene Position weiter, indem er sich auf Schiller beruft, der erklärte: »Die Empfindung ist bei mir anfangs ohne bestimmten und klaren Gegenstand; dieser bildet sich erst später. Eine gewisse musikalische Gemüthsstimmung geht vorher, und auf diese folgt bei mir erst die poetische Idee« (zitiert nach Nietzsche; KSA 1: 43). Die Musikmetapher passt zu Schillers Zeitalter, das den positiven oder negativen Begriff von Musik als nichtdarstellender Kunstform entwickelte. Durch den Filter von Schopenhauers Beschreibung des Willens, der jeder Darstellung zugrunde liegt, und dem privilegierten Zugang der Musik zu diesem Willen, liefert das nichtdarstellende Wesen der Musik dem jungen Nietzsche eine Kunst, die Dimensionen des Daseins auszudrücken vermag, die sich der Darstellung entziehen, Aspekte, die eine ›undarstellbare Szene‹ dennoch umsetzen. Nietzsche, dessen Schreiben danach verlangte, eher gehört als gelesen zu werden, mag uns eine Sprache jenseits der Wörter liefern, eine Sprache, die entweder musikalisch oder wahnsinnig ist, oder beides zugleich.

Sprache jedoch zu musikalisieren oder wahnsinnig zu machen, bedeutet oft genug, dass Musik entmusikalisiert oder dass Wahnsinn vernünftig gemacht wird. Der Schriftsteller Nietzsche wurde mit diesem Problem auf besonders heftige Weise konfrontiert. Die Artikulation seines Denkens erfordert einen Wortschatz, der seine eigenen Widersprüche bergen muss. Rationale, auf festen Identitäten und konventionellem Einverständnis beruhende Sprache gehört zu der Herde:

> Wir schätzen uns nicht genug mehr, wenn wir uns mittheilen. Unsere eigentlichen Erlebnisse sind ganz und gar nicht geschwätzig. Sie könnten sich selbst nicht mittheilen, wenn sie wollten. Das macht, es fehlt ihnen das Wort. Wofür wir Worte haben, darüber sind wir auch schon hinaus. In allem Reden liegt ein Gran Verachtung. Die Sprache, scheint es, ist nur für Durchschnittliches, Mittleres, Mittheilsames erfunden. Mit der Sprache *vulgarisirt* sich bereits der Sprechende. – Aus einer Moral für Taubstumme und andere Philosophen. (*Götzen-Dämmerung*, KSA 6: 128)

So versuchte Nietzsche, wie Wackenroder und Kleist vor ihm, immer wieder, der Sprache die Macht der Musik zu verleihen, allerdings nur, um die Flüchtigkeit der Musik und die Pathologisierung des Wahnsinns schmerzhaft zu erfahren.

Spontaneität, Unmittelbarkeit, Vorreflexivität – all diese Begriffe werden durch die romantische Vorstellung von Musik als einem rein selbstreferentiellen Zeichensystem bestimmt. Musikalische Bedeutung, die eher semiotisch als semantisch ist, beruht auf der unauflöslichen (unmittelbaren) Identität dessen, was im Diskurs in Zeichen und Bezeichnetes aufgeteilt ist. Und gerade diese Direktheit kennzeichnet beständig die Phänomenologie der Geistesgestörtheit. Historisch wurden die nichtdarstellenden Eigenschaften der Musik in einem positiven Licht gesehen, vor allem von den Verfechtern so genannter absoluter Musik, während die Sprache von Wahnsinnigen im Allgemeinen als Defizit oder Scheitern bestimmt wurde. Die unbeschreiblichen Höhen musikalischer Erfahrung scheinen in starkem Kontrast zu dem kläglichen Gelalle des Irrsinns oder den armseligen Wahnvorstellungen des Deliriums zu stehen. Für die oben besprochenen romantischen Schriftsteller jedoch erfreuten sich beide des Privilegs der Vermittlung von etwas, was der Erscheinung in und durch Wörter widersteht. Sowohl die Entwurzelung des selbstidentischen Subjekts des Neffen als auch die anagrammatischen Unterbrechungen Wackenroders und Hoffmanns setzen die Mechanismen von Darstellung außer Kraft. Doch für wie lange? Das unterbrechende semiotische Spiel, das es dem Namen des Autors erlaubt, innerhalb des Diskurses offenbar zu werden, wird dadurch immer wieder in einen anderen, ebenso referentiellen, ebenso mimetischen Diskurs neu eingeschrieben. Die störrischen, hartnäckigen Seiten des Lebens – die so schön in Worte der Musik und des Wahnsinns gefasst sind – werden schließlich auf Linie mit einem Programm gebracht. Das Wahnsinnige und das Musikalische mögen das Schweigen der Sprache sprechen, sie mögen den repräsentierenden Prozess des Werkes unterbrechen, sie mögen tatsächlich gehört oder gesehen werden, doch nur, wie Eurydike, in genau dem Augenblick des Verschwindens, in dem sie wieder in den Text aufgenommen werden.

Abkürzungsverzeichnis

HW   Hoffmann, E.T.A., *Sämtliche Werke*, 6 Bde., hg. v. Hartmut Steinecke, Frankfurt/M. 1985-2004.
KSA Nietzsche, Friedrich, *Sämtliche Werke* (Kritische Studienausgabe), 15 Bde., hg. v. Giorgio Colli u. Mazzino Montinari, München 1988.
KSW Kleist, Heinrich von, *Sämtliche Werke und Briefe*, 2 Bde., hg. v. Helmut Sembdner, München 2001.
KU   Kant, Immanuel, *Kritik der Urtheilskraft*, in *Gesammelte Schriften* (Akademie-Ausgabe), Bd. 5. Berlin 1999.
NR   Diderot, Denis, *Le neveu de Rameau*, hg. v. Jean Fabre, Genf 1963.
PG   Hegel, G. W. F., *Phänomenologie des Geistes*, in *Werke*, hg. v. Eva Moldenhauer u. Karl Markus Michel, Frankfurt/M. 1986, Bd. 3.
RN   Diderot, Denis, *Rameau's Neffe. Ein Dialog von Diderot*, übers. v. Johann Wolfgang Goethe, in Goethe, *Werke* (Weimarer Ausgabe), 1/45.
ROC Rousseau, Jean-Jacques, *Œuvres complètes*, 5 Bde., hg. v. Bernard Gagnebin u. Marcel Raymond, Bibliothèque de la Pléiade, Paris 1959-1995.

Literaturverzeichnis

Quellen

Adelung, Johann Christoph, *Grammatisch-kritisches Wörterbuch der hochdeutschen Mundart*, 4 Bde., Leipzig 1793-1801.

Apollodor, *Bibliotheca*, hg. v. Richard Wagner, Stuttgart 1996.

Aristoteles, *Physica*, hg. v. W. D. Ross, Oxford 1956.
- *Politik*, übers. v. Paul Gohlke, Paderborn 1959.
- *Peri hermeneias*, übers. v. Hermann Weidemann, Berlin 1994.

Baudelaire, Charles, *Œuvres complètes*, hg. v. Y. G. Le Dantec u. C. Pichois, Bibliothèque de la Pléiade, Paris 1961.

Bertram, Ernst, *Nietzsche. Versuch einer Mythologie* (1918), Berlin 1920.

Bülow, Eduard von, *Heinrich von Kleists Leben und Briefe*, Berlin 1848.

Burke, Edmund, *A Philosophical Enquiry into the Origin of Our Ideas of the Sublime and the Beautiful* [1757], hg. v. Adam Phillips, Oxford 1990.
- *Philosophische Untersuchungen über den Ursprung unserer Ideen vom Erhabenen und Schönen*, übers. v. Friedrich Bassenge, hg. v. Werner Strube, Hamburg 1989.

Castel, Louis-Bertrand, *L'Optique des couleurs, fondée sur les simples observations, et tournée sur-tout à la pratique de la peinture, de la teinture et des autres arts coloristes*, Paris 1740.

Condillac, Etienne Bonnot de, *Essai sur l'origine des connaissances humaines*, Amsterdam 1746.

Cowley, Abraham, *Davideis: A Sacred Poem of the Troubles of David*, London 1677.

d'Alembert, Jean/Diderot, Denis (Hg.), *Encyclopédie; ou, Dictionnaire raisonné des sciences, des arts, et des métiers*, 17 Bde., Paris, 1751-1772.

Dante Alighieri, *Divina Commedia*, hg. v. Paola Rigotti/Claudio Nardini, Fiesole 1997.

René Descartes, *Œuvres et lettres*, hg. v. André Bridoux, Bibliothèque de la Pléiade, Paris 1953.
- *Discours de la méthode*, hg. v. Laurence Renault, Paris 2000.
- *Abhandlung über die Methode des richtigen Vernunftgebrauchs und der wissenschaftlichen Wahrheitsforschung*, übers. v. Kuno Fischer, Sttutgart 1998.

d'Etaples, Jacques Lefèvre, *Musica libris quatuor demonstrata* [1496], Nachdruck: Paris, 1552.

Diderot, Denis, *Œuvres complètes*, 20 Bde., hg. v. Jules Assézat und Maurice Tourneux, Paris 1875.
- *Œuvres*, hg. v. André Billy, Bibliothèque de la Pléiade, Paris 1951.
- *Œuvres complètes*, 25 Bde., hg. v. Jean Varloot, Paris 1975.

- *Le neveu de Rameau*, hg. v. Jean Fabre, Genf 1963.
- *Lettre sur les sourds et muets*, hg. v. Otis Fellows, Genf 1965.
- *Rameau's Neffe. Ein Dialog von Diderot*, übers. v. J. W. Goethe, in Goethe, *Werke* (Weimarer Ausgabe), 1/45.
- *Jacob und sein Herr*, übers. v. Hanns Floerke, München 1921.

Diels, Hermann, *Die Fragmente der Vorsokratiker*, 13. Aufl., hg. v. Walther Kranz, Berlin 1968.

Dubos, Jean-Baptiste, *Réflexions critiques sur la poésie et la peinture*, Paris 1733.

Forkel, Johann Nikolaus, *Allgemeine Geschichte der Musik*, Leipzig 1788-1801.

Goethe, Johann Wolfgang, *Werke*, 144 Bde. (Weimarer Ausgabe), Weimar 1887-1919.
- *Goethes Gespräche mit Eckermann*, hg. v. Franz Deibel, Leipzig 1908.
- *Goethes Gedanken über Musik*, hg. v. Hedwig Walwei-Wiegelmann, Frankfurt/M. 1985.

Gottsched, Johann Christoph, *Versuch einer Critischen Dichtkunst* [1751], in *Ausgewählte Werke*, 12 Bde., hg. v. Joachim Birke u. a., Berlin 1968-1987.

Grimm, Jacob/Grimm, Wilhelm, *Deutsches Wörterbuch*, 33 Bde. [1854], München 1984.

Hegel, G. W. F., *Werke*, 20 Bde., hg. v. Eva Moldenhauer u. Karl Markus Michel, Frankfurt/M. 1969-1971.

Helvétius, Claude-Adrien, *De l'esprit* [1758], Paris 1978.

Herder, Johann Gottfried, *Sämmtliche Werke*, 33 Bde., hg. v. Bernhard Suphan, Berlin 1877-1913.
- *Werke*, 10 Bde., hg. v. Martin Bollacher u. a., Frankfurt/M. 1985-1998.

Hoffmann, Ernst Theodor Amadeus, *Sämtliche Werke*, 6 Bde., hg. v. Hartmut Steinecke, Frankfurt/M. 1985-2004.

Hölderlin, Friedrich, *Sämtliche Werke*, 8 Bde., hg. v. Friedrich Beißner u. Adolf Beck, Stuttgart 1943-1985.

Homer, *Ilias*, hg. v. Arthur Ludwich, Stuttgart 1995.
- *Odyssea*, hg. v. P. von der Mühll, Stuttgart 1984.
- *Werke*, übers. v. Johann Heinrich Voß, Stuttgart 1800.

Homerische Hymnen. Griechisch-deutsch, übers. v. Konrad Schwenk u. a., Zürich 1983.

Horaz, *Q. Horati Flacci Opera*, hg. v. E. C. Wickham, Oxford 1986.

Humboldt, Wilhelm von, *Werke*, 5 Bde., hg. v. A. Flitner u. K. Giel, Darmstadt 1960-1981.

Kant, Immanuel, *Gesammelte Schriften*, 24 Bde. (Akademie-Ausgabe), Berlin 1969.

Kleist, Heinrich von, *Sämtliche Werke und Briefe*, 2 Bde., hg. v. Helmut Sembdner, München 2001.

Kierkegaard, Søren, *Entweder – Oder*, übers. v. C. Schempf, Wiesbaden 1955.

Klingemann, Ernst August, *Nachtwachen von Bonaventura*, hg. v. Jost Schillemeit, Frankfurt/M. 1976.

Knigge, Adolf, *Die Reise nach Braunschweig*, hg. v. Paul Raabe, Kassel 1972.

Littré, Emile, *Dictionnaire de la langue française*, 4 Bde., Paris 1889.

Mann, Thomas, *Der Tod in Venedig*, Frankfurt/M. 1954.
- *Doktor Faustus. Das Leben des deutschen Tonsetzers Adrian Leverkühn, erzählt von einem Freunde*, Frankfurt/M. 1998.

Michaelis, Christian Friedrich, *Ueber den Geist der Tonkunst und andere Schriften*, hg. v. Lothar Schmidt, Chemnitz 1997.

Migne, Jacques-Paul, *Patrologiae cursus completus. Series Latina*, 221 Bde., Paris 1844-1864.

Longin, *On the Sublime*, hg. v. D. A. Russell, New York 1970.
- *Über das Erhabene*, übers. v. G. Meinel, Kempten 1895.

Nietzsche, Friedrich, *Sämtliche Werke* (Kritische Studienausgabe), 15 Bde., hg. v. Giorgio Colli u. Mazzino Montinari, München 1988.
- *Sämtliche Briefe* (Kritische Studienausgabe), 8 Bde., hrg. v. Giorgio Colli u. Mazzino Montinari, Berlin 1975-1984.

Platon, *Platonis opera*, 5 Bde., hg. v. John Burnet, Oxford 1972-1976.
- *Werke*, 3 Bde., übers. v. F. D. E. Schleiermacher u. a., Berlin 1817-1828; Nachdruck: Berlin 1984.

Plinius, *Naturalis historiae*, hg. v. Carl Mayhoff, Stuttgart 1967-1970.

Pluche, Noël-Antoine, *Le spectacle de la nature*, 8 Bde., Paris 1749-1756.

Reil, Johann Christian, *Rhapsodien über die Anwendung der psychischen Curmethode auf Geisteszerrütungen*, Halle 1803.

Rochlitz, Friedrich, *Auswahl des Besten aus Friedrich Rochlitz' sämmtlichen Schriften*, 6 Bde., Züllichau 1821-1822.

Rousseau, Jean-Jacques, *Œuvres complètes*, 5 Bde., hg. v. B. Gagnebin u. M. Raymond, Bibliothèque de la Pléiade, Paris 1959-1995.
- *Bekenntnisse*, übers. v. Ernst Hardt, Frankfurt/M. 1995.
- *Einsame Spaziergänge*, München 1783.

Saar, Ferdinand von, *Novellen aus Österreich*, 2 Bde., hg. v. Karl Wagner, Wien 1998.

Schelling, Friedrich, *Sämmtliche Werke*, 14 Bde., hg. v. K. F. A. Schelling, Stuttgart 1856-1861.

Scheuffelen, Thomas/Wagner-Gnan, Angela (Hg.), »... *die Winter-Tage bringt er meistens am Forte Piano zu* ...«: *aus der Nürtinger Pflegschaftsakte: zwölf Briefe Ernst Zimmers aus den Jahren 1828-1832 über Hölderlin im Tübinger Turm*, Nürtingen 1989.

Schopenhauer, Arthur, *Sämtliche Werke*, 7 Bde., hg. v. Arthur Hübscher, Wiesbaden 1972.

Sulzer, Johann Georg, *Allgemeine Theorie der schönen Künste*, 5 Bde. 2te Fassung, 1792-1795 [Nachdruck: Hildesheim 1967].

Vergil, *P. Vergili Maronis Opera*, hg. v. R. A. B. Mynors, Oxford 1969.

Wackenroder, Wilhelm Heinrich, *Sämtliche Werke und Briefe*, 2 Bde., Historisch-kritische Ausgabe, hg. v. Silvio Vietta u. Richard Littlejohns, Heidelberg 1991.

Forschungsliteratur

Abbate, Carolyn, *Unsung Voices. Opera and Musical Narrative in the Nineteenth Century*, Princeton 1991.

Adorno, Theodor W., *Philosophie der neuen Musik*, in *Gesammelte Schriften*, 20 Bde. hg. v. R. Tiedemann, Frankfurt/M. 1997.

Albright, Daniel, *Untwisting the Serpent. Modernism in Music, Literature, and Other Arts*, Chicago 2000.

Andreasen, Nancy, *The Creating Brain. The Neuroscience of Genius*, New York 2005.

Barthes, Roland, »Le grain de la voix«, *Musique en jeu* 9 (1972), S. 57-63.
– *Le plaisir du texte*, Paris 1973.

Benardete, Seth, *The Rhetoric of Morality and Philosophy. Plato's Gorgias and Phaedrus*, Chicago 1991.

Bennholdt-Thomsen, Anke/Guzzoni, Alfredo, »Der Irrenhausbesuch. Ein Topos in der Literatur um 1800«, *Aurora* 42 (1982), S. 82-110.

Bernstein, Susan, *Virtuosity of the Nineteenth Century. Performing Music and Language in Heine, Liszt, and Baudelaire*, Stanford 1998.

Bindman, David, »Roubiliac's Statue of Handel and the Keeping of Order in the Vauxhall Gardens in the Early Eighteenth Century«, *Sculpture Journal* 1 (1997), S. 22-31.

Blanchot, Maurice, *L'espace littéraire*, Paris 1955.
– *L'entretien infini*, Paris 1969.

Boehringer, Michael, »Of Meaning and Truth: Narrative Ambiguity in Kleist's ›Die heilige Cäcilie oder die Gewalt der Musik: Eine Legende‹«, *Revue Frontenac* 11 (1994), S. 103-128.

Bollacher, Martin, *Wackenroder und die Kunstauffassung der frühen Romantik*, Darmstadt 1983.

Bowie, Andrew, *Aesthetics and Subjectivity. From Kant to Nietzsche*, Zweite Ausgabe, Manchester 2003.

Brenot, Philippe, *Le génie et la folie en peinture, musique, littérature*, Paris 1997.

Brooks, William, »Mistrust and Misconception: Music and Literature in Seventeenth- and Eighteenth-Century France«, *Acta Musicologica* 66 (1994), S. 22-30.

Caduff, Corina, »*dadim dadam*« – *Figuren der Musik in der Literatur Ingeborg Bachmanns*, Köln 1998.

- *Die Literarisierung von Musik und bildender Kunst um 1800*, München 2003.

Cannone, Belinda, *Philosophies de la musique (1752-1780)*, Paris 1990.

Caplan, Jay, *Framed Narratives. Diderot's Genealogy of the Beholder*, Minneapolis 1985.

Cavarero, Adriana, *A più voci. Filosofia dell'espressione vocale*, Mailand 2003.

Christensen, Thomas, *Rameau and Musical Thought in the Enlightenment*, Cambridge 1993.

Chua, Daniel, *Absolute Music and the Construction of Meaning*, Cambridge 1999.

Cowart, Georgia, »Sense and Sensibility in Eighteenth-Century Musical Thought«, *Acta Musicologica* 56 (1984), S. 251-266.

Creech, James, »Diderot and the Pleasure of the Other: Friends, Readers and Posterity«, *Eighteenth-Century Studies* 11 (1978), S. 439-456.

Curtius, Ernst Robert, *Europäische Literatur und lateinisches Mittelalter*, Bern 1948.

Dahlhaus, Carl, *Die Idee der absoluten Musik*, München 1976.
- »E. T. A. Hoffmanns Beethoven-Kritik und die Ästhetik des Erhabenen«, *Archiv für Musikwissenschaft* 38 (1981), S. 79-92.
- »Kleists Wort über den Generalbass«, *Kleist Jahrbuch* 5 (1984), S. 13-24.

Daverio, John, *Crossing Paths. Schubert, Schumann, and Brahms*, Oxford 2002.

Deleuze, Gilles/Guattari, Félix, *Kafka. Für eine kleine Literatur*, übers. v. Burkhart Kroeber, Frankfurt/M. 1976.

de Man, Paul, *The Rhetoric of Romanticism*, New York 1984.

Derrida, Jacques, *L'Ecriture et la différence*, Paris 1967.
- *De la grammatologie*, Paris 1967.
- *Otobiographies. L'enseignement de Nietzsche et la politique du nom propre*, Paris 1984.

Diamond, Stephen, *Anger, Madness, and the Daimonic. The Psychological Genesis of Violence, Evil, and Creativity*, Albany 1996.

Dieckmann, Herbert, »The Relationship between Diderot's Satire I and Satire II«, *Romanic Review* 43 (1952), S. 12-26.

Dolar, Mladen, *A Voice and Nothing More*, Cambridge, Mass. 2006.

Dörner, Klaus, *Bürger und Irre. Zur Sozialgeschichte und Wissenschaftssoziologie der Psychiatrie*, Frankfurt/M. 1969.

Duchez, Marie-Elisabeth, »Principe de la mélodie et origine des langues. Un brouillon inédit de Jean-Jacques Rousseau sur l'origine de la mélodie«, *Revue de Musicologie* 60 (1974), S. 33-86.

Felman, Shoshana, *Writing and Madness. Literature/Philosophy/Psychoanalysis*, Stanford 2003.

Fitzgerald, Michael, *Autism and Creativity. Is There a Link Between Autism in Men and Exceptional Ability?* New York 2004.

Foucault, Michel, *Histoire de la folie à l'âge classique*, Paris 1972.
– *Wahnsinn und Gesellschaft*, übers. v. Ulrich Köppen, Frankfurt/M. 1969.
Fournier, Pascal, *Der Teufelsvirtuose. Eine kulturhistorische Spurensuche*, Freiburg/B. 2001.
Franken, Franz, *Die Krankheiten großer Komponisten*, 4 Bde., Wilhelmshaven 1986-1997.
Gearhart, Suzanne, »The Dialectic and Its Aesthetic Other: Hegel and Diderot«, *Modern Language Notes* 101 (1986), S. 1042-1066.
Gess, Nicola, *Die Gewalt der Musik: Literatur und Musikkritik um 1800*, Freiburg/B. 2006.
Gessinger, Joachim, *Auge und Ohr. Studien zur Erforschung der Sprache am Menschen, 1700-1850*, Berlin 1994.
Ginzburg, Carlo, *I Benandanti*, Turin 1966.
Goehr, Lydia, *The Imaginary Museum of Musical Works. An Essay in the Philosophy of Music*, Oxford 1992.
Goldschmidt, Hugo, *Die Musikästhetik des 18. Jahrhunderts und ihre Beziehungen zu seinem Kunstschaffen*, Zürich 1915.
Graham, Ilse, *Heinrich von Kleist: Word into Flesh. A Poet's Quest for the Symbol*, Berlin 1977.
Greiner, Bernhard, »›Das ganze Schrecken der Tonkunst‹. ›Die heiliege Cäcilie oder die Gewalt der Musik‹: Kleists erzählender Entwurf des Erhabenen«, *Zeitschrift für deutsche Philologie* 115 (1996), S. 501-520.
Haase, Donald/Freudenburg, Rachel, »Power, Truth, and Interpretation. The Hermeneutic Act and Kleist's *Die heilige Cäcilie*«, *Deutsche Vierteljahrsschrift* 60 (1986), S. 88-103.
Hamilton, John T., »›Sinneverwirrende Töne‹. Musik und Wahnsinn in Heines Florentinischen Nächten«, *Zeitschrift für deutsche Philologie* 126 (2007), S. 1-18.
– »Die Erziehung des Teufels. Hoffmanns *Berganza*-Novelle«, *Hölderlin Jahrbuch* 36 (2009): S. 75-84.
Hollander, John, *The Untuning of the Sky. Ideas of Music in English Poetry, 1500-1700*, Princeton 1961.
Hosler, Bellamy, *Changing Aesthetic Views of Instrumental Music in 18th-Century Germany*, Ann Arbor 1981.
Jamison, Kay Redfield, *Touched by Fire. Manic-Depressive Illness and the Artistic Temperament*, New York 1993.
Jankélévitch, Vladimir, *La musique et l'ineffable* [1961], Paris 1983.
Janz, Curt Paul, *Friedrich Nietzsche. Biographie*, 3 Bde., München 1993.
Jauss, Hans Robert, *The Dialogical and the Dialectical* Neveu de Rameau. *How Diderot Adopted Socrates and Hegel Adopted Diderot*, Berkeley 1983.

Kessel, Johann, »St. Veit, seine Geschichte, Verehrung und bildlichen Darstellungen«, *Jahrbücher des Vereins für Altertumsfreunde im Rheinlande* 43 (1867), S. 152-183.

Kinser, Samuel, »Saussure's Anagrams. Ideological Work«, *Modern Language Notes* 94 (1979), S. 1105-1138.

Kofman, Sarah, *Autobigriffures. Du chat Murr d'Hoffmann*, Paris 1984.

Köhler, Rafael, »Johann Gottfried Herder und die Überwindung der musikalischen Nachahmungsästhetik«, *Archiv für Musikwissenschaft* 52 (1995), S. 205-219.

Kojève, Alexandre, *Introduction à la lecture de Hegel. Leçons sur La phénoménologie de l'esprit*, hg. v. Raymond Queneau, Paris 1947.

Kraft, Helga, *Erhörtes und Unerhörtes. Die Welt des Klages bei Heinrich von Kleist*, München 1976.

Kramer, Lawrence, »Decadence and Desire: The *Wilhelm Meister* Songs of Wolf and Schubert«, *Nineteenth-Century Music* 10 (1987), S. 229-242.

Kristeva, Julia, *La révolution du langage poétique. L'avant-garde à la fin du XIXe siècle. Lautréamont et Mallarmé*, Paris 1974.
- »La musique parlée; ou, Remarques sur la subjectivité dans la fiction à propos du ›Neveu de Rameau‹, in *Langue et langages de Leibniz à L'Encyclopédie*, hg. v. Michèle Duchet und Michèle Jalley, Paris 1977, S. 153-206.

Lacoue-Labarthe, Philippe, *Le sujet de la philosophie. Typographies I*, Paris 1979.
- *L'imitation des modernes: Typographies II*, Paris 1986.
- *Musica Ficta. Figures de Wagner*, Paris 1991.

Lacoue-Labarthe, Philippe/Nancy, Jean-Luc, *L'Absolu littéraire. Théorie de la littérature du romantisme allemand*, Paris 1978.

Lejeune, Philippe, *Le pacte autobiographique*, Paris 1975.

Liébert, Georges, *Nietzsche et la musique*, Paris 1995.

Liebrand, Claudia, *Aporie des Kunstmythos. Die Texte E.T.A. Hoffmanns*, Freiburg/B. 1996.

Lubkoll, Christine, *Mythos Musik. Poetische Entwürfe des Musikalischen in der Literatur um 1800*, Freiburg/B. 1995.

Ludwig, Arnold, *The Price of Greatness. Resolving the Creativity and Madness Controversy*, New York 1995.

Maier, Hans, »Cäcilia unter den Deutschen: Herder, Goethe, Wackenroder, Kleist«, *Kleist-Jahrbuch* 15 (1994), S. 67-82.

Menninghaus, Winfried, »Zwischen Überwältigung und Widerstand. Macht und Gewalt in Longins und Kants Theorien des Erhabenen«, *Poetica* 23 (1991), S. 1-19.

Meyer, Hermann, *Der Sonderling in der deutschen Dichtung*, München 1963.

Mücke, Dorothea von, »Der Fluch der Heiligen Cäcilie«, *Poetica* 26 (1994), S. 105-120.

Mühlner, Robert, »Heinrich von Kleist und seine Legende *Die heilige Cäcilie oder die Gewalt der Musik*«, *Jahrbuches Wiener Goethes-Vereins* 66 (1962), S. 149-156.

Nancy, Jean-Luc, *La communauté désœuvrée*, Paris 1986.
- *Le poids d'une pensée*, Sainte-Foy, Québec 1991.

Naumann, Barbara, »*Musikalisches Ideen-Instrument*«: *Das Musikalische in Poetik und Sprachtheorie der Frühromantik*, Stuttgart 1990.

Navratil, Leo, *Manisch-depressiv. Zur Psychodynamik des Künstlers*, Wien 1999.

Neubauer, John, *The Emancipation of Music from Language. Departure from Mimesis in Eighteenth-Century Aesthetics*, New Haven 1986.
- »Die Sprache des Unaussprechlichen. Hoffmanns Rezension von Beethovens 5. Symphonie« in *E. T. A. Hoffmann et la musique*, hg. v. Alain Montandon, Bern 1987, S. 25-34.

Neumann, Gerhard, »Eselsgeschrei und Sphärenklang: Zeichensystem der Musik und Legitimation der Legende in Kleists Novelle *Die heilige Cäcilie oder die Gewalt der Musik*«, in *Heinrich von Kleist. Kriegsfall – Rechtsfall – Sündenfall*, hg. v. G. Neumann, Freiburg/B. 1994, S. 365-389.

Noske, Frits, »Forma formans«, *International Review of Aestheticsand Sociology of Music* 7 (1976), S. 43-62.

O'Gorman, Donal, *Diderot the Satirist. Le neveu de Rameau and Related Works: An Analysis*, Toronto 1971.

Paddison, Max, *Adorno's Aesthetics of Music*, Cambridge 1993.

Padel, Ruth, *Whom Gods Destroy. Elements of Greek and Tragic Madness*, Princeton 1995.

Parret, Herman, »Kant on Music and the Hierarchy of the Arts«, *The Journal of Aesthetics and Art Criticism* 56 (1998), S. 251-264.

Poizat, Michel, *L'Opéra, ou Le cri de l'ange. Essai sur la jouissance de l'amateur de l'opéra*, Paris 1986.

Potter, Pamela (Hg.), *Most German of the Arts. Musicology and Society from the Weimar Republic to the End of Hitler's Reich*, New Haven 1998.

Price, David, »Hegel's Intertextual Dialectic: Diderot's *Le neveu de Rameau* in the *Phenomenology of Spirit*«, *Clio* 20 (1991), S. 223-233.

Prieto, Eric, *Listening In. Music, Mind, and the Modernist Narrative*, Lincoln 2002.

Promies, Wolfgang, *Die Bürger und der Narr; oder, Das Risiko der Phantasie*, München 1966.

Puschmann, Rosemarie, *Heinrich von Kleists Cäcilien-Erzählung*, Bielefeld 1988.

Quignard, Pascal, *La haine de la musique* [1996], Paris 2003.

Reiss, Timothy, *Knowledge, Discovery and Imagination in Early Modern Europe: The Rise of Aesthetic Rationalism*, Cambridge 1997.
- *Mirages of the Selfe. Patterns of Personhood in Ancient and Early Modern Europe*, Stanford 2003.

Richards, Robert, »Rhapsodies on a Cat-Piano; or, Johann Christian Reil and the Foundations of Romantic Psychiatry«, *Critical Inquiry* 24 (1998), S. 700-736.

Riffaterre, Michael, *La production du texte*, Paris 1979.

Rigoli, Jean, *Lire et délire: Aliénisme, rhétorique, et littérature en France au XIXe siècle*, Paris 2001.

Ronell, Avital, *Finitude's Score. Essays for the End of the Millenium*, Lincoln 1994.

Rouget, Gilbert, *La musique et la transe. Esquisse d'une théorie générale des relations de la musique et de la possession*, Paris 1980.

Rüdiger, Wolfgang, *Musik und Wirklichkeit bei E.T.A. Hoffmann. Zur Entstehung einer Musikanschauung der Romantik*, Pfaffenweiler 1989.

Salmen, Walter, *Johann Friedrich Reichardt. Komponist, Schriftsteller, Kapellmeister und Verwaltungsbeamter der Goethezeit*, Freiburg/B. 1963
– »Die Musik im Weltbild J. W. Ritters«, *Schlesien* 2 (1957), S. 178-180.

Scher, Steven P. »Hoffmann and Sterne. Unmediated Parallels in Narrative Method«, *Comparative Literature* 28 (1976), S. 309-325.

Schoolfield, George, *The Figure of the Musician in German Literature*, New York 1966.

Scott, John T., »Rousseau and the Melodious Language of Freedom«, *Journal of Politics* 59 (1997), S. 803-829.

Segebrecht, Wulf, *Autobiographie und Dichtung. Eine Studie zum Werk E.T.A. Hoffmanns*, Stuttgart 1967.

Sembdner, Helmut, *Heinrich von Kleists Lebensspuren. Dokumente und Berichte der Zeitgenossen*, Bremen 1957.
– *Heinrich von Kleist. Geschichte meiner Seele, Ideenmagazin: Das Lebenszeugnis der Briefe*, Bremen 1959.

Sève, Bernard, *L'altération musicale*, Paris 2002.

Smith, James, »The Fool's Truth: Diderot, Goethe, and Hegel«, *Journal of the History of Ideas* 57 (1996), S. 625-644.

Smith, John, *The Spirit and Its Letter. Traces of Rhetoric in Hegel's Philosophy of Bildung*, Ithaca 1988.

Starobinski, Jean, *Les mots sous les mots. Les anagrammes de Ferdinand de Saussure*, Paris 1971.
– »Diderot et la parole des autres«, *Critique* 296 (1972), S. 3-22.
– »L'accent de la verité«, in *Diderot et le théâtre*, Paris: Comédie Francaise, 1984, 9-26.

Stein, Jack, »Musical Settings of the Songs from *Wilhelm Meister*«, *Comparative Literature* 22 (1970), S. 125-146.

Steinecke, Hartmut, *Die Kunst der Fantasie. E.T.A. Hoffmanns Leben und Werk*, Frankfurt/M. 2004.

Steiner, George, *Language and Silence. Essays on Language, Literature, and the Inhuman*, New York 1967.

Straus, Erwin, *Phenomenological Psychology*, übers. v. Erling Eng, New York 1966.

Sumi, Yoichi, Le neveu de Rameau. *Caprices et logiques du jeu*, Tokyo 1975.

Taylor, Charles, *Human Agency and Language: Philosophical Papers*, Cambridge 1985.

Thomas, Downing, *Music and the Origins of Language. Theories from the French Enlightenment*, Cambridge 1995.

Todorov, Tzvetan, *Einführung in die fantastische Literatur*, übers. v. K. Kersten, S. Metz, u. C. Neubaur, München 1972.

Tomlinson, Gary, *Music in Renaissance Magic. Toward a Historiography of Others*, Chicago 1993.

Türcke, Christoph, *Der tolle Mensch. Nietzsche und der Wahnsinn der Vernunft*, Frankfurt/M. 1989.

Vernière, Paul, »Histoire littéraire et papyrologie: A propos des autographes de Diderot«, *Revue d'Histoire Littéraire de la France* (Juli–Sept. 1966), S. 409-418.

– *Diderot, ses manuscrits et ses copistes*, Paris 1967.

Weineck, Silke-Maria, *The Abyss Above: Philosophy and Poetic Madness in Plato, Hölderlin, and Nietzsche*, Albany 2002.

Weiner, Marc, *Undertones of Insurrection. Music, Politics, and the Social Sphere in the Modern German Narrative*, Lincoln 1993.

Wiese, Benno von, *Die deutsche Novelle von Goethe bis Kafka*, 2 Bde., Düsseldorf 1968.

Wilson, Arthur, *Diderot*, New York 1972.

Wittkowski, Wolfgang, »*Die heilige Cäcilie* und *Der Zweikampf*. Kleists Legenden und die romantische Ironie«, *Colloquia Germanica* 6 (1972), S. 17-59.

Wyss, Edith, *The Myth of Marsyas in the Art of the Italian Renaissance. An Inquiry into the Meaning of Images*, Newark, Del. 1996.

Ziolkowski, Theodore, *German Romanticism and Its Institutions*, Princeton 1990.

Žižek, Slavoj./Dolar, Mladen, *Opera's Second Death*, New York 2002.

Zukert, Rachel, »Awe or Envy: Herder contra Kant on the Sublime«, *Journal of Aesthetics and Art Criticism* 61 (2003), S. 217-232.

Register

Abbate, Carolyn 24f.
Adelung, Johann Christian 277
Adorno, Theodor Wiesengrund 251
Agrippa von Nettesheim, Heinrich Cornelius 14f.
Aischylos, *Agamemnon* 63
Albright, Daniel 61 A. 38
Andreasen, Nancy 17 A. 8
Apollodor, *Bibliotheca* 63f.
Aristophanes 294
Aristoteles 80, 90, 290
    Peri hermeneias (*De interpretatione*), 69f.
    Physica 89
    Politika 65
    Problemata 16
Augustinus, *De dialectica* 221

Bach, Carl Philipp Emanuel 129
Bach, Johann Sebastian 238
Balzac, Honoré de, *Gambara* 16
Barthes, Roland 28, 100f.
Bataille, Georges 183
Batteux, Charles 128
Baudelaire, Charles 250
Beethoven, Ludwig van 15, 19, 238f., 241-244, 251, 255, 260, 276, 278
Benardete, Seth 73
Bennholdt-Thomsen, Anke 126 A. 15
Bernhard, Thomas 15
Bernstein, Susan 24 A. 13, 100f.
Bertram, Ernst 293
Bindman, David 230 A. 27
Bizet, Georges 299
Blanchot, Maurice 11, 32, 184
Boehringer, Michael 225 A. 24
Boethius 14
Boileau-Despréaux, Nicolas 123, 159
Bollacher, Martin 194 A. 49
Bowie, Andrew 236-238
Brant, Sebastian, *Das Narrenschiff* 54
Brenot, Philippe 17 A. 8
Brentano, Clemens, 13, 210
Brooks, William 123 A. 7-8
Brown, Calvin 24

Burke, Edmund, *A Philosophical Enquiry* 156f., 163f., 173, 177, 185, 215

Caduff, Corina 19 A. 9, 26 A. 19, 169 A. 19, 226 A. 25
Calderón de la Barca, Pedro, *La devoción de la cruz* 253
Callot, Jacques 35, 285, 287
Cannone, Belinda 86 A. 7
Caplan, Jay 40 A. 2
Castel, Louis-Bertrand 102
Cavarero, Adriana 58, 183f.
Cervantes, Miguel de, *Novelas ejemplares* 255
Christensen, Thomas 60 A. 35
Chua, Daniel 130 A. 24, 249 A. 15
Cicero (Marcus Tullius), *De divinitate* 63
Condillac, Etienne Bonnot de, *Essai sur l'origine des connaissances humaines* 91, 103, 235
Cowart, Georgia 128 A. 19
Cowley, Abraham, *Davideis* 14 A. 3
Creech, James 41 A. 4
Crousaz, Jean-Pierre, *Traité du beau* 127f.
Curtius, Ernst Robert 95

Dahlhaus, Carl 214, 278
d'Alembert, Jean le Rond 59, »Discours préliminaire« (*Encyclopédie*), 61, 115
D'Annunzio, Gabriele, *Trionfo della morte* 16
Dante Alighieri, *Paradiso* (*Divina Commedia*), 75f.
Daverio, John 267 A. 29
Deleuze, Gilles 291
De Man, Paul 34f., 211
Dennis, John 157
Derrida, Jacques 25f., 92, 299
Descartes, René 48, 83f., 94, 129, 249
    Discours de la méthode 48 A. 15
    Les passions de l'âme 129 A. 22

d'Etaples, Jacques Lefèvre, *Musica libris quatuor demonstrata* 14
Diamond, Stephen 17 A. 8
Diderot, Denis 30, 39f., 129
  Encyclopédie 105-107
  Entretiens sur le fils naturel 94
  Essai sur les règnes de Claude et de Néron 41
  Jacques le Fataliste 43, 240
  Leçons de clavecin 60, 94
  Lettre sur les sourds et muets 94, 101-05, 130
  Lui et Moi 110, 113
  Mémoires sur différents sujets de mathématiques 59
  Le neveu de Rameau 17, 42-61, 76-78, 79-83, 87, 90-118, 119f., 122, 129, 196, 228, 237, 250, 253, 255-258, 263, 270-272, 274f., 288, 301
  Nouvelles réflexions sur le principe sonore 59
  Paradoxe sur le comédien 97-99
  Réfutation suivie de l'ouvrage d'Helvétius intitulé L'Homme 112
  Rêve de d'Alembert 115
  Satire I, sur les caractères et les mots de caractère, de profession, etc., 110-114
Dieckmann, Herbert 110 A. 39
Diodor (Diodorus Siculus), 64
Dolar, Mladen 27, 49 A. 16, 70 A. 44, 175 A. 25
Dolce, Carlo 259
Dörner, Klaus 126 A. 14, 220 A. 16
Dryden, John, *Alexander's Feast; or, The Power of Musick* 230
Dubos, Abbé Jean-Baptiste, *Réflexions critiques sur la poésie et la peinture* 90f., 128, 164, 188
Duchez, Marie-Elisabeth 40 A. 3
Dümmler, Ferdinand 286

Eichendorff, Joseph von, *Das Marmorbild* 13
Erasmus, Desiderius, *Encomium Moriae* 54, 71

Farinelli, Carlo 14
Fasch, Carl Friedrich 187
Felman, Shoshana 24

Fichte, Johann Gottlieb 127
Fitzgerald, Michael 17 A. 8
Fontenelle, Bernard Bovier de 158
Forkel, Johann Nikolaus, *Allgemeine Geschichte der Musik* 130 A. 24
Foucault, Michel 7, 24f., 57, 119-121, 253
Fournier, Pascal 15 A. 5
Fouqué, Baron Friedrich de la Motte 248, 270, 273, 277f., 281
Franken, Franz 16
Freud, Sigmund 28, 119
Freudenburg, Rachel 225 A. 24

Gafurrio, Franchino 14
Gall, Franz Joseph, *Sur les fonctions du cerveau* 220
Gearhart, Suzanne 140 A. 39
George, Stefan 247
Gess, Nicola 26 A. 19, 174 A. 23, 182 A. 37
Gessinger, Joachim 163 A. 11
Ginzburg, Carlo 15 A. 4
Gluck, Christoph Willibald 27, 262f., 266, 268, 270
Goehr, Lydia 100 A. 28
Goethe, Johann Wolfgang 133f., 213
  Anmerkungen über Personen und Gegenstände, deren in dem Dialog Rameau's Neffe erwähnt wird 145
  Faust 132
  Gespräche mit Eckermann 132 A. 31
  Italienische Reise 233
  Die Leiden des jungen Werthers 131-133
  Novelle 132
  Wilhelm Meisters Lehrjahre 13, 133f., 135, 206
Goldschmidt, Hugo 128 A. 20
Gottsched, Johann Christian 83-85, 88
  Beyträge zur critischen Historie der deutschen Sprache, Poesie, und Beredsamkeit 83
  Versuch einer Critischen Dichtkunst 84f.
Graepel, Johann Gerhard 254f., 287
Graham, Ilse 208 A. 6
Greiner, Bernhard 227 A. 26
Grillparzer, Franz 19 A. 9
  Der arme Spielmann 15, 186

Grimm, Friedrich Melchior 110
Grimm, Jacob 163 A. 9
Grimm, Wilhelm 163 A. 9
Guattari, Félix 291
Guzzoni, Alfredo 126 A. 15

Haase, Donald 225 A. 24
Hamann, Johann Georg 235, 298
Händel, Georg Friedrich, *Alexander's Feast* 230f.
Haydn, Joseph 15, 241, 243
Hegel, Georg Wilhelm Friedrich 82, 118, 119, 122, 126, 168f., 173, 183, 237, 250, 251, 265, 272f.
 Phänomenologie des Geistes 32, 121, 135-145, 168, 196, 246, 257
 Philosophie des Geistes 150f.
 Vorlesungen über die Ästhetik 150-153
Heidegger, Martin 11
Heine, Heinrich, *Florentinische Nächte* 15, 163 A. 10
Helvétius, Cluade-Adrien
 De l'esprit 111
 De l'homme 113
Hénault, Charles 123
Heraklit 161 A. 6, 162
Herder Johann Gottfried 130f., 156f., 184, 185, 192, 206f., 210, 214, 233, 235, 240, 288, 298
 Abhandlung über den Ursprung der Sprache 243
 Cäcilia 157, 180-183, 206f., 221, 222, 229, 231
 Kalligone 157, 175-179
 Viertes Wäldchen 157, 176f., 181
 Vom Erkennen und Empfinden der menschlichen Seele 298
Hiller, Johann Adam 128
Hitzig, Julius 34 A. 36, 36, 253
Hoffmann, Ernst Theodor Amadeus 17, 21f., 32, 33, 118, 186, 234-290, 292, 301
 Alte und neue Kirchenmusik 240
 Aurora 252f.
 Beethovens Instrumental-Musik 239, 241-245
 Beethovens Symphonie (in c-Moll), 19, 239, 268, 278
 Brief des Barons Wallborn an den Kapellmeister Kreisler 248f.

Don Juan 12, 275
Die Fermate 12
Jacques Callot 35, 285f.
Kreislers musikalisch-poetischer Clubb 268-270
Lebensansichten des Katers Murr 12, 18, 35-37, 282-290
Das Majorat 12
Musikalische Leiden 275
Nachricht von den neuesten Schicksalen des Hundes Berganza 254-260, 265, 287
Ombra adorata 275
Rat Krespel 12, 270-282
Ritter Gluck 12, 32, 186, 260-270, 274, 277
Das Sanctus 241
Die Serapions-Brüder 22, 274
Hölderlin, Friedrich 7-11, 21, 93, 122, 150
 Der Rhein 93 A. 15
 Lebenslauf 291, 293
 Wenn aus der Tiefe ... 9f.
Hollander, John 61 A. 38
Homer
 Ilias 161, 162f.
 Odyssee 161f.
Homerische Hymnen (an Hermes), 67f., 104
Hosler, Bellamy 129 A. 21
Horaz (Quintus Horatius Flaccus)
 Ars poetica 84, 164
 Oden 3.30, 39
 Satiren 2.1, 111, 117; 2.7, 53, 87, 95-97
Humboldt, Wilhelm von 72, 235
Hummel, Johann Nepomuk 255
Husserl, Edmund 48

Ideler, Karl 220

Jakobson, Roman 198
Jamison, Kay Redfield 17 A. 8
Jankélévitch, Vladimir 245-247
Janz, Curt Paul 292 A. 4
Jaucourt, Le Chevalier Louis de 105
Jauss, Hans Robert 142f. A. 41
Jean Paul (Richter), 13, 124, 134, 245
Jelinek, Elfriede 15

Kant, Immanuel 130, 150, 156f., 167, 179, 182, 185, 195, 201, 210, 226, 251, 278, 279, 294f.
  Anthropologie in pragmatischer Hinsicht 125f., 172 A.21
  Beobachtungen über das Gefühl des Schönen und Erhabenen 173
  Kritik der praktischen Vernunft 174f.
  Kritik der Urteilskraft 168-174, 179
Keller, Gottfried, *Romeo und Julia auf dem Dorfe* 15
Kessel, Johann H., 224 A.21
Kiekegaard, Søren, *Entweder-Oder* 20
Kinser, Samuel 198 A.51
Kleist, Heinrich von 118, 181, 235, 236, 240, 301
  Briefe: an Marie von Kleist 212; an Ulrike von Kleist 208f., 212f.; an Rühle von Lilienstern 209; an Adolfine von Werdeck 205f., 211; an Wilhelmine von Zenge 201-205, 206, 207f., 210f., 213, 222, 227, 229
  Das Käthchen von Heilbronn 253f.
  Der zerbrochne Krug 209
  Die heilige Cäcilie oder die Gewalt der Musik 13, 32, 185, 191, 201, 215-234, 241, 242, 251, 259, 292
  Über das Marionettentheater 207-211, 222
Klingemann, Ernst August, *Nachtwachen von Bonaventura* 13, 125
Knigge, Adolf, *Die Reise nach Braunschweig* 124f.
Kofman, Sarah, 290 A.40
Köhler, Rafael 178 A.30
Kojève, Alexandre 168
Kraft, Helga 209 A.7, 210 A.8
Kramer, Lawrence 134 A.34
Kristeva, Julia 28, 46 A.11, 198
Kunz, Carl Friedrich 254

La Bruyère, Jean de 110
Labé, Louise, *Débat de Folie et d'Amour* 54
Lacan, Jacques 27
Lacoue-Labarthe, Philippe 32f., 97, 98 A.25

Lejeune, Philippe 32
Lenau, Nicolaus, *Faust* 15
Leo, Leonardo Ortensio Salvatore de 243
Lessing, Gotthold Ephraim, *Laokoon; oder, Über die Grenzen der Malerei und Poesie* 176, 267
Liébert, Georges 296 A.9
Liebrand, Claudia 290 A.41
Locatelli, Pietro Antonio 272, 274
Locke, John 128
Longin, *Peri hypsous (Über das Erhabene)*, 155-160, 166, 174, 185, 190
Lubkoll, Christine 26 A.19, 146 A.44, 233 A.30
Ludwig, Arnold 17 A.8
Lully, Jean-Baptiste 123

MacLeish, Archibald 247
Maezel, Johann Nepomuk 255
Mahler, Gustav 15
Maier, Hans 231f.
Mallarmé, Stéphane 247
Mann, Thomas 186
  Buddenbrooks 186
  Der Tod in Venedig 292f.
  Doktor Faustus 15, 267, 293
  Tristan 186
Mark, Julia 252-254, 272, 273, 287
Marpurg, Friedrich Wilhelm 128
Mattheson, Johann, *Das forschende Orchestre* 128
Menninghaus, Winfried 173 A.22
Meyer, Herman 126
Michaelis, Christian Friedrich 156
Molière (Jean-Baptiste Poquelin), 113f.
Montaigne, Michel de, *Essais* 31
Monval, Georges, 119
Moritz, Karl Philipp 13
Mozart, Wolfgang Amadeus 243
  Don Giovanni 20
  Requiem 240
Mücke, Dorothea von 218 A.14, 223 A.19
Mühlner, Robert 218 A.15
Müller, Adam 216

Naigeon, Jacques-André 41, 45
Nancy, Jean-Luc 32-34 183f.

Naumann, Barbara 197 A. 50
Navratil, Leo 17 A. 8
Neubauer, John 129 A. 21, 278 A. 35
Neumann, Gerhard 224 A. 20
Nietzsche, Friedrich 8, 15, 38, 291-301
  Also sprach Zarathustra 294, 299
  Die Geburt der Tragödie 291, 299f.
  Dionysische Weltanschauung 291
  Dionysos-Dithyramben 291
  Ecce Homo 38, 291, 294f., 297f.
  Götzen-Dämmerung 300
  Morgenröthe 293f.
Noske, Frits 247
Novalis (Friedrich von Hardenberg), 13, 21, 33, 134, 245

O'Gorman, Donal 110 A. 39
Ossian 255
Overbeck, Franz 292
Ovid (Publius Ovidius Naso), *Metamorphosen* 64, 68, 77

Paddison, Max 251 A. 18
Padel, Ruth 17 A. 7
Paganini, Niccolò 15
Palestrina, Giovanni Pierluigi da 243
Parret, Herman 175 A. 26
Pascal, Blaise 46
Pater, Walter 247
Pergolesi, Giovanni Battista, *La serva padrona* 93, 96
Pinel, Philippe 120, 125
Platon 72, 97, 249
  Apologie 73, 75
  Ion 17
  Kratylos 88-92, 112, 117
  Phaidon 75
  Phaidros 17, 62, 72f., 75, 88, 92f., 121f., 228
  Politeia 14, 22, 47, 63, 65, 84, 137, 156f., 240, 264
  Sophistes 50f.
  Symposion 73f., 77, 294
  Theaitetos 48
  Timaios 14
Pluche, Noël-Antoine, *Le spectacle de la Nature* 86, 123
Plutarch 14
  Alkibiades 74

Poizat, Michel 27
Potter, Pamela 23
Price, David 144 A. 42
Prieto, Eric 24
Promies, Wolfgang 83 A. 4
Puschmann, Rosemarie 218 A. 14, 225 A. 23

Quignard, Pascal 162

Racine, Jean 256
Rameau, Jean-Philippe 45, 59, 105, 123, 145, 214
Ramler, Carl Wilhelm 230
Reichardt, Johann Friedrich 134, 187
Reil, Johann Christian, *Rhapsodieen über die Anwendung der psychischen Curmethode auf Geisteszerrütungen* 134f., 249
Reiss, Timothy 14 A. 2, 164 A. 14
Richards, Robert 134 A. 36
Riedel, Friedrich Just 176
Riffaterre, Michael 191
Rigoli, Juan 24 A. 14
Rilke, Rainer Maria 248
Rimbaud, Arthur 140
Ritter, Johann Wilhelm, *Fragmente aus dem Nachlasse eines jungen Physikers* 267
Rochlitz, Friedrich 260
  Der Besuch im Irrenhause 32, 126, 260-262, 267, 269
Ronell, Avital 80 A. 1
Roubiliac, Louis-François 230
Rouget, Gilbert 15 A. 4
Rousseau, Jean-Jacques 9, 10, 31, 39-42, 81, 86f., 91-93, 95, 99, 101, 116-118, 134, 145-149, 158, 175, 183, 214, 242, 279, 290,
  Confessions 29-31, 39,188, 282-284
  Dialogues 31
  Dictionnaire de musique 99
  Du contrat social 117
  Essai sur l'origine des langues 40f., 79, 91f., 114
  Le devin du village 94
  Rêveries du promeneur solitaire 31, 146-151,282
Rüdiger, Wolfgang 264 A. 28

Saar, Ferdinand, *Geschichte eines Wienerkindes* 295f.
Salmen, Walter 267 A. 31
Sand, George 277
Saussure, Ferdinand de 100 A. 29, 198
Scarlatti, Alessandro 243
Schelling, Friedrich 149, 249
 Philosophie der Kunst 244f.
Scher, Steven 287 A. 39
Scheuffelen, Thomas 7
Schiller, Friedrich 134, 300
Schoolfield, George 275 A. 32
Schnorr, Ludwig 296
Schnorr von Carolsfeld, Malwina 296
Schopenhauer, Arthur 15, 185, 241, 295
Schubert, Franz 134
Schulz, Johann Peter 156
Schumann, Robert 15, 134, 277
 Carnaval, scènes mignonnes ... sur quatre notes 266f.
Segebrecht, Wulf 255 A. 23
Sembner, Helmut 209
Seneca (Lucius Annaeus), *De tranquillitate animi* 16
Sève, Bernard 56 A. 26
Shakespeare, William 253
Smith, James 143 A. 41
Smith, John 142 A. 41
Sophocles, *Antigone* 135
Spiess, Christian, *Biographien der Wahnsinnigen* 124
Spinoza, Baruch 247
Starobinski, Jean 41, 198
Stein, Jack 134 A. 34
Steinecke, Hartmut 254 A. 22
Steiner, George 21
Sterne, Laurence, *Life and Opinions of Tristram Shandy* 287
Straus, Erwin 166f.
Sulzer, Johann Georg, *Allgemeine Theorie der schönen Künste* 129, 156, 165f.
Sumi, Yoichi 97 A. 20

Taylor, Charles 235f.
Thomas, Downing 91 A. 11
Tieck, Ludwig 13, 134, 245
 Der blonde Eckbert 124
 Phantasien über die Kunst (s. a. Wackenroder), 239
 Ritter Blaubart 36
Tizian (Tiziano Vecelli), 67
Todorov, Tzvetan 262
Tolstoi, Lew Nikolajewitsch, *Die Kreutzersonate* 16
Tomlinson, Gary 15 A. 4
Türcke, Christoph 298
Tyers, Jonathan 230

Valéry, Paul 248
Vandeul, Angélique de 44f.
Vergil (Publius Vergilius Maro)
 Aeneis 103f.
 Georgica 279
Verlaine, Paul 247
Vernière, Paul 118 A. 1
Vogel, Henriette 234
Voltaire (François-Marie Arouet), 123

Wackenroder, Wilhelm Heinrich 150, 184, 201, 233, 239, 245, 301
 Herzensergießungen eines kunstliebenden Klosterbruders 185, 193, 197
 Das merkwürdige musikalische Leben des Tonkünstlers Joseph Berglinger 32, 157, 185-200, 206f., 229, 260, 269, 288, 292
 Phantasien über die Kunst (s. a. Tieck), 187, 195, 197, 199
Wagner, Richard 15, 295f., 299
 Tristan und Isolde 296, 299f.
Wagner-Gnan, Angela 7
Weineck, Silke-Maria 17 A. 8, 122
Weiner, Marc 296 A. 8
Werckmeister, Andreas 146
Wieland, Christoph Martin 205
Wiese, Benno von 277f.
Wilson, Arthur 44
Wolf, Hugo 16, 134
Wyss, Edith 61 A. 38

Zarlino, Gioseffo 14
Zelter, Carl Friedrich 187
Zimmer, Ernst 7f.
Ziolkowski, Theodore 126f.
Žižek, Slavoj 27 A. 20
Zukert, Rachel 179

*Die Arbeit wurde durch ein großzügiges Stipendium
des Wissenschaftskollegs zu Berlin ermöglicht.*

Originalausgabe:
John T. Hamilton,
Music, Madness, and the Unworking of Language
Copyright © 2008 Columbia University Press
This German edition is a complete translation of the U.S. edition, specially authorized by the original publisher, Columbia University Press.

© Wallstein Verlag, Göttingen 2011
www.wallstein-verlag.de
Vom Verlag gesetzt aus der Stempel Garamond
Umschlaggestaltung: Susanne Gerhards, Düsseldorf
unter Verwendung eines Gemäldes von Max Ernst:
Die Heilige Cäcilie, © VG Bild-Kunst, Bonn 2010
Druck: Hubert & Co, Göttingen
ISBN 978-3-8353-0828-2